U0564763

浙江监察御史传

浙江监察御史研究课题组　编著

前　言

习近平总书记指出："深入推进党风廉政建设和反腐败斗争，需要坚持发扬我们党在反腐倡廉建设长期实践中积累的成功经验，需要积极借鉴世界各国反腐倡廉的有益做法，也需要积极借鉴我国历史上反腐倡廉的宝贵遗产。研究我国反腐倡廉历史，了解我国古代廉政文化，考察我国历史上反腐倡廉的成败得失，可以给人以深刻启迪，有利于我们运用历史智慧推进反腐倡廉建设。"①在开启全面建设社会主义现代化国家新征程、深入推进清廉浙江建设之际，深入研究浙江监察御史，了解他们的事迹，学习他们的精神，对于新时代长足推进清廉浙江、清廉中国建设具有重要意义。

浙江监察御史是指从古至今担任过御史等相关职务的浙江籍官员，也包括部分举家迁居浙江或曾在浙江地方任职，又担任过御史之职的外省籍官员。他们是忠君爱国、敢于直谏、肃整朝仪、监察百官、巡视郡县、纠正刑狱、查究奸宄、忠实履职的一个官员群体。从古至今，浙江涌现出一大批热爱国家、忠于职守、解民危困、造福地方、反腐倡廉、执法如山、为民请命、平定倭乱、反抗侵略的监察官员，如：有许多在浙江地方任过职的历史文化名人，后又担任过监察御史；台州市仙居县历代共出过御史51人，号称"御史故里"；嘉兴市平湖市还出现过"屠氏一门五御史""当湖二马御史"；拥有"江南第一家"之称的金华市浦江县郑义门，从宋元到明清，郑氏一族有173人为官，郑氏子孙没有一个因贪墨而罢官者，其中不少担任过御史。他们的事迹广为流传，他们是值得人们学习的榜样。

御史，是中国古代执掌监察的官员的一种泛称。约自秦朝开始，御史

---

① 习近平：《习近平谈治国理政》（第一卷），北京：外文出版社，2014，第390页。

专门作为监察性质的官职，负责监察朝廷官吏，一直延续到清朝。历代御史台有时还设“里行”“内供奉”等职，他们行使监察御史的职权，但其身份又不是正式的监察官员，官品更为低下。从御史台的构成看，其中既有品级高、声望重的官员，又有一大批品级低、权力大的官员，这样既保持了监察制度“以卑察尊”的原则，又提高了监察机构的威慑力，使监察机构能够真正发挥作用。

先秦时期，天子、诸侯、大夫、邑宰下属皆置“史”，是负责记录的史官。战国时期，监察官御史见诸文献，《周礼·春官·宗伯》记载：“御史掌邦国、都鄙及万民之治令，以赞冢宰。凡治者受法令焉。”当时，国君置御史，《史记·滑稽列传》载：“执法在旁，御史在后。”大夫置御史，《史记·孟尝君列传》曰：“孟尝君待客坐语，而屏风后常有侍史，主记君所与客语，问亲戚居处。”邑宰置御史，《战国策·韩策三》云：“安邑之御史死，其次恐不得也。”总之，御史本为史官，如《廉颇蔺相如列传》所记：“秦御史前书曰”，“相如顾召赵御史书曰”，但由于掌管记录、收受和保管文件，往往成为国君的耳目，带有监察性质，秦汉时期的御史大夫即由此职发展而成。

约自秦始，秦置御史大夫，职位仅次于丞相，主管弹劾、纠察官员过失诸事。秦时如派御史出监郡县，则称“监御史”。御史的官制和监察制度的最初形态，得到了湖北云梦睡虎地的秦简的确证。如《秦简·尉杂》规定：“岁雠辟律于御史。”意为每年岁终，廷尉要到御史处核对律文的变通之处，说明御史掌管国家的法令。《秦简·传食律》还记载了御史的属官出巡的物质待遇：“御史卒人使者，食粺米半斗，酱驷(四)分升一，采(菜)羹，给之韭葱。其有爵者，自官士大夫以上，爵食之。使者至从者，食(粝)米半斗；仆，少半斗。”这说明从秦朝开始，御史已逐渐被重视，负有掌管国家法令、进行巡察等重要职责。

到了汉代，御史官制出现了一些变化。《汉书·百官公卿表》记载：“监御史，秦官，掌监郡，汉省。”御史台长官作为高级监察官员，包括御史大夫、御史中丞。秦及汉初，以御史大夫为御史府长官，秩中二千石。成帝时御史大夫改称大司空，掌水利，御史中丞遂成为御史府的实际长官。御史中丞秩千石，东汉时由于其位要权重，故号称“三独坐”之一。御史留守中央执行御史大夫或御史中丞指派之公务，则一般皆称御史，或侍御史。

两汉侍御史皆可简称御史，西汉御史府、御史大夫抑或简称御史。西汉时御史秩六百石，东汉卫宏的《汉旧仪》记载："员四十五人……其十五人衣绛，给事殿中……余三十人留寺，理百官事也。"给事殿中的15人称侍御史，由御史中丞率领，在宫廷中随侍皇帝，从事监察工作；其余30人，则在御史府办公，负责举劾百官的非法行为，监督行政、军事、财政等事务。御史的名称按其职务划分可分为：监郡御史（监察地方行政）、监军御史（派遣至军队监督军政）、督军御史（派赴军队督促、督率军事）等。

东汉末年至魏晋南北朝时期，御史中丞成为御史台的长官，权力甚大。汉御史因职务不同有侍御史、治书侍御史。汉朝御史统归御史台领导，按职掌分为侍御史和治书侍御史。东汉侍御史掌纠察；治书侍御史察疑狱。东汉末改刺史为州牧之前，汉朝的刺史亦是监察官，也是御史的一种。

在三国、两晋、南北朝时期，"御史"则为侍御史、治书侍御史、督军粮侍御史、殿中侍御史、监国侍御史之简称。又有禁防御史、检校御史，虽隶御史台，不居台中，不入宿，不带"侍"字。三国时，曹魏于殿中省置殿中侍御史，掌记录朝廷动静，纠弹百官朝仪。西晋，御史名目很多，开后代专门职务——御史的先河，有督运御史、符节御史、检校御史等。北魏、北齐沿设检校御史。北周御史为春官府内史上大夫所辖御史上士、中士、下士的简称。

隋唐时期，御史大夫重掌御史台，官品从正四品至正三品。隋唐以来，御史又成为对侍御史、治书侍御史、殿中侍御史、监察御史等官的统称。隋文帝开皇二年(582)始设，改检校御史为监察御史。隋又改殿中侍御史为殿内侍御史。隋炀帝省殿内侍御史员数，增监察御史员数，又一度增设从九品的御史。

唐代是监察制度开始定型的朝代。帝王都重视御史，逐渐明确其职责。唐高祖即位时，明确表明御史官是"清而复要"的重要官职。唐睿宗在《令御史录奏内外官职事诏》中强调："彰善瘅恶，激浊扬清，御史之职也。政之理乱，实由此焉。"唐玄宗在《饬御史刺史县令诏》中进一步指出："御史执宪，纲纪是司。"对于违法官吏，"按其有犯弹奏"。唐代御史台分为三院，其监察御史属察院，掌“分察百僚，巡按郡县，纠视刑狱，肃整朝仪”。品秩低而权限广。唐有侍御史（从五品到从五品下）、殿中侍御史（从七品下）、监察御史（正八品下），分掌台院、殿院和察院。《新唐书·百官志三》：“监察御史十五人，正八品下。掌分察百僚，巡按州县，狱讼、军戎、祭祀、营作、太府出纳皆莅焉；知朝堂左右厢及百司纲目。”然品级仅正八品下，无出入朝堂正门的资格，只能由侧门进出，非奏事不得至殿廷。唐开元初才取消限制。但因内外官吏均受其监察，权限甚广，颇为百官忌惮。中唐以后，御史常为外官所带宪衔。

五代时，御史各官依唐代旧制。到了宋代，御史制度变迁主要体现在三个方面：一是御史大夫无正员，只为兼官；二是御史中丞除正员外，多以他官兼权，而三院多出外，任风宪之职常用他官兼领；三是以御史兼言事，开“台谏合一”的先例。《宋史·官职志》记载：“御史台掌纠察官邪，肃正纲纪，大事则廷辨，小事则奏弹，中丞一人，为台长；侍御史一人，掌二台政；殿中侍御史二人，掌以仪法纠百司之失；监察御史六人，掌分察六曹及百司之事，检法一人，掌详法律；主簿一人，掌受事发辰，勾稽簿书。”宋因唐制，御史员额由唐时的十五人减为六人，分察六部百司，品级为从七品。其职权有所扩大，扩大为“可风闻弹事”。

元代承继了辽、金的御史制度。元代御史制度特点在于抬高御史品位。《元代·百官志》载：“御史台大夫二员，从一品；中丞二员，正二品；侍御史二员，从二品；治书侍御史二员，从二品；掌纠察百官善恶，政治得失。殿中司殿中侍御史二员，正四品。凡大朝会，百官班序，其失宜失列，则纠罚之。察院秩正七品，监察御史三十二员，司耳目之寄，任刺举之事。”元代还有一种特殊的制度，就是行御史台。行御史台分道设立，“统制各道宪司，而总诸内台”。元沿设监察御史，员额很多，除内台三十二员，尚有江南行台二十八员、陕西行台二十员。元代虽然仍别设谏官，但御史承宋制，得兼官职。

明代改御史台为都察院，通掌弹劾及建言，仍保留监察御史。明洪武十三年（1380）五月罢御史台。洪武十五年（1382）改置都察院。都察院设置左、右都御史各一人，作为都察院长官，本正三品，旋改正二品；其次为左、右副都御史各一人，本正四品，旋改正三品；再次为左、右佥都御史各二人，本正五品，旋改正四品；掌纠劾百司，提督各道御史，为皇帝耳目风纪之臣。皇帝派往各地的总督、提督、巡抚、经略、总理等大员，皆兼都御史衔，以便行事，但不理都察院事。都察院所属监察御史分道负责，各冠以地方名称，即浙江、江西、福建、四川、陕西、云南、河南、广西、广东、山西、山东、湖广、贵州等十三道监察御史，各道人数不等，总数一百一十人，均为正七品官。十三道设十三布政使司，浙江、江西、河南、山东各十人，福建、广东、广西、四川、贵州各七人，陕西、湖广、山西各八人，云南十一人。

清代专设监察御史，隶都察院，以监察御史分道纠察，员额甚多。清左都御史，满汉二人，正二品，雍正八年(1730)，改从一品；左副都御使，满汉二人，正三品；原有左佥都御史一人，乾隆十三年(1748)省。右都御史为总督加衔，右副都御史为巡抚、河督、漕督加衔，不理都察院事。乾隆时于都察院左都御史、左副都御史下设十五道掌印监察御史及监察御史，清末增至二十道。其职掌为"弹举官邪，敷陈治道，审核刑名，纠察典礼"等事。清代派遣监察御史巡察各地者，分任各种任务，如巡按御史(清顺治后不设)、巡盐御史、巡漕御史、巡城御史(明代有御史巡行京城之制)、巡漕御史(清有监察御史督察漕运)，等等。清代监察御史初为正七品，乾隆时提高为从五品。清朝灭亡后，监察御史这一官职被正式废除。

中国古代的监察御史制度是国家制度的重要组成部分，它的基本任务就是整肃百僚、纠正官邪、弹劾非违、维持纲纪，以确保官僚队伍的基本素质，通过"彰善瘅恶，激浊扬清"，充分实现国家的职能。监察御史制度对于古代政治权力的运行，发挥了积极的规范和制衡作用。无论是国家最高行政机关，还是司法机关都在监察范围之内。这都说明监察御史制度在国家制度中占有重要地位。随着监察制度的形成和发展，监察立法也相应地有所发展，由简单到复杂，由单项到法典化，内容广泛，形式多样，使得监察活动有法律根据。但由于中国古代社会基本的政治制度是君主专制，这就从根本上制约了监察机关作用的发挥。尽管如此，古代的监察御史对于纠弹违法官吏、监督国家政务的实施、贯彻政策与法令、维持国家机器的正常运行都起了积极的作用，受到历代重视。历代选拔监察御史的条件是十分严格的，首先是道德品质，要热爱国家、刚正廉洁、忠于职守、不徇私情，敢于触犯贵族、高官；其次需科举出身，以保证其文化素养；最后一定要有地方工作的经验。历代出现了许多敢于谏诤、严于执法、忠于职守、不畏权贵的监察御史，他们严格依法监察，纠弹拥有实据，惩处准确有力，为维护国家法律与统治秩序做出了应有的贡献。

党的十八大以来，以习近平同志为核心的党中央以坚定的政治勇气和担当精神，奋力开创全面从严治党新局面。党中央把全面从严治党纳入战略布局，着力从严从细抓管党治党。加强和规范党内政治生活，着力净化党内政治生态。严抓中央八项规定精神落实，着力从作风建设这个环节突破，严明党的政治纪律和政治规矩，着力真管真严，敢管敢严，长管长严。全面强化党内监督，着力发挥巡视利剑作用。坚持反腐败无禁区、全覆盖、零容忍，着力遏制腐败滋生和蔓延的势头，惩治群众身边的不正之风和腐败问题，着力增强人民群众获得感。

党中央既发挥各级党委的主体作用，又充分发挥各级纪委监察委的监督作用。习近平总书记指出："中央巡视组是中央直接派的，要当好'钦差大臣'，善于发现问题，发挥震慑力。"①"中央给了巡视组尚方宝剑，是'钦差大臣'，是'八府巡按'，就要尽职履责，不能大事拖小，小事拖了，对腐败问题要零容忍。"②并引用唐代御史韦思谦的话来强调，"不能动摇山岳，震慑州县，为不任职"③。这不但是对中央巡视组提出的要求，也是对所有纪检监察干部提出的要求。学习和借鉴浙江乃至中国古代监察御史的优秀品质、责任担当和有益做法，对于新时代推进纪检监察工作，持续推进全面从严治党具有重要的意义。

---

① 习近平：《在中央政治局常委会审议〈关于中央巡视工作领导小组第一次会议研究部署巡视工作情况的报告〉时的讲话》(2013年4月25日)。(《习近平关于党风廉政建设和反腐败斗争论述摘编》，北京：中国方正出版社，2015，第107页。)

② 习近平：《在中央政治局常委会审议〈关于二〇一三年上半年中央巡视组巡视情况的综合报告〉时的讲话》(2013年9月26日)。(《习近平关于全面从严治党论述摘编》，北京：中央文献出版社，2016，第179页。)

③ 习近平：《在中央政治局常委会听取二〇一三年下半年中央巡视组巡视情况汇报时的讲话》(2014年1月23日)。(《习近平关于党风廉政建设和反腐败斗争论述摘编》，北京：中国方正出版社，2015，第111页。)

目　　录

唐朝谏议大夫褚遂良

褚遂良(596—658),字登善,杭州钱塘(今浙江省杭州市)人,祖籍阳翟(今河南省禹州市),唐朝著名政治家、书法家,曾担任过起居郎、谏议大夫等职。习近平总书记曾引用褚遂良所说的“奢靡之始,危亡之渐”[①],从谏言的角度充分肯定了褚遂良。

褚遂良博学多才,精通文史。隋末时,跟随薛举为通事舍人。归顺唐朝后,任谏议大夫、中书令执掌朝政大权。唐贞观二十三年(649),与长孙无忌同受太宗遗诏辅政,唐高宗即位后,封河南县公,晋封河南郡公。出为同州刺史。唐永徽三年(652)召回,任吏部尚书,监修国史,旋为尚书右仆射,知政事。因坚决反对立武则天为后,贬为潭州(今湖南省长沙市)都督。武后掌权后,迁桂州(今广西桂林市)都督,再贬爱州(今越南清化)刺史。唐显庆三年(658),卒于官,享年六十三岁。唐神龙元年(705)追赠右仆射,谥号“文忠”。唐天宝六年(747),配享高宗庙庭,累赠太尉。

出身名门

褚遂良先祖褚少孙,曾补《史记》,晋末南迁到杭州钱塘(今浙江省杭州市西),封为钱塘临平侯,渐成大族。父褚亮时迁杭州,宅邸在杭州城东。

隋开皇十六年(596),褚遂良出身于名门贵族。父亲褚亮时任散骑常侍一职,与虞世南、欧阳询等人为好友。

---

① 习近平:《在党的群众路线教育实践活动总结大会上的讲话》,北京:人民出版社,2014,第24页。

当初，褚遂良父亲褚亮入仕隋朝，为东宫学士。后因与杨玄感有旧，被贬为西海郡司户。隋大业十三年(617)阴历七月，西秦薛举称帝，褚亮被任命为黄门侍郎，褚遂良则做了薛举的通事舍人，掌管诏命及呈奏案章。同年，薛举占据了甘肃的大部分地区，企图夺取京城长安，但在进军途中病死，薛举儿子薛仁杲继承了他的事业。

唐武德元年(618)阴历五月，李渊建立了唐王朝。阴历十一月，李世民包围了薛仁杲驻扎在泾州的营寨。薛仁杲被迫投降，被押往长安处决，而他手下的人被收编在李世民的麾下，褚遂良就这样进入了李家王朝，开始了他新的政治生涯。起初，褚遂良在秦王李世民府里做铠曹参军，掌管兵器、铠甲等事务，李世民对褚遂良怀有好感，逐渐重用他。

弘文馆主

唐武德四年(621)，唐高祖命令李世民掌握东部平原文、武两方面的大权，并且允许他在洛阳开府——天策府。同年，李世民成立了自己的文学馆，其中有十八名学士做他的国事顾问。褚遂良的父亲褚亮便是其中的一员，主管文学。在这样的环境中，褚遂良的学识与日俱进。尤其是书艺，在欧阳询与虞世南的指导下，更是出类拔萃，且具备了欧、虞二人所不具备的政治地位与社会名望。《唐会要》卷六十四《史馆下》记载，弘文馆的日常事务，就是由褚遂良来管理的，人们都称他作“馆主”。

唐武德九年(626)阴历六月，李世民发动了玄武门之变，随后被立为太子。阴历八月，唐高宗禅让皇位，李世民登上了皇位，即唐太宗次年改年号为“贞观”。唐贞观三年(629)，唐太宗下诏把隋末战乱时期的战场改修为庙宇，既可超度在战争中逝去的亡灵，又可纪念战役的胜利，刻石勒碑以永记功业，并颁布了负责其事之人的名单。名单中，除了虞世南、颜师古、李百药、岑文本、朱子奢、许敬宗等名臣外，年轻的褚遂良也在。唐太宗立晋州慈云寺，由褚遂良书写碑文。

谏议大夫

唐贞观十年(636)，褚遂良因出色的才学得到提拔，出任起居郎，专门记载皇帝的一言一行。褚遂良具有政治家的远见卓识，先后进谏和上奏于国于民有益的奏章数十件，许多被唐太宗采纳。

唐贞观十二年(638)，虞世南逝世，这是位被唐太宗视为师长的大书法家。唐太宗特别感伤，曾感慨道："虞世南死后，无人可与论书了！"魏徵适时将褚遂良推荐给李世民，唐太宗立即命他为"侍书"。唐太宗曾重金广泛收集王羲之的法帖，当时天下人纷纷来献，令人真假难辨，只有褚遂良可以鉴别出王羲之书法的真伪，使得没有人再敢将赝品送来邀功。

唐贞观十五年(641)，褚遂良劝谏唐太宗暂停封禅。当时，唐太宗想效仿古人祭拜天地、禀告上苍自己的文治武功，祈祷天下太平、五谷丰登、百姓安居乐业，便决定去泰山举行封禅大典，这是古代有为君王都做的事情。众大臣跟随唐太宗从长安出发。途经洛阳时，恰巧天空出现了彗星奇观，一向认为封禅大典浪费人力、物力的褚遂良趁机劝谏道："皇上功劳盖世、力掌乾坤，刚要打算到泰山祭告上天，就出现了彗星，这是不祥之兆，上天旨意是此次不宜到泰山封禅，这次就不要去了吧？"于是，唐太宗听取了他的谏言，立刻下令中止封禅。同年，褚遂良由起居郎迁谏议大夫。唐太宗每有大事，几乎都要向褚遂良咨询。

唐贞观十七年(643)，唐太宗向谏议大夫褚遂良道："古时候，舜帝雕饰漆器，禹帝装饰俎器，当时有十几个人上谏劝阻。这只是食用器具一类的小事，为什么要苦苦劝谏呢？"褚遂良回答道："雕琢耽误农业耕种的大事，精美的彩绘耽误女工。肇启奢侈浪费之风，是亡国危险的开始。追求漆器等奢侈品的欲望是没有止境的，必然想用金器来代替，金器也是无止境的，发展下去一定会用玉器来代替。所以谏诤大臣必须在帝王刚露出苗头之时进谏，一旦奢侈成风再进谏就难了。"唐太宗说："爱卿所言极是，如果朕的所作所为有不当之处，或者是在刚开始，或者是在即将结束时，都可以进谏。与前朝史实相比，有的谏臣劝谏，帝王则回答'已经做了'，或者说'已经答应了'，竟然不停止、不改正。这实在是灭亡的危险显现，即将大祸临头了。"

唐贞观十七年(643)，因玄武门之变而耿耿于怀的唐太宗问谏议大夫褚遂良："爱卿负责起居注，记的都是什么事，我作为皇帝可以查看吗？"褚遂良回答说："现在的起居注，就是古代的左史右史，记录的是人君的一言一行，而且要记录下人君的善恶是非，作为人君日后言行的约束警诫，这样人君差不多就不太会再胡作非为了。希望您不要做不合礼节的事情。臣还没听说过有哪位人君亲自查看史官的记录。”唐太宗说：“朕如果有不善的言行，爱卿你也一定会记录下来吗？”褚遂良说：“坚守君臣之道还不如坚守职责，臣的职责就是秉笔直书，记录人君的一言一行、善恶是非，所以人君的举动必须记录下来。”唐太宗说：“我的行为有三方面：一、借鉴前代的成败，把它作为鉴戒；二、引进能人，共同实现为政之道；三、斥退远离小人，或许听到谗言，我能够坚守而不失误，也是想要史官不能记下我的坏处。”黄门侍郎刘洎也说：“即使褚遂良不记录，天下人都会记着。”唐太宗答道：“确实如此。”

贞观中，唐太宗宠爱第四子魏王泰，褚遂良提出太子、诸王子的待遇应有一定规格。唐贞观十七年，太子李承乾以谋害魏王泰罪被废黜。当时，朝臣们多认为九皇子晋王李治宅心仁厚，是太子的不二人选，但唐太宗更喜爱四皇子魏王李泰。有一次，唐太宗对近臣们说：“昨天青雀（李泰的小名）投入我的怀抱说：‘我到今天才得以成为陛下最亲近的儿子，此为我再生之日。我只有一个儿子，百年之后，一定为陛下杀了他，把王位传给晋王。’父子的伦理，原应当是天性，我见他如此深明大义，非常垂怜他。”大家听了，面面相觑，都没有说什么，唯独褚遂良走上前说：“陛下，您也是君王，恭请慎重考虑。哪有执掌天下的君王，杀死自己的儿子，传位给兄弟的道理呢？”唐太宗猛然醒悟。褚遂良与国舅长孙无忌终于说服唐太宗立第九子晋王李治为太子（即后来的唐高宗）。

唐贞观十八年（644），作为黄门侍郎的褚遂良，开始参与朝政。当时，唐朝所册封的高句丽国王高建武，被大臣泉盖苏文（莫离支）所杀，唐太宗想以此为由亲自去征讨高句丽，此事遭到了褚遂良的反对，尤其反对唐太宗御驾亲征，但是唐太宗强硬拒谏的态度使褚遂良感到恐惧。他没有再坚持，并跟随唐太宗远征高句丽。但是后来唐太宗远征高句丽的失败，证实了褚遂良当初反对出兵是正确的。随后，他被唐太宗派往全国各地，巡察四方，可以直接黜陟官吏。唐贞观二十一年（647），因他父亲褚亮去世，他不得不暂时辞去黄门侍郎之职回乡守孝。

唐贞观二十二年（648），褚遂良又被起用为黄门侍郎。同年阴历九月，被提升为中书令，成为继魏徵之后，与刘洎、岑文本、马周、长孙无忌一样在唐代政坛上举足轻重的大臣。唐太宗曾对长孙无忌评价道："褚遂良性格耿直，有学术素养，竭诚服务、亲近于朕，若飞鸟依人，自加怜爱。"

托孤辅臣

当初，唐太宗的儿子虽然年幼，但都外放担任都督、刺史，褚遂良进谏说："过去两汉用郡国参与治理，间杂使用周代制度。如今设州县全都仿效秦代的法度，而皇子幼年一齐担任刺史，陛下您的确是在用至亲守卫四方。虽然如此，刺史是人民的领导者，用人得当下面就安定稳妥，用人失当辖域就劳苦疲惫。我认为，未成年的皇子，可以暂且留在京城，用经学教导（他们），（使他们）敬畏仰慕天子的威严，不敢违犯禁令，养成德行和才能，考察（他们）能胜任管辖州县，然后再勉励派遣。请陛下审察（我的谏言）。"唐太宗赞许并采纳了褚遂良的谏言。

西突厥进犯西州，唐太宗说："以前魏徵、褚遂良劝我立麹文泰的子弟（为王），我没有采纳他们的计策，今日才后悔。"唐太宗在寝宫旁另置院落让太子居住，褚遂良进谏，认为"朋友深交时容易产生怨怼，父子沉溺于爱怜时增多过失。应该准许太子偶尔回到东宫，亲近师傅，专心学艺，来扩大美德"。唐太宗听从了他的话。

唐贞观二十三年（649），唐太宗在弥留之际，将长孙无忌与褚遂良召入卧室，对二人说："卿等忠烈，简在朕心。昔汉武寄霍光，刘备托诸葛，朕之后事，一以委卿。太子仁孝，卿之所悉，必须尽诚辅佐，永保宗社。"并对太子李治说："有长孙无忌和褚遂良在，国家之事，你没有什么可忧虑的，我也就放心了。"于是，命令褚遂良起草传位诏书。

唐贞观二十三年阴历六月，李治继皇帝位，为唐高宗，封褚遂良为河南县公。次年，又升为河南郡公，后借故把他贬为同州刺史。三年后，唐高宗又把他召回身边，征拜为吏部尚书、同中书门下三品，同时监修国史，加光禄大夫，又兼为太子宾客。唐永徽四年（653），又升为尚书右仆射，执掌朝政大权，这是他政治生涯中的顶峰。

谏阻武氏

唐永徽六年(655),唐高宗想要废除皇后王氏,在是否立武昭仪为皇后的斗争中,褚遂良与长孙无忌强烈反对任何废黜王皇后的企图。唐高宗召太尉长孙无忌、司空李勣、尚书左仆射于志宁和尚书右仆射褚遂良进宫商议废后立后的大事。当时,大臣们有很多是坚决反对的,褚遂良就是其中之一,并打算带头劝谏。有人说长孙无忌应该先去进谏,褚遂良说:"长孙太尉是国舅,如果事情不顺利,就会让皇上背上一个向舅舅发怒的名声,这不好!"还有人说应该李勣劝谏,褚遂良说:"李司空是国家的重臣,一旦事情难办,就会让皇上背上一个治罪大臣的坏名声,这样就不好了。我只不过受太宗宠遇,这才有了今天,况且今天正是我报答太宗的恩情之时,如果我不去,何以面对先帝的在天之灵啊!"

于是,褚遂良入宫进谏,将入见高宗的时候,褚遂良对无忌等人说:"皇帝想废除皇后王氏,今天一定会商议此事,我想进谏,各位的心意如何?"无忌说:"明公必须尽情地说,我会紧跟其后。"等到入见皇帝,高宗难于开口,多次看着无忌说:"天大的罪,没有后人是最厉害的。皇后王氏没子,昭仪武氏有子,现在我想立昭仪为皇后,你们认为何如?"褚遂良说:"皇后王氏出自名家,先皇帝给陛下所娶,孝顺先帝,没有违背妇德。先帝临终时,握着陛下您的手对我说:'我的好儿子,现在就托付给你了。'陛下亲闻先帝的临终遗言,其言好像还在耳边。皇后此后没有听到什么过错,恐怕不能废除。我现在不能曲从,(如果这样的话,)对上违背先帝之命,只希望陛下再三思考。愚臣违抗圣旨,罪该万死,只想不负先帝厚恩,哪里顾得上性命?"他极力反对废黜王皇后,其后又主张即便立后,也要立贵族之女,不可立曾服侍过唐太宗的武则天。他把手中的笏板丢在殿阶,摘下官帽叩头流血,说:"还陛下此笏,乞归田里。"

褚遂良发了这通议论,给唐高宗泼了一瓢冷水。而他的那种不要命的态度——将官笏放在台阶上,同时也把官帽摘下,叩头以至于流血,更使唐高宗大为恼火,唐高宗觉得褚遂良在要挟他,让士兵把他强行拉了出去。武则天则在帘幕后高呼:"为什么不扑杀此獠!"武则天恨不得立刻将他处死。长孙无忌见状，急忙劝道："遂良受顾命，有罪不加刑。"于是，褚遂良被远贬外地。

第二天，唐高宗对李勣说："册立武昭仪的事情，褚遂良固执不从。褚遂良是受到先帝临终重托的大臣，这个事情如果不行，应当暂且停下来。"在关键的时候，善于迎合旨意的李勣说了一句话："此乃陛下家事，不合问外人。"唐高宗于是册立昭仪为皇后，把褚遂良降职为潭州都督。这样一来既改变了唐王朝的命运，也将褚遂良等人推入了悲剧的深渊。

贬谪岁月

武氏在唐永徽六年(655)阴历十月被册封为皇后，褚遂良也被武皇后赶出朝廷，到潭州任都督。唐显庆元年(656)元旦，武后的儿子李弘(652—675)被立为太子。武则天不失时机地向反对立她为后的大臣进行打击报复，褚遂良再次遭遇厄运。唐显庆二年(657)春天，褚遂良调到离京师极远的桂州(今广西桂林市)去任都督。同年，武则天伙同许敬宗、李义府一道，诬告中书令来济、门下侍中韩瑗与在广西的褚遂良共谋反叛。

晚年的褚遂良又一次被贬——这一次是被贬到远离京师的化外之地爱州(今越南清化)。褚遂良在绝望之中，写了一封信给唐高宗，向他求情诉说自己曾长期为唐高祖与唐太宗效劳，最坚决地支持唐高宗继位等等，信中提道："当受遗诏，独臣与无忌二人在，陛下方草土号恸，臣即奏请即位大行柩前。当时陛下紧紧抱着臣的颈，臣及无忌请即还京，发哀大告，内外宁谧。"结果，唐高宗不为所动，褚遂良的办法仍是无济于事。

唐显庆三年(658)，褚遂良在流放地带着遗憾离世，时年六十三岁。在他死后的两年多时间里，武则天等人还没有放过他。一方面把他的官爵削掉，另一方面把他的子孙后代也流放到他故去的地方。褚遂良的两个儿子在流放途中被杀。直到他死后四十六年，即唐神龙元年(705)，才得到平反，复官爵。唐贞元五年(789)，唐德宗下诏，将褚遂良等功臣的画像挂于凌烟阁中。唐懿宗咸通九年(868)，经安南都护、首任静海军节度使高骈奏请，访求褚遂良后裔护丧归葬于阳翟。

书法艺术

褚遂良博涉文史，有文集二十卷，《全唐文》收录其奏疏章表二十篇、碑记等十篇。

作为唐朝著名书法家的褚遂良，他的书法，融汇汉隶，丰艳流畅，变化多姿，自成一家。与欧阳询、虞世南、薛稷并称“初唐四大书法家”。相传虞世南死后，唐太宗叹息无人可以论书。魏徵称赞说：“褚遂良下笔遒劲，甚得王逸少体。”

褚遂良善于学习，他与虞世南曾有过一次对话：“褚遂良亦以书自名，尝问虞世南曰：‘吾书何如智永？’答曰：‘吾闻彼一字值五万，君岂得此？’曰：‘孰与询？’曰：‘吾闻询不择纸笔，皆得如志，君岂得此？’遂良曰：‘然则何如？’世南曰：‘君若手和笔调，固可贵尚。’遂良大喜。”

褚遂良的楷书代表作品主要有《伊阙佛龛碑》《孟法师碑》《房玄龄碑》《雁塔圣教序》。褚遂良研习多种字体并综合运用，史称他的书法初学欧阳询、史陵，然后学习舅父虞世南，终法为“二王”（王羲之和王献之）且融会贯通汉隶，自创一体，所以被称为“初唐四大楷书家（欧、虞、褚、薛）”之一，人称“褚体”。

晚年的褚遂良，在书法上达到了一个至为高超的境界，为书法艺术做出了巨大的贡献。梁巘《评书帖》中说：“褚书提笔‘空’，运笔‘灵’。瘦硬清挺，自是绝品。”书法的空灵，正是通过运笔与提笔而体现出来的。在欧书或虞书之中，我们都找不到明显的运笔的痕迹。褚遂良却不同，他不掩饰用笔的痕迹，甚至乐于强调这种痕迹，以表现他所倾心的活泼节奏，一起一伏，一提一按，造成一种韵律，异常明快。像孙过庭《书谱》中要求的“一画之间，变起伏于锋杪；一点之内，殊衄挫于毫芒”，在褚遂良的书法之中，体现得是最为彻底的。

御史典范

历史上的褚遂良是一个复杂而又简单的人，既有北方人的旷达，又有南方人的心细。说他复杂，是因为他历仕两朝、兼具多种身份，以至行事动机较难揣测；而说他简单，是他做事敢作敢为，颇为雷厉风行，始终抱有坚定不移的信念。

褚遂良作为言官，是十分称职的，他忠义坚贞、疾恶如仇。他既敢于上谏，又善于劝谏，而且取得较好的谏止效果，深得帝王的信任。这是十分难得的。唐太宗是从与褚遂良讨论书法逐渐喜爱他的，后来，两人的讨论内容逐渐从书法转到政治上来，唐太宗曾说："我自从得到魏徵以后，每天听取谏言，魏徵病逝以后，幸亏又有刘洎、岑文本、马周、褚遂良能不断上谏。"敢于直言上谏的褚遂良，深受唐太宗和唐高宗两代帝王的宠信。

五代时后晋政治家刘昫曾评论道："褚河南上书言事，亹亹有经世远略。魏徵、王珪之后，骨鲠风彩，落落负王佐器者，殆难其人。名臣事业，河南有焉。昔齐人馈乐而仲尼去，戎王溺妓而由余奔，妇人之言，圣哲惧罹其祸，况二佞据衡轴之地，为正人之魑魅乎！古之志士仁人，一言相期，死不之悔，况于君臣之间，受托孤之寄，而以利害祸福，忘平生之言哉！而韩、来诸公，可谓守死善道，求福不回者焉。"赞曰："褚公之言，和乐愔愔，钟石在虡，动成雅音。二猘双吠，三贤一心。人皆观望，我不浮沉。"

褚遂良作为政治家，他勤劳王事、忠心为国。为了维护国家和君主的尊严，不顾个人得失，多次提出治国安邦的好建议，并被唐太宗所采纳，对朝廷、对国家可谓赤胆忠心，成为历史上著名的忠臣。

褚遂良作为著名书法家，他的书法艺术受到历代推崇。魏徵评说："褚遂良下笔遒劲，甚得王逸少体。"清朝刘熙载《书概》一书评论道："欧褚两家并出分隶，于遒逸二字各得所近。若借古人书评评之：欧其如龙威虎震，褚其如鹤游鸿戏乎。"因此，书法界多认为："学书尚风韵，多宗智永、虞世南、褚遂良诸家。尚沉着，多宗欧阳询、李北海、徐浩、颜真卿、柳公权、张从申、苏灵芝诸家。"

从褚遂良身上，我们能发现值得学习的东西，值得追求的东西，也能得到一些宝贵的启示。

唐朝殿中侍御史刘长卿

刘长卿(约 709—约 789),字文房,安徽宣城(今属安徽省宣城市)人,唐代著名诗人。后迁居洛阳,河间(今属河北省沧州市)为其郡望。唐玄宗天宝年间进士。唐肃宗至德年间授官殿中侍御史,后为长洲县尉,因事下狱,贬南巴尉。唐代宗大历中任转运使判官,知淮南鄂岳转运留后,又被诬再贬睦州司马(今浙江省建德市、桐庐县一带)。唐德宗建中年间,官终随州刺史,世称刘随州。这是一位官居殿中侍御史,又曾担任睦州司马的外省籍官员。

屡遭诬陷

刘长卿少居嵩山读书,后移家来鄱阳居住。唐开元二十一年(733)与状元徐征同榜进士及第,也有学者认为天宝年间(742—746)登第。据《唐才子传》第二卷记载:“长卿清才冠世,颇凌浮俗,性刚,多忤权门,故两逢迁斥,人悉冤之。”在御史任上,他忠贞直谏,敢于上书,多次直刺朝廷弊政。

刘长卿的一生经历过唐代玄宗、肃宗、代宗、德宗四朝。他经历了盛唐的繁荣和中唐的战乱,目睹了社会的荣辱兴衰。他才华横溢,秉性孤介,不为世俗所移,出淤泥而不染。然而,他命运坎坷,晚登科第,仕途不畅,又蒙冤入狱,两遭贬谪,致使他那满腹经纶、满腔抱负得不到施展。尽管如此,刘长卿却一生忧国忧民,不满于官场的钩心斗角,怜悯重赋之下百姓的民不聊生,他为命运挣扎并不屈地抗争。

唐代宗大历三年(768),刘长卿任淮南转运使判官。大历六年(771),又移任知淮南鄂岳转运留后。大历九年(774),贪官鄂岳观察使吴仲儒依仗自己有靠山(其岳丈是唐朝名将郭子仪),为非作歹,欲截夺上缴朝廷的钱帛。而刘长卿生性刚直,廉洁奉公,不愿依附权贵,不愿与之同流合污,因而得罪了这位上司。结果反遭吴仲儒以“犯赃二十万贯”之罪诬奏,铸成了当时一大冤案。幸好朝廷派来审理他“犯赃案”的监察御史苗丕尚能秉公办案,刘长卿被就地受审后,死里逃生,免遭牢狱之灾,去职东归。

经过漫长的等待,终于得到了朝廷传来的消息,刘长卿悲喜交集,感慨万千。他的“犯赃之罪”得以洗刷,但还是难免遭到贬谪,被降级为睦州司马。

刘长卿一生坎坷,两度迁谪,第一次迁谪在唐肃宗至德三年(758)春天,由苏州长洲县尉被贬为潘州南巴县尉(今广东省茂名市电白区);第二次大约在唐代宗大历九年(774)至十二年(777)间的一个秋天,刘长卿受鄂岳观察使吴仲儒的诬陷获罪,因监察御史苗丕明镜高悬,才从轻发落,贬为睦州司马。

歌以咏志

逢雪宿芙蓉山主人

日暮苍山远,天寒白屋贫。
柴门闻犬吠,风雪夜归人。

这首诗写的是严冬,天寒地冻,风雪交加,寂寥无人,写出了作者投宿山村时的所见所感,俨然一幅风雪夜归图,应是他在遭贬之后创作的。

长沙过贾谊宅

三年谪宦此栖迟,万古惟留楚客悲。
秋草独寻人去后,寒林空见日斜时。
汉文有道恩犹薄,湘水无情吊岂知?
寂寂江山摇落处,怜君何事到天涯!

从这首诗所描写的深秋景象来看,诗应当创作于第二次迁谪途经长沙的时候,那时正是秋冬之交,与诗中节令恰相符合。

唐大历十一年(776)的秋末,屡受折磨煎熬、年迈并且体弱多恙的刘长卿奉着皇命,携带妻儿眷属,千里跋涉,来到了睦州治所梅城古镇。

到达目的地安置停当之后，他就写了一首长诗《按覆后赴睦州赠苗侍御》，他写道：

地远心难达，天高谤易成。羊肠留覆辙，虎口脱余生。
直氏偷金枉，于家决狱明。一言知己重，片议杀身轻。
日下人谁忆，天涯客独行。年光销蹇步，秋气入衰情。
建德知何在？长江问去程。孤舟百口泪，万里一猿声。
落日看乡路，空山向郡城。岂令冤气积，千古在长平。

这首诗是写给监察御史苗丕的，表达了他对苗侍御史秉公办案使自己的冤屈得以洗刷的由衷感谢，流露了他对朝廷内外贪官污吏诬陷忠良的怨气。

睦州司马

唐大历十二年(777)春，刘长卿正式上任睦州司马之职。直到唐大历十四年(779)冬，三年届满离任。建中元年(780)，唐德宗即位，起用了一批在唐代宗朝被贬谪的官员。刘长卿结束了他的贬谪生涯，被擢升为随州(今湖北省随州市)刺史，才离开梅城去湖北就任新职。

刘长卿在任期间，他与当时的两任睦州刺史萧定、李揆关系融洽，相互赏识，相互配合，共同管理睦州政务。他与睦州主管之间，还常常酬赠诗赋，互敬互勉。这给了刘长卿那忧郁的心灵以莫大的抚慰。刘长卿虽是遭贬的司马，但上司没有鄙视他。于是，他尽心尽职做好自己的工作。他对睦州的现实社会非常关注，并对在重赋下苦苦挣扎的睦州民众充满了同情与爱心。他深得睦州百姓的信任与喜爱。

刘长卿来梅城后，曾经在大门外北峰塔下的碧溪坞山涧口兴建了一栋房子，他将这所简陋的栖身之所称作“碧涧别墅”，立即令其增添了诗意。据《建德县志》记载：“碧涧，在城(睦州府城)东三里许，为唐刘司马长卿别墅，群山环抱，胜景天然。今名碧溪坞。”他和家眷就在那儿居住，告病时在那儿调养休息。睦州司马这个官职虽权力小一些，但工作倒是相对轻松闲散，管的事情也少一些。公务之余，能跟家人生活在一起，虽然清贫单调，却也十分悠闲温馨，并且可以安然享受天伦之乐。

结交诗友

刘长卿重情义，爱交友。在梅城期间，他不仅与老朋友常有交往，还结识了本地的一些新朋友。他住在碧溪坞口，出门不远处是蛇浦桥（后来改称佘浦桥，俗称老虎桥），过桥后就到东馆码头。在走水路交通的年代，他的“碧涧别墅”倒是接待友人的好处所。舒州司马皇甫曾、越州诗人严维等老朋友多次乘船来梅城看望他，给他很多的支持与鼓励。他与流寓睦州的越州诗人秦系、睦州诗人章八元交往甚密。与诗人李嘉祐、皇甫冉、张夏、包佶、朱放等，也都有广泛的交流和诚挚的友情。

中唐时期，文人之间的交往，注重以赠诗酬和的方式。刘长卿在梅城时，写过《对酒寄严维》《七里滩重送严维》《蛇浦桥下重送严维》《送严维赴河南充严中丞幕府》等四首诗送给越州诗人严维；写过《酬秦系》《赠秦系》《见秦系离婚后出山居作》《赠秦系征君》《秦系顷以家事获谤，因出旧山，每荷观察崔公见知欲归未遂，感其流寓，诗以赠之》《夜中对雪赠秦系，时秦初与谢氏离婚，谢氏在越》等六首诗给流寓睦州的越州诗人秦系；写过《酬张夏》《酬张夏别后道中见寄》《酬张夏雪夜赴州访别途中苦寒作》三首酬张夏。还给其他友人写了许多酬唱诗篇。

刘长卿最早于唐上元二年（761）最迟至唐大历二年（767）在越州游历。刘长卿跟越州诗人秦系过从甚密。在睦州时，刘长卿写过《赠秦系征君》一诗：“群公谁让位？五柳独知贫。惆怅青山路，烟霞老此人。”刘长卿不但写出秦系的“征君”形象，而且将秦系比作陶渊明，为秦系不得其位而不平，其中不无自己曾被贬谪的感慨。据《新唐书·隐逸传》，秦系于“天宝末，避乱剡溪，北都留守薛兼训奏为右卫率府仓曹参军，不就”。可见，刘长卿写这首诗时，秦系尚在剡县，以“征君”相称，不无道理。秦系当有和诗，可惜没有保存下来。刘长卿任睦州司马以后，与秦系依然有诗歌往还。秦系的《耶溪书怀寄刘长卿员外》诗曰：“时人多笑乐幽栖，晚起闲行独杖藜。云色卷舒前后岭，药苗新旧两三畦。偶逢野果将呼子，屡折荆钗亦为妻。拟共钓竿长往复，严陵滩上胜耶溪。”秦系以自我欣赏的态度，向远在睦州的刘长卿倾谈了自己的幽居生活，并提出往访睦州的希望。按理，刘长卿必有和诗，但《刘随州集》并没有保存下来。刘长卿有《酬秦系》

一诗:“鹤书犹未至,那出白云来?旧路经年别,寒潮每日回。家空归海燕,人老发江梅。最忆门前柳,闲居手自栽。”从题目看,秦系应先有一诗寄给刘长卿,刘长卿才答以此诗,不过原诗也散失了。刘长卿还有《赠秦系》一诗:“向风长啸戴纱巾,野鹤由来不可亲。明日东归变名姓,五湖烟水觅何人?”亦当写在睦州任上。刘长卿劝秦系生活得现实一些,而自己内心却并不好受,好友间的拳拳之意,溢于言表。

李穆,刘长卿之婿也。诗寄刘长卿云:“处处云山无尽时,桐庐南望转参差。舟人莫道新安近,欲上潺湲行自迟。”当时,刘长卿在新安郡。刘长卿答云:“孤舟相访至天涯,万转云山路更赊。欲扫柴门迎远客,青苔黄叶满贫家。”

刘长卿离开随州后,大约流寓江州,晚岁入淮南节度使幕。约卒于唐贞元五年(789)前后。《全唐诗》收刘长卿诗五卷,《全唐诗外编》及《全唐诗续拾》补诗二首。刘长卿作品有集,称《刘随州集》,《唐诗汇评》称十卷,《唐诗大辞典修订本》称十一卷。

五言长城

作为中唐诗人,刘长卿诗作丰厚、流传甚远、影响较大。刘长卿诗调雅畅,甚能炼饰。其自赋,伤而不怨,足以发挥风雅。权德舆称为“五言长城”。刘长卿尝谓:“今人称前有沈、宋、王、杜,后有钱、郎、刘、李。李嘉佑、郎士元何得与余并驱。”每题诗不言姓,但书“长卿”,以天下无不知其名者云。常与其唱和的章八元创作的《酬刘员外月下见寄》云:“夜凉河汉白,卷箔出南轩。过月鸿争远,辞枝叶暗翻。独谣闻丽曲,缓步接清言。宣室思前席,行看拜主恩。”刘长卿云:“贫家唯好月,空愧子猷过。”

作为监察御史,刘长卿骨鲠直言、敢于上谏,秉性孤介,多忤权贵,是一名忠贞履职、不惮上差的正直言官。正因为不善于阿谀奉承、见风使舵,所以,他屡遭贬谪。但尽管如此,并没有改变他的为人品格与为官风格。《唐诗记事》云:刘长卿,字文房,至德监察御史,以检校祠部员外郎为转运使判官,知淮南鄂岳转运留后,鄂岳观察使吴仲孺诬奏,贬潘州南巴尉,会有为之辩者,除睦州司马,终随州刺史。以诗驰声上元、宝应年间。

唐朝谏议大夫陆贽

陆贽(754—805),字敬舆。苏州嘉兴(今浙江省嘉兴市)人。唐朝著名政治家、文学家、政论家,曾任谏议大夫。溧阳县令陆侃第九子,人称"陆九"。2015 年 9 月 11 日,习近平总书记在十八届中央政治局第二十六次集体学习时的讲话中强调:"唐德宗时期有一个宰相叫陆贽,他严于律己,任何礼物一概拒绝。"①赞誉唐代贤相陆贽的清廉正直。同年 10 月 29 日,在党的十八届五中全会第二次全体会议上,习近平总书记谈到深刻认识全面建成小康社会决胜阶段形势时,引用陆贽的《论缘边守备事宜状》中的一句话:"知其事而不度其时则败。"②告诫我们要正确认识经济新常态下,我国经济面临的国内和国际形势,对我国经济发展做出正确评估和判断,促进经济发展保持良好态势。2019 年 6 月 24 日,在十九届中央政治局第十五次集体学习时,习近平总书记又引用了《资治通鉴》中记载的陆贽上书唐德宗的一句话:"惟以改过为能,不以无过为贵。"③要求大家不要怕犯错,做到有错能改,还要及时改正,以免积重难返。

陆贽为唐代宗大历八年(773)进士,中博学宏词科。唐德宗即位,由监察御史召为翰林学士。"泾原兵变"后,随德宗出逃奉天,起草诏书,情词恳切,"虽武人悍卒,无不挥涕激发"。贞元七年(791),拜兵部侍郎。贞元八年(792),迁中书侍郎、同平章事。为相时,指陈弊政,废除苛税。贞元十年(794),遭构陷后罢相。永贞元年(805)在忠州去世,年五十二。追赠兵部尚书,谥号"宣"。

陆贽为中唐贤相,其学养才能、品德风范,深得当时及后世称赞。权

① 《十八大以来重要文献选编》(中),北京:中央文献出版社,2016,第 677 页。

② 《十八大以来重要文献选编》(中),北京:中央文献出版社,2016,第 823 页。

③ 习近平:《习近平谈治国理政》(第三卷),北京:外文出版社,2020,第 531 页。

德舆比之为西汉名臣贾谊；苏轼认为他是“王佐”“帝师”之才，文辩智术超过西汉谋臣张良。陆贽工诗文，尤长于制诰政论。所作奏议，多用排偶，条理精密，文笔流畅。权德舆称其“榷古扬今，雄文藻思”。《全唐诗》存其诗，还有《陆宣公翰苑集》及《陆氏集验方》传世。

家道中落

陆贽曾祖父陆齐望，唐玄宋开元十八年(730)中进士，官至秘书监，封润国公。开元年间由吴郡吴县徙居嘉兴县，其子孙入籍嘉兴。陆贽的祖父陆灞，官至吏部郎中，仍居嘉兴。

陆贽生于唐玄宗天宝十三年(754)，相传出生在苏州嘉兴城内甜水井(今浙江省嘉兴市区斜西街东首)。陆氏自东汉末年即为江南望族，但到陆贽出生前家门已衰落。其父陆侃曾任溧阳(今江苏省溧阳市)县令，后因陆贽显贵，被赠为礼部尚书。陆侃早逝，陆贽幼年受母亲韦氏教导成长，时人称之为“陆九”。他有独立见解和操守，与众不同，学习儒学十分勤苦，学业日益精进。

监察御史

唐大历六年(771)，十八岁的陆贽中进士，又应博学宏词科考试得高第，授华州郑县县尉，后被免职回乡。寿州刺史张镒名望很高，陆贽前往谒见。交谈三日之后，张镒认为陆贽是奇才，请与他结为忘年交。陆贽告辞时，张镒赠钱百万，说：“请作为太夫人一日饭食的费用。”陆贽不肯接受，只收了一包茶叶，说：“斗胆不收您赠送的厚礼。”他凭文牍判词写得出类拔萃，补任渭南县主簿(《新唐书》作渭南县尉)，后迁任监察御史。

唐德宗李适即位后，派黜陟使庾何等十一人巡视天下。陆贽游说使者，请求用“五术”察看风俗民情，“八计”考察地方官政绩，“三科”选拔才智出众的人才，“四赋”管理财政，“六德”安定疲困的人，“五要”精减官员。唐德宗还在做太子时就听说过陆贽的名声，此时任命他为翰林学士，调任祠部员外郎。陆贽性情竭忠尽心，担任近侍之职后，感念唐德宗重用了解自己，想有所作为效力报答，所以政事上的缺失，无论大小他一定陈述，因此唐德宗更加厚待陆贽。

建中四年(783)，泾原军发动兵变，占领长安(今陕西省西安市)，拥立前太尉朱泚僭越称帝，陆贽随唐德宗避乱奉天(今陕西省乾县)，转为考功司郎中。兴元元年(784)朔方节度使李怀光叛乱时，又扈从唐德宗逃往梁州(今陕西省汉中市)，转任谏议大夫。陆贽自从任翰林学士后，即参赞机要事务，负责起草文诏，甚得唐德宗倚重。朝政千头万绪，大量诏书均由陆贽起草，他疾笔如飞，但凡所议论陈列的，没有不曲尽情理的。在艰难的日子里，虽然有宰相，但是无论大事小事，唐德宗一定要与陆贽商量，时人称他为“内相”。唐德宗无论到哪里去，也一定要有陆贽伴随。由于梁州、洋州道路险恶难行，唐德宗曾经与陆贽失散。过了一夜，陆贽还没有回来，唐德宗震惊忧愁，以至于哭泣，下令能找到陆贽的人赏赐一千金。过了许久，陆贽才到，唐德宗非常高兴，太子李诵等人纷纷来贺。然而，陆贽常常直言谏诤，有违唐德宗的意旨。奸臣卢杞虽被贬官，但唐德宗心中还是庇护他。陆贽极力陈诉卢杞的奸邪导致变乱，唐德宗表面上虽然同意，心中却很不高兴。刘从一、姜公辅都从小官晋升为宰相，陆贽虽然得到唐德宗极大的恩宠和知遇，却没有出任宰相。

回到京城后，陆贽任中书舍人，仍任翰林学士。他的母亲韦氏仍然在江东，唐德宗派宦官接韦氏回京，“缙绅荣之”。

贞刚清廉

贞元三年(787)，陆贽母亲去世，陆贽按例守墓丁忧，要守制三年。各地藩镇都纷纷赠送厚礼，数量达几百份，有意巴结这位“内相”，但是陆贽说:“我母亲去世，是我私人的事，诸位与我非亲非故，仅只是官场上交往才熟悉，我母亲去世与诸位无关，厚馈的奠礼我是绝对不收的，请诸位拿回去吧!”结果陆贽一无所取。丁忧时，陆贽生活相当贫困。他为了节省开支，一直蜗居在洛阳嵩山丰乐寺里。各方面赠送的礼物一概不收，只有剑南西川节度使韦皋是贫贱时的故交，韦皋事先通报说所送的礼物是唐德宗命令他收的，陆贽才收下。靠着好友韦皋的按月资助，才度过治丧、营葬、守制等几道经济难关。唐德宗又命宦官把陆贽父亲陆侃的灵柩从嘉兴护送到洛阳安葬。

守丧期满后，陆贽以权知兵部侍郎之职被起复，又任翰林学士。陆贽入朝谢恩时，拜伏在地抽泣，唐德宗也为之动容，起身抚慰。此后，陆贽所受的礼遇更加优厚，天下的人认为他能当宰相。但宰相窦参对他一向心怀不满，陆贽也多次向唐德宗报告窦参贪污纳贿，二人因而不和。

贞元七年(791)，陆贽被罢去翰林学士之职，拜为兵部侍郎、知贡举。贞元八年(792)，窦参被免去相位，陆贽拜中书侍郎、同平章事，正式出任宰相。

陆贽执政期间，公忠体国，励精图治，具有远见卓识。在当时社会矛盾深化，唐朝面临崩溃的形势下，他指陈时弊，筹划大计，为朝廷出了许多善策。他对唐德宗忠言极谏，建议德宗李适了解下情，广开言路，纳言改过，轻徭薄赋，任贤黜恶，储粮备边，消弭战争。这些建议有些为唐德宗采纳，化为实际政策。特别是在藩镇叛乱、举国动摇的情势下，陆贽规劝唐德宗下诏罪己，为其起草了诚挚动人的诏书并颁行天下，前线将士为之感动，有的听到后痛哭，叛乱者上表谢罪。由于他善于预见，措施得宜，力挽危局，唐朝摇摇欲坠的局面得以转危为安。

陆贽秉性贞刚，严于律己，自许"上不负天子，下不负所学"，以天下为己任，敢于矫正人君的过失，揭露奸佞误国的罪恶。他认为立国要以民为本，对"富者兼地数万亩，贫者无容足之居"的尖锐对比，深为愤慨，同情人民的悲惨生活。他力劝德宗爱人节用，轻徭薄赋，反对横征暴敛，主张使"一代黔黎，跻富寿之域"，享太平之世。

陆贽为相期间，与地方藩镇官员的交往向来一尘不染。唐德宗却嫌他"清慎太过"，担心妨碍公务，便劝他即使不收钱财，小礼物还是可以收一点的。唐德宗曾命翰林学士顾少林口传密旨，告诉陆贽"清慎太过，都绝诸道馈遗，却恐事情不通。如不能纳诸财物，至如靴鞭之类，受益无妨"。唐德宗此话对当时腐败丛生的官场来说，确实也是实话实说。不料却引出了陆贽两千多字的奏章说明天子不该劝宰臣纳贿。陆贽说，公卿大臣、方岳连帅之间的交往，难道一定要靠财物的赠送，才能说有交情？如果是这样的话，那么将要产生很可怕的后果，长此以往，国将不国。他一针见血地指出，"伤风害礼，莫甚于私；暴物残人，莫大于赂"。他的这篇义正词严的宏论，驳得唐德宗无话可说。

陆贽执政时，怀疑驾部员外郎李吉甫结交朋党，将他贬为明州长史。后来陆贽遭到裴延龄的构陷排挤，被贬忠州。裴延龄欲加害陆贽，便起用李吉甫为忠州刺史，陆贽的兄弟门人为此担忧不已。李吉甫却不记前仇，以对待宰相的礼节对待陆贽，与他相处甚欢。陆贽起初感到羞愧恐惧，后来逐渐与李吉甫结为至交。

广开言路

陆贽非常推崇唐太宗，尤其是对唐太宗从谏如流的政治风度特别赞赏，认为“太宗有经纬天地之文，有底定祸乱之武，有致理太平之功”，而“从谏改过为其首焉”。陆贽将“谏而能从，过而能改”视为“帝王之大烈”，把对于纳谏作用的认识，提到一个空前未有的高度。可是，唐德宗却对纳谏一无所知，他“严邃高居”，很少“降旨临问”，以致出现了“变乱将起，亿兆同忧，独陛下恬然不知，方谓太平可致”的可悲局面，这是非常危险的。鉴于这种情况，陆贽对君主纳谏这个问题进行了极为认真的总结，从理论上做了比前人更为详细、具体的分析。他上书唐德宗，力陈要“广咨访之路，开谏诤之门，通壅郁之情，宏采拔之道”。要召见群臣“备询祸乱之由，各使极言得失，不能当耳目闭塞的孤家寡人”。并进一步指出世界广大，社会复杂，“以一人之所览，而欲穷宇宙之变态”是不可能的。只有虚受广纳，勤与接下，“总天下之智以助聪明，顺天下之心以施教令”，才能使下情上传，上情下知，君臣一致，政权巩固。

陆贽认为，要使谏路畅通，必须克服堵塞谏路的九种弊病。其中上有其六，而下有其三。君主的六种弊病是：好胜人，耻闻过，骋辩给，炫聪明，厉威严，恣强愎。臣下的三种弊病是：谄谀、顾望、畏懦。九弊之所以阻塞谏路是因为：君主好胜就一定嫉恨直谏，这样下边谄谀的人就顺情说好话，而真实情况就听不到了；骋辩给就必然不让人把话说完就给顶回去；炫聪明就必然自以为是地加以猜测而怀疑别人欺诈，这样顾望的人便不敢多说话，而一些有深刻道理的见解就不能尽言；厉威严就一定不能和颜悦色地待人接物；恣强愎就一定不能承认自己的过错而接受劝告，这样下边畏懦的人避免进言得罪，而一些合情合理的意见就得不到发表。所以必须克服这九种弊病以广谏诤之路。要“以求过为急，以能改过为善，以得闻其过为明”，使臣下敢于尽言。陆贽认为，谏者多，才能表明君主喜欢纳谏；谏者直，才能表明君主的优容大度；谏者冒犯而不罪责，才能表明君主的容忍宽恕。“唯恐谠言之不切”，这样才能使谏路畅通无阻。

受诬被免

陆贽为相期间，户部侍郎、判度支裴延龄以谄佞得唐德宗信用，“天下嫉之如仇”。陆贽仗义执言，多次上书参奏裴延龄的罪行。裴延龄日加诋毁陆贽，而唐德宗也不悦陆贽的进言，遂于贞元十年(794)罢陆贽为太子宾客。

陆贽本来谨慎小心，一向不与宾客交往。裴延龄猜到唐德宗对陆贽薄情，趁机进谗言，百般污蔑，唐德宗发怒，想杀掉陆贽，多亏谏官阳城等人一同上奏章替陆贽分辩，才免死降为忠州(今重庆市忠县)别驾。

后来，唐德宗又渐渐思念陆贽，恰逢薛延任忠州刺史，传达唐德宗慰劳的旨意。韦皋多次上奏请求让陆贽代领剑南节度使，但唐德宗仍记恨，不肯授任。

陆贽在忠州十年，常常闭门不出，少有人能见他一面。他一方面为避诽谤流言，不敢著书言事；另一方面也因当地气候恶劣，疾疫流行，于是研习医术，集“古方名方”编录《陆氏集验方》五十卷，供人们治病使用。

流芳千古

作为文学家，陆贽工诗文，尤长于制诰政论。所作奏议，多用排偶，条理精密，文笔流畅。与其同时代的权德舆称其“榷古扬今，雄文藻思”。他以骈文擅名，其骈文对偶齐整，音韵协调，语言流畅，气势极盛。所写诏书、奏议等，善于将诚挚的感情同精当的议论融合在一起，因而具有感人的力量。他为唐德宗起草的《奉天改元大赦制》，情词恳切，深自痛责，“行在诏书始下，虽武人悍卒，无不挥涕激发”。他写的奏议《均节赋税恤百姓六条》《论裴延龄奸蠹书》，都是数千字以至近万字的政论文，分析朝政时事，剖明是非得失，情理结合，兼有骈文和散文的长处。陆贽不是古文家，但他的作品体现了当时骈文向散文转化的趋势。

作为政治家，陆贽政治理想比较高远，但他的政治才能没有得到充分施展。尽管如此，他的政治理想、奏议深刻影响了后人。贞元八年(792)，他主持进士科试，韩愈、欧阳詹、李观等八人登第，时称“龙虎榜”，誉为“天下第一”，而他便为韩愈等人座师。宋代苏轼的奏议，也深受他的影响。

苏轼盛赞陆贽“才本王佐，学为帝师”。“论深切于事情”，“智如子房而文则过，辩如贾谊而术不疏，上以格君心之非，下以通天下之志……使德宗尽用其言，则贞观可得而复”。并把陆贽的奏议文集进呈给宋哲宗说：“若陛下能自得师，莫若近取诸贽。”“圣言幽远如山海之崇深，难以一二而推择，而贽之论，开卷了然，聚古今之精英，治乱之龟鉴。”南宋也有人把陆宣公的奏议进呈给皇帝，说：“斯皆治道之急务”，“无片言不合于理，靡一事或失于机，策之熟，见之明，若烛照”。希望皇帝把它“置之坐隅”，以引为鉴戒。直到明清，一些政治家对陆贽仍颂声不绝。明末清初的著名学者王夫之认为“唐室为之再安，皆敬舆悟主之功也”，范文澜《中国通史》称“陆贽是唐朝中期卓越的政治家”，这个评价是当之无愧的！

作为监察御史及由此出身的宰相，他思想深邃、公忠体国、敢于言事，弥补了唐德宗不少的缺憾。他曾提出巡视天下、考察干部、加强廉政的一整套具体措施与办法，如：用“五术”察看风俗民情，“八计”考察地方官政绩，“三科”选拔才智出众的人才，“四赋”管理财政，“六德”安定疲困的人，“五要”精减官员，等等。韩愈曾评论说：“贽之为相，常以少年入翰林，得幸于天子，长养成就之，不敢自爱，事之不可者皆争之。”这说明陆贽无论为御史，抑或为宰相，都秉公议事，贡献自己的智慧和力量，以有益于国家与天下。

公生明廉生威(黄章华篆刻)

唐朝左拾遗白居易

白居易(772—846),字乐天,号香山居士,又号醉吟先生,祖籍山西太原(今山西省太原市),到其曾祖父时迁居华州下邽(今陕西省渭南县东北),生于河南新郑。他是唐代伟大的现实主义诗人,唐代三大诗人之一。白居易与元稹共同倡导了唐代中期的"新乐府运动",世称"元白",又与刘禹锡并称"刘白"。白居易曾任杭州刺史,有修筑西湖堤防、疏浚六井等政绩,曾写出《忆江南》(三首)、《钱塘湖春行》等脍炙人口的诗词,对杭州、对西湖充满了感情,离别时直抒胸臆地咏道:"未能抛得杭州去,一半勾留是此湖。"白居易人称"诗魔",唐朝著名政治家,但鲜为人知的是,白居易早年从政是从左拾遗一职开启的。这是一位官居左拾遗,又曾担任杭州刺史的外省籍官员。毛泽东特别喜爱白居易的《长恨歌》《琵琶行》,生前多次读过,至少有五次在各种版本上留有圈点,且手书过《长恨歌》《琵琶行》。1975 年 5 月,毛泽东指示有关人员注释和印制大字本的白居易《琵琶行》。① 习近平总书记于 2014 年 6 月 13 日在中央财经领导小组第六次会议上的讲话中曾指出:"唐代诗人白居易说过:'天育物有时,地生财有限,而人之欲无极。以有时有限奉无极之欲,而法制不生其间,则必物暴殄而财乏用矣。'"②

白居易于唐德宗贞元十六年(800)二十九岁时中进士,任秘书省校书郎。唐宪宗元和元年(806),白居易罢校书郎。同年四月试才识兼茂明于体用科,及第,授盩厔县(今西安市周至县)尉。元和二年(807),任进士考

---

① 《毛泽东年谱(一九四九—一九七六)》(第六卷),北京:中央文献出版社,2013,第 588 页。

② 《习近平关于社会主义生态文明建设论述摘编》,北京:中央文献出版社,2017,第 118 页。

官、集贤校理，授翰林学士。元和三年(808)任左拾遗，迎娶杨虞卿从妹为妻。元和五年(810)改任京兆府户部参军，元和六年(811)母亲陈氏去世，离职丁忧，归下邽。元和九年(814)白居易回长安，授太子左赞善大夫。元和十年(815)，宰相武元衡遇刺身亡，白居易上表主张严缉凶手，被认为是越职言事。其后白居易又被诽谤，遂贬为江州(今江西省九江市)司马，在此创作出《琵琶行》。元和十五年(820)冬，转任主客郎中、知制诰。唐穆宗长庆元年(821)，加朝散大夫，始正式著五品绯色朝服(绯色即朱色，为五品以上官员所用的服色)。转上柱国，又转中书舍人。长庆二年(822)，白居易上书论当时河北的军事，不被采用，于是请求到外地任职，七月被任命为杭州刺史，十月到任。长庆四年(824)五月，任太子左庶子分司东都，秋天至洛阳，在洛阳履道里购宅。唐敬宗宝历元年(825)，被任命为苏州刺史，五月到任。宝历二年(826)因病去职，后与刘禹锡相伴游览于扬州、楚州一带。宝历三年(827)，白居易至长安任秘书监，配紫金鱼袋，换穿紫色朝服(三品以上官员所用的服色)。唐文宗太和二年(828)，转任刑部侍郎，封晋阳县男。太和三年(829)春，因病改授予太子宾客分司，回洛阳履道里。太和四年(830)十二月，任河南尹。太和五年(831)七月元稹去世。太和六年(832)，为元稹撰写墓志铭，元家给白居易润笔的六七十万钱，白居易将之全数布施于洛阳香山寺。太和七年(833)，因病免河南尹，再任太子宾客分司。太和九年(835)，被任命为同州刺史，辞不赴任，后改任命为太子少傅分司东都，封冯翊县侯，仍留在洛阳。唐文宗开成四年(839)十月得风疾。唐武宗会昌元年(841)，罢太子少傅，停俸。会昌二年(842)，以刑部尚书致仕，领取半俸。会昌四年(844)，七十三岁的白居易出钱开挖龙门一带阻碍舟行的石滩。会昌五年(845)，白居易七十四岁，尚在洛阳履道里宅第举行“九老会”，与会者有胡杲、吉旻、郑据、刘真、卢真、张浑、狄兼谟等人。

生逢乱世

唐代宗大历七年(772)正月，白居易出生于河南新郑的一个“世敦儒业”的中小官僚家庭，他自幼“聪慧绝人”“襟怀宏放”。白居易出生六七个月的时候，乳母抱着他在书屏前玩耍，有时指着“无”字和“之”字让他认，他虽口不能言，心已默识。

白居易出生之后不久，家乡便发生了战争。藩镇李正己割据河南十余州，战火烧得民不聊生。白居易两岁时，任巩县县令的祖父卒于长安，紧接着他的祖母又病故。白居易的父亲白季庚先由宋州司户参军授徐州彭城县县令(780)，一年后因白季庚与徐州刺史李洧坚守徐州有功，升任徐州别驾，为躲避徐州战乱，他把家属送往宿州符离安居。白居易得以在宿州符离度过了童年时光。白居易五六岁“便学为诗”，九岁“谙识声韵”，十五六岁“苦节读书”，白居易聪颖过人，读书十分刻苦，读得口都生出了疮，手都磨出了茧，年纪轻轻的，头发全都白了。

白居易二十九岁中进士，三十五岁以优异成绩通过唐宪宗殿试，授盩厔县(今西安周至县)县尉。元和二年(807)十一月，白居易因诗受到唐宪宗赏识，被召入翰林为学士。次年(808)五月，任左拾遗。

拾遗补阙

任左拾遗后，白居易认为自己受到喜好文学的皇帝赏识提拔，十分珍惜这个报效国家的机会，故希望以尽言官之职责报答知遇之恩，决心竭尽平生才识，力图做到朝廷得失无不明察，天下利弊无不陈说，有阙漏必规劝，有过失必进谏。因此频繁上书言事，并写大量的反映社会现实的诗歌，希望以此补察时政，乃至于当面指出皇帝的错误。他在《初授拾遗》一诗中表达了自己的心声：

奉诏登左掖，束带参朝议。
何言初命卑，且脱风尘吏。
杜甫陈子昂，才名括天地。
当时非不遇，尚无过斯位。
况余蹇薄者，宠至不自意。
惊近白日光，惭非青云器。
天子方从谏，朝廷无忌讳。
岂不思匪躬，适遇时无事。

受命已旬月，饱食随班次。
谏纸忽盈箱，对之终自愧。

有一次，唐宪宗觉得荆南（今湖北省一带）节度使裴均为自己当皇帝立下了汗马功劳，便想把裴均调到长安来当宰相。白居易一听到这个消息，气愤得不行，立即上疏朝廷进行阻止，上疏的大概内容是："作为地方节度使，本来平时就不听朝廷使唤，又拥兵自重，再把他们调到长安来，简直是不明智的。再加上裴均人品不好，政绩又不行，在任上没什么作为，反而还要将其调到朝廷任宰相，很是不妥。"在白居易的上疏下，舆论顿时对裴均不利，唐宪宗迫于舆论的压力，最终打消了任命裴均当宰相的打算，不得已将裴均下放到山南东道去当节度使了。裴均去了地方后，还是不死心，便想方设法讨好宪宗皇帝，有一次给唐宪宗送了一千五百两银器（银做的杯盘）。白居易知道后，便又急着上疏称裴均送银器是有野心，皇帝不应该接受。唐宪宗听了，气得咬牙切齿，但又不得不接受白居易的谏言。

元和三年（808），淮南节度使王锷以巨款重贿宦官，欲求官位。白居易认为，王锷既无"清望"，又无"大功"，德不配位。他向朝廷上谏，王锷勒索民财进奉，为的是取得自己不配获得的官位，倘若顺遂了王锷的意愿，四方藩镇纷纷效法，"百姓何以堪之"。此事因此作罢。

元和四年（809），唐太宗时著名大臣魏徵的子孙生活贫困，典押了祖先遗留下来的房宅。淄青节度使李师道为收买人心，欲为魏徵子孙赎买住宅。白居易上谏说，魏徵是先朝著名宰相，当年唐太宗曾经赐宫殿所用建材为他修建正宅，以示特别褒奖，与其他官员的宅第都不一样。魏徵的子孙欲典押，需要的钱也不多，应该由朝廷为其赎买，而不能让李师道掠此美名。于是，唐宪宗诏命用国库钱赎回并禁止其质卖。

元和五年（810）正月，东台（御史台在东都洛阳的分支机构）监察御史元稹从东京洛阳返回长安，途中在敷水驿站留宿，刚刚住下，专横跋扈的宦官刘士元"破驿门呼骂而入，以马鞭击伤稹面"。回京后，刘士元竟恶人先告状，致使元稹遭贬。白居易与元稹同年登制举，深知元稹人品忠直，屡次上疏，认为不可将元稹降职，并详细陈述了理由：其一是元稹自任御史以来，纠举不避权贵，自然也得罪了一些势家，倘若元稹被降职，谁还能为履行“疾恶绳愆”的职责挺身而出。其二是元稹与宦官刘士元的纠纷，罪在刘士元的骄横无礼，现在“中官有罪，未闻处置；御史无过，却先贬官”，恐怕以后中官出使肆意施暴，朝廷命官受了凌辱却不敢言说。其三是元稹曾弹奏严砺、韩皋等方镇守臣，因此“天下方镇，皆怒元稹守官”，将他贬官江陵，便是将他送与方镇，以后就难以监督方镇的举动了。

作为左拾遗，白居易尽忠职守，不计风险，屡次疏谏，对安史之乱以后唐朝面临的诸多困境进行了深刻的揭露和批判，思想深刻，忠勇可嘉。白居易上书言事多获接纳，然而他言事的直接，曾令唐宪宗感到不快而向李绛抱怨：“白居易小子，是朕拔擢致名位，而无礼于朕，朕实难耐。”李绛认为这是白居易的一片忠心，而劝谏宪宗广开言路。宪宗省悟，待白居易如初。

以诗进谏

早在元和初所作《策林》中，白居易就表现出重写实，尚通俗，强调讽喻的倾向：“今褒贬之文无核实，则惩劝之道缺矣；美刺之诗不稽政，则补察之义废矣。……俾辞赋合炯戒讽谕者，虽质虽野，采而奖之。”诗的功能是惩恶劝善，补察时政，诗的手段是美刺褒贬，炯戒讽喻，所以他主张：“立采诗之官，开讽刺之道，察其得失之政，通其上下之情。”

“意气骄满路，鞍马光照尘。借问何为者，人称是内臣。朱绂皆大夫，紫绶悉将军。夸赴军中宴，走马去如云。”这是白居易的组诗作品《秦中吟十首》中《轻肥》的前四联，它形象地揭露了宦官的骄横和奢侈生活，典型地反映了白居易作为一位诗人谏官以诗进谏的鲜明特色和优势。

白居易作诗主要目的只有一个，那就是补察时政。所以他强调：“总而言之，为君、为臣、为民、为物、为事而作，不为文而作也。”白居易文辞丰富艳丽，尤精于作诗。他以诗歌讽谏，针砭时弊，受到有识之士的赞赏，并往往流传到宫中。白居易主张“唯歌生民病，愿得天子知”。唐宪宗即位初始，君明臣贤，屡降诏书，询问民间疾苦。此时，白居易恰好被提拔入翰林院，每月领取书写奏疏的纸张，他的谏疏多以救济百姓疾苦、弥补政务阙漏为宗旨，而那些难于明言的，便写成诗歌，以这种独特的方式尽量上达朝廷，以助治理国事，尽到谏官职责。他在《与元九书》中回顾早年的创作情形说："自登朝来，年齿渐长，阅事渐多，每与人言，多询时务；每读书史，多求理道，始知文章合为时而著，歌诗合为事而作。"

正如白居易对元稹所讲的："凡闻仆《贺雨》诗，众口籍籍，以为非宜矣；闻仆《哭孔戡》诗，众面脉脉，尽不悦矣；闻《秦中吟》，则权豪贵近者，相目而变色矣；闻《登乐游园》寄足下诗，则执政柄者扼腕矣；闻《宿紫阁村》诗，则握军要者切齿矣！"

"皇帝嗣宝历，元和三年冬。自冬及春暮，不雨旱爞爞。上心念下民，惧岁成灾凶……"这是白居易的《贺雨》。元和三年(808)冬到元和四年(809)春，天大旱无雨，唐宪宗因此欲降德音，白居易与大臣李绛上书建议"蠲租税，出宫人，绝进奉，禁掠卖"，唐宪宗都采纳了，结果真的下了一场大雨。白居易感激唐宪宗的虚怀纳谏，欣然作了此诗，并希望"君以明为圣，臣以直为忠。敢贺有其始，亦愿有其终"。

《哭孔戡》歌颂孔子的第三十八世孙孔戡"贤者为生民"的气节。《登乐游园》则巧妙讽刺了小人得志、志士沉沦的奢靡景象。《宿紫阁村》生动揭露了禁军欺压百姓、为所欲为的丑恶行径。

自任左拾遗以来，凡遇事或有感又可用比兴来寄寓褒贬的，白居易皆因事立题，自题为"新乐府"，共一百五十首，称为讽喻诗。白居易集伟大的现实主义诗人和著名谏官于一身，创造性恢复和传承了《诗经》的传统，成为以诗谏言的懿范。

"知吾罪吾，率以诗也。"白居易当初被提拔入翰林院，以诗为谏竭力报效国家，但也因诗开罪势家，以致流离转徙江湖。

贬谪江州

元和十年(815)，宰相武元衡遇刺身亡，白居易上表主张严缉凶手，被认为是越职言事。

唐代自安史之乱以后，地方割据势力(藩镇)越来越根深蒂固，形成一股强大的力量，与唐王朝相对抗。唐宪宗(李纯)元和中，盘踞在淮蔡的节度使吴元济、镇州的王承宗和淄青的李师道，互相勾结，拥兵叛唐。元和十年六月三日，王承宗派遣刺客刺杀主战派宰相武元衡，刺伤御史中丞裴度，引起了一场政治上的轩然大波。当时，唐王朝的宰相为武元衡、张弘靖、韦贯之等人，武为积极主战派，御史中丞裴度也主张用兵，而张、韦两人表面上以不宜同时讨伐两河（河北、河南，即王、吴等）为辞，实际主张绥抚，息事宁人，承认既成事实，而与武元衡意见不合。事情发生以后，朝臣们大为惊恐。而这时白居易不过是东宫的一名闲官，已经不是言官了，但曾担任过左拾遗一职的历史，使之忧国忧民之心仍旧非常强烈。他看不惯那些官僚们的行径，首先向唐宪宗上疏，请求迅急逮捕凶犯。

而就在这时，白居易的母亲外出游览看花，没有注意，不幸掉在井里去世了，白居易在这前后却正巧著有《赏花》及《新井》等新诗。那些无聊的官僚们将这本不相关的事联系起来，认为他母亲去世之时还创作了新井和赏花的诗，毫无伤心和忌讳的表现。这种行为，被认为是大逆不道。

白居易遭到了张、韦等人的不满，并对他加上了“宫官不应当先于谏官言事”和“伤名教”的罪名。前一件事，东宫闲官抢在谏官之前议论朝政被认为是一种僭越行为；后一件事，母亲丧事之际还在娱乐，有伤孝道。这两种罪加起来，于是，朝廷打算将之贬官到长江以南边远地区去做刺史。但是，事情并没完，中书舍人王涯利用自己的职权（有权驳回皇帝下达的诏书），说他的罪太大，不宜做一州之长。这样，从六月初到七月，这件事经过朝廷反复酝酿、制诏，两次下令，后又追回前诏，另下一道圣旨，让他做一名江州的副职——司马。在这里，白居易写下了“同是天涯沦落人，相逢何必曾相识”的诗句，表达了自己的愤懑之情。

贬谪江州是白居易一生的转折点：在此之前他以“兼济”为志，希望能做对国家人民有益的贡献；至此之后他的行事渐渐转向独善其身，虽仍有关怀人民的心，表现出的行动却已无过去的激情了。

造福苏杭

长庆二年（822），白居易被贬为杭州刺史。作为谏官、士大夫，白居易“志在兼济”，在杭州任职期间，他见杭州有六口古井年久失修，便下大力主持疏浚，组织群众重新浚治了唐朝大历年间杭州刺史李泌在钱塘门、涌金门一带开凿的六口井，解决了杭州人饮水问题，有效改善了居民的用水条件。

当时，西湖淤塞、农田干旱，造成杭州一带旱灾比较严重，但是当地人无钱疏浚西湖以蓄水灌溉农田。他到任后力排众议，修筑堤坝水闸，增加湖水容量，解决了钱塘（今杭州）、盐官（今海宁）之间数十万亩农田的灌溉问题，舒缓旱灾所造成的危害。白居易还规定，西湖的大小水闸、斗门在不灌溉农田时，要及时封闭；发现有漏水之处，要及时修补。离任前，他还特意留下一笔资金作为治理西湖的周转金，并刻石《钱塘湖石记》，将治理湖水的过程和做法明示后人，对西湖的治理产生了长远的影响。

清代陈树基《西湖拾遗》卷三《白香山重开镜面》对白居易治理疏通西湖有详细记载："自六井凿通之后，果然水泉清淡，万姓不受咸苦之害，遂致生聚渐繁，居民日富。凋敝人情，转变作繁华境界，却还无人料理到西湖上去。不意邺侯去任之后，后官只管催科，并不问及民间疾苦，日积月累，遂致六井依然湮塞，民间又饮咸苦之水，生聚仍复萧条。那西湖冷淡是不须说了。直到长庆中，杭州又来了一个大有声名的贤刺史，方才修复邺侯的旧迹，重洗刷出西湖的新面目来，成为东南胜境。这贤刺史是太原白乐天，名居易。"当白居易在杭州任职时，元稹亦从宰相转任浙东观察使，浙东、杭州相去并非太远，因而二人之间有许多往还的赠答诗篇。当白居易任满离开杭州时，元稹要求白居易交出全部的作品，编成《白氏长庆集》五十卷。

宝历元年（825），白居易迁转为苏州刺史。在苏州刺史任内，他继续兴修水利，开凿了一条长七里，西起虎丘东至阊门的山塘河，并在河北修建道路，叫"七里山塘"，简称"山塘街"，便利了苏州的水陆交通。

有口皆碑

白居易一生信奉"穷则独善其身，达则兼济天下"的哲学。他在《与元九书》中明确说："仆志在兼济，行在独善。奉而始终之则为道，言而发明之则为诗。谓之讽喻诗，兼济之志也；谓之闲适诗，独善之义也。"当时的宫禁官署、道观寺庙、驿站旅舍的墙壁上，到处题写着他的诗；从王侯公卿到童仆奴婢，人人口中吟诵着他的诗；学童们诵习的都是"白乐天、元微之诗"（乐天是白居易的字，微之是元稹的字）。人们还将他的诗缮写刻印，在街市上叫卖。更有甚者盗取他的姓名，将不是白居易的诗系在他的名下，真假杂糅，无可奈何。元稹感叹地说，从有诗文创作以来，还没有这样广为流传的。可以说，白居易因诗流芳百代。但同时，白居易也是一位杰出的政治家，他起步于翰林学士，建功于左拾遗，后来几经起伏，官至刑部侍郎，封晋阳县男，对唐代中期的政治发展产生了重要影响。

会昌六年(846)八月十四日，白居易去世于洛阳，享年七十五岁，赠尚书右仆射，谥号“文”，葬于洛阳香山。白园是白居易的墓园，位于龙门东山的琵琶峰。白居易在诗里曾说，“门前有流水，墙上多高树。竹径绕荷池，萦回百余步”。白园迎门的是青谷区。夹道两旁是青色的竹子，悬瀑溅出悦耳的水声，荷花飘送着夏日的清凉。听伊亭和松风亭模仿唐代的建筑设计。墓体区在琵琶峰顶，有墓冢和自然石卧碑等。

白居易去世后，唐宣宗追思不已，写下《吊白居易》一诗悼念他：

缀玉联珠六十年，谁教冥路作诗仙。
浮云不系名居易，造化无为字乐天。
童子解吟长恨曲，胡儿能唱琵琶篇。
文章已满行人耳，一度思卿一怆然。

《旧唐书》《新唐书》分别为他作传，《资治通鉴》也以大量的笔墨在十多处地方记载了他的事迹，特别是浓墨重彩地记载了他作为左拾遗的谏言故事。《新唐书》对白居易的人品给予极高的肯定：“观居易始以直道奋，在天子前争安危，冀以立功。虽中被斥，晚益不衰。当宗闵时，权势震赫，终不附离为进取计，完节自高。而稹中道徼险得宰相，名望漼然。呜呼！居易其贤哉！”

清乾隆皇帝敕编的《唐宋诗醇》对白居易的诗文与为人均给予极高的评价，认为白居易“实具经世之才”，并认为官员应以白居易的诗“救烦无若静，补拙莫如勤”作为座右铭。

可以说，白居易在诗人的身份外，又以政治家、监察官员永载史册。今天的西湖仍有一条白沙堤，两岸杨柳婆娑，是西湖的著名景点，后人为了纪念白居易，亲切地称之为“白公堤”。在白公堤旁、孤山东南麓还建有白苏二公祠，游人们常到此参观白居易勤政恤民事迹。

唐朝监察御史刘禹锡

刘禹锡(772—842),字梦得,河南洛阳人,自称"家本荥上,籍占洛阳",其先祖为中山靖王刘胜,故又自言系出中山。为避安史之乱,随父寓居苏州嘉兴(今属浙江省嘉兴市),一说出生在嘉兴。唐朝文学家、哲学家,有"诗豪"之称。毛泽东十分喜爱刘禹锡的诗句,1961 年 9 月 16 日,他应庐山管理局党委书记楼绍明的要求,书赠刘禹锡诗句:"沉舟侧畔千帆过,病树前头万木春。"[①]1965 年 6 月 20 日,毛泽东评价刘禹锡道:"刘禹锡的文章不多,他所作《天论》三篇,主张'天与人交相胜还相用'之说。他反对迷信。刘禹锡可以说是一个朴素的唯物主义者。"[②]刘禹锡是唐朝著名诗人,还是一位官居监察御史,又出生、成长于嘉兴的官员。

刘禹锡于唐德宗贞元九年(793),进士及第,初在淮南节度使杜佑幕府中任记室,为杜佑所器重,后从杜佑入朝,为监察御史。贞元末,与柳宗元、陈谏、韩晔等结交于王叔文,形成了一个以王叔文为首的政治集团,展开了打击宦官势力,革除政治积弊的"永贞革新"。后历任朗州司马、连州刺史、夔州刺史、和州刺史、主客郎中、礼部郎中、苏州刺史等职。会昌时,加检校礼部尚书。卒年七十岁,赠户部尚书。

进士及第

刘禹锡,其祖先为汉景帝贾夫人之子刘胜,七代祖刘亮,事北朝为冀

---

① 《毛泽东年谱(一九四九——一九七六)》(第五卷),北京:中央文献出版社,2013,第 21 页。

② 《毛泽东年谱(一九四九——一九七六)》(第五卷),北京:中央文献出版社,2013,第 502-503 页。

州刺史、散骑常侍，随北魏孝文帝迁都洛阳。父刘绪因避安史之乱，举族东迁，寓居嘉兴。其父、祖均为小官僚，父刘绪曾在江南为官，刘禹锡在江南度过了青少年时期。他很小就开始学习儒家经典和吟诗作赋，既聪明又勤奋，在作诗方面，曾得当时著名诗僧皎然、灵澈的熏陶、指点。

贞元六年(790)十九岁前后，刘禹锡游学长安，在士林中获得很高声誉。

贞元九年(793)，与柳宗元同榜进士及第，同年登博学宏词科。两年后再登吏部取士科，释褐为太子校书，不久丁忧居家。在任上，刘禹锡纵论汉史道："东汉自桓、灵二帝起，外戚、宦官相继干政，天下沸腾，两次党锢之祸压制了士林清流，黄巾之乱严重动摇了国本，平叛战争却造成了更危险的军阀割据之局面，最终导致了汉王朝的灭亡。"每论及此，联想到当世宦官得势、藩镇割据、国力空虚、皇权不张，未尝不扼腕叹息。

贞元十六年(800)，杜佑以淮南节度使兼任徐泗濠节度，辟刘禹锡为掌书记。后随杜佑回扬州，居幕期间代杜佑撰表状甚多。

贞元十八年(802)，调任京兆府渭南县主簿，不久迁监察御史。当时，韩愈、柳宗元均在御史台任职，三人结为好友，过从甚密。

擢升御史

贞元十九年(803)，杜佑自淮南入朝，拜检校司空，同中书门下平章事，实掌相权。这再次成为刘禹锡擢升的契机。在杜佑的关注下，御史中丞李汶奏刘禹锡清正廉洁、官声上佳，辟为监察御史。监察御史虽品秩不高，为正八品，但其执掌分察百僚，巡按郡县，纠视刑狱，肃整朝仪等实权，因此，也称"八品宰相"，许多二三品大员在街头见到监察御史，也得下轿回避。刘禹锡刚过而立之年便获得如此要职，心花怒放，心想自己从此可以施展青云之志了。兴奋之情溢于言表。他写下《望赋》以表达此时的心境："望如何其望且欢！登灞岸兮见长安。纷扰扰兮红尘合，郁葱葱兮佳气盘。池象汉兮昭回，城依斗兮阑干。避御史之骢马，逐幸臣之金丸。"

刘禹锡与柳宗元、韩泰等时常一起在韦夏卿府中听名士施士匄讲《毛诗》。施士匄讲学挥洒自如、随心所欲，绝异于前代经师之拘泥古板，他以丰富的学识和辩证的思考重新梳理毛注中的《诗经》，饶有趣味，令人耳目一新。刘禹锡和柳宗元、韦执谊、韩泰、王伾等在追随施士匄持经考疑的同时，潜移默化地形成经以致用的学风和独立思考的精神，为他们未来倡导的政治革新，在思想上达成共识，在取向上形成一致。

担任监察御史稍久，刘禹锡便发觉这“八品宰相”其实难为。大唐此时，早已不是纲纪严明、法令威赫。他离开长安六年，这六年中，官风日下、民生凋敝。宦官及其党羽横行于市，根本不在监察御史管辖之内，就连地痞恶霸也多有以宦官为后台，令执法者徒叹奈何。更讽刺的是，德宗皇帝对监察御史们并不信任，命北司宦官刺探百官行止、民间议论，就连御史台也在北司的监视之中。刘禹锡虽有革新之志，却也只能宝剑静卧匣中，以待飞天之时。

因久居长安，刘禹锡、柳宗元便与王叔文等人常常走动，韦执谊亦已升任吏部郎中。在王叔文主导下，越来越多的人聚集在东宫周围。感受到日益澎湃的时代脉动，刘禹锡心中的期望愈烧愈烈，期待着有朝一日可以将满腔的烈焰喷涌而出，焚烧一切腐朽与肮脏。

永贞革新

贞元二十一年(805)正月，唐德宗卒，唐顺宗即位。

顺宗为太子时，即有变革新政之志。原太子侍读王叔文、王伾素有改革弊政之志，这时受到顺宗信任进入中枢。刘禹锡、柳宗元、程异、凌准、韩泰、韩晔、陈谏以及陆质、吕温、李景俭等，也都与二王相结，最终形成一个以“二王刘柳”为核心的革新派。

刘禹锡与王叔文相善，其才华志向尤受叔文器重，遂被任为屯田员外郎、判度支盐铁案，参与对国家财政的管理。这段时间刘禹锡政治热情极为高涨，和柳宗元一道成为革新集团的核心人物。

刘禹锡与革新派主要做了以下几件大事：一是企图抑制藩镇势力，重建中央集权。浙西观察使李锜，原兼诸道盐铁转运使，使“盐铁之利，积于私室，而国用日耗”。至是解其职，将财政大权从藩镇收归中央。剑南西川节度使韦皋派节度副使刘辟求总领三川(即剑南东川、西川及山南西道），并扬言："若与某三川，当以死相助；若不与，亦当有以相酬。"王叔文大怒，欲杀刘辟，刘辟仓皇逃走。二是企图抑制宦官势力，夺回国家军权。先罢禁掠人扰民的宫市及五坊小儿，再减停宫中闲杂人员及内侍多人俸钱，以抑制宦官势力。然后，以右金吾大将军范希朝为京西左、右神策军节度使，度支郎中韩泰为其行军司马，以夺回禁军军权。可惜，当宦官醒悟后，知道"从其谋，吾属必死其手"，于是便密令诸将勿以军权授人，使革新派的计划落空。三是惩贪鄙、用贤能、免苛征、恤百姓。京兆尹道王李实，为唐宗室，残暴掊敛，被贬为通州长史，市井为之欢呼。用能吏杜佑摄冢宰，并兼度支及诸道盐铁转运使。接着还召被贬贤臣郑余庆等回京。郑余庆后任宰相多年，颇有清誉。规定两税外，"不得擅有诸色榷税"；常供外，"不得别进钱物"。并免除百姓积欠的租赋课税，达五十二万六千八百四十一贯（钱）、石（粮）、匹（绢）、束（丝、草）。

但此次革新由于积弊难返，加之种种困难，最终失败。贞元二十一年(805)五月，王叔文因前充度支及盐铁转运副使，加拜户部侍郎，俱文珍等已趁机削去王叔文翰林学士之职。翰林专掌机密诏令，职权甚重。王叔文失去此职，便无法领导变革新政运动。王伾为之一再疏请，也只允许"三五日一入翰林"。形势已经不利。至此，王叔文又因母丧去位，形势更急转直下。

"二王刘柳"集团在短短的执政期间采取了不少具有进步意义的措施，但由于改革触犯了藩镇、宦官和大官僚们的利益，在保守势力的联合反扑下，很快宣告失败。

贬谪生涯

唐顺宗被迫让位于太子李纯，王叔文赐死，王伾被贬后病亡，刘禹锡与柳宗元等八人先被贬为远州刺史，随即加贬为远州司马。行至江陵，再贬连州（今广东省连州市）刺史。同时贬为远州司马的共八人，这就是历史上著名的"八司马事件"。

刘禹锡被贬在朗州前后近十年。其间创作了大量寓言诗，表达了对当朝权贵的极大不满，又写了许多赋来表达自己不甘沉沦的雄心。由于接触当地民间歌谣，从中吸取了营养，他的诗歌创作表现出一些新的特点。在此期间，他还写了多篇哲学论文，最重要的便是与柳宗元《天说》相呼应的《天论》三篇。

元和九年(814)十二月，他才与柳宗元等人奉诏还京。但不久又被贬谪到更远的播州去当刺史，幸有裴度、柳宗元诸人帮助，改为连州刺史。刘禹锡在连州近五年，励精图治，发展农业生产，使连州大治。

元和十一年(816)三月，刘禹锡写了《元和十一年，自朗州召至京，戏赠看花诸君子》诗，以"玄都观里桃千树，尽是刘郎去后栽"诗句得罪执政，被外放为连州刺史。元和十四年(819)，因母丧才得以离开连州。

长庆元年(821)冬，刘禹锡被任为夔州(今重庆市奉节县)刺史。

长庆四年(824)夏，调任和州(今安徽省和县)通判。

宝历二年(826)奉调回洛阳，任职于东都尚书省。从初次被贬到这时，前后共历二十三年。

陋室明志

据史载，刘禹锡在任监察御史期间，曾参加了王叔文的永贞革新，反对宦官和藩镇割据势力。革新失败后，他被贬朗州司马，迁连州刺史及安徽和州县通判。按唐时规定，他应住衙门内三间三厅之房。但和州县的策知县是个势利小人，认为刘禹锡是被贬之人，便给他"小鞋"穿，安排他到城南门外临江的三间小房居住。对此，刘禹锡不以为意，反而根据住地景观写了一副"面对大江观白帆，身在和州思争辩"的对联贴在门上。做贼心虚的策知县见之，甚为恼火，马上将刘禹锡移居别地，并把住房面积减去一半。此房位于德胜河边，岸柳婆娑，山清水秀。刘禹锡见此景色，更是怡然自乐。于是，他又撰写一副对联："杨柳青青江水平，人在历阳心在京。"策知县闻讯后，更加恼怒，又下令将刘禹锡撵到城中一间只能放一床一桌一椅的破旧小房中居住。

半年光景，刘禹锡的"家"被折腾了三次。激愤之中，刘禹锡心中有话，如鲠在喉，不吐不快，遂一气呵成，写了一篇《陋室铭》，并请人刻碑立于门外：

山不在高，有仙则名；水不在深，有龙则灵。斯是陋室，惟吾德馨。苔痕上阶绿，草色入帘青。谈笑有鸿儒，往来无白丁，可以调素琴，阅金经。无丝竹之乱耳，无案牍之劳形，南阳诸葛庐，西蜀子云亭，孔子曰："何陋之有？"

此篇千古佳作，堪谓字字珠玑、错落有致、构思巧妙、寓意深刻。《陋室铭》充分表达了刘禹锡高尚的节操和安贫乐道的生活情趣。

晚年生活

大和元年，刘禹锡任东都尚书。次年回朝任主客郎中写了《再游玄都观绝句》，表现了屡遭打击而始终不屈的意志。以后历官苏州、汝州、同州刺史。从开成元年(836)开始，改任太子宾客、秘书监分司东都的闲职。

会昌元年(841)，加检校礼部尚书衔，世称"刘宾客""刘尚书"。刘禹锡晚年到洛阳，与朋友白居易、裴度、韦庄等交游赋诗，唱和对吟，生活闲适，和白居易留有《刘白唱和集》《刘白吴洛寄和卷》，与白居易、裴度留有《汝洛集》等对吟唱和佳作。此后，他历任集贤殿学士、礼部郎中、苏州刺史、汝州刺史、同州刺史，最后以太子宾客分司东都。

会昌二年(842)，刘禹锡病卒于洛阳，享年七十一岁。死后被追赠为户部尚书，葬在河南荥阳(今河南省郑州市荥阳)。

学术成就

刘禹锡诗文俱佳，涉猎题材广泛，与柳宗元并称"刘柳"，与韦应物、白居易合称"三杰"，并与白居易合称"刘白"，有《陋室铭》《竹枝词》《杨柳枝词》《乌衣巷》等名篇。哲学著作《天论》三篇，论述天的物质性，分析"天命论"产生的根源，具有唯物主义思想。著有《刘梦得文集》，存世有《刘宾客集》。

刘禹锡的文章以论说文成就为最大。一是专题性的论文，论述范围包括哲学、政治、医学、书法、书仪等方面。哲学论文如《天论》三篇，论述了天的物质性，指出天人"交相胜""还相用"的观点，并在当时的科学水平上分析了“天命论”产生的社会根源，在唯物主义思想发展史上有一定的地位。其他方面的论文，如《答饶州元使君书》《论书》《答道州薛郎中论方书书》《答道州薛郎中论书仪书》，都征引丰富，推理缜密，巧丽渊博，雄健晓畅。二是杂文。一般因事立题，有感而发，如《因论》七篇；也有的是“读书有所感，辄立评议”，如《华佗论》《辩迹论》《明贽论》等。这些作品，短小精悍，隐微深切，或借题发挥，针砭现实；或托古讽今，抨击弊政，都具有一定的现实性。刘禹锡认为，自己所长在“论”，韩愈所长在“笔”（《祭韩吏部文》），反映了他对自己的论文的重视。刘禹锡的散文，与他的诗歌一样，辞藻美丽，题旨隐微。柳宗元说他“文隽而膏，味无穷而炙愈出”（刘禹锡《犹子蔚适越戒》引），为切中肯綮的评价。

刘禹锡的哲学思想具有鲜明的唯物主义倾向。主要著作是《天论》三篇。在宇宙论方面，他的唯物主义思想比柳宗元更进步。关于自然与人的关系，刘禹锡提出了天与人“交相胜，还相用”的观点，具有积极的进取精神。

刘禹锡以自然科学为根据，补充了柳宗元的自然观。在对自然界的认识方面，刘禹锡认为整个自然界充满了有形的物质实体，天地之内不存在无形的东西。他批驳了魏晋玄学、佛教和道教关于“空”“无”是宇宙本原的理论，认为“空”是一种特殊的物质形态，“空”不能超越物质形体而独立存在。这是对中国古代唯物主义自然观的重大发展。

由于长期经受磨难，刘禹锡对政治、历史、天道、人生都做过深刻的思考，取得了不朽的成就。他在《子刘子自传》中对自己作了总结评价。自为铭曰：

> 不夭不贱，天之祺兮。重屯累厄，数之奇兮。天与所长，不使施兮。人或加讪，心无疵兮。寝于北牖，尽所期兮。葬近大墓，如生时兮。魂无不亡，庸讵知兮。

《新唐书》称道：“禹锡恃才而废，褊心不能无怨望，年益晏，偃蹇寡所合，乃以文章自适。素善诗，晚节尤精，与白居易酬复颇多。”白居易评之：“彭城刘梦得，诗豪者也，其锋森然，少敢当者。予不量力，往往犯之。夫合应者声同，交争者力敌，一往一复，欲罢不能。繇是每制一篇，先相视草，视竟则兴作，兴作则文成。一二年来，日寻笔砚，同和赠答，不觉滋多。”

万世传颂

作为监察御史，刘禹锡性格刚毅，饶有豪猛之气，故而常常忤逆权贵，遭受贬谪。但他痴心不改，即使在忧患频仍的谪居年月里，感到沉重的心里苦闷，还常常吟出一曲曲孤臣的哀唱，始终不曾绝望，有着一个斗士的灵魂。他曾写下《元和十年自朗州承召至京戏赠看花诸君子》《重游玄都观绝句》以及《百舌吟》《聚蚊谣》《飞鸢操》《华佗论》等诗文，屡屡讽刺、抨击政敌，由此导致一次次的政治压抑和打击，但这压抑打击却激起他更为强烈的愤懑和反抗，并从不同方面强化着他的诗人气质。他说："我本山东人，平生多感慨。"

作为诗人，刘禹锡十分善于作诗。他的诗，无论短章长篇，大都简洁明快，风情俊爽，有一种哲人的睿智和诗人的挚情渗透其中，极富艺术张力和雄直气势。诸如："少年负志气，信道不从时。只言绳自直，安知室可欺。百胜难虑敌，三折乃良医。人生不失意，焉难慕知己。朔风悲老骥，秋霜动鸷禽。出门有远道，平野多层阴。灭没驰绝塞，振迅拂华林。不因感衰节，安能激壮心"（《学阮公体三首》其二），"昔看黄菊与君别，今听玄蝉我却回。五夜飕飗枕前觉，一年颜状镜中来。马思边草拳毛动，雕眄青云睡眼开。天地肃清堪四望，为君扶病上高台"（《始闻秋风》）这类诗句，写得昂扬高举，格调激越，具有一种振衰起废、催人向上的力量。至于其七言绝句，也是别具特色，如："莫道谗言如浪深，莫言迁客似沙沉。千淘万漉虽辛苦，吹尽狂沙始到金。"（《浪淘沙词九首》其八）"塞北梅花羌笛吹，淮南桂树小山词。请君莫奏前朝曲，听唱新翻杨柳枝。"（《杨柳枝词九首》其一）就诗意看，这两首作品均简练爽利，晓畅易解，但透过一层看，便会领悟到一种傲视忧患、独立不移的气概和迎接苦难、超越苦难的情怀，一种奔腾流走的生命活力和弃旧图新面向未来的乐观精神，一种坚毅高洁的人格内蕴。刘禹锡的咏史诗十分为人称道。这些诗以简洁的文字、精选的意象，表现他阅尽沧桑变化之后的沉思，其中蕴涵了很深的感慨，如：《酬浙东李侍郎越州春晚即事长句》《西塞山怀古》《乌衣巷》《石头城》《蜀先主庙》等，都是名篇，后世不断传颂。

唐朝监察御史元稹

元稹(779—831)，字微之，别字威明，河南洛阳人。唐朝宰相、诗人、文学家，曾任左拾遗、监察御史等职。北魏宗室鲜卑拓跋部后裔，北魏昭成帝拓跋什翼犍十九世孙，比部郎中元宽之子，母为荥阳郑氏。元稹是唐朝著名诗人，这是一位曾官居监察御史，又曾担任过浙东观察使的外省籍官员。毛泽东非常喜爱元稹的诗，曾把元稹写的《兔丝》抄给杨开慧。唐朝诗人元稹写的《离思五首》提到："曾经沧海难为水，除却巫山不是云。"毛泽东写的《水调歌头·游泳》一词云："更立西江石壁，截断巫山云雨，高峡出平湖。神女应无恙，当惊世界殊。"[①]自然是想到了元稹的诗句。

元稹聪明过人，少有才名。贞元九年(793)，明经及第，授左拾遗，进入河中幕府，擢校书郎，迁监察御史，一度拜相，在李逢吉的策划下，出任同州刺史，入为尚书右丞。曾奉命出使剑南东川，任浙东观察使。太和四年(830)，出任武昌军节度使。

元稹与白居易同科及第，结为终生诗友，共同倡导了新乐府运动，世称"元白"，形成"元和体"。诗词成就巨大，言浅意哀，扣人心扉，动人肺腑。代表作有传奇《莺莺传》《菊花》《离思五首》《遣悲怀三首》等。他所创作的《莺莺传》因被后人改编为《西厢记》，而成为流芳千古的伟大艺术作品。现存诗八百三十余首，收录诗赋、诏册、铭谏、论议等共一百卷，留世有《元氏长庆集》。元稹不但是著名的诗人、文学家，而且是唐代中期有名的监察御史，是同时期官拜宰相的少数几个才子之一。

---

① 《毛泽东年谱(一九四九—一九七六)》(第二卷)，北京：中央文献出版社，2013，第590页。

直言敢谏

元稹小时候家境苦寒，八岁丧父，家贫无业，靠母亲与兄长乞讨度日，衣不蔽体，食不充肠。元稹幼学之年，不蒙师训，因感邻里儿稚上学，痛哭发愤，愿知《诗》《书》，力求学问。元稹的母亲郑氏出身书香门第，怜子爱书，亲自教授，用瘦弱的肩膀肩负起元稹求学的重担。而元稹天资聪颖，求学用心，进步迅速，九岁即能写文章，唐德宗贞元九年(793)，十五岁应两经科试及第。唐代科举名目甚多，而报考最多的科目则为进士和明经两科。不过两科相比也有难易之分，进士科难，“大抵千人得第者百一二”;明经科“倍之，得第者十一二”，故有“三十老明经，五十少进士”之说，而唐代文人也更为看重进士科。元稹为尽快摆脱贫困，获取功名，选择投考的为相对容易的明经科，一战告捷。及第之初的元稹却一直无官，闲居于京城。但他没有终止勤奋学习。家庭藏书给他提供了博览群书的条件，京城的文化环境和他的广泛兴趣，陶冶了他的文化修养。次年得陈子昂《感遇》诗及杜甫诗数百首悉心读之，始大量作诗。

自此之后，更加苦心为文、夙夜强学，于贞元十八年(802)冬，二十四岁的元稹参加吏部判试入第四等，授秘书省校书郎。元和元年(806)，二十八岁的元稹应制试，和白居易同登才识兼茂明于体用科，元白同及第，登第者十八人，元稹名列第一，授左拾遗。

元稹的好友白居易也曾任左拾遗，唐代左拾遗是设在门下省的官职，意思是国家有遗事，拾而论之，是国家的重要谏官。元稹天性锋锐，居谏官之位，事无不言，数月间上封六七事，唐宪宗亲自召对政事。元稹上书请求朝廷尊儒重教，重视选择贤能之士辅导诸皇子。他引用汉代名儒贾谊的观点，上古三代之君仁爱且久居其位，皆是教育出的结果。昔日唐太宗在藩邸，直到做了太子，遴选德之大者十八人聚集在身边研习。即位之后，即使游宴饮食之际，这十八人也随侍左右。“上失无不言，下情无不达”，不到三四年的时间，唐太宗圣名便超过古之明君。贞观之时，太子师傅皆由宰相兼任，而后代太子、诸王虽有僚属，却日益疏贱，乃至于师傅之官不是闲置不任事的文官，就是失去兵权而不知书的武将。“夫以匹士爱其子，犹知求明哲之师而教之，况万乘之嗣，系四海之命乎！”其谏处处以唐太宗为师，唐宪宗颇嘉纳其言，时召见之。

元稹的谏言得到了史家的高度赞赏，《旧唐书》和《资治通鉴》这两部治唐史必备的典籍，均做了较详细的录述。元稹奉职勤恳，本应受到鼓励，可是因为锋芒太露，触犯权贵，反而引起了宰臣的不满，九月贬为河南县尉。白居易罢校书郎，亦出为县尉。此时，母亲去世，元稹悲痛不已，在家守孝三年。此后，三十一岁的元稹被提拔为监察御史。

宪台敢为

元和四年(809)，元稹拜监察御史，奉命出使剑南东川。初登官场，意气风发，一心为民，报效国家，遂大胆启奏，弹劾故剑南东川节度使严砺违制擅征赋税，又非法籍没涂山甫等吏民八十八户、田宅一百一十一亩、奴婢二十七人、草一千五百束、钱七千贯，并平反了任敬仲等冤案。虽然严砺已死，所辖七州刺史皆遭责罚。元稹的出使“名动三川，三川人慕之”，“其后多以公姓字名其子”。他大胆劾奏不法官吏，平反许多冤案，得到民众的广泛欢迎和崇高赞誉。白居易更是作诗称赞他：“其心如肺石，动必达穷民，东川八十家，冤愤一言伸。”但是，也正因为查办藩镇大案，元稹受到朝中严砺朋党的排挤，回朝不久便被派往东都洛阳御史台任职。东台就是东都洛阳的御史台，用意在于将他排挤闲置。即便遭受到这样的打压，元稹仍然坚持为官之初的原则，秉公执法。同年，正值仕途受挫时，其娴熟聪慧的妻子韦丛盛年而逝，韦丛之死，对元稹打击很大，使他常常夜不能寐。由于难遣伤痛，元稹写下了有名的悼亡诗——《遣悲怀三首》。

当时，天子久不在东都，东都多不法者。浙西观察使韩皋对湖州安吉县令孙澥滥施杖刑，致孙澥死亡；徐州监军使孟昇去世后，节度使王绍护送孟昇丧柩回京，途中违法将棺柩停放在驿站；河南尹诬告书生尹太阶并欲杀之；飞龙使藏匿霸占赵氏亡奴为养子；田季安强娶洛阳良家女子……这样的事前后有几十件，元稹或者奏报，或者弹劾，只用了一年时间便改正了过来，但开罪了不少人，内外权臣都很不高兴，便找借口召令元稹回京。

元和五年(810)正月,元稹因弹奏河南尹房式(开国重臣房玄龄之后)不法事,被召回罚俸。从洛阳返回长安,途中在敷水驿站留宿。恰好,当日晚些时候,宦官仇士良、刘士元也来到驿站。依据当时制度,御史与中官住宿驿站,先来者入住头等客房。元稹据理力争,却遭到仇士良的漫骂,宦官刘士元还蛮横地强行闯入元稹居住的头等客房,并用马鞭击伤元稹面部。唐代中期,宦官正日益得宠,刘士元回京后便恶人先告状,唐宪宗便以"元稹轻树威,失宪臣体"为由,贬元稹为江陵府士曹参军。这是元稹平生第一次被贬,从此开始了他困顿州郡十余年的贬谪生涯。

元稹因才华出众、性格豪爽不为朝廷所容,流放荆蛮近十年。随即白居易也贬为江州司马,元稹量移通州司马。这是元稹一生中第二次遭贬。虽然通州、江州天远地隔,可两人来往赠答,计所作诗,有自三十韵、五十韵直至百韵者。江南人士,驿舍道途讽诵,一直流传至宫中,里巷之人互相传诵,致使市上纸贵。由诗中可知其流离放逐之心境,无不凄婉。

元和十年(815)正月,三十七岁的元稹一度奉诏回朝,以为起用有望。途经蓝桥驿曾题诗留赠命运相似的友人刘禹锡、柳宗元。抵京后,与白居易诗酒唱和,意气风发。元稹收集诗友作品,拟编为《元白还往诗集》,但书稿未成,突然与刘禹锡、柳宗元一同被放逐远州。元和十年(815)三月,元稹"一身骑马向通州",出任通州司马。流落"哭鸟昼飞人少见,伥魂夜啸虎行多"(《酬乐天得微之诗,知通州事,因成四首》)的通州,他"垂死老病",患上疟疾,几乎死去,曾赴山南西道兴元府求医。潦倒困苦中,诗人只能以诗述怀,以友情相互慰藉。在通州完成了他最具影响力的乐府诗歌《连昌宫词》和与白居易酬唱之作一百八十余首。

随着平淮西后的大赦和元稹知己旧识崔群、李夷简、裴度相继为相,逐渐改变了他在政治上长期受压抑的处境。元稹于元和十三年(818)已代理通州刺史,岁末,转虢州长史。元和十四年冬(819),唐宪宗召元稹回京,授膳部员外郎。宰相令狐楚对其诗文深为赞赏,"以为今代之鲍、谢也"。元和十五年(820),唐穆宗继位后,认为"惟直道可以事君,惟至公可以格物",决心启用公忠之士以施政教,他对元稹赞赏有加,称其"顷在宪台,尝推举职,比及迁黜,亦以直闻","心唯体国,义乃忘身"。因宰相段文昌之荐,元稹授礼部郎中、知制诰。唐穆宗为太子时已喜爱元稹诗歌,此时特别器重于他，经常召见，语及兵赋及西北边事，令其筹划。数月后，元稹被召入翰林，擢为中书舍人，翰林承旨学士（负责起草诏书），与已在翰林院的李德裕、李绅俱以学识才艺闻名，时称“三俊”（《旧唐书·李绅传》）。在迅速升迁的同时，元稹陷入了尖锐复杂的政治斗争的漩涡，与李宗闵的积怨爆发，埋下党争的种子。不久，由于误会等原因，裴度弹劾元稹结交魏宏简，元稹被罢承旨学士，官工部侍郎。

当时，皇帝诏书由于世代沿袭，多半已经失于巧俗，但自元稹下笔，遂“一变至于雅，三变至于典谟，时谓得人”。唐穆宗知其为辅弼贤才，寻拜宰相。元稹任相后，正欲行平生之志，恰逢藩镇围困深州，元稹欲用反间之计击败他们。此计却被人诬为别有用意。于是，元稹在仅仅担任了三个月的宰相后，便被贬为同州刺史。这是元稹一生中第三次被贬。

在同州，他严格管束官吏，宽刑爱民，省事节用，做了许多兴利除弊的事，当地百姓的生产生活有了很大改善。长庆三年（823），元稹迁改浙东观察使兼越州刺史，将要离开同州时，同州的老百姓“泣恋如别慈父母”，“遮道不可遏”，开路的官吏费了好大的劲，才终于得行。至唐文宗执政，唐文宗知道了元稹的政绩很高兴，加元稹礼部尚书，降玺书慰谕，征召回朝。唐文宗大和三年（829）九月，元稹入朝为尚书左丞。身居要职，有了兴利除弊的条件，他又恢复了为谏官时之锐气，决心整顿政府官员，肃清吏治，将郎官中颇遭公众舆论指责的七人贬谪出京。然而，因元稹素无操行，人心不服。时值宰相王播突然去世，李宗闵正再度当权，元稹又受到排挤。大和四年（830）正月，元稹被迫出为检校户部尚书，兼鄂州刺史、御史大夫、武昌军节度使。这是元稹一生中第四次贬谪。“在鄂三载，其政如越。”

泽被浙东

元稹任浙东观察使时，他发现浙江沿海进贡海鲜，由于路途遥远，特别容易变质，很难完好送到京城。元稹立即上奏建议取消，省却了运输杂役，繁难的邮夫高兴地跳起来。第二年，他又“辨沃瘠，察贫富，均劳逸，以定税籍”，百姓觉得十分方便，没有逾期不交税的，更没有流亡外地的。这种做法，无疑有利于贫苦百姓，一定程度减轻了劳动人民的赋税负担，因而“越人便之，无流庸，无逋赋”(《元稹墓志铭》)，对发展生产是有积极作用的。唐敬宗宝丰元年(825)，他又命令所属七州官吏带领百姓“各筑陂塘，春贮雨水，夏溉旱苗，农人赖之，无凶年，无饿殍”(《元稹墓志铭》)。上虞县永丰、宁远、新兴等五乡之民割己田以建夏盖湖，周围一百零五里，蓄白马、上妃两湖之水以防旱，旁列三十六沟。堤防之制，趾广二丈五尺，上广一丈，高一丈。“建炎二年春，越大旱，诸暨、新昌、嵊县赤地数百里，独上虞大熟，余姚次之。其冬，新昌、嵊县之民糴于上虞、余姚者，属路不绝”(《上虞县志》卷三)，其利主要是仰仗夏盖湖的兴建。大和三年，越州大风海溢，海水冲塌海塘，造成部分田地斥卤，元稹即命山阴、上虞两县抢修海堤。由于当政者重视，民众协同，在任七年时间里，越境“无凶年，无饿殍”(《元稹墓志铭》)。章孝标在《上浙东元相》诗中写道：“何言禹迹无人继，万顷湖田又斩新”，“黎庶已同猗顿富”，热情称颂元稹的政绩。

元稹关心农事，经常查阅农书，以至于“农书振满床”。他根据农事节气，提早派遣官吏下乡督促指导，“预怕为蚕病，先优作麦伤”，“苫城备坏墙”，哪个地方出现灾情，就及时去哪儿做好“赈廪赒饥户”的工作。他不辞劳苦，事必躬亲，“且当营岁事，宁暇惜年芳”，忙得不亦乐乎。由于“德胜令灾弭，人安在吏良”，因而年岁丰稳，人民安居乐业，取得了意料之外的成就，“却思逢旱魃，谁喜见商羊”(白居易《酬郑侍御多雨春空过诗三十韵》)。因政绩昭著，皇上加封元稹礼部尚书的头衔，又“降玺书慰谕”，通报表扬。

在浙东的六年，元稹兴修水利，发展农业，“在越八载，政成课高”，深得百姓拥戴。

声名永传

元稹作为监察御史，忠贞果敢、敢于直谏，奉职勤恳、清正廉洁。但他锋芒太露，屡犯权贵，一生中四次遭受贬谪，他依然坚持自己的观点和做法。主政地方，他兴修水利、重视农业、减免税赋、赈灾济民，是一名深受浙东等地人民爱戴的官员。

元稹诗文兼擅,《元稹集》存文三十多卷,诸体该备,时有佳作名篇。乐府诗在元诗中占有很大分量。

元稹"聪警绝人,年少有才名",工于作诗,善于描绘歌咏事物之风姿特色,与白居易友善。"当时言诗者称元、白焉"。自士大夫、学子,到闾巷俚俗之人,尽皆传诵,号为"元和体"。"江南人士,传道讽诵,流闻阙下,里巷相传,为之纸贵"。唐穆宗在东宫时,身边的妃嫔时常诵唱元稹诗文,"宫中呼为元才子"。长庆初,唐穆宗看到元稹的《连昌宫词》后大悦,当即问元稹现在何处,当知其为南宫散郎后,当天便调任祠部郎中、知制诰,很快又召入翰林,授中书舍人、承旨学士。

元稹在散文和传奇方面也有一定成就。他以古文制诰,格高词美,为人效仿。其传奇《莺莺传》(又名《会真记》)叙述张生与崔莺莺的爱情悲剧,文笔优美,刻画细致,为唐人传奇中之名篇。

其实,元稹作诗也好,著文也罢,"实有心在于安人治国"。正如他的自述,自御史府谪官十余年,专心写作诗章,日积月累有诗千余首。其中,有些是见物感怀咏物寓意,但是有许多"词直气粗",根本不敢暴露于他人眼前。"寥落古行宫,宫花寂寞红。白头宫女在,闲坐说玄宗。"这首入选《唐诗三百首》的《行宫》,正是元稹所作的五言绝句。它以特别的视角和凝练的语言,抒发了盛衰之感,以小见大地点明了唐朝衰败的原因。而长达千字的鸿篇《连昌宫词》,则通过一个老人之口叙述了连昌宫的兴废变迁,详尽地描述了从唐玄宗至唐宪宗治乱兴衰的历史过程,感叹兴亡,总结教训,内容广博而深刻,是《行宫》的铺陈展开,成为"新乐府"的代表作品之一,也是唐诗中的长诗名篇之一。

元稹代表作有《菊花》《离思五首》《遣悲怀三首》《兔丝》《和裴校书鹭鸶飞》《夜池》《感逝(浙东)》《晚春》《靖安穷居》《送致用》《宿石矶》《夜坐》《雪天》《酬乐天得微之诗知通州事因成四首》《织妇词》等。在诗歌形式上,元稹是"次韵相酬"的创始者。《酬翰林白学士〈代书一百韵〉》《酬乐天〈东南行诗一百韵〉》均依次重用白诗原韵,韵同而意殊。这种"次韵相酬"的做法,在当时影响很大。史学泰斗陈寅恪先生曾著《元白诗笺证稿》,并断定"《连昌宫词》者,微之取乐天《长恨歌》之题材依香山新乐府之体制改进创造而成之新作品也",提出此诗同《长恨歌》一样"合并融化唐代小说之史才诗笔议论为一体”，认为读此诗必与《长恨歌》详细比较。可见，元白诗在历史上的地位及其对后世的影响是何等巨大。

元稹以其传世名作，为志同道合的好友白居易提出的“文章合为时而著，歌诗合为事而作”做了最佳注解。元和四年，元稹奉使去东川时，白居易在长安，与他的弟弟白行简、李杓直同到曲江慈恩寺春游饮酒，席上忆念元稹，就写了《同李十一醉忆元九》：“花时同醉破春愁，醉折花枝作酒筹。忽忆故人天际去，计程今日到梁州。”而当时元稹果然走到梁州，并且也作了一首诗《梁州梦》：“梦君同绕曲江头，也向慈恩院院游。亭吏呼人排去马，忽惊身在古梁州。”正可谓：“千里神交，若合符契，友朋之道，不期至欤！”

太和五年（831）七月，元稹去世，时年五十三岁，死后追赠尚书右仆射，白居易为其撰写了墓志铭。“曾经沧海难为水，除却巫山不是云。”元稹以其诗文流芳百代，润泽中华。“修身不言命，谋道不择时。达则济亿兆，穷亦济毫厘。”（《酬别致用》）同时，作为一位著名的监察御史和政治家，元稹又用其一生诠释了辅君匡国、济世为民的情怀。

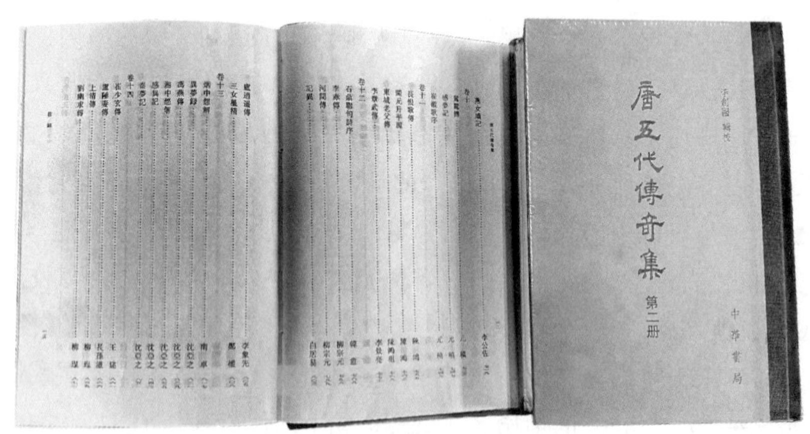

元稹《莺莺传》

唐朝殿中侍御史杜牧

杜牧(803—852),字牧之,号樊川居士,唐京兆万年(今陕西省西安市)人。杜佑之孙。杜牧在家族中排行十三,因此根据唐人的习惯,被称为“杜十三”。唐大和年间中进士。历任淮南节度使掌书记、监察御史、宣州团练判官、殿中侍御史、内供奉、左补阙、史馆编撰、司勋员外郎以及黄、池、睦、湖等州刺史。杜牧性格刚直,不拘小节,不屑逢迎。晚年常居樊川别业,世称杜樊川。杜牧是唐朝著名诗人,官居监察御史、殿中侍御史、左补阙等职务,是曾担任过睦州、湖州刺史的外省籍官员。毛泽东非常喜爱杜牧的诗歌,湖南省长沙市岳麓山的爱晚亭是毛泽东青年时代最喜爱去的地方,他经常和蔡和森、罗学瓒等同学来这里学习和锻炼身体。其亭名据说是根据杜牧《山行》的“停车坐爱枫林晚”诗句而改定的。1952年9月17日,毛泽东应李达之请,为岳麓山爱晚亭题写亭名。[①] 江泽民同志于2000年12月26日在中共中央纪律检查委员会第五次全体会议上的讲话中曾提到杜牧的政论文《阿房宫赋》。他指出:“秦始皇……好大喜功,横征暴敛,弄得民怨沸腾,不过传之二世秦王朝就灭亡了。杜牧在《阿房宫赋》中说:‘灭六国者,六国也,非秦也。族秦者,秦也,非天下也。嗟乎!使六国各爱其人,则足以拒秦。使秦复爱六国之人,则递三世可至万世而为君,谁得而族灭也?秦人不暇自哀,而后人哀之;后人哀之而不鉴之,亦使后人而复哀后人也。’这里说的就是人心向背。”[②]

---

① 《毛泽东年谱(一九四九——一九七六)》(第一卷),北京:中央文献出版社,2013,第601页。

② 《江泽民文选》(第三卷),北京:人民出版社,2006,第186页。

金榜高中

杜牧政治才华出众，他十几岁的时候，正值唐宪宗讨伐藩镇，振作国事。杜牧在读书之余，关心军事，后来他专门研究过《孙子兵法》，写过十三篇《孙子兵法》注解，也写过许多策论咨文。特别是有一次献计平虏，被宰相李德裕采用，大获成功。

长庆二年(822)，杜牧二十岁时，博通经史，尤其专注于治乱与军事。杜牧二十三岁作出《阿房宫赋》。二十五岁时，杜牧又写下了长篇五言古诗《感怀诗》，表达他对藩镇问题的见解。此时的杜牧已经很有名气，作品流传。

大和二年(828)，杜牧二十六岁，进士及第。同年考中贤良方正直言极谏科，被授弘文馆校书郎、试左武卫兵曹参军。

据传说，杜牧所写的《阿房宫赋》被太学博士吴武陵阅后击掌称好，在众人为主考官崔郾送行之际，当面直荐。那时，崔郾侍郎奉命到东都洛阳主持进士科考试，他是柳宗元的老朋友。此时的吴武陵正任太学博士，也骑着一头老毛驴过来凑热闹。崔郾正在酒席上喝得高兴，听说吴老这位有名的清流人士也过来了，非常吃惊，连忙离席前来迎接。吴老看见崔郾，把他拉到一边，拍着崔郾的肩膀说：你担负此任，乃是众望所归。我老了，不能为朝廷排忧解难了，不如为你推荐一个贤士。前些日子，我偶然发现一些太学生情绪激昂地讨论一篇文章，走近一看，原来是这次要参加考试的杜牧所写的《阿房宫赋》。这篇文章写得真好，这个人也太有才了。崔侍郎你工作繁重，日理万机，恐怕没有闲暇去浏览这篇文章，不如让我为你诵读一下。说到这里，吴老就字正腔圆地、摇头晃脑地将《阿房宫赋》读了起来。崔郾也是一个有品位的知识分子，听后也称赞不已。吴武陵趁热打铁，要求崔郾在接下来的考试中将杜牧评为状元。崔郾面露难色，推辞道：状元已经被他人预定了。吴老穷追不舍，大声说道：如果真的当不了状元，就退一步，让杜牧以第五名进士及第。崔郾还在踌躇犹豫，吴老倚老卖老地说：如果还不行的话，就把这篇赋还给我，看有没有比这写得更好的赋。崔郾迫不得已，只好满口答应，然后目送吴老离开。

回到酒席上，喝酒的同僚问吴博士来做什么。崔郾回答说，吴老推荐了一个人为第五名进士。酒客连忙追问是谁，崔侍郎回答说是杜牧。

监察御史

大和七年(833)，杜牧被淮南节度使牛僧孺授予推官一职，后转为掌书记，负责节度使府的公文往来。官衔是监察御史里行。这时，杜牧居住在扬州，特别喜欢宴游。

大和九年(835)，杜牧三十三岁，被朝廷征为监察御史，赴长安任职，分司东都。八月在东都洛阳上任，因此逃过了十一月的甘露之变的险恶风波。在这里，他遇到了宣州的故人张好好，写下了著名的《张好好诗》。在洛阳期间，由于职务清闲，他四处凭吊古迹，写下了不少诗篇。

开成二年(837)，杜牧入宣徽观察使崔郸的幕下，被召为宣州团练判官。

开成四年(839)年底，杜牧离开宣州，去长安任左补阙、史馆修撰。开成五年(840)，杜牧升官为膳部员外郎。

这时，刘从谏镇守泽潞，何进滔占据魏博，非常骄纵傲慢，不遵守国家法律。杜牧追究责怪长庆年间以来朝廷的处置策略，又失去崤山以东地区。重要的藩镇是关系到国家安危的地方，藩王不能世袭，朝廷不能轻率任命，这都是国家大计，杜牧嫌怪自己不在其位却发表言论，实在有罪，所以写了《罪言》。

会昌年间，黠戛斯打败回鹘军，回鹘族部落溃退进大漠南部。杜牧劝说李德裕不如马上攻取，认为："两汉进攻匈奴，常在秋冬两季，而秋冬时节匈奴兵力强盛，母马没有怀胎哺乳，战马非常壮实，与匈奴交战，所以败多胜少。现在如果在盛夏征调幽州、并州的精锐骑兵和酒泉的士兵，出其不意，可一举全歼！"李德裕认为这策略很好。

遇到刘稹拒不执行朝廷的命令，皇帝命令各节度使率兵征讨他，杜牧又送信给李德裕，认为"河阳西北距离天井关一百多里，用一万兵修筑堡垒，截断路口，修筑高墙不与他们交战。成德军与昭义军是仇敌，王元达想报仇雪恨自然会奋勇作战，但不能长驱直入攻打上党，他攻击的对象一定会在西面。现在如果率领忠武军、武宁军加上青州五千精兵及宣润二州两千名弓弩手,取道绛州进军,不出几个月,一定会毁灭叛贼刘稹的巢穴。昭义军的粮草,全部仰仗崤函以东地区,节度使平常率军留在邢州就食,崤山以西的兵力少,可以乘虚攻取,所以用兵听说是宁拙于机智而兵贵神速,没有看到巧谋秘计能长久(而不被识破的)"。不久泽州、潞州被平定,大致按照杜牧的策略(实行)。

杜牧不做谨小慎微的事,敢议论国家大政方针,剖析利害关系,特别切中事情要害。他年轻时与李甘、李中敏、宋祁交好,他通晓古今,善于决断成败,李甘等人比不上他。杜牧因为正直坦率,当时没有谁帮助他。

诗文进谏

唐敬宗年间,大兴土木,修建宫室,广纳声色,年轻气盛、热血沸腾的杜牧有感而作《阿房宫赋》,他将阿房宫的建与毁,与秦王朝的兴衰联系起来,畅谈天下兴亡之理,文章一气呵成,笔力如钢。《阿房宫赋》的写作是有感于"秦人不暇自哀,而后人哀之;后人哀之而不鉴之,亦使后人而复哀后人也"这一种历史承袭现象。

杜牧是一位现实主义诗人,他的思想中有很沉重的忧患意识。面对晚唐王朝的现状,他很想挽救,也很愿意出谋划策去拯救国家。但是苦于无人赏识,他的内心充满了矛盾。因而他的这类怀古咏史诗就表现出了一种涌动不安的情绪。诗中既有深沉而凝重的历史感,又饱含激情,诗人在现实与理想的矛盾中抒发着自己的政治抱负。

杜牧留下的最为脍炙人口的诗作、最有震慑力和冲击力的作品,是他的咏史诗。杜牧的咏史诗,充满着幽默与调侃,饱含借古鉴今之意。杜牧咏史诗的代表作主要有《过华清宫绝句》《泊秦淮》《赤壁》《江南春》《题乌江亭》等。

《过华清宫绝句》是杜牧经过骊山华清宫时有感而作。华清宫是唐玄宗开元十一年(723)修建的行宫,唐玄宗和杨贵妃曾在那里寻欢作乐。后代有许多人写过以华清宫为题的咏史诗,而杜牧的这首绝句尤为精妙绝伦、脍炙人口。杜牧经过华清宫,想起当年杨贵妃喜啖荔枝的情景,感叹

“一骑红尘妃子笑，无人知是荔枝来”，小中见大，虽未出现唐明皇半个字，却点出当年“安史之乱”的个中原委。杜牧的绝句《过华清宫》(三首)写道：

一

长安回望绣成堆，山顶千门次第开。
一骑红尘妃子笑，无人知是荔枝来。

二

新丰绿树起黄埃，数骑渔阳探使回。
霓裳一曲千峰上，舞破中原始下来。

三

万国笙歌醉太平，倚天楼殿月分明。
云中乱拍禄山舞，风过重峦下笑声。

到金陵，夜泊秦淮，满眼歌舞升平，满耳靡靡之音，可是，杜牧听出来了，那是什么样的歌曲啊，分明是亡国之音，若照这样下去，大唐亡国也指日可待了。他借古讽今写下了《泊秦淮》，诗曰：

烟笼寒水月笼沙，夜泊秦淮近酒家。
商女不知亡国恨，隔江犹唱后庭花。

杜牧的七言绝句《赤壁》是诗人游经赤壁(今湖北省江夏区西南赤矶山)这个著名的古战场，有感于三国时代的英雄成败而写下的。诗人即物感兴，托物咏史，点明赤壁之战关系到国家存亡、社稷安危；同时暗指自己胸怀大志却不被重用，以小见大。当时，通晓政治军事的杜牧，对当时中央与藩镇、汉族与吐蕃的斗争形势，有相当清楚的了解，并曾经向朝廷提出过一些有益的建议，却未被朝廷采纳，因此有感而发。

折戟沉沙铁未销，自将磨洗认前朝。
东风不与周郎便，铜雀春深锁二乔。

杜牧这年来到江南(今江苏省江阴市)，不禁想起当年南朝，尤其是梁朝事佛的虔诚，到头来是一场空，不仅没有求得长生，反而误国害民。既是咏史怀古，也是对唐王朝统治者委婉的劝诫。

千里莺啼绿映红，水村山郭酒旗风。

南朝四百八十寺，多少楼台烟雨中。

《江南春》是杜牧创作的一首七绝。诗中不仅描绘了明媚的江南春光，而且还再现了江南烟雨蒙蒙的楼台景色，使江南风光更加神奇迷离，别有一番情趣。他笔下生动形象、丰富多彩而又有气魄的江南春画卷，呈现出一种深邃幽美的意境，表达出一缕缕含蓄深蕴的情思，千百年来素负盛誉。

胜败兵家事不期，包羞忍耻是男儿。
江东子弟多才俊，卷土重来未可知。

杜牧会昌中官池州刺史时，过乌江亭，写了这首咏史诗。“乌江亭”即现在安徽和县东北的乌江浦，旧传是项羽自刎之处。这首诗议论战争成败之理，提出自己对历史上已有结局的战争的假设性推想。这首诗有对项羽负气自刎的惋惜，但主要的意思是批评他不善于把握机遇，不善于听取别人的建议，不善于得人、用人。

在众多的咏史诗人中，杜牧在咏史诗的发展中有不容忽视的地位。杜牧的诗文共四百多篇，无论是咏史、感怀、抒情、写景，均不乏佳作。其中，以咏史诗数量最多，也最能体现杜牧诗歌的主体风貌。议论不落传统说法的窠臼，是杜牧咏史诗的特色。

迁官外放

杜牧政治观点鲜明，态度坚决，他主张对内削平藩镇，对外制止吐蕃侵扰，使老百姓过上富裕安宁的生活。唐武宗时，杜牧受过宰相李德裕提携，在京城任过职。但他为官清正，不依附权势，并且刚直敢言，屡次进谏，结果武宗迁怒于李德裕，故而受到排挤，离开京城，被外放到偏远州郡担任刺史。

会昌元年(841)，杜牧调任比部员外郎。

会昌二年(842)，外放为黄州刺史。杜牧外放的原因史书上并无记载，杜牧自己认为是宰相李德裕的排挤。而李杜两家为世交，李德裕为何不喜欢杜牧，有人认为是杜牧为人倜傥，不拘小节，与李德裕的理念不合；

而且牛李党争，杜牧与牛僧孺私交甚好，可能被李德裕认为是牛党。

唐时的黄州（古黄州又名齐安郡，唐时治所在今武汉市新洲区邾城街），在华夏属下等州，兵连祸结，战火纷飞，官不曾安位，民不得聊生，是个地地道道的荒郡、废郡，晚唐以后是一处外放“逐臣”的地方，被京官视为“鄙陋州郡”，到北宋“苏门四学子”之一的张耒，在其《齐安秋日》诗中也曾说黄州是一处“齐安荒僻地，平昔放逐臣”的地方。

杜牧在黄州任上，无异于贬谪，但他对自己充满信心，文人放逐地方官，是官还是文人。古语云，“三年清知府，十万雪花银”，而杜牧在黄州的寓所是“使君家似野人居”。他为政清廉，《唐书》本传中称他“刚直有奇节”。明弘治《黄州府志》赞其“有才名，多奇节，吏民怀服之”。

杜牧在黄州刺史任上三年，把黄州治理得井井有条，也是唐代继韩愈之后的又一尊孔大家。黄州有孔子山、孔子河，是春秋末孔子周游列国时的过往之地，有“孔子使子路问津处”等圣迹，山旁建有孔子庙（问津书院前身）。由于年久失修，濒临倾倒。杜牧为了宣扬孔子思想和施展自己远大的政治抱负，在孔子山扩建孔庙，拜谒孔子圣像，亲自改孔庙名为“文宣庙”，并在庙中设置学堂（时称庙学），教化士民。他虽身居吏职，仍在学堂讲学不辍。讲学之时，其弟子自远方至数百人。他在《黄州刺史谢上表》中说，“独能不徇时俗，自行教化，唯德是务，爱人如子，废鞭笞责削之文，用忠恕抚字之道”，“庶使一州之人，知上有仁圣天子，所遣刺史不为虚受。蒸其和风，感其欢心，庶为瑞为祥，为歌为咏，以裨盛业，流乎无穷”。

明、清时的《黄州府志》《问津院志》均记载杜牧在黄州地方“兴学教士，立庙崇祀先圣，一时家循孔教，人颂儒书”。因此，“百里之内，勃生古风”。

后来，杜牧任池州、睦州刺史，为政能兴利除弊、关心人民。

会昌四年（844）九月，杜牧迁池州刺史，这年四十二岁。池州治所秋浦县（今安徽省池州市贵池区）。

会昌五年（845）七月，武宗下诏禁毁佛教。杜牧对于这一措施是很赞同的，后来他在宣宗大中年间作《杭州新造南亭子记》，详细叙述武宗禁毁佛教事。

宣宗大中二年（848），得宰柏周墀的帮助，入为司勋员外郎、史馆修撰，转吏部员外郎。

睦州刺史

唐武宗会昌六年(846)九月,四十四岁的杜牧从池州来到梅城担任睦州刺史。两年任期内,他建议朝廷调整盐铁苛法,减轻地方和老百姓经济负担,发展经济,改善民生,为睦州人民造福。

他来梅城之前,先后在黄州、池州两个州郡出任刺史,都是在离京城遥远的小州郡做守臣。如今又来到浙西当差,虽然睦州是上州,官级从池州的正四品下阶升为从正三品,但毕竟还是外放,仍然是明升暗降。杜牧壮志未酬,心中郁闷不已。到梅城不久的一天夜晚,他一边喝酒,一边吟诗。当时写下的这首《初冬夜饮》,就流露了他的抑郁情思:

淮阳多病偶求欢,客袖侵霜与烛盘。
砌下梨花一堆雪,明年谁此凭阑干?

杜牧在诗中引用了西汉淮阳太守因屡次劝谏而数被外放的典故,暗示自己由于耿介直言而被排挤出京,今日偶尔饮酒浇愁。来到偏远他乡作客,千里跋涉,饱受风尘、风霜之苦,秉烛独饮,吊影自伤,愤悱无告,更觉寂寞悲凉。

那时,安史之乱虽已平息,但朝廷已再无中兴之日,唐代进入了战乱频繁和藩镇割据的逐渐衰退时期。唐德宗以后实施的按土地和资产征税的"二税法",此时已经名存实亡。因北方连年战乱,土地荒芜,税源紧缩,朝廷便加重南方税收征缴的幅度。江淮地区,加征、摊派附加税收,各种苛捐杂税,名目繁多,各州郡税负沉重,老百姓苦不堪言。唐宣宗即位后,又下令将原来下放到地方州郡管理矿业的权限收回,由中央直接管理和征缴盐铁税,这就更加重了老百姓的经济负担。

杜牧在睦州亲历其境,耳闻目睹了深受沉重的税赋和徭役压榨的老百姓生活之艰辛与痛苦。于是,他斗胆直言,上书盐铁监裴侍郎,以自己所见所闻的实例,针对江淮盐铁法实施中产生的弊病,提出自己的见解。杜牧在《上盐铁裴侍郎书》中指出:

伏以盐铁重务,根本在于江淮,今诸监院颇不得人,皆以权势干求，固难悉议停替。其于利病，岂无中策？某自池州、睦州，实见其弊。……至如睦州百姓食临平监盐，其土盐商被临平监追呼求取，直是睦州刺史，亦与作主不得，非裹四千里粮直入城役使，即须破散奔走，更无他图。其间搜求胥徒，针抽缕取，千计百校，唯恐不多，除非吞声，别无赴诉。今有明长吏在上，旁县百里，尚敢公为不法，况诸监院皆是以货得之，恣为奸欺，人无语路。况土盐商皆是州县大户，言之根本，实可痛心。比初停罢留后，众皆以为除烦去冗，不知其弊及于疲羸，即是所利者至微，所害者至大。

今若蒙侍郎改革前非，于南省郎吏中择一清慎，依前使为江淮留后，减其胥吏，不必一如向前多置人数。即自岭南至于汴宋，凡有冤人，有可控告，奸赃之辈，动而有畏，数十州土盐商免至破灭。

他恳请上差："伏惟俯察愚衷，不赐罪责。"杜牧中肯地建议朝廷能够调整盐铁苛法，恢复江淮盐铁税留成的做法，以减轻地方和老百姓的经济负担。杜牧在睦州任内，《上盐铁裴侍郎书》力呈睦州盐政之弊，坚持改革盐政，为睦州人所赞颂。

湖州刺史

唐朝时期，湖州隶属于江南道。隋唐以来，随着京杭大运河的开通，以及全国经济重心的南移，江浙一带逐渐变得繁华富庶起来，甚至超过了中原地区。湖州位于有天堂之称的苏州与杭州中间，地处太湖之滨，河流湖泊密布，气候宜人，物产丰富，是远近闻名的"鱼米之乡""丝绸之府"。同时，湖州还拥有众多的自然风光和人文景观，吸引了历朝历代文人骚客的光临、驻足。由于睦州与湖州相距不远，杜牧任睦州刺史时，多次应湖州刺史的邀请，前往湖州做客，对这片土地早就"心向往之"了。

开城二年(837)，杜牧任宣州团训判官。沈传师是湖州人，是年春三月回乡扫墓，邀杜牧到湖州观赏家乡风光。杜牧"雅闻湖州为浙西名郡，风物妍好，且多丽色，往游之"。杜牧来到湖州，刺史崔元亮是杜牧的好朋友，便盛情款待，还邀请杜牧观看湖州水戏。湖州水戏，相传始于"越王习水战"，是水上运动的一株奇葩。"龙头舴艋"(小龙舟)、标竿船(水上秋千)、擂台船(船拳)、桡彩舟(水抬阁)……争奇斗妍,唐宋时期名震大江南北。船,谐音"蚕",谓宜田蚕,每逢寒食清明,蚕农们为祈求蚕茧丰收,大张水戏,蔚为壮观,是当地农耕文化的重要内容,历代官府十分重视。崔元亮应好友杜牧欲观赏水戏的要求,便组织了民间水戏活动。那日风和日丽,碧浪湖中,精彩纷呈的水戏表演高潮迭起,"两岸观众如堵"。杜牧在崔元亮的陪同下尽情观看。杜牧在湖州流连忘返,为他后来出任湖州刺史埋下伏笔。

宣宗大中三年(849),杜牧因为京官俸禄低而难以养家请求外放杭州刺史,但是他的《上宰相求杭州启》没有被批准。

宣宗大中四年(850),他被升为吏部员外郎。但是杜牧仍然多次请求外放湖州刺史,连上《上宰相求湖州》三启,终于应允了他的要求。但是也有人认为,杜牧请求外放并不仅仅是经济原因,而是不满意朝政,认为自己无法在朝中有所作为。同年秋天,杜牧到任湖州刺史。他在湖州凭吊前贤,结识诗友,作了不少诗。

杜牧来到湖州,挥毫写了一首诗《将赴吴兴登乐游原一绝》,喜悦之情溢于言表:

清时有味是无能,闲爱孤云静爱僧。
欲把一麾江海去,乐游原上望昭陵。

杜牧在欣赏了顾渚的山水后,留下《入茶山下题水口草市》绝句一首:

倚溪侵岭多高树,夸酒书旗有小楼。
惊起鸳鸯岂无恨,一双飞去却回头。

由于政绩卓著,杜牧在湖州只居住了一年,便升迁为考功郎中、知制诰,返回京城。

杜牧到长安第二年,迁中书舍人。这段时期,杜牧重新整修了祖上的樊川别墅,并且闲暇之时经常在这里以文会友。

宣宗大中六年(852)冬天,杜牧病重逝世。

名闻千秋

作为监察御史,杜牧"刚直有奇节,不为龊龊小谨,敢论列大事,指陈病利尤切至”。为了国家的大局，他敢于上谏，陈述政事不足，提出正确建议，特别是他以诗文进谏，取得出人意料的效果。一篇《阿房宫赋》，振聋发聩，流传千古。

杜牧的文学创作有多方面的成就，诗、赋、古文都身趁名家，喜老庄道学。杜牧主张凡为文以意为主，以气为辅，以辞采章句为之兵卫，对作品内容与形式的关系有比较正确的理解，并能吸收、融化前人的长处，以形成自己特殊的风貌。杜牧的古体诗受杜甫、韩愈的影响，题材广阔，笔力峭健。他的近体诗则以文辞清丽、情韵跌宕见长。

杜牧自负经略之才，诗、文均有盛名。文以《阿房宫赋》为最著，诗作明丽隽永，绝句诗尤受人称赞，世称“小杜”，与李商隐齐名。代表作有《过华清宫》《泊秦淮》《赤壁》《江南春》《题乌江亭》等，脍炙人口。年轻时即好读兵书，曾注曹操所定《孙子兵法》十三篇，又著《罪言》《战论》《守论》《原十六卫》等文论当代兵事。会昌三年(843)，昭义军乱，上书李德裕论用兵之法，为德裕采纳。著有《樊川文集》，1978 年上海古籍出版社出版《樊川诗集注》《樊川文集》。

杜牧的文和赋的主要特点：一是笔锋犀利，寓意深刻；二是旁征博引，条分缕析，说理充分；三是议论和抒情相结合，议论中带有浓郁的抒情色彩；四是善于形象地描写、叙述，鲜明生动，富于真切感。杜牧政论谈兵的长篇政论文的艺术亮点是：纵横设辩，文势充沛；结构严谨，推理周密；巧用偶句，散骈相辉。

杜牧的古诗在中晚唐诗坛上也是出类拔萃的，其古诗深受杜甫、韩愈的影响，善于将叙事、议论、抒情三者融为一体，气格紧健，造句瘦劲。杜牧的律诗在全部诗作中占有重要的地位，其艺术成就也很高，尤其是七律。杜牧诗歌俊爽峭健、雄姿英发的风格在律诗中最为突出。杜牧的古诗往往别有境界，写得古朴淳厚、雄豪健朗。杜牧的绝句数量与律诗相当，亦有很高成就，一向享有盛誉。他的七绝成就最高，意境幽美、议论警拔、韵味隽永。咏史绝句，立意出奇，史识高绝。

北宋右谏议大夫胡则

胡则(963—1039),初名厕,字子正,婺州永康(今浙江省金华市永康市)胡库村人。宋端拱二年(989)考取进士,为婺州有史以来第一个取得进士功名的文人。及第时宋太宗亲自为他改名,御笔削去“厂”字,赐名为“则”。他一生做了47年官,历任太宗、真宗、仁宗三朝,先后知浔州、睦州、温州、信州、福州、杭州、池州、陈州等十州,按察江淮、京西、广西、陕西等六路使节,并曾担任权三司使使部流内铨、尚书户部员外郎、礼部郎中、工部侍郎、兵部侍郎、权三司使(代理计相)等官职。胡则是朝廷重臣。逮事三朝,十握州符,六持使节,选曹计省,历践要途,是北宋前期政坛一位中高级官吏。他力仁政,宽刑狱,减赋税,除弊端。宣和年间,敕封顺佑侯。被百姓称为“胡公大帝”。1959年8月,毛泽东在开完庐山会议返京路过金华时,曾对永康县县委书记说过这么一段话:“你们永康不是有块方岩山吗?方岩山上有个胡公大帝,香火长盛不衰,最是出名了。其实胡公不是佛,也不是神,而是人。他是北宋时期一名清官。他为人民办了很多好事,人民纪念他罢了。为官一任,造福一方,很重要啊!”[①]我们共产党的干部就应该多做好事,为官一任,造福一方嘛!习近平同志也曾号召“真正做到‘为官一任、造福一方’”[②]。“为官一任,造福一方”这八个字,也就是胡则一生最贴切的评价吧!

巧遇良师

胡则出生于浙江省永康市胡库村,少时家贫,办事果断坚决有才干。

① 《毛泽东年谱(一九四九——一九七六)》(第四卷),北京:中央文献出版社,2013,第164页。转引自王芳:《王芳回忆录》,杭州:浙江人民出版社,2006,第153页。

② 习近平:《之江新语》,浙江:浙江人民出版社,2007,第28页。

胡则祖上本是书香门第大户人家，北宋建隆元年(960)北宋建立，连年征战使得民不聊生，胡家更是一贫如洗。胡则出生于北宋乾德元年(963)，其父参军战死疆场，其母思夫心切、染顽疾病死家中，沦为孤儿的胡则不得不与奶奶相依为命。

传说，胡则十岁那年，临近春节的前几天，祖孙俩一路逃荒，奶奶经受不住严寒与饥饿昏死过去，机智的胡则用路边废弃的木板车将奶奶拖到庙里。胡则为奶奶生起了一堆火，奶奶醒来后，乖巧的胡则靠背读《论语》赢得奶奶的欢心，精神与文化的力量暂时让祖孙俩忘掉了寒冷与饥饿。

第二天，祖孙俩途经教书先生胡承师的"胡诞书斋"私塾窗外，当胡则看到学生们跟着先生诵读《论语》时好生羡慕。当胡承师看到一对乞丐模样的祖孙俩站在窗外时，就停了下来想打听究竟，此时机智的胡则接着胡承师的《论语》段落往下读，于是二人你一句我一句的以文会友，这让胡承师夫妇感到这位"小乞丐"聪明绝顶，他们认为，只要稍加调教，他日定成国之栋梁。当他们听到胡则说到"为官一任、造福一方"的远大抱负时，夫妻俩决定收胡则为义子。

进士及第

宋端拱二年(989)胡则考取进士，登陈尧叟榜进士，开宋朝八婺科举登第之先河。他一生做了四十七年官，继任太宗、真宗、仁宗三朝，先后知浔州、睦州、温州、福州、杭州、陈州，任尚书户部员外朗、礼部郎中、工部侍郎、兵部侍郎等官职。

胡则以进士起家，补许田县尉，再调宪州录事参军。当时，朝廷正对灵、夏用兵，转运使索湘命令胡则一部运送粮草，给他一个月筹办。胡则说道："给一百天准备，尚且恐怕不够，怎么就给一个月呢?" 索湘害怕没有什么可用来供给，就派胡则入朝上奏。宋太宗顺便拿安边之策询问他，他的回答很符合皇上的心意，宋太宗看着左右的侍从说："州县中怎么会缺乏人才呢?"于是，命侍从把胡则的名字记录在中书省。

后来，李继隆讨伐叛贼，很长时间未能取胜，索湘就对胡则说："如果没有你，差点坏了我的事。"一日，李继隆发文到转运司说："军队将要向前深入,粮草还有后续的吗?”胡则告诉索湘:“他的军队长时间在外想要回来,只不过想拿粮草缺乏为借口罢了,我们姑且拿粮草有余回复他。”不久,果然被胡则料中。

索湘为河北转运使,奏改胡则为秘书省著作佐郎、佥书贝州观察判官事。朝廷遣使查省冗役,命胡则行河北道,省冗役 10 余万,民得休养生息。升著作丞,知浔州,继以太常博士提举两浙榷茶,兼知睦州。他母亲去世,丁忧去职。丧期满丧服除,又官拜温州知州。岁余,胡则被授任提举江南路银铜场、铸钱监,查获了当时官吏私自藏起来的数万斤铜,官吏们害怕得要死,胡则说:“伏波将军马援可怜重罪囚犯而放了他们,我难道只看重财物而轻视好几个人的性命吗?”最后,登记为铜场的盈余,没有给他们定罪。随着时间的推移,胡则又改任为江、淮制置发运使,逐步至迁尚书户部员外郎。刚好遇上宋真宗奉祀幸抵亳州,供给无缺,擢三司度支副使。

主政福州

北宋时,福州因濒临大海,地瘠少肥,农作物产量低下,可福州又有官田数千顷,当时农户已向官田交纳了很重的田租,农民更是苦不堪言。那时,福州有大片无主滩涂,纳土归宋后,官府将粗略改造后的滩涂作为“官庄田”租给当地的佃户耕种,后来宋太宗施仁政,下旨“授券予民耕”,让佃户直接成了田主。胡则在福州任上时,因为内忧外患,朝廷财力不支,于是试图收走这些已经被改造成良田的“官庄田”。

胡则上任不久,朝廷又下达向官田征收田租和田赋的文书,这一下更弄得民怨沸腾,胡则倘若按诏书的规定向佃户强行加征,势必触犯众怒;若抗旨不办,授人以柄,下场也不堪设想,但胡则还是以民为重,写了一份反对征收官庄田租奏章,称“官庄田多属无主荒地,土地瘠薄,所收有限,而且地处海滨,盐碱侵蚀 ,潮患频仍,不宜增赋以困吾民”。奏章送上去后,因遭权臣反对未被批准。胡则又满怀义愤,第二次写了奏章,详述佃农的疾苦,结果仍无下文,胡则第三次写了奏章,他愤慨地说:“反映黎民疾苦,乃刺史的天职,若朝廷连此都不屑一听,还要刺史做什么?”这次奏章上去后，宋仁宗终于答允下诏减租一半。为了减轻农户的负担，胡则先后三次犯颜直谏，直到朝廷诏免此事。这充分反映了胡则爱民如子、关怀民瘼的情怀。

忘年之交

宋大中祥符七年（1014），五十二岁的胡则任江淮制置发运使。胡则的长子胡楷在应天府（河南商丘）读书。一日，见父亲回家，胡楷施礼道："我有一同学范兄（即范仲淹，时年二十六岁），想向父亲讨教治国之道，不知父亲明晚可否有时间？"胡则笑道："还没中举，就想着怎么治国，志气可嘉，但觉得有些好高骛远。"

胡楷道："父亲有所不知，此同学乃有名的'咸菜才子'，各学科成绩在学馆排名第一的，其诗词更是广为传诵。"胡则道："你也知为父不擅长诗词，偶一作诗，也只是应景而已，他到来，也学不到什么。为父只是好奇，这'咸菜才子'怎么说？"

胡楷道："因范兄家穷，每餐不是咸菜就粥，就是馒头就咸菜，还是半饱。"胡则道："人穷志不短，值得亲近。明日你就带他来吧！"

第二日傍晚，胡楷带回一个衣着陈旧但还算整洁的同学。"晚生范仲淹拜见胡大人！胡大人先天下之忧而忧，清正廉明，一心为民，晚生特慕名前来请教。"胡则回礼道："些许虚名，学子何必介意。老夫昨日听楷儿说你要来，今天拜读你的文作，果然是个性情中的才子。"范仲淹道："大人过奖了！诗词乃小术尔，大人心系百姓，才是天下学子的典范。"

席间聊起了"咸菜才子"的话题，胡则道："老夫少年时家里也很穷，也种过田、做过走乡串户的手艺人。穷人有一说法，叫'省三有四'，也就是三餐不要吃得太饱，就有了第四餐。这也是穷人苦捱度日的法宝。"范仲淹起身拜谢道："大人是在教导我，不忘本就能做好官是吗？"

胡则笑道："范学子悟性甚高。人不忘本，方能体恤万民疾苦。所谓'官德'，就是要传承和弘扬君子文化。为官者，首先应该是君子，儒家的思想体系，总体就是'君子之道'。"范仲淹再次拜谢道："听君一席话，胜读十年书。原来大人勤政为民，用的是君子之道。笑看满朝文武，有几人能参透其中道理。”

胡则笑道：“儒道释的源头本是一个‘善’字。为君者当与天下为善，为臣者当与万民为善；为善是根本，此为官之则，亦是为人之则也。”范仲淹行子侄礼道：“如此教导，真乃父辈心肠。我与楷兄如兄弟，我便是你侄子了。”

第二年，范仲淹进士及第，胡楷也登服勤词学科。范仲淹与胡则此次相识一见如故，成了忘年之交，17 年后还同衙为官！

乐于助人

当初，丁谓考取进士后，曾经客居许田县，胡则十分优待他。后来，丁谓显贵为宰相，因而胡则一下子受到了提拔重用。再后来，丁谓被罢去参知政事(即宰相)一职，朝廷也将胡则调出京城担任京西转运使，后又升至礼部郎中。“部内民讹言相惊，至遣使安抚乃定。”因为这个原因，他调任广西路转运使。

胡则有怜悯之心、特别关怀落难的远方客人。据《胡公墓志铭》记载，在广南西路，有一艘外国商船遭遇台风漂泊到了海南，并且说缺粮，不能离去。胡被就则下令借给他们三百万钱，手下官吏禀告说外国人生性狡诈，又说海上风波不可预料。胡则曰：“他们因为以急难投奔我们，怎可拒绝而不给他们呢?”后来这些外国人如期偿还了借贷，并且十倍于原值。

天禧三年(1019)，巡视宜州，胡则又审查了宜州犯了死罪的 19 个人，替他们明辨而让其中的 9 个人活了下来。复任发运使，累升至太常少卿。

修筑海塘

乾兴元年(1022)，由于牵连到丁谓党一案，胡则被降职担任信州知府，后调任福州……以右谏议大夫知杭州。“东南形胜，三吴都会，钱塘自古繁华。”杭州西湖享誉天下，前有白居易、后有苏东坡，都曾主政过杭州这个地方。“水光潋艳晴方好，山色空蒙雨亦奇。”苏东坡笔下的西湖美景令人流连忘返。早在苏东坡出任杭州知州前几十年，1026 年的杭州知州胡则面对钱塘江大潮引发的严重水患，集聚民力修筑钱塘江海塘，为此后治理环杭州水系和西湖水患打下坚实基础。《咸淳临安志》中记载，胡则“守杭有惠政，郡独无潮患”。

胡则因地方政绩突出，调入朝廷任权吏部流内铨，坐失举，又改任太常少卿、任池州知府。没有前往，又升任谏议大夫，知永兴军，调任河北都转运使。以给事中权三司使请改革盐法，改官卖为商销，百姓称便。“公领三司使，宽于财利，不以刻下为功。时上方以二京、陕西官盐岁久，民鲜得食，而日以犯法，命通商。有司重其改作。公首请奉诏，其事遂行。”

天圣九年(1031)，胡则在河北任职时，殿中侍御史王沿曾经到胡则处借官船贩盐，又以他儿子为名义请求买酒场。后来，张宗诲检举揭发了这些事情，朝廷查究属实，就把他调去任陈州知府。一个月后，授任为工部侍郎、集贤院学士。大臣刘随上疏说道：“胡则奸邪贪滥名闻天下，最近命他任池州知府，不肯前去，如今因为罪名除去而突然间给予他一个好职位，那么拿什么来讽劝那些在职的官员?”后来，他调任到杭州，再升任兵部侍郎直到退休。

振兴陈州

天圣九年(1031年)，六十九岁的胡则因改革盐政从权三司使(代理计相)的任上贬为陈州知州。

不一日，胡则一行已到陈州城外不远处，他们正在凉亭上歇脚，有衙役来问：“尊驾是否新任陈州知州胡大人?”胡则随从回道：“是胡大人驾到，不知有何指教?”衙役道：“范通判叫小的前来打探，他率众官员已在陈州城外恭候您了。”

胡则等众人来到陈州城外，通判范仲淹从迎接队伍中快步走出，还差五六步时，范仲淹突然行了大礼，胡则忙上前扶起，道：“同衙为官，不可如此!”范仲淹道：“早年多蒙照拂，今日相逢，乃天遂我愿也。”

胡则作揖道：“范大人真不可如此，人们说你是文魁星，你这大礼参拜，我怕受不起呢!”范仲淹道：“是什么星我不知道，但我知道胡大人乃天下百姓的福星，天下百姓都拜您呢，怎就受不起我一拜?”

席宴上，范仲淹道："胡大人是处江湖之远，则忧其君；居庙堂之高，则忧其民。所以升也好，贬也罢，对老大人的心情都没大的影响，真乃高人啊。大人真的要在陈州实施商贸流通和助学济贫吗？"胡则道："富民强国是我毕生追求。若把商贸兴起来，税收就多起来。因朝廷对一州一县的赋税是有定数的，多出来的税银，一者可以减轻农民负担，二者可以济贫助学。朝廷推行，阻力太大；州县实施，或许能成功。"范仲淹道："在下正有此意，老大人可放心干，我与众同僚定尽力协办。"

胡则的兴商贸举措很快就取得明显成效。半年后，陈州茶馆，顾客盈门。有喝茶者说："这年头种田的百姓也得实惠了，听说今年的田税减半，另一半官府从商税中扣除，乡下人都在焚香谢神明呢！"

复兴儒学

胡则还是北宋两浙儒学复兴思潮的引领者。据《胡公墓志铭》记载："钱氏为国百年，士用补荫，不设贡举。吴越间儒风几息。公能购经史，属文辞。"南宋陈宗仁《龙井源墓祭文》也记载："二浙儒风坠于晚唐，逮我圣宋统一万方，公独以儒，昌率东阳，出藩入从，吾道寖昌。"

胡则崇尚"以德正心、以义济世"的儒家思想，且身体力行。范仲淹赞其"出处三朝，始终一德"。南宋赵立夫赞公"庶几盛德，必百世祀"。元王祎赞公"全身而退，有功有德"。

同道颂扬

明道二年(1033)，七十一岁的胡则任刑部侍郎、再任杭州知州，曾有诗寄范仲淹(已佚)，范仲淹依韵奉和，题为"依韵和胡使君书事"。全诗如下：

都督再临横海镇，集仙遥辍内朝班。
清风又振东南美，好梦多亲咫尺颜。
坐啸楼台凌皓月，行春鼓吹入青山。
太平天子尊耆旧，八十王祥未赐闲。

诗里以王祥来隐喻胡则，赞扬年已古稀的胡则仍是朝廷“倚以隆政道者”，对胡则敬褒有加。

同一年，胡则请范仲淹为自己代写了两份重要的奏表：《奏乞余杭州学名额表》《代胡侍郎乞朝见表》。

胡氏家训

胡则以国为重的为官准则和刚正不阿的道德风范，逐渐积淀为胡氏家族的家规家训规范。胡氏家训由胡则及其弟胡赈创始，历经宋、元、明历代传承整理完善后，到乾隆十二年(1747)正式形成较为系统完整的《胡氏家训》。《胡氏家训》深受中国传统儒家思想和当时吴越文化的影响，修身、齐家、治国的核心思想得到充分体现与身体力行。首先，《胡氏家训》把个人修养摆在重要位置，提出“家道盛衰，皆系于积善与积恶而已”，“人有喜庆不可生妒忌心，人有祸患不可生侥幸心”，倡导“以清白相承”，以“和睦”成“逊顺家风”，教导子孙后代做到善恶分明、积善行德，为子孙后代树立行为规范。同时，《胡氏家训》把个人、家庭、家族与百姓、国家、社会紧密地联系在一起，特别提到“为官心存君国”“以家国为重，以忠孝仁义为上”“先忧后乐，鞠躬尽瘁”等，充分展现胡氏子孙强烈的家国担当与百姓情怀。并且，《胡氏家训》十分崇学重教，一再申明教导“子孙虽愚，经书不可不读，即使冥顽，纵有开悟之时”，“为人者至乐莫如读书，至要莫如教子”。正是有了这种“为官一任、造福一方”和“身系家国、尽忠有责”精神的传递和观念的引导，胡氏后人寒窗苦读的传统和为国为民的努力从未改变，从而成就了一个个源远流长、人才辈出、官身留名的耕读之家和书香之第。

千载扬名

景佑元年(1034)，圣旨下，特进胡则为兵部侍郎准予致仕。他定居杭州。同时，朝廷调其子胡楷回杭州(任通判)以就养，调范仲淹为睦州知州。胡则有诗寄范仲淹(已佚)，范仲淹再度依韵酬答，写下《依韵答胡侍郎见寄》一诗。诗曰：

> 千年风采逢明主，一寸襟灵慕昔贤。
> 待看朝廷兴礼让，天衢何敢斗先鞭？

据说，喜读范仲淹诗词的毛泽东1959年8月，在专列进入金华地界与永康县委书记论及胡则前，念诵了这首诗。[①]

胡则历来关心百姓疾苦，例如：当他签署贝州观察判官时，把十来万服役民夫遣送回家；担任福唐郡守连上三道奏折痛斥将官庄田标价出卖的不义之举。迫使朝迁收回成命，减租平值。再如：整治钱荒，为国理财；勇改盐法，变官卖国商销等等，所到之处，政绩斐然。明道元年(1032)八月，任工部侍郎、集贤院学士。他清正廉明，颇有政绩，尤其于明道元年(1032)江淮大旱，饿死者众，胡则上疏求免江南各地身丁钱，诏许永免衢、婺两州身丁钱。宋仁宗诏令永远免除衢、婺两州身丁钱。两州之民感其德，多立祠祀之。胡则所以口碑满，万民感戴，并且由人而神，直至成为香火长盛不衰的胡公大帝，主要在于他犯颜极柬，奏免了衢州、婺州的身丁钱(人头税)。

胡则释褐，补许州许田尉，至七十二岁，宋仁宗宝佑元年以尚书部侍郎致仕。宝元二年(1039)，胡则在杭州逝世，终年七十七岁，葬于龙井狮峰山麓。范仲淹含着悲痛撰写祭文，内具："惟公出处三朝，始终一德，或雍容于近侍，或偃息于外邦。动惟至诚，言有名理，卓茂以礼乐率下，黄宪以度量过人。靡尚威刑，积有阴德。"不久，范仲淹又亲自为胡则作了2000余字的《兵部侍郎致仕胡公墓志铭》，其中写道："公性至孝……富宇量、笃风义……轻财尚施，不为私积。""铭曰：进以功，退以寿，义可书，石不朽，百年之为兮千载后。"

胡则在政治上力主宽刑薄赋，兴革使民，勤政廉政，做了许多功国利民的好事。胡则逝世后得到宋徽宗、高宗、光宗、宁宗、理宗和元成宗、明太祖的7次封赏。南宋绍兴三十二年(1162)，宋高宗赵构应百姓之请求，加赐庙额曰"赫灵佑顺"，后累加"嘉应福泽灵显极于"八个字；淳祐年间，

---

① 转引自盛巽昌：《毛泽东论中国历史人物》(下册)，上海：上海书店出版社，2018，第473-474页。

遂进爵为公，更号“显应”，寻加“圣惠”；宝祐初年（1253），再加“忠佑”。从此，胡公被百姓敬若神灵，成了“有求必应”的活菩萨，并于每年家历八月十三日胡则生日那天，举办各种民俗风情活动，以祭拜胡公大帝。今永康方岩胡公祠最为著名。义乌当地著名的德胜岩（德胜岩古称稠岩，义乌古称稠州即得名于此）、兰溪梅江五社转轮岩（方增先题字“小方岩”），亦有胡公祠。

胡则的事迹深刻地影响着后人。继胡则之后，胡氏一门进士及第多达 54 人，仅胡库一个村明清两代举人、秀才、贡生近 200 人，涌现了一批清白传家、敢于担当、为国尽忠、为民造福的好官、清官。他们遵从《胡氏家训》崇高的家国情怀和深厚的为民情怀，崇尚学习，注重教育，一心为民。北宋以来，胡库村先后建有上书院、“祠塾”、文昌阁、崇本书院等学所，不仅为族人读书专属之地，也为方圆周边村落学子延师授业。

胡则铜像（吕小芽摄）

北宋右谏议大夫范仲淹

范仲淹(989—1052),字希文,唐朝宰相范履冰的后代。北宋杰出的思想家、政治家、军事家、教育家和文学家。毛泽东在《讲堂录》中曾评价说:"有办事之人,有传教之人。前如诸葛武侯范希文,后如孔孟朱陆王阳明等是也。宋韩范并称,清曾左并称。然韩左办事之人也,范曾办事而兼传教之人也。"[①]2015 年 6 月 30 日,习近平总书记在会见全国优秀县委书记时的讲话中指出:"希望大家心中始终装着老百姓,先天下之忧而忧,后天下之乐而乐,真正做到心系群众、热爱群众、服务群众。"[②]范仲淹是一位曾担任过右司谏、右谏议大夫,又担任过睦州、越州、杭州知州的外省籍官员。

范仲淹幼年丧父,母亲改嫁山东长山县朱氏,遂更名朱说。宋大中祥符八年(1015),范仲淹苦读进士及第,授广德军司理参军,迎母归养,改回本名。后历任兴化县令、秘阁校理、陈州通判、苏州知州等职,因秉公直言而屡遭贬斥。宋康定元年(1040),与韩琦共任陕西经略安抚招讨副使,采取"屯田久守"方针,巩固西北边防。宋庆历三年(1043),出任参知政事,发起"庆历新政"。不久后,新政受挫,范仲淹被贬出京,历知邠州、邓州、杭州、青州。宋皇祐四年(1052),改知颍州,范仲淹扶疾上任,于途中逝世,年六十四。追赠兵部尚书、楚国公,谥号"文正",世称范文正公。

苦学及第

范仲淹的祖先范履冰,原来是怀州河内(今河南省沁阳市)人。《宋

---

① 《毛泽东早期文稿(1912.6—1920.11)》,长沙:湖南人民出版社,1990,第 591 页。

② 习近平:《做焦裕禄式的县委书记》,北京:中央文献出版社,2015,第 68 页。

史》记载："其先邠州人也。"高祖范隋，唐懿宗时渡江南下，任丽水县丞。后来全家迁徙到江南定居，于是成为平江府吴县（今江苏省苏州市）人。五代时，曾祖和祖父均仕吴越，父亲范墉早年亦在吴越为官。宋朝建立后，范墉追随吴越王钱俶归降大宋，任武宁军节度掌书记。范仲淹两岁时就失去了父亲，母亲改嫁长山县朱文翰，他改姓朱，名说。他少时就有志气，奉行操守。长大后，知道了自己的家世，感到很伤感，于是就流着眼泪辞别母亲，前往应天府，依从戚同文学习。他昼夜不停地刻苦学习，冬天读书十分疲乏时，就用冷水浇脸；有时无东西吃，甚至不得不靠喝稀粥度日，一般人不能忍受的困苦生活，范仲淹却从不叫苦。他考中进士后，被任命为广德军司理参军，他把母亲接来奉养。调任集庆军节度推官后，就恢复了原来的范姓，改名仲淹。

范仲淹后又监泰州西溪盐税，升为大理寺丞，移监楚州粮料院，因母亲去世离职。晏殊知应天府时，听说范仲淹很有名，就召请他到府学任职。在这期间，范仲淹上书皇帝请求选择郡守，举荐县令，斥逐游散懒惰之人，裁汰冗员和不安本位的人，慎重选举官员，安抚将帅，这封上书长达万余字。服丧期满后，由于得到晏殊的举荐，担任秘阁校理。范仲淹通晓《六经》，精通《易》学，学习经学的人大多向他请教，解决疑难，他手捧经典为有疑者答疑解难，不知疲倦。他曾经用自己的俸禄供养四方游学之士，而自己和儿子却要轮换穿一件好衣服才能出门，范仲淹始终泰然处之。每当他激动地谈论天下大事时，往往奋不顾身，当时士大夫矫正世风，严于律己，崇尚品德节操，就是从范仲淹倡导开始的。因而，《宋史·范仲淹传》评论道："（范仲淹）每感激论天下事，奋不顾身，一时士大夫矫厉尚风节，自仲淹倡之。"

秉公直言

宋天圣七年（1029），章献太后将在冬至日接受朝拜，仁宗皇帝也准备率领文武百官为太后上寿。范仲淹上疏详细地论述了这件事，并且说："在内宫事奉亲长，自当有家人礼仪，但在朝廷上皇帝与百官一起站立，来朝拜太后，不能够成为后世的规范。"又上疏请求章献太后将朝政大权交还仁宗,但没有得到任何答复。

晏殊得知范仲淹上疏,大惊失色,批评他过于轻率,不仅有碍自己的仕途,还会连累举荐之人。范仲淹据理力争,并回写一封长信(《上资政晏侍郎书》),详述自己做法的缘由,申明自己的政治立场:“侍奉皇上当危言危行,绝不逊言逊行、阿谀奉承,有益于朝廷社稷之事,必定秉公直言,虽有杀身之祸也在所不惜。”

宋天圣八年(1030),范仲淹调任河中府通判,后又调任陈州通判。范仲淹虽“处江湖之远”,不改忧国忧民本色,在此期间,他也多次上疏议政。当时,朝廷正在建筑太一宫和洪福院,并在陕西征购木材。范仲淹见此情景说:“昭应宫、寿宁宫已毁,上天的惩戒刚刚过去不久。现在又大兴土木,浪费百姓财产,这不是顺乎人心、合乎天意的做法。应该停止修建寺观,减少平常年份征购木材的数量,来蠲免百姓长期以来所承担的负担。”又说:“受到恩宠的人大多是皇宫里直接降敕授官,这不是太平治世的政策。”又建议朝廷不可罢免职田,认为“官吏衣食不足,廉者复浊,何以致化”。这些建议虽未受纳,但仁宗皇帝认为范仲淹是一位忠诚之士。

宋明道二年(1033),太后去世,仁宗亲政,范仲淹被召回朝廷提任右司谏。这时议政的官僚们大多揭露章献太后听政时所干的事情,范仲淹却说:“太后接受先帝的遗命,调养保护陛下十多年,应该饰掩她的小过,来成全太后的美德。”仁宗皇帝为此诏谕朝廷内外,不准擅自议论太后听政时的事情。当初,章献太后立下遗旨以太妃杨氏为皇太后,参与军国大事的决策。范仲淹说:“太后是皇帝母亲的称号,自古以来没有因为保护抚育皇帝有功而代替皇帝立太后的。现今一位太后去世了,又选立一位太后,天下人恐怕要怀疑陛下一天也离不开母后的扶助了。”

这年发生了严重的虫灾和旱灾,江、淮、京东这些区域灾情尤其严重。范仲淹请求朝廷派遣官员前往灾区察看灾情,没有得到答复。于是就问宋仁宗说:“宫廷里的人如果半天不吃饭,情形会怎么样呢?”仁宗皇帝显得十分难过,于是派遣范仲淹去安抚江、淮地区的灾民。范仲淹所到之处开仓济民,并且禁止灾区老百姓过多的祭祀活动,奏请朝廷免除庐州、舒州上供的折役茶、江东的丁口盐钱,并且向仁宗皇帝逐条陈述了救治朝政弊端的十件大事。

恰巧这时，郭皇后被废，范仲淹率领谏官、御史跪伏在阁门前争谏此事，但没有得到皇上恩许。第二天，范仲淹准备留下百官会集宰相在朝廷上再次谏争，当他刚走到待漏院时，朝廷下达诏书，命他出任睦州知州。

睦州知州

景祐元年(1034)正月，四十六岁的范仲淹从京城出发，沿颍、淮而下，四月至睦州任所梅城(今浙江省建德市、桐庐县一带)。这是范仲淹第一次被贬。

范仲淹在《谪守睦州作》一诗中表达了自己被贬的心境。

重父必重母，正邦先正家。
一心回主意，十口向天涯。
铜虎恩犹厚，鲈鱼味复佳。
圣明何以报，没齿愿无邪。

在《赴桐庐郡淮上遇风三首》记录了自己赴任遭遇风波的险境。

圣宋非强楚，清淮异汨罗。
平生仗忠信，尽室任风波。
舟楫颠危甚，蛟鼋出没多。
斜阳幸无事，沽酒听渔歌。

妻子休相咎，劳生险自多。
商人岂有罪，同我在风波。

一棹危于叶，傍观亦损神。
他时在平地，无忽险中人。

虽然被贬谪而来，但他与一般文人不同，不消沉怨叹，不患得患失，而是把个人生死进退置之度外，忧国忧民。他在任上为百姓做了很多好事，留下了许多诸如关心百姓疾苦、兴学育才、兴修水利、赈灾救荒、改善民生等不朽政绩。

梅城位于新安江、兰江、富春江汇合处，背靠乌龙山，面对三江口，常有水患。范仲淹主持修筑了南北相连接的堤坝，并疏浚梅城西湖等水利设施。

他任睦州知州不久，就立即与地方上的读书人商议，拨出公帑，专门在风景优美的乌龙山的梅城庙学原址上创建了睦州历史上第一所书院——龙山书院。为了解决教师问题，他特地给当时的著名学者李觏写信，聘请他来主持睦州府学和龙山书院的讲席。李觏接信后果然践约来到睦州，担任教职。他本人也时常来此讲学，与青年学子一起研究四书五经等儒家典籍，有时也兼论时政，这对当时学术思想的发展有一定的影响，由此也揭开了睦州教育的新篇章，有力地提高了山区人民的文化水平。

唐朝时在富春江畔就有严陵祠，后祠庙损坏。范仲淹钦佩严子陵，在上任乘船过富春江严子陵隐居处时，重建严子陵祠，还深情地写下《五绝》一首：

子为功名隐，我为功名来。
羞见先生面，黄昏过钓台。

范仲淹到梅城任知州后不久，便专程来到七里泷，寻访严子陵的遗迹及其后裔，并下令在东台山麓为严子陵建祠堂，免除其四家后裔的赋税和劳役，要他们管好严子陵祠堂的事务，并亲自为之撰写了《桐庐郡严先生祠堂记》。曰："先生之心，出乎日月之上……仲淹来守是邦，始构堂而奠焉，乃复其为后者四家，以奉祠事。又从而歌曰：'云山苍苍，江水泱泱；先生之风，山高水长！'"

景祐元年(1034)六月，范仲淹移守姑苏主持治水工作。虽然范仲淹在睦州只待了两个月时间，但他一生中最优秀的诗文，有相当一部分创作于睦州时期，其文学创作激情令人拍案称奇。

睦州在北宋时期属两浙路，今浙江省桐庐、建德、淳安等地都归属睦州管辖，临近杭州。境内河流纵横交错，富春江、新安江、兰江交错流过，秀丽灵韵；山势连绵，或峻拔奇伟，或清新悦目。风景之美，早已闻名天下。

范仲淹在《潇洒桐庐郡十绝》表达了他对睦州的热爱。

潇洒桐庐郡，乌龙山霭中。
使君无一事，心共白云空。

潇洒桐庐郡，开轩即解颜。
劳生一何幸，日日面青山。

潇洒桐庐郡，全家长道情。
不闻歌舞事，绕舍石泉声。

潇洒桐庐郡，公余午睡浓。
人生安乐处，谁复问千钟。

潇洒桐庐郡，家家竹隐泉。
令人思杜牧，无处不潺湲。

潇洒桐庐郡，春山半是茶。
新雷还好事，惊起雨前芽。

潇洒桐庐郡，千家起画楼。
相呼采莲去，笑上木兰舟。

潇洒桐庐郡，清潭百丈余。
钓翁应有道，所得是嘉鱼。

潇洒桐庐郡，身闲性亦灵。
降真香一炷，欲老悟黄庭。

潇洒桐庐郡，严陵旧钓台。
江山如不胜，光武肯教来？

他曾在《与晏尚书》的书信中对睦州的山水赞不绝口。书曰：

> 郡之山川，接于新定，谁谓幽遐，满目奇胜。衢歙二水，合于城隅，一浊一清，衢江浊，歙江清。如济如河。百里而东，遂为浙江。渔钓相望，凫鹭交下。有严子陵之钓石，方干之隐茅。又群峰四来，翠盈轩窗，东北曰乌龙，崔嵬如岱。西南曰马目，秀状如嵩。白云徘徊，终日不去。岩泉一支，潺湲斋中。春之昼，秋之夕，既清且幽，大得隐者之乐，唯恐逢恩，一日移去。且有章、阮二从事，俱富文能琴，夙宵为会，迭唱交和，忘其形体。郑声之娱，斯实未暇。往往林僧野客，惠然投诗。其为郡之乐，有如此者……

屡遭贬谪

宋景佑元年(1034)，范仲淹调任苏州知州。苏州发生水灾，百姓的田地无法耕种，范仲淹命令民众疏通五条河渠，导引太湖水流入大海，他招募民众兴修的水利工程，还没有完成，就被调任明州知州，转运使向朝廷上奏，暂时留下范仲淹完成水利工程，得以批准。朝廷提升范仲淹为尚书礼部员外郎、天章阁待制，召回京城，判国子监，又转升为吏部员外郎、权知开封府。范仲淹在京城大力整顿官僚机构，剔除弊政，开封府"肃然称治"，时称"朝廷无忧有范君，京师无事有希文"。

宋景佑三年(1036)，吕夷简执掌朝政，被任用和得到提拔的人大都出自他的门下。范仲淹向宋仁宗呈上一份《百官图》，指着图上百官升迁的次序说："像这样的是循序升迁，像这样的是不合次序的升迁，循序升迁是公正的，越序升迁是不合理的，完全是私意。况且天子近臣的提拔和黜降，凡是超过一定限度的，也不应该全部委托宰相处理。"吕夷简很不高兴。有一天，在讨论建都之事时，范仲淹又说："洛阳地势险要，城池坚固，而汴京却是四面攻战之地，天下太平时皇上可以居住汴京，但一遇战事皇上必须居住洛阳。因此应当逐步地扩大洛阳的储备，修缮洛阳的宫室。"仁宗皇帝问吕夷简，吕夷简说："这是范仲淹迂腐空疏的言论。"范仲淹于是写了四论上呈宋仁宗，大都是指斥当时朝政的言论，并且说："汉成帝相信张禹，不怀疑母舅家，因而导致了王莽篡国之祸。我担心今天也有张禹这样的人，破坏陛下的家法。”吕夷简愤怒地向宋仁宗诉说：“范仲淹离间陛下和我们的关系，他所任用的人，都是他的同党。”范仲淹对此极力反驳，言辞急切，因此被罢官而降任饶州知州。

殿中侍御史韩渎迎合宰相旨意，奏请宋仁宗把范仲淹同党的姓名写出来，在朝廷上张贴公布。于是秘书丞余靖上书说：“范仲淹因为一句话得罪了宰相，就立即加以贬斥流放，何况他前次所议论的是关于陛下母子夫妇间的事，陛下都已经宽容了他呢。我请求陛下追回并修改前道诏命。”太子中允尹洙上疏自讼和范仲淹是师友关系，而且范仲淹还曾经向朝廷推荐过自己，愿意和范仲淹一起降官贬黜。馆阁校勘欧阳修因为高若讷身为谏官，但对范仲淹被贬之事一言不发，就写信责备他。因此，这三个人都因为范仲淹一案而遭贬。第二年，吕夷简也被免除了宰相之职，从此关于朋党的争论就开始了。范仲淹被贬离开朝廷，士大夫们接连不断地替他辩白举荐。仁宗对宰相张士逊说：“过去贬谪范仲淹，是因为他密奏请求立皇太弟的缘故。现在他的同党这样称赞举荐他，怎么办？”于是，宋仁宗再次下诏警告不准互结朋党。

范仲淹担任饶州知州一年多后，被调任润州知州，不久又调任越州知州。

清白明志

宋宝元元年（1038）十一月，范仲淹遭贬到越州（今浙江省绍兴市）任知州。这次来越州任知州，是他一生中第二次到今浙江省域担任地方官。他在越州任职时间并不长，前后大约为一年半，虽然短暂，但他在兴办教育、关心人民疾苦、体恤贫弱孤寡、减轻人民负担方面仍做了不少好事，政绩卓著，在绍兴历史上留下了光辉的一页。他所做的几件事，永远为当地百姓所铭记。此外，他在任上极力宣扬“清白而有德义，可为官师之规”。

其时，越州府署所在地为卧龙山（即今府山），山之南麓岩壁下面原来有一口久被湮没废弃的古井。范仲淹曾听人说起过，也怀着好奇心。于是在某一天的政事之余，在蔓密深丛间寻觅，结果很幸运地寻到了，他十分高兴，立即派人除去井边的杂草，掏尽井中的淤泥，经过一番整治，古井开始呈现出以往的优良本质——“泉清”而“味甘”：“当大暑时，饮之若饵白雪，咀轻冰，凛如也；当严冬时，若遇爱日，得阳春，温如也。”由此可见，这口泉井确实是好：夏天酷热时，饮用此水好像在吃冷饮，甚至觉得有点太冷了；而在严寒的冬天，如果太阳一照，则又成温水，饮下去令胃很舒服。大家纷纷要求范仲淹给这口好井起一个吉祥的名字，范仲淹考虑了一会儿，他感叹于当时官场混浊，吏治腐败，遂将此井命名为“清白泉”，借以表明自己“清白而有德义，可为官师之规”的从政之道。大家听后一致拍手叫好。范仲淹听大家说好，心情自然也是高兴，于是又派人在井旁构筑凉堂，并命名其为“清白堂”，作为他视事和会友的场所。他还借景抒怀，特地写了一篇三百余字的《清白堂记》。文曰：

> 会稽府署，据卧龙山之南足。北上有蓬莱阁，阁之西有凉堂，堂之西有岩焉。岩之下有地方数丈，密蔓深丛，莽然就荒。一日命役徒芟而辟之，中获废井。即呼工出其泥滓，观其好恶，曰：“嘉泉也。”择高年吏问废之由，曰：“不知也。”乃扃而澄之，三日而后汲。视其泉，清而白色，味之甚甘。渊然丈余，绠不可竭。当大暑时，饮之若饵白雪，咀轻冰，凛如也。当严冬时，若遇爱日，得阳春，温如也。其或雨作云蒸，醇醇而浑。盖山泽通气，应于名源矣。又引嘉宾，以建溪、日铸、卧龙、龙门之茗试之，则甘液华滋，说人襟灵。
>
> 观夫大《易》之象，初则井道未通，泥而不食，弗治也；终则井道大成，收而勿幕，有功也。其斯之谓乎！又曰：“井，德之地。”盖言所守不迁矣；“井以辨义”，盖言所施不私矣。圣人画井之象，以明君子之道焉。予爱其清白而有德义，可为官师之规，因署其堂曰清白堂。又构亭于其侧，曰清白亭。庶几居斯堂，登斯亭，而无忝其名哉！宝元二年月日记。

这篇著名的《清白堂记》在记述清白泉及清白堂由来的同时，还在“清白”两字上大做文章，借古喻今，借“井德”喻“官德”，大力宣扬“所守不迁”“所施不私”的为官之德。所谓“所守不迁”，其意义即坚定信念、坚持原则、信守不移；“所施不私”，即清正廉洁、不徇私情。这不啻为当时贿赂成风的官场伸张了正义，也为往后乃至当今的为官之人开出了一剂道德修养的良药。

宋仁宗皇祐元年(1049)三月,知邓州、资政殿学士、给事中范仲淹赴杭州任知州,时年六十一岁。当时的杭州,地处于"江海上游",为"东南巨屏",经济和文化呈现出迅猛发展的势头,在当时人们的心目中已经是一个非常富丽的人间天堂。除柳永词《望海潮·东南形胜》歌咏外,还如大文豪欧阳修在《有美堂记》中所赞美的:

> 若乃四方之所聚,百货之所交,物盛人众,为一都会,而又能兼有山水之美,以资富贵之娱者,惟金陵、钱塘。……独钱塘自五代时知尊中国,效臣顺;及其亡也,顿首请命,不烦干戈。今其民幸富完安乐,又其俗习工巧,邑屋华丽,盖十余万家。环以湖山,左右映带……可谓盛矣!

范仲淹认为,自己能到这样的重地来做官,责任重大,"为荣极深"。虽然此时他的身体状况已经大不如前,但仍"抱公忠之节",始终不敢忘怀忧国忧民的事,继续为杭州百姓办实事、好事,体恤民情,积极有所作为。

抵御西夏

西夏李元昊反叛,范仲淹被召回京,担任天章阁待制、出知永兴军,后又改任陕西都转运使。恰逢夏竦担任陕西经略安抚、招讨使,朝廷提升范仲淹为龙图阁直学士来担任夏竦的副手。吕夷简再次担任宰相,宋仁宗劝告范仲淹消除对吕夷简的怨恨。范仲淹叩头回答说:"我以前所议论的都是国家的公事,对吕夷简本人并没有怨恨。"

延州周围各要塞大多失守,范仲淹主动请求前往延州,被升为户部郎中兼任延州知州。以前,朝廷诏令规定将领分别统辖边境驻军:总管统辖万人,钤辖统辖五千人,都监统辖三千人。遇到敌人侵略而要抵御时,官品低的将领需首先出击。范仲淹说:"对战将不加以适当选择,而只以官品的高低来作为出阵的先后,这是自取失败的办法。"于是,他普遍检阅本州军队,得到一万八千人,并分为六部,每位将领各自统领三千人,分部训练士兵,根据敌军的多少,派遣他们轮流出战抵御敌军。当时塞门、承平各要塞已被废弃,范仲淹采纳种世衡的计策,修筑青涧城来扼杀敌军进犯的要冲，大兴农田水利，并且开放民间贸易，以便边民互通有无。又因为老百姓远路输纳赋税过于劳苦，他上奏请求将鄜城建成军事基地，让河中府同州、华州的中下户就近送缴税租。每年春夏两季调集军队就地取得给养，可以节省十分之三买粮开支，这还不包括其他开支节省的费用。宋仁宗诏命这支军队为康定军。

第二年正月，仁宗皇帝诏命陕西各路讨伐西夏，范仲淹说："正月塞外天气十分寒冷，我军露宿挨冻，不如等到春天深入敌境，敌军马瘦人饥，凭我军的势力容易制服敌军。况且我军边防守备逐渐加强，出师纪律严明，敌军虽然猖獗，必然会被我军的气势所镇服。鄜州、延州与灵州、夏州十分接近，而这是西羌的必经之地。我军只要按兵不动，观察他们的破绽，请皇上允许我用恩惠和诚信来招纳他们归附。否则的话，情义断绝，我担心要罢兵休战就会遥遥无期。如果我的这个计策不能达到目的，也应当发兵先夺取绥州、宥州，占据险要之地，屯兵营田，作长久作战的打算，那么茶山、横山的老百姓，必然会带领全族前来归顺。要开拓疆界抵御侵略，这是上等的策略。"仁宗皇帝全部采纳了他的建议。范仲淹又上奏请求朝廷修筑承平、永平等要塞，逐渐招回流亡在外的百姓，加固堡寨的屏障，使敌情侦察畅通，把十二座旧要塞改建为城，于是羌族和汉族流亡在外的百姓，都一个接一个地回来，重操旧业。

过了较长的一段时间，元昊遣还被俘的宋将高延德，用他来与范仲淹约和，范仲淹写信告诫西夏罢兵。当时恰好任福在好水川被西夏打败，于是元昊给范仲淹的回信语气很不恭敬，范仲淹当着来使的面烧掉了它。朝中大臣认为不应擅自与西夏通信，又不应当擅自烧掉西夏来信，宋庠奏请处决范仲淹，仁宗皇帝没有同意，而只是将范仲淹降为户部员外郎、耀州知州，调任庆州知州，后又升为左司郎中，任环庆路经略安抚、缘边招讨使。

当初，元昊叛乱时，暗中诱使归附宋朝的羌人帮助自己，而环庆路酋长六百多人，相约做元昊的向导，不久，事情就败露了。范仲淹因为羌人反复无常，一到达辖区就奏请到边境巡视，他以皇帝诏命的名义犒赏羌族各部，检阅他们的人马，与他们订立条约："假如仇恨已经和解或了断，又擅自进行报复并伤人的，罚羊一百只、马两匹，已杀死人的要斩首。因负债而引起纠纷的，应当到官府理断，擅自扣押捆绑无辜者，罚羊五十只、马一匹。西夏军马侵入边界时，集合时不随本族前往的，每户罚羊二只，扣押他们的首领。敌军大举入侵时，老少自外而入保卫本寨的，官府给他们供给食粮；到时不入寨的人家，每家罚羊两只；全族不进寨的，扣押他们的首领。”羌族各部都接受了这些条约，自此以后他们开始为宋朝效力。

范仲淹改任邠州观察使，在上表书中说：“观察使位在待制之下，我守边多年，羌人很爱戴我，称我为‘龙图老子’，现在降官与王兴、朱观为伍，只恐怕被敌军轻蔑。”他辞谢而没有接受这一任命。庆州西北的马铺砦，正处在后桥川口，位于西夏腹地。范仲淹想在此筑城，料想西夏军队一定会前来争夺，就暗中派遣他的儿子范纯佑和番将赵明首先占据这一地区，自己率领军队紧随其后。众将领不知道到底要到达什么地方，走到柔远，范仲淹才开始发布筑城的号令，各种筑城工具都已准备好，十天就将城筑完毕，这就是大顺城。敌军发现之后，派三万骑兵来攻打，并假装被宋军打败，范仲淹告诫将士们不要追击，后来知道敌军果然有埋伏。大顺城建成后，白豹城、金汤城一带的敌军都不敢再度进犯，环庆路从此更少被敌人所侵犯了。

明珠、灭臧两部族拥有雄兵数万人，范仲淹听说泾原路宋军将袭击讨伐他们，便给朝廷上奏说：“明珠、灭臧两部族居住的地方道路险要，不能够进攻他们，前不久高继嵩的进攻已经失败。这两个部族平时尚怀有二心，现在讨伐他们，一定会和西夏军队联合起来，向南入侵原州，向西骚扰镇戎，向东入侵环州，这样边患将永远不会停止。如果能够北取细腰、葫芦泉等地筑起堡垒屏障，来切断敌军的通路，那么这两族就会安心归附，而环州、镇戎之间的小路近道也会畅通无阻，这样边患就不用担心了。”此后，便修筑起细腰、葫芦泉等军塞。

葛怀敏在定川被敌军打败，敌军大肆抢掠至潘原，关中地区震动惊恐，老百姓大多躲藏到山谷中。范仲淹率领六千军队，从邠州、泾州出发来进行援救，听说西夏军队已经撤出边塞，就率领军队返回。起初，定川战败的消息传到朝廷，仁宗皇帝手按地图对左右大臣说：“如果范仲淹出兵救援，我就没有什么可以忧虑的了。”范仲淹的援兵奏报一到，仁宗皇帝大喜说：“我一直认为范仲淹是可以信任的。”于是就任命范仲淹为枢密直学士、右谏议大夫。范仲淹因为这次军队出征没有立功，辞谢了仁宗皇帝的任命，仁宗皇帝没有接受他的辞呈。

当时，朝廷已经任命文彦博治理泾原路，仁宗皇帝认为泾原路所受战争创伤严重，准备让文彦博与范仲淹对调辖区，派遣王怀德去传达此事。范仲淹辞谢说："泾原路地位重要，恐怕我不能胜任。请让我与韩琦共同治理泾原路，并且一起驻扎在泾州，韩琦兼管秦凤路，我兼管环庆路。泾原路遇有敌情，我与韩琦联合秦凤、环庆两路的兵力，互成掎角之势进攻敌军；如果秦凤、环庆路遇到敌人侵袭，我也可以率领泾原路的军队作为援军。我应当和韩琦一起训练士兵，选拔将才，逐渐收复横山，来截断敌人的臂膀，不要几年时间，就可以期望平定边患了。我希望陛下颁布诏令让庞籍兼领环庆路统帅，以便形成首尾之势互相呼应的局面。秦州委派文彦博负责，庆州让滕宗谅全面负责。孙沔也可以参与会同作战。渭州，有一位武将就足够了。"仁宗皇帝采纳了他的建议，恢复设置陕西路安抚、经略、招讨使，让范仲淹、韩琦、庞籍分领职事。范仲淹与韩琦在泾州设置官第，将文彦博调到秦州做统帅，滕宗谅调到庆州做统帅，张亢担任渭州的统帅。

范仲淹作将领，号令清楚，爱护士兵，对于前来归附的各部羌人，诚恳接纳，信任不疑，因此西夏军队也不敢轻易侵犯他所统辖的地区。元昊请求议和，范仲淹被朝廷召回，授予枢密副使之官。王举正性情胆怯不敢直言，不能胜任其事，谏官欧阳修等人说范仲淹有当宰相的能力，请求朝廷罢免王举正而任用范仲淹，于是范仲淹又改任参知政事。范仲淹说："执政官可以由谏官的几句话就得到吗？"他坚决辞谢不接受任命，并希望和韩琦一同出京巡视边防。朝廷任命他为陕西宣抚使，还没有出发，朝廷又任命他为参知政事。恰遇王伦进犯淮南，州县官吏中有不能坚守城池的人，朝廷准备调查核实后依法处决。范仲淹说："平时忌讳讲完善武备，遇到敌人进犯时却专门责令州县官员以死殉职，应该吗？"因而，这些不能坚守城池的人都没有被处决。

庆历新政

仁宗皇帝当时正一意要实现天下太平，多次询问当前急需办理的大事，范仲淹对人说："皇上对我信任至极，不过做事情总是有先有后的，长期安定局面带来的弊病，不是一朝一夕就可以完全消除的。”仁宗皇帝再次赐给他亲笔写的诏书，又为这件事打开天章阁，召集二府的大臣按条奏对，范仲淹惶恐不安，退朝后给皇帝上奏十件事：

一是严明官吏升降制度。政府官员没有大的功劳和美好的品德不能升迁，朝廷内外官员必须在职任期满三年，在京城各部门任职的官员如果不是通过选任和保举而得官的人，必须累计任满五年，才能磨勘升迁，这大概算是考核官吏政绩的方法吧。

二是抑制侥幸。取消乾元节给少卿、监以上官员任子的恩泽；正郎以下如监司、边远地区的官员，必须任职满两年，才可以享受恩荫任子；大臣不得荐举自己的子弟担任馆阁职务，这样任子制度就不会出现冗滥了。

三是严格贡举制度。进士诸科考试时请取消试卷将姓名封起的糊名法，结合考察其操行，将姓名上报朝廷。进士先考策论，后考诗赋，各科录取兼通经义的人。赐第以上的人，都由皇帝裁决宣布。其余优等人免除吏部铨选，次一等的人发给凭证，等候选用。这样进士考试的办法，就可以就其名而求其实了。

四是选拔地方长官。委托中书省、枢密院首先选举转运使、提点刑狱、大藩知州；其次委任两制三司、御史台、开封知府、各路监司长官举荐知州、通判；知州、通判举荐知县、县令。限制官员举荐人数，被推荐者如果举荐者多的，由中书挑选授官。这样刺史、县令就可以得到称职的人选了。

五是均公田。外官的廪食供给不均，又怎能希望他们施行善政呢？请朝廷均衡他们的职田收入，按等级划给他们职田，以便让他们有足够的衣食养活自己，只有这样朝廷才能要求官员廉洁奉公，对贪赃枉法者才可以进行惩办和撤职。

六是重视农业生产。每年预先给各路转运司下达诏书，要求他们激励官吏百姓陈说农田建设的好处和坏处，然后由州县选派官员来治理堤堰河渠、陂塘等，制定奖励和考核制度来大兴农田水利，减少漕运费用。江南路的圩田，浙西的河塘，已经废弃或毁坏的就都可以得到恢复或兴修。

七是整顿军备。大体上按照府兵法，招募京畿及其附近州郡的强壮男子充当卫士，用来辅助正规军。一年中三季务农，一季训练作战，这样就可以节省国家供养军队的费用。京畿及其附近州郡有了完备的制度，其他各路可以照此实行了。

八是推行朝廷的恩泽和信义。赦令内宣布的恩泽有所实行，但主管部门拖延或违反赦令施行的，要依法从重处理；另外还要派遣使臣到各州检查那些应当施行的恩泽是否得到了施行，如果这样的话，各地就没有弃置皇上恩泽的官员了。

九是谨慎地发布命令。法令制度是用来示信于民的，不要一项政令颁布不久，很快就更改变动了。希望让掌管政事的大臣讨论出能够长久实行的法令，删去繁杂多余的部分，最后裁定作为皇帝的制书敕令，颁行天下，这样朝廷的命令就不会经常变动了。

十是减轻徭役。现在州县户口减少而对官府的供给却更加繁重，将户口少的县改为镇，把各州军的使院和州院合并为一院，职官白直，全部给予州兵冢，其他不应当服役的人全部放回农村，这样老百姓就没有重役困扰而产生的忧愁了。

仁宗皇帝正专意信任范仲淹，因而全部采纳了他的意见，凡适宜立为法令的，都用诏书统一颁布下去，只有府兵法，大家认为不能施行而最后作罢。

范仲淹又建议说："周代的制度，三公分别兼任六官的职务，汉代以三公分别管辖六卿之事，唐代以宰相分别兼判六曹事务。现在的中书就是古代的天官宰，枢密院就是古代的夏官司马；四官分散于众多的官衙，已经失去了三分兼掌大权的重任了。而现在二府的官员们只是在草拟授官文书时，依照资历级别，讨论赏罚时，检用现在条例罢了。上没有三公讲论天下治道的重任，下没有六卿辅佐君王的职责，这不是治理国家的方法。我请求仿效前代的官吏制度，将三司、司农、审官、流内铨、三班院、国子监、太常、刑部、审刑、大理、群牧、殿前马步军司，分别委派辅助大臣兼管这些部门的职事。凡是官吏的升降、刑法的轻重、事情的利弊这些事情，都由辅助大臣来处理；其中重大的事情，由二府大臣共同讨论，然后奏请皇帝裁定。我请求兼管军事和财赋方面的事情，如果对事情没有任何改进，请求先将我罢官免职。"宰相章得象等人都说范仲淹的建议不能实行。很久以后,才任命参知政事贾昌朝兼管农田方面的事务,范仲淹兼管刑法方面的事务,但最后都没有实行。

鞠躬尽瘁

当初,范仲淹因为触犯了吕夷简,被放逐在外多年,士大夫们各自坚持他们二人的是非曲直,互相指责对方是朋党。等陕西一带发生了军情,仁宗皇帝因为范仲淹众望所归,便开始提拔重用他。等到吕夷简罢官免职,朝廷召回范仲淹,依靠他来治理朝政,朝廷内外都希望他能建功立业。范仲淹自己也以治理天下为己任,裁抑侥幸,削减冗滥,考核审查官吏,日夜谋划断虑实现天下太平。但是,他的改革措施没有能够逐渐推行,改革涉及面太大,评论的人认为无法实行。到按察使出巡时,许多问题被检举出来,引起人心不悦。自从任子恩荫的减少,磨勘制度的严密,希图侥幸的人深感不便。这样,诽谤范仲淹的言论就逐渐多起来,而指责范仲淹等是朋党的议论也传到了仁宗皇帝的耳朵里。

刚好遇到边境有军情,范仲淹就和枢察副使富弼巡视边防。这样,范仲淹被任命为河东、陕西宣抚使,赐给黄金百两,但范仲淹全部分赠给守边的将领。麟州新近遭到了敌寇的大肆侵扰,进言的人多数主张放弃麟州,范仲淹却整修旧要塞,招回流亡百姓3000多户,免除他们的赋税,废除当地官府对酒类的专控权,允许百姓卖酒。又上奏朝廷免除府州的商税,黄河以外的地区于是得以安定下来。范仲淹离开朝廷后,反对他的人更加激烈地攻击他,在这种情况下,范仲淹自己也请求免除参知政事之职,于是朝廷任命他为资政殿学士、陕西四路安抚使、邠州知州。他任中书时所推行的政策,也就逐渐被废止了。

范仲淹因患病请求担任邓州知州,被升为给事中。当调任荆南时,邓州百姓拦住使者请求留任范仲淹,范仲淹本人也愿意留在邓州,朝廷答应了这一要求。不久调往杭州,又一次升为户部侍郎,调往青州。这时,恰巧范仲淹病情更加严重,他请求调任颍州,还没有到任就死在路上,终年六十四岁。朝廷赠他为兵部尚书,谥号“文正”。范仲淹生病时,仁宗皇帝经常派人送药、慰问,病逝后,仁宗皇帝嗟叹哀悼很长时间,又派人去慰问其家人，埋葬后，仁宗皇帝亲自题写了墓碑，叫“褒贤之碑”。

范仲淹性情刚烈，但外表温和，本性十分孝顺，因为他母亲在时，家境正是贫困的时候，后来，范仲淹虽然做了大官，但绝不铺张浪费，也绝不大吃大喝。妻儿的衣服和饭食，仅仅只能自己充饥、御寒。范仲淹对人好施予，在乡族中设置义庄，用以赡养族人。他博爱善施，士大夫大多出自其门下，即使是小巷之人，都能说出他的名字。他去世那天，四面八方凡是听到这一消息的皆哀悼、叹惜。范仲淹治理国家崇尚忠厚，所至之处都爱护百姓，邠州、庆州的老百姓和众多的羌部族，都画上他的像在其生前就建立祠堂来祭祀他。等到他死时，羌部族的首领数百人，像失去父亲一样痛哭，并斋戒三日以后才离开。范仲淹有四个儿子：范纯佑、范纯仁、范纯礼、范纯粹。

范仲淹取得了卓越的文学成就。诗歌存世 305 首，其作品以政疏和书信居多，陈述时政，逻辑严密，有很强的说服力，苏轼曾评价《上政事书》“天下传诵”；《灵乌赋》一文，“宁鸣而死，不默而生”，是中国古代哲人争自由的重要文献；名篇《岳阳楼记》，借作记之机，规劝友人“不以物喜，不以己悲”“居庙堂之高则忧其民；处江湖之远则忧其君”，全文融记叙、写景、抒情、议论为一体，动静相生，思想境界崇高，成为传诵千古的名篇。

范仲淹政绩卓著，文学成就突出。他倡导的“先天下之忧而忧，后天下之乐而乐”思想和仁人志士节操，对后世影响深远。1937 年 5 月，毛泽东在延安嘉岭山，走到民间传说中的范公井旁说：范仲淹是个了不起的人物，“先天下之忧而忧，后天下之乐而乐”，古人尚且如此，我们共产党人要做得更好些。①

千秋景仰

作为政治家、军事家，范仲淹“文武兼备”“智谋过人”，无论在朝主政、出帅戍边，均系国之安危、时之众望于一身。他领导的庆历革新运动，虽

① 转引自盛巽昌：《毛泽东论中国历史人物》（下册），上海：上海书店出版社，2018，第 473 页。

只推行一年，却开北宋改革风气之先，成为王安石“熙宁变法”的前奏；他对某些军事制度和战略措施的改善，使西线边防稳固了相当长时期；即使在担任地方官时，他也殚精竭虑，鞠躬尽瘁。

范仲淹不仅是北宋著名的政治家和军事家，还是一位卓越的文学家和教育家。作为宋学开山、士林领袖，他开风气之先，文章论议，必本儒宗仁义；并以其人格魅力言传身教，一生孜孜于传道授业，悉心培养和荐拔人才；乃至晚年“田园未立”，居无定所，临终《遗表》一言不及私事。

作为监察御史，范仲淹一心为国，胆气直冲九霄，多次犯颜直谏，从不畏惧。除上疏议论章献太后之事外，他还敢于与宰相吕夷简谏争。明道二年(1033)冬天，郭皇后误伤宋仁宗，宰相吕夷简因与皇后有隙，遂协同内侍阎文应、范讽等人，力主废后。消息传出，群臣议论纷纷，都认为废后不合适，范仲淹也向皇帝进言。因吕夷简事先命令有司，不得接受台谏章疏，疏入内廷，不得奏。范仲淹遂率中丞孔道辅，侍御史蒋堂、段少连等十余人跪伏垂拱殿外，请求召见，宋仁宗不见，派吕夷简出来解释。范仲淹等与之当庭辩论，吕夷简理屈词穷，无以为对。第二天，范仲淹与众人商议，打算早朝之后，将百官留下，再次与宰相谏争。由此可见，范仲淹是一位胆气过人、名扬千古的监察御史，值得我们学习。

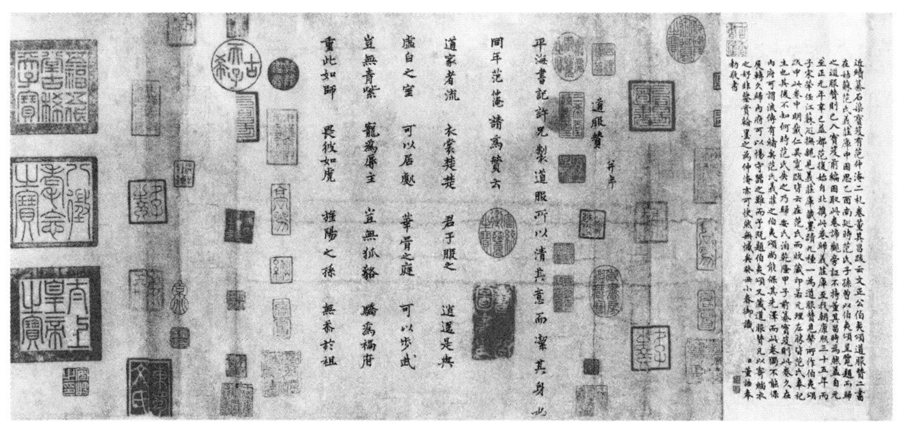

范仲淹书法

北宋铁面御史赵抃

赵抃(1008—1084),字阅道,号知非子,衢州西安(今浙江省衢州市柯城区信安街道沙湾村)人。北宋著名政治家。赵抃曾任通判、殿中侍御史、右司谏、侍御史、右谏议大夫等职,在朝弹劾不避权势,时称“铁面御史”。三衢山南坡有一石室,是北宋名臣赵抃读书处,取名“赵公岩”或“清献书岩”。

宋景祐元年(1034),赵抃登进士第,任武安军节度推官。历知崇安、海陵、江原三县,通判泗州。宋至和元年(1054),召为殿中侍御史。其后出知睦州,移梓州路转运使,旋改益州。召为右司谏,因论事出知虔州。宋英宗即位后,任天章阁待制、河北都转运使,宋治平元年(1064),以龙图阁直学士再知成都。宋神宗即位后,官至右谏议大夫、参知政事。晚年历知杭州、青州等地。宋元丰二年(1079),以太子少保致仕。宋元丰七年(1084),赵抃逝世,年七十七。追赠太子少师,谥号“清献”。

初入官场

赵抃进士及第后,任武安军节度推官。有人在大赦前伪造公章,在大赦后使用,执法人员认为他该死,赵抃说:“大赦前没有使用,大赦后没有制造,不该死。”最终使得罪犯免于一死。历任崇安、海陵、江原三县知县,泗州通判。濠州知州不按规定给士卒发放衣食等物,兵士扬言要兵变。知州害怕了,太阳还未下山就紧闭城门不办公了。转运使函令赵抃代他处理此事。赵抃到濠州,像平时一样从容办公,该州才太平了。

翰林学士曾公亮不认识赵抃,却举荐他为殿中侍御史。赵抃曾给皇帝上奏章——《论邪正君子小人》,极力要求朝廷区分君子、小人。他认为，御史的职责就是帮助朝廷区分辨别君子、小人，以国家能够多用忠诚、正直的大臣。奏章充分表达了赵抃的政治观点和用人的导向，并用大量史料证明了用君子兴国、用小人误国的观点，指出要解决政治上的种种弊端，必须广选“忠直方正，能当大任”的“贤人端士”。他以为：“小人虽然过失小，也应努力清除并杜绝这种情况的发生；君子不幸犯了过失，却应保全爱惜，以成就其德行。”

铁面御史

他弹劾不避权贵佞幸，美誉鹊起，京师称之为“铁面御史”。在殿中侍御史任上，赵抃弹劾宰相陈执中。陈执中任宰相多年，树大根深，又深得宋仁宗的信任。宋至和元年(1054)十二月，陈执中一个小妾虐杀侍女，一个月之内，三人被害。陈宰相府的恶行，引发朝廷上下的愤怒、抨击。赵抃挺身而出，从十二月至次年六月，连续上达皇帝十二道奏章，弹劾陈执中。赵抃在奏章论道，陈执中不学无术，屡犯过失，“引用奸佞，家声狼藉”，必须免职。在欧阳修等正直官员的支持下，尽管宋仁宗多次包庇，但最终采纳了赵抃等的建议，把陈执中的宰相职务给免了。

温成皇后逝世，刘沆以参知政事身份监办丧事，为相后，仍兼监护丧事。赵抃认为这种一身多任有碍政体，必须罢免他的职务，以保全国体；宣徽使王拱辰自己及手下人颇有不法行为；枢密使王德用、翰林学士李淑不称职，都应被免职。赵抃的奏章得到采纳，这些人于是都被罢免。

吴充、鞠真卿、刁约因制裁礼仪院的吏佐，马遵、吕景初、吴中复因为议论梁适，相继被放逐。赵抃为他们辩护，说明缘由，都被召回。吕溱、蔡襄、吴奎、韩绛出任地方官后，欧阳修、贾黯又被勒令出任郡官。赵抃向皇上说：“最近品行端正之士纷纷出走，皇上身边的贤才如欧阳修这样的已没有几个。现在想到地方上去的人，都是因为他们为人正直，不事权贵而遭到打击。打击面太广了，真令众臣伤心啊。”皇上于是将欧阳修、贾黯等留在朝廷，一代名臣，得以保全。

赵抃作为监察御史，敢于谏言，不畏权贵，恪尽职守，铁面无私，得到人们的好评。苏轼在《赵清献公神道碑》中对赵抃这一时期的监察业绩做出了高度的评价，他赞道：

> 故太子少师清献赵公，既薨之三年，其子除丧来告于朝曰："先臣既葬，而墓隧之碑无名与文，无以昭示来世，敢以请。"天子曰："嘻，兹予先正，以惠术扰民如郑子产，以忠言摩上如晋叔向。"乃以爱直名其碑，而又命臣轼为之文。
>
> 臣轼逮事仁宗皇帝，盖尝窃观天地之盛德，而窥日月之末光矣。未尝行也，而万事莫不毕举；未尝视也，而万物莫不毕见。非有他术也，善于用人而已。惟清献公擢自御史。是时将用谏官御史，必取天下第一流，非学术才行备具，为一世所高者不与。用之至重，故言行计从，有不十年而为近臣者，言不当，有不旋踵而黜者。是非明辨，而赏罚必信，故士居其官者少妄，而天子穆然无为，坐视其成功，奸宄消亡，而忠良全安。此则清献公与其僚之功也。

主政地方

嘉祐元年（1056），赵抃请求调任睦州知州，改任梓州路转运使，又改任益州。他赴任时，"以一琴一鹤自随"。蜀地地远民穷，官吏肆无忌惮地胡作非为，州郡公然互相行贿。赵抃以身作则，蜀地风气为之一变。穷城小镇，老百姓有的一生没见过朝廷命官，而赵抃足迹无所不至，父老乡亲大感欣慰，奸狡的官吏不得不悚惧服从。

赵抃被召回京师任右司谏。内侍邓保信引诱退伍士兵董吉在宫中炼丹，赵抃比之为文成、五利、郑注等妖道，极力指斥其不是。陈升之任副枢密，赵抃与唐介、吕诲、范师道共同揭露陈升之奸邪，勾结宦官，不是通过正常渠道升迁。上书 20 多次，陈升之垮台，赵抃同弹劾者也一道被撤职，赵抃出任虔州知州。

虔州（今江西省赣州市）地处偏远，并且百姓喜欢争辩诉讼，人们都认为赵抃会不高兴赴任。可是赵抃愉快地回到家里祭祀祖墓后就离家上任了。嘉祐六年（1061），赵抃怀着对未来茫然的复杂心情，前往虔州赴任。他走过险恶的赣江十八滩，走进位于赣江源头、重山叠嶂深处的、偏僻的虔州古城，任虔州知州。路过十八滩中的惶恐滩，赵抃赋诗《入赣闻晓角有作》一首，吟咏道：

江南历尽佳山水，独赣潺潺三百里。
移舟夜泊惶恐滩，画角乌乌晓风起。
栖鸥宿鹭四散飞，梦魂惊入渔樵耳。
三通迤逦东方明，又是篙工趣行矣。
横波利石千万层，板绳缚颈如山登。
夷途终致险且升，自顾忠信平生凭。

赵抃这首诗作，比文天祥抗元兵败被俘，由广东五坡岭被押送北京、囚禁船上，经过零丁洋、惶恐滩而创作的、光耀千古的名作《过零丁洋》早了 200 多年。

虔州百姓有幸，迎来了一位难得的清官。赵抃为政简易，体恤百姓，政绩显著。虔州素称治理难，知虔州期间，赵抃采用"严而不苛"的办法，因俗设施，宽猛不同，以惠利为本，兴修水利，疏凿水道，革奸敷和，吊恤鳏孤，为当世称道，在赣州留下的官声相当不错，是历代赣州郡守中最好的一个，百姓至今不忘。

赵抃是位清吏，也是一位钟爱自然、寄情山水的性情中人。初来虔州上任时，如去蜀一样，"以一琴一鹤自随"。公务之余，或抚琴逗鹤，或寄情山水，或邀二三知己，饮酒赋诗，既具得道高人的仙风道骨，也具古代文人的旨趣气质。

到了虔州，赵抃对待官吏、百姓行事简易，要求严格而不苛刻。他把各县县令全都召集在一起，告诉他们："做县令应当自己承担责任，不要把事情推诿给郡府，假如事情处理好了，百姓也高兴，我就一点也不过问了。"县令都很高兴，争相尽心尽力做事，虔州的案件因此减少，监狱里面也因此空了下来。他又修改盐法，百姓依靠这些措施获得了好处。

过去，岭外做官的死了，多半无法归葬，赵抃造船百只，告诫各郡说："官宦人家有无法回家的，我都帮助。"于是，来求助的人接踵而至，赵抃都给予他们船只、盘缠，帮助有困难的官宦人家返乡。

赵抃是个有学问的人，他重视教育，重视以文化人。由于他的培育，造就了虔州历史上难得的淳厚文化氛围。在这种崇尚山水文化的氛围之中，宋代虔州人文与自然景观渐成大气候。

嘉祐六年(1061)，赵抃与通判周敦颐在虔州水东玉虚观旁创立赣州第一所书院——清溪书院，在书院里讲学，传道授业，培养了许多人才，并对理学的发展和传播起到了促进作用。赵抃为政清廉，与名士周敦颐、程珦、阳孝本交往相处甚欢，相互咏和留诗，题刻于通天岩、郁孤台、马祖岩等处。他还在赣州城西北隅利用野月、野景二亭旧址建章贡台，“据章贡二水之会，形胜与郁孤台对峙，而甲乙称雄”，赵抃亲自为能观赏三江美景的章贡台作《章贡台记》：

> 予嘉祐六年夏四月以言出守……水别二派，合流城郭，于文为赣……披图访古，治西北隅有野景亭，旧址隳圮，于是斸榛剪蔓，复屋其上，前所谓二水为赣，离合气象，左右拥抱……新其名为章贡台云。

赵抃还亲作《登章贡台》诗：

> 章贡东西派，并流作赣川。
> 奔湍出城曲，离合向台前。
> 把酒来凭槛，鸣鼙见放船。
> 滔滔归底处，沧海路三千。

自此，章贡台成为中国城市八景文化史上最早的八景——“虔州八景”之一而名垂青史，影响深远。赵抃在赣州期间还留下了大量诗作。《虔州即事》表达了赵抃治虔后的一番新感慨：

> 君恩山重若为酬，补郡都忘乐与忧。
> 惶恐滩长从险绝，郁孤台迥足观游。
> 赣川在夕名难治，铃阁于今幸少休。
> 人谓阔疏予自喜，远民安堵更何求。

虔州民众也忘不了这位勤政爱民的知州。旧赣州府城内建有“清献堂”，专为纪念赵抃而建。明成化十九年(1483)，知府王廷珪重建，泰和刘鸿作《重修清献堂记》，记述了这件事。

秉公直言

宋治平四年(1067)宋神宗即位,赵抃出任知谏院右谏议大夫。这年九月,宋神宗又提升赵抃为正二品的参知政事,即副宰相之职。据史载,赵抃与范镇因言事意见不同而有矛盾。王安石担任宰相时,因范镇上奏攻击其改革政策而暗恨,趁皇帝询问范镇情况时,说赵抃知道他的为人。王安石错误地以为与范镇有矛盾的赵抃,一定不会为其说好话。结果,皇帝在朝上询问赵抃时,赵抃回答说:“范镇是忠臣。”王安石不解,退朝后责问赵抃说:“你不是和他有矛盾吗?”赵抃回答说:“我不敢以私隙而废公道。”

后来,外放的赵抃回京任侍御史知杂事,又改任度支副使,升天章阁待制、河北都转运使。

当时,曾任宰相的贾昌朝主管魏郡,赵抃要检察府库,贾昌朝派人来劝告说:“以前的监司是从不检察我的库藏的。没有先例怎么办?”赵抃说:“魏郡不查,其他郡就不会服气。”坚持查了,贾昌朝很不高兴。当时,官吏因不能按期招募到足够的义勇乡兵而受罚的已达八百余人,赵抃奉诏督责此事,他回报皇帝说:“河朔地区由于连年丰收,故乡民应募的少,请从宽处理那些官吏,等农闲时再说。”皇上答应了。受罚者被平反,义勇也招募足了。贾昌朝才羞愧地对赵抃心悦诚服了。

再任蜀州

赵抃又任龙图阁学士、成都府知府,以宽为治。赵抃从前出使蜀州时,对聚众搞迷信活动的治以严刑峻法。这次重来,又有人犯同样的罪,都以为在劫难逃了。赵抃看罪犯没有其他劣行,就说:“这仅仅是骗酒食的小过失。”只处罚了首恶,放了其他人,蜀人大为高兴。当时,正值荣諲任转运使,英宗对荣諲说:“赵抃治理成都,行的是中和之政。”

宋神宗即位后,召赵抃知谏院。照老规矩,近臣从成都回来就会担负重任,必然去省府任职,不当谏官。大臣大惑不解,宋神宗说:“我是想发挥他仗义执言的优点，将采纳他的主张，不是小看他。”赵抃谢恩时，宋神宗说：“听说你单身匹马入蜀，以一琴一鹤自随，政策宽松平和，也能干唇枪舌剑的谏官吗？”不久，升为参知政事。赵抃感谢皇上的知遇之恩，朝政有不妥当处，总是秘密上告，宋神宗也常亲笔回信表扬他。

王安石当权，赵抃屡屡反对他的主张。韩琦也上书反映青苗法对民间的危害。宋神宗同执政大臣们商量后，停止了青苗法。王安石正在家休假，想辞官。赵抃说：“新法都是王安石创立，不如等他假满归来再说。”王安石回来后，推行新法更坚决。赵抃非常悔恨帮他，向宋神宗说：“制置条例司设使者四十余人，扰乱天下。安石善于诡辩，刚愎自用，诋毁天下公论为庸俗，违背众议，欺瞒民众，文过饰非。近来谏官们多因说话无人听而辞职，司马光受聘枢密，不肯赴任。而且事有轻重，体有大小，一时的财富利润是轻，人心的得失才是重；青苗使者的去取荣辱是小，左右大臣的取舍为大。现在因小失大，去重取轻，我担心这不是国家的福气啊！”

奏章送给皇上后，请求辞官，被任命为资政殿学士、杭州知州，改任青州知州。当时，京东旱灾、蝗灾，青州麦多，蝗虫飞到青州边境，遇狂风阻遏，都落水淹死了。成都因为戍卒困扰，赵抃以大学士身份再任成都。皇上召见时慰劳说：“还没有过从中央政府下到成都去的先例，你能为了我破一次例吗？”赵抃回答说：“陛下的话就是法律，何必管例不例呢？”因而请求允许他相机行事。

到成都后，政令比上次更宽简。有个卒长站在堂下，赵抃喊他说：“我同你年岁相当，我单身匹马入蜀，为天子镇抚一方。你也应清廉谨慎威严地统率士卒，等戍期满，分得些余财回家，替妻儿考虑，岂不好？”人们欣喜地奔走相告，不敢再为恶，蜀郡一片升平景象。

剑州有人伪造和尚的度牒，被告为企图谋反，赵抃不将案件交给司法人员，而由自己判断，皆从轻处理。诽谤者诬告赵抃纵容叛党，朝廷取来审案记录一看，认为赵抃的判决都符合法律。

茂州少数民族在边境抢掠后，害怕官府讨伐，请求投降，就绑了一个奴隶，想杀死后取血为盟。赵抃让他们改用牲口，放了奴隶，大家都欣然听令。

世人表率

赵抃请求辞职回乡，改任越州知州。吴越地区闹饥荒，人口死亡过半。赵抃奋力救荒，治病救人，掩埋死者，使生者得以保全。让老百姓修城，使他们得到辛苦钱。又调任杭州，以太子少保的身份退休，其子山屼被封为提举两浙常平，以便就近照顾他的晚年。山屼带他遍游江南名山大川，他感到自豪。元丰七年，赵抃死，享年七十七岁。追赠为太子少师，谥号“清献”。

赵抃忠厚淳朴，善良温和，喜怒不形于色。平生不治家产，不养歌伎，帮兄弟之女十余人、其他孤女二十余人办嫁妆，其他抚恤孤寡贫寒之事，不可胜数。明代高僧莲池大师《竹窗随笔》载：“赵清献公尝自言，‘昼之所为，夜必焚香告天，不敢告者则不为也’。吾以为如是之人乃可学道。”即指赵抃常常告诫自己：白天所做之事，晚上必然服饰庄重地烧香，告诉上天，凡是不能对天说的事就不做。赵抃从政时，因地制宜，不同情况不同政策，在虔州和成都的政绩，尤其为世人称道。宋神宗以后每次训导这二郡的继任，都要把赵抃作为楷模。总之，以增加人民财富为根本。晚年修行炼道，颇有心得，临死与儿子赵山屼诀别时，说话仍有条有理，安然去世。宰相韩琦曾称道说：赵抃真是世人表率，我也赶不上。苏轼称赞赵抃：“惟清献公擢自御史。是时将用谏官御史，必取天下第一流，非学术才行具备为一世所高者不与。用之至重，故言行计从有不十年而为近臣者，言不当，有不旋踵而黜者。是非明辨，而赏罚必信，故士居其官者少安，而天子穆然无为，坐视其成功，奸宄消亡，而忠良全安。此则清献公与其僚之功也。”

《宋史·赵抃传》盛赞道，赵抃“弹劾不避权幸，声称凛然，京师目为‘铁面御史’”。“（赵抃）平生不治赀业，不畜声伎。嫁兄弟之女十数、他孤女二十余人，施德茕贫，盖不可胜数。”他在成都任知府时，一清如水。他养了一只鹤，常用鹤毛的洁白来勉励自己不贪污，用鹤头上的红色来勉励自己赤心为国。他主政地方，整顿风气，兴修河渠、放赈救灾、监督问责，使得当地人民怀念不已。

北宋御史中丞陈禾

陈禾(1058—1129),字秀实,明州鄞县(今浙江省宁波市鄞州区姜山镇走马塘村)人。元符三年(1100)登进士榜,高中进士。迁太学博士,多次升迁,擢拔为监察御史、殿中侍御史。初调郓州司法,崇宁元年(1102)授予淮州教授。次年改婺州,召入升太学正和辟雍博士、监察御史。崇宁四年(1105)任殿中侍御史。大观元年(1107)升右正言,授官给事中。因抗疏弹劾童贯和黄经臣罪行,贬为信州监酒。遇赦归里。又因"陈瓘党人"获罪。后遇赦,复起用知广德军,移知和州。丁母忧归乡里,服满知秀州,当时,王黼主政,陈禾不愿为奸臣所用,辞官归乡。建炎三年(1129)八月,陈禾病故,葬于东钱湖二灵山。直至去世多年,其孙陈缙(选驸马)请于朝廷,嘉定二年(1209)始赠陈禾为中大夫,谥"文介"。绍定二年(1229)追赠颍川郡公。

勤学少年

据记载,走马塘始建于北宋端拱年间(988)。建村的起因是长洲进士、官枢密直学士陈轩为守父陈矜(曾任明州刺史)墓,从江苏长洲带领家眷迁居茅山走马塘,于是成为今天走马塘村陈氏的祖先,至今已传三十八代。今日存放在宁波市天一阁博物馆的陈氏家谱,清楚详细地记载了这个家族的迁徙、繁衍、兴盛情况。因为爱慕东钱湖的山水,陈禾年轻时候移书斋至东钱湖附近的二灵山,攻读四书五经而不怠。

陈禾之所以取得这样突出的成就,与其深厚的家学素养和大量藏书有极大的关系。陈禾的父亲名陈谧,字康公,嘉祐八年(1063)进士。元丰七年(1084)知华亭县。"民事佛,有羡余,率尽以施浮屠,先圣庙则湫隘卑陋。谧始议兴学,会以事罢去。博学教授乡里。"陈谧极其喜欢藏书。陈谧去世时,他的生前好友舒亶作挽幛,上面写着:"尘埃满匣空鸣剑,风雨归舟只是书。"陈谧教子有法,两个儿子皆登第。大儿子陈秉以八行举于乡,政和八年(1118)登第,为寿春府教授;小儿子陈禾元符三年中进士。

策试中的

元裕元年(1086),试国子监擢第一。于元符三年(1100)中进士。初调郓州司法,审理平反数件死囚冤案。部使者荐于朝廷,崇宁元年(1102)授予淮州教授。次年改婺州,召入升太学正和辟雍(北宋太学名称)博士。当时,北宋的学术流派以传注记问为主,陈禾在学术方面崇尚义理,反对浮华,宋徽宗召对,应答有力,因为在奏对时很合皇帝的心意,擢升为监察御史,崇宁四年(1105),升任殿中侍御史。

罢免奸臣

北宋末年,宋徽宗赵佶昏庸无道,身边多奸佞之臣。当时,朝野称童贯、蔡京、王黼、梁师成、李彦、朱勔等六人为"六贼",他们骄奢淫逸,残害无辜忠良,无所不用其极,对自己不利的人,"或斥远以死,或用之不竟其才",从此朝纲不振。崇宁二年(1103),权相蔡京为解决财政困境,开始铸造崇宁通宝和崇宁重宝折十对钱,以掠夺百姓财富,造成物价高涨、私铸成风。此时,有人传言签判西安州章綎私铸钱币,蔡京为了强行推行折十对钱、打击政敌,借苏州一起盗铸钱案,强行把章綎入罪,并派开封府尹李孝寿审讯,因此案一时真假难辨,朝廷先后派出三批官员彻查此案。而蔡京为了将异己一网打尽,指示查案官员扩大株连,李孝寿按照蔡京的意思,穷治大狱,株连到很多反对蔡京的士大夫,多达数千人。严刑拷打致死者甚多,一时人心惶惶。陈禾得到消息后,上疏弹劾蔡京党徒李孝寿有罪,请求罢免李孝寿的官职。最终皇帝下令将李孝寿罢官,另派官员重审此案。当时,蔡京的儿子蔡壝任太常少卿,何执中的女婿蔡芝担任将作监,他们对陈禾恨之入骨,都纷纷上疏请求将陈禾治罪。他们历数他莫须有的"罪状",不预党争的陈禾没能敌得住结派得势的蔡京一党。随后,陈禾被罢官。

罢官后的陈禾并没有意志消沉,而是对时局仍然保持着清醒的认识。那时正是天下粉饰太平之际,地方武备空虚松弛,东南地区尤甚。北宋由于长期处于和平环境之中,武备松弛,军事力量很弱,东南一带尤其严重。陈禾针对这种情况,上书请求"请增戍、缮城壁,以戒不虞",即请求朝廷增加守备的军队、修补城墙堡垒,用来防备意外事件的发生。但他的意见没有受到重视,反而有人指责他这是无端生事,他的建议被搁置起来不予批复。后来,方腊在南方起兵反宋,北宋在南方的军事力量根本不堪一击,使方腊迅速崛起,这时他的先见之明才为人们所敬服。于是,他得到重新提拔任用。大观元年(1107),陈禾升任左正言,不久授职给事中。

当时,童贯的权势越加扩张,和黄经臣一起执掌大权,御史中丞卢航跟他们内外呼应,做尽坏事,朝中的士大夫们因畏惧他们而不敢正视其所为。陈禾说:"阻止奸臣弄权是关乎国家安危的根本事情。我所担任的左正言的职责就是弹劾奸臣。我所处职位有进言的责任,这时候不进言劝谏,一旦调任给事中,进谏就不是我的本职了,也就没有了进谏弹劾的权力了。"他没有接受给事中的任命,首先上疏直言弹劾童贯。接着又弹劾黄经臣,他在朝堂上公开说:"黄经臣依仗恩宠玩弄权势,在朝廷同列中夸耀自己。常常说诏令都出自他的手中,说皇上将任用某人,举行某事,不久诏书下达,都跟他所说的相同。那发号施令,是国家的重大事情,降免昏庸官吏和提拔贤明之士,是天子的大权,怎么能让宦官参与其中?我所忧虑的,不只是黄经臣,这条路一开通,类似的进用者就会多起来,国家的祸患,就不可遏止,希望赶快把他放逐到远方去。"

撕袍进谏

陈禾论奏还没结束,宋徽宗就恼怒地拂衣而起。陈禾紧紧拉住皇上的龙袍,请求让自己说完。衣袖被撕落,皇上说:"正言撕毁朕的龙袍,该当何罪?"此时的陈禾索性豁出性命去,凛然正色地奏道:"陛下不惜被撕破龙袍,我难道敢吝惜头颅来报答陛下吗?微臣今天所弹劾的这些奸臣,都是受到陛下宠幸而胡作非为的。如果不处置他们，恐怕陛下将来会遭受危亡的祸患。”陈禾的言辞更加激烈，宋徽宗改变了脸色说：“爱卿你能像这样尽心进言，我还有什么可忧虑的呢？”内侍请宋徽宗换龙袍，宋徽宗回绝他说：“留着破龙袍表彰正直的大臣。”

第二天，童贯等人一个接一个地上前陈告，说国家非常太平，怎么能说这不吉利的话。卢航上奏说，陈禾狂妄，应把他贬为信州监酒。宋徽宗听信了谗言，将陈禾贬谪到信州任职。遇到赦免，陈禾得以自由地回到家乡鄞县。在东钱湖二灵山筑二灵山房（二灵禅寺前身）讲学授徒，著书立说。

陈禾在北宋末年朝堂污浊的泥沼中，犹如鹤立鸡群，堪称一枝独秀。后世的历史评论家在评论陈禾强谏撕破龙袍这一事件时，说得颇为精到。他们认为，宋徽宗留龙袍表彰直臣，其实只是他当时遮掩尴尬气氛的暂时表现，有作秀的成分在里面：

> 夫槛不治，犹可也，衣无裾，其何以服？御且既知旌直，则何不去奸？况不旋踵而禾乃以狂妄贬谪，则此举之矫饰无味更不待言。

遭诬被免

当初，陈瓘因为反对蔡京被外放，他从岭外归来，住在鄞县，与陈禾关系密切、相互友好，派遣他的儿子陈正汇跟从陈禾学习。后来，陈正汇揭发蔡京的罪行，被押送到朝廷，陈瓘也被逮捕。黄经臣审理他们的案子，用檄文征召陈禾到案取证。陈禾面对株连九族之祸的威胁，态度从容地答道：“以事有之，罪不敢逃”。有的人对陈禾这种勇于承担分外之责感到不可理解，陈禾说：“祸福死生，都是命啊，怎么可以用逃避一死来换得个不义的名声呢？希望能够分担贤者的罪名。”于是，陈禾因为被诬陷为陈瓘的同党而罢免官职。

遇到赦免，陈禾又被起用掌管广德军，调任和州知州。不久，遇上母亲去世，服丧结束，担任秀州知州。宣和元年（1119），王黼为相。王黼刚刚执掌大权，陈禾说：“怎么能在王黼门下听候调遣？”他极力辞职，于是朝廷改任他为汝州知州。他辞职更加坚决，说："宁可饿死（也不在王黼门下听命）。"王黼听说后对他怀恨在心。

陈禾的哥哥陈秉当时担任寿春府教授，陈禾就到官邸侍奉兄长。恰逢童贯统领军队路过寿春府，想要拜访陈禾却不能进门，送礼给陈禾也不接受。童贯恼怒了，回到朝廷后就诬陷陈禾，宋徽宗说："此人向来如此，你不能容忍他吗？"童贯无言以对。

陈禾赋闲在家时间很长。建炎三年（1129）八月，朝廷才又起用陈禾担任舒州知州，任命刚下达他就去世了。

湖山忠骨

陈禾著有《易传》九卷、《春秋传》十二卷、《论语》《孟子》解各十卷，《春秋统论》一卷、《文集》十卷等，《宋史》有传。

《宋史》称赞道："禾性不苟合，立朝挺挺有风操。"作为监察御史，陈禾有自身的特点：第一，仗义执言、刚正不阿。陈禾不像一般的官员那样得过且过、明哲保身，而是无所顾忌、如实诤谏。第二，为人正派、不慕权贵。陈禾秉公办事，从不阿谀奉承，既不抱"大腿"，也绝不搞"小圈子"。第三，心系百姓、勤政为民。陈禾一生担任过许多官职，到过许多地方。所到之处都勤勤恳恳，兢兢业业，政绩斐然。陈禾为后世子孙做出了榜样，影响是深远的。据《四明走马塘陈氏行五房谱》等资料记载，鄞南陈氏崇尚儒风，以耕读传家，自宋朝至清代共出了 76 名进士和 111 名国学生、庠生、廪生。

陈禾死后葬于东钱湖二灵山，后人常来此凭吊。《宋史》论曰："陈禾引裾尽言，有古谏臣之风。"明朝董琳撰写的《题文介墓诗》称颂道："湖东山色翠嶙峋，文介佳城近水滨。细雨落花啼虎豹，淡烟荒草卧麒麟。犯颜只欲除奸党，碎首无惭列荩臣。浅陋亦叨风纪职，敢将忠鲠继前人。"清朝忻宇春的《二灵夕照诗》有"竞说山灵与水灵，连环看似卧龙形。独留孤冢埋忠骨，终古残阳照石屏"之赞誉。

经过近千年的风雨沧桑，如今东钱湖的二灵山房早已圮毁，当人们远观二灵圣塔时，就会感到陈禾穿越历史时空留给世人的一股凛然正气。

北宋御史中丞石公弼

石公弼(1061—1115),字国佐,越州新昌(今浙江省新昌县)人。初名公辅,宋徽宗因其与杨公辅同名而赐改。元祐六年(1091)中进士,曾为监察御史,累迁至殿中侍御史、左司谏。大观二年(1108),为御史中丞,章数十上,劾罢宰相蔡京。后进兵部尚书,以枢密直学士知襄州。蔡京再出,石公弼被贬为秀州团练副使、台州安置,逾年遇赦归,卒。

智破奇案

石公弼进士及第后,调卫州(今河南省新乡市鹤壁市等地)任司法参军、涟水丞、广德知县,以善于审理案件知名。淇水监的马跑出来,吃了农家的稻子,被田地的主人打伤。郡守韩宗哲想判田地主人重罪。石公弼认为应判此人无罪。韩宗哲说:“这人伤了官家的马,怎么能不判他的罪?”石公弼说:“禽兽吃人的粮食,主人怎么能不阻止?阻止它,怎么可能不伤着它?如果上林苑虎豹逃出圈栏伤害了人,能不杀吗?现在只应当惩罚负责管马的人,而百姓不应治罪。”韩宗哲发怒,因为管马的是他的下属。过了不久,使者依照石公弼的意见拘禁了负责管马的人。

后来,石公弼调任涟水丞。供奉官高公备的货船行驶到淮水时,公备报告官府船溺水而沉。石公弼问:“一连几天没有大风,怎么会有这种事?”派手下核查沉船所载财务,发现少了上百万的钱。石公弼就集合船上的人,观察他们的脸色,原来高公备与所借宿的主顾的妻子私通,高公备杀了她的丈夫,怕事情败露,船行到淮河,就用船上官银贿赂属下,编造了沉船的谎言。石公弼于是抓捕犯罪人员,彻底查究处治,所有罪犯都服罪。

忠贞言谏

石公弼任广德知县时，被征召为宗正寺主簿。他觐见宋徽宗时说："朝廷上每天很少听到直言，听到的多是阿谀奉承的声音，现在没有当廷和您争执这些政策是否可行的官吏了。希望您推崇为臣忠正，清除阿谀奸佞的作风，疏通直言谏议之路，革除堵塞忠言之道的弊病。"宋徽宗赞同他说的话，提升他为监察御史。

当时，学校中流行这样的风气：学子们为谋取优良等第，很多人使用相互揭发的做法。石公弼说："开办学校，要以仁义影响熏陶学子，要让他们具备君子的品行。现在却让他们相互攻讦，揭发对方的短处，这不符合办学的本意啊！"他又上书说："删定敕令官、寺监丞簿等职务，都是以执掌政务的亲近大臣的子弟来充任，没有经过资格考试，不熟悉政务。请求进行裁撤遣散，以广开寒士升迁之路。"皇帝采纳了他的谏言。

石公弼由右正言之职改任左司谏。他议论东南军政事务的弊端时认为："有大量登记在册的士兵，但他们没有军事素质。用国家超过一半的赋税，养着一大批无用的士兵，恐怕以后有未做好准备的隐患。"后来，有强盗出现，而这些人却没有发挥作用，果然印证了石公弼的话。

太史保章正朱汝楫冒领薪俸而获罪，可是失察的内侍都没有连坐，石公弼上疏说："这都是假称圣旨，怎么能不追究呢？请求从这次起圣旨即使不当而遮蔽的人，也要由官府审判并上奏。"

累官升迁

石公弼后来升迁侍御史。当时，苏杭造作局很兴盛，他上书陈述苏杭造作局扰民的危害，恳请朝廷更改奢靡华丽的工艺，暂停进贡珍奇物品，皇帝采纳了他的建议。按先例，初到宫中，照例要得两百万金缯的赏赐，石公弼谢绝没有接受。

宋大观二年(1108)，石公弼拜御史中丞。执掌政务的大臣说："本朝从来没有由左史直接升迁为御史中丞的。"皇帝说："公弼曾担任过侍御史。"

当时斥卖元丰库中的缣帛，低估了其价值，允许大臣分别售卖，都有一定的任务，一般官员都有 2000 匹。石公弼把卖缣帛得到的钞票，还给了皇上。

水官赵霆建提出裁直河道的主张，称这样做从此就没有水患之忧了，但不久，河道决堤冲毁巨鹿，赵霆建依法应当被判处斩刑。但他善于交际，只是被免除了一个官职，仍然任太仆少卿。石公弼判定刑罚失当，赵霆建因此被贬。石公弼后来升迁兵部尚书兼侍读。京西转运使张徽言想凭借方田籍增加汝州、襄州、邓州的赋税。石公弼认为："方田制度，奠定了天下的税赋，正考虑减轻方田的税赋，可是张徽言加倍重敛，老百姓怎能承受？"皇上下令罢免张徽言的官职。

弹劾蔡京

他弹劾蔡京罪恶，历数他"欺君罔上，挑起边衅，排除异己，搜刮天下，大兴土木，挥霍无度"等罪状，奏章都被蔡京压下了，但石公弼接连向皇帝上奏章数十次。石公弼觐见宋徽宗时，当面直斥蔡京罪状，还不惧冒犯皇威，极力劝谏数十次，宋徽宗也意识到蔡京问题严重，蔡京才被罢官。石公弼又言吏员猥冗，违背元丰旧制。于是堂选归吏部者数千员，罢宫庙者千员、都水知埽六十员，县非大郡均消减丞，在京茶事归之户部，诸道市舶归之转运司，仕途为清。

蔡京虽免除相印，但仍然提举修《实录》。石公弼又上书说："蔡京盘旋京师无去志，其余威震于群臣。愿持必断之决，以消后悔。"又因星变言之，终于赶蔡京出京城到杭州。及刘逵主国柄，石公弼复论其废绍述良法，启用元祐学术，人以是知其非一意于正者。进兵部尚书兼侍读。石公弼又上书奏道："崇宁以来，臣下们专门制造事端，开拓疆土追逐利益，谋求整治徭役，用尽百姓的根本，使百姓遭受饥荒。汴西百姓因牵引运送花石纲，而荒废了农桑，这些都是弊端，于民生无益，应该让百姓休养生息，以顺应天意。"石公弼凭借枢密直学士的头衔任扬州知府。一群不称意的人在乡间行侠，自称"亡命社"。石公弼捕获他们的首领严加整治，"亡命社"于是破散。一伙歹徒在菰芦中安下巢穴，白天外出抢劫，官吏害怕不敢干预。石公弼严明赏罚，督促抓捕，将他们一网打尽。

张商英入相，欲引为执政，何执中、吴居厚联合反对他。石公弼以枢密直学士知扬州。后改述古殿直学士、知襄州。蔡京再辅政，罗致其罪，责秀州团练副使，台州安置。逾年，石公弼遇赦归。卒，年五十五。后三岁，复其官。葬于剡西乌榆山。著有《台省因话录》《柏台杂著》各1卷(今佚)。《宋史》有传。

后世赞誉

作为主政地方的官员，石公弼秉公判案，执法公允严明，有官养的马匹偷吃农夫田里的稻谷而被田主打伤，他根据事实，判养马者管理不当，而不判田主有罪。他查清高公备盗窃官钱，贿赂手下人，以掩盖杀人罪行的事实，使之受到法律的严惩。

石公弼关心百姓利益，他看到苏杭造作局严重扰民，就上奏请求朝廷更改奢靡华丽的工艺，停止珍奇物品的进贡。他还批评了崇宁年间以来许多官员故意滋生事端、伤害百姓根本利益的种种行为，主张让百姓休养生息。

作为监察官员，石公弼最大的贡献，是他忠肝义胆、上书直谏，当面直斥奸相蔡京，甚至不惧冒犯皇威，数次进谏，最终扳倒蔡京，并将之逐出汴京。作为监察官员，石公弼敢于直谏。一次觐见宋徽宗时，他批评大臣们只知歌功颂德，不敢争论是非曲直，要求皇帝提倡谏诤，以使自己免受蒙蔽。石公弼还强调学子要有君子品行，不能不择手段地来相互攻讦。这是一位忠贞爱民、不惧权贵、尽心履职的监察官。

《宋史》评价石公弼："持正不阿，善断案，敢直言。"石公弼诗作《题无垢院》，也表明他的远大志向。诗云：

净界曾无一点尘，风疏松竹响天真。
从来此意少人会，只道林闲无至人。

石公弼的堂弟石公揆也是一名忠直敢言、以身殉职的殿中侍御史。据《新昌县志》记载："公弼公从弟公揆，字道佐，宋政和二年(1112)以进士授华亭丞，进太常博士，殿中侍御史，直龙图阁。高宗朝，极论枢密使秦桧之奸，章十余上，不纳。桧再相，下公揆于建昌狱，后卒狱中。"

北宋御史中丞兼侍读蒋猷

蒋猷(生卒年不详),字仲远,宋元丰间人。润州金坛(今江苏省金坛县)人。为避寇患,举家迁居明州(今浙江省宁波市)城内盐仓门附近,后徙居昌国(今浙江省舟山市)。宋元丰八年(1085)举进士,授中书舍人。后因得罪权贵,一度被黜,放庐州知府。未久,召回授集贤殿修撰,复拜中书舍人。宋徽宗政和四年(1114)拜御史中丞兼侍读。为官正直,敢论朝政。蒋猷是五朝元老,这是一位官居御史中丞兼侍读,又迁居明州、昌国的外省籍官员。

蒋猷历仕五朝,曾任监察御史、正少卿和吏部、工部、刑部、兵部四部尚书等职,有直声。宣和二年(1120),他曾被罢吏部尚书,以徽猷阁直学士知婺州,后知明州,复召为刑部尚书。迁兵部尚书兼礼制局详议官。累官正议大夫。引疾,授徽猷阁直学士、提举嵩山崇福宫。卒,赠特进。

敢于进谏

宋徽宗政和四年(1114),蒋猷擢御史中丞兼侍读,敢于尽心尽责,向皇上进直言,“疏驳内外事,帝皆嘉纳”。蒋猷为人非常耿直,在当时他论及了官场上的一种不良风气:“廷臣伺人主意,承宰执风旨向背,以特立不回者为愚,共嗤笑之,此风不可长;辅臣奏事殿上,雷同唱和,略无所可否,非论道献替之礼。”也就是说,官员们自己明哲保身,不以为耻也就罢了,反觉得不这样的人,尤其在当时像陈禾这样敢于“撕龙袍”,不顾个人身命竭力台谏,也绝不向奸诈权贵妥协的官员,只让人觉得傻得可怜,被人“嗤笑”。这种风气不仅不良,简直有些可怕。可怕之处就在于:“比年以来,谏官不论得失,御史不劾奸邪,门下不驳诏令,共持喑默。”蒋猷的这番言论,使当时官员尸位素餐之情形昭然若揭。蒋猷也因此上疏弹劾了多名官吏。

当时,朝廷士风浮薄,辅臣奏事殿上,皆属雷同唱和,无所可否。蒋猷对此状甚是反感,疾呼“此风不可长也”。直谏皇上“杨戬不当除(担任)节度使。赵良嗣不宜出入禁中(内宫)”,皇帝皆予采纳。后来,又疏劾孟昌龄、徐铸等奸状。迁兵部尚书兼礼制局详议官。政和七年(1117),知贡举,改工部,月余迁吏部尚书。宣和二年(1127),被罢,以徽猷阁直学士知婺州。

第二年请旨归。宣和末,知明州,到官数日,复召为刑部尚书兼资善堂翊善金骑。

扳倒童贯

蒋猷与陈禾一道扳倒了奸臣童贯。陈禾,字秀实,明州鄞县走马塘人。举元符三年(1100)进士,曾任郓州司法,秉公执法,屡为冤屈死囚昭雪,擢升为潍州、婺州教授,一时学子趋之若鹜。朝廷闻其名,召为辟雍博士,随后升为监察御史。陈禾不畏强暴,敢于直言,屡次上疏弹劾太师童贯等权奸。童贯是当朝权臣,在当时老百姓眼里,与蔡京、王黼、李彦等一样,被视为朝廷“六贼”。但是在皇帝眼里则不是。有一次,陈禾在金銮殿上直言极谏,疏奏童贯恶行,宋徽宗赵佶厌其烦扰,拂袖欲脱身离去。陈禾举步上前抓住皇上的龙袍,一使劲便扯裂了皇上的衣襟。宋徽宗一时怒起,陈禾正色说道:“陛下不惜碎衣,臣岂惜碎头颅。”宋徽宗被吓到了,遂言:“卿能若此,朕复何忧?”只可惜赵佶毕竟是个昏君,陈禾终被童贯一伙诬为“狂妄”而谪官回归故里。但是他一身正气、刚烈之性,“撕龙袍”的大无畏精神垂训后代,尤其感染了蒋猷等当时的朝廷官员。蒋猷敬慕陈禾,并根据陈禾疏奏的材料,利用合适的时间,抓住合适的机遇,终于扳倒了奸臣童贯。

靖康初年,蒋猷奉皇命负责太上皇起居于淮阴,且特诏贬童贯。蒋猷奏童贯得罪天下。太上皇以为然,亟令宣诏,趋童贯赴贬所。蒋猷遂送太上皇回京,移任兵部尚书,累官正仪大夫。

青山忠骨

蒋猷因疾引退，再授徽猷阁直学士，提举嵩山崇福宫。卒于昌国蓬莱乡，赠“少师”，特进显谟阁直学士。谥“庄简”。他的墓“初葬蓬莱乡，绍兴三年迁葬鄞县隐学山”。蒋猷之所以迁葬于东钱湖畔，是因为陈禾墓也在那里(现存东钱湖二灵山上)。两人的友情可见一斑。

蒋猷作为谏臣在清除奸臣童贯一事上是有功之臣，因而也被祖籍地江苏省金坛县、徙居地鄞县、昌国祀为有功于当地的官员，如:《鄞县通志・舆地志・庙社》所记城区159处庙社，其中祭祀有功于当地的官员的庙社就有蒋猷庙。昌国蓬莱乡有庄简庙，大沙庄有蒋猷庙。均为蒋猷之遗迹，今遗址已无考。

其子谟，曾任朝散大夫，知封州，承事郎。

千秋风范

《宋史》论曰:“蒋猷历仕五朝，当建炎初，避地而终，则无足称也。”实际上，作为监察御史，蒋猷公正廉明、刚直不阿。针对当时“士风浮薄，迁臣伺机窥察人主;辅臣奏事，殿上雷同唱和，少有人非”的弊端，上奏提出如何整治的正确主张，并上疏弹劾多名玩忽职守的官吏。更重要的是，他敢于弹劾并最终扳倒奸臣童贯，并为忠臣陈禾伸张正义。最后，他因要求重置宪典而激怒宋徽宗，被罢免官职。他乞求回归故里，又未获批准。这是一位忠正履职、不惧权贵、不避斧钺、一心为国的监察官员，其事迹永载史册!

执法为民(黄章华篆刻)

南宋御史中丞何铸

何铸(1088—1152),字伯寿,浙江余杭(今浙江省杭州市余杭区西南)人。宋徽宗政和五年(1115)进士,历官州县。以品德高尚、品性刚直入为诸王宫大小学教授,先后任秘书郎、监察御史、御史中丞等职。南宋绍兴十一年(1141),岳飞下狱,何铸时任御史中丞,被命主持审讯。何铸曾经试图免除岳飞死罪。但是,宋高宗坚持重判。后来,何铸因反对议和,降为秘书少监,贬谪徽州。后起用为温州知府。不久授端明殿学士提举万寿观兼侍读,力辞不就。再次出使金国,回国后任资政殿学士,出知徽州。不数月,提举江州太平兴国宫。年六十五而卒。谥"通惠",嘉定元年(1208),改谥"恭敏"。

御史中丞

据宋史记载,何铸登政和五年进士第,历官州县,后拜为监察御史,不久又升迁为殿中侍御史。他曾上疏议论道:"士大夫心术不正,弄虚作假来获得好名声,又假托好名声来获取私利。说话言不由衷且前后相违背,他们行事险恶却自我标榜,假装友善却互相倾轧,这是他们侍奉君主过程中存在的过失。心藏险恶的阴谋,实施刻薄的政令,轻浮不庄重,轻慢无礼,这是他们个人品行上存在的过失。希望皇上申明正义,分清好恶,告诫朝廷内外的官员,要求他们心地坦荡,不要以虚夸骗人。"这可能是专指某些人的。

宋代御史台为国家监察机关,职司监察弹劾,谏诤议论,"内司朝廷宪度,外察郡县吏治",文武百官,皆受其制衡。据考,南宋御史台旧址在今杭州市上城区延安路红门局附近。御史台名义上的首长为御史大夫,但宋代自设立御史台后，就没有任命过任何人担任此职，故实际以御史中丞为长官。因此，何铸实际上是南宋初年的“首席监察官”。

屡次进谏

当时，御史中丞廖刚认为何铸刚正不阿、操守严明，推荐何铸为谏官的候补人选。于是，皇上命令他阐述政见。何铸首先说：“感动上天的德行没有比孝顺更大的，感化万物的方法没有比真诚更好的。真诚和孝顺都做到了，那么使梓宫归于陵寝，恭敬地迎接两宫回朝，接续大业，收复失地，这又有什么难的呢？”皇帝称赞何铸并采纳了他的谏言。

何铸能担任如此重要的职务，与他尚俭爱民的品格有关。有一次，朝廷下令将温州的一些神像迁移至湖州供奉。沿途官员为了“表示重视”，对这些“泥胎木偶”大搞迎来送往，耗费银钱，滋扰百姓。何铸是余杭人，深知北宋末年“花石纲”之役曾令江南无数百姓家破人亡，激起方腊起义，遂对朝廷上书，表示正当民生凋敝之时，如果还这样开支公款，浪费公帑，高调行事，必将引起民愤，一定要能省则省，千万不能扰民。何铸摆事实、讲道理，终于制止了这些官员的奢靡之风，他也因此被提拔。

忠正公允

何铸担任御史中丞后，仕途本来可谓是一片光明，可是危机却悄悄降临。

南宋绍兴十一年(1141)四月，宰相秦桧把坚持抗战到底的岳飞视为“眼中钉”“肉中刺”。又因宋高宗主和，秦桧便以宋高宗的名义下诏，十二道金牌下令退兵，岳飞被迫班师。岳飞因安置沦陷区百姓，处理善后，迟到了六天。赴临安后，即被解除了兵权，改任枢密副使，绍兴十一年(1141)，岳飞因“莫须有”罪名，被秦桧诬入大理寺监狱。

秦桧先唆使他的同党、监察御史万俟卨向朝廷上了一道奏章，攻击岳飞骄傲自大，捏造了他在金兵进攻淮西的时候拥兵不救、放弃阵地等许多“罪名”。万俟卨开了第一炮以后，又有一批秦桧同党接二连三上奏章攻击岳飞。岳飞知道秦桧跟他过不去，就主动要求辞去枢密副使的职务，宋高宗马上批准。

岳飞说："我没有什么对不起国家的地方。你们掌管国法的人，可不能诬陷忠良啊！"旁边一些官员们也七嘴八舌地附和万俟卨，硬说岳飞想谋反。岳飞知道这批家伙都是秦桧的同党，申辩也没有用，就长叹一声说："我今天落在奸贼的手里，虽然有一片忠心，也没法申诉了。"秦桧又派御史中丞何铸审问，岳飞一句话也不回答，他扯开上衣，露出脊梁让何铸看，只见岳飞背上刺着"尽忠报国"四个大字，痕迹很深。何铸一看，大为震动，不敢再审，就把岳飞押回监狱，再看了一些案卷，觉得说岳飞谋反确实没有证据，只好向秦桧照实回报。秦桧认为何铸同情岳飞，不再让他审问，仍叫万俟卨罗织罪状。万俟卨一口咬定岳云曾经写信给张宪，布置夺军谋反的计划。他们没有物证，就诬说原信已经被张宪烧毁了。

万俟卨反复拷问岳飞等三人，岳飞受尽酷刑，什么都不承认。有一天，万俟卨又逼岳飞写供词，岳飞在纸上只写下八个大字："天日昭昭，天日昭昭。"这个案件拖了两个月，审讯毫无结果。

绍兴十一年(1142年)农历十二月二十九日，岳飞因"莫须有"罪名被害，迎着风雪，被勒死在风波亭，时年三十九岁。同时处死的还有岳云、张宪。

屡遭危机

在岳飞的冤狱故事中，秦桧恨岳飞反对自己，想要除掉他，于是威胁岳飞的旧部王贵诬告岳飞叛变，逮捕了岳飞，关在大理寺监狱里。起初，秦桧命令何铸审问他，毫无疑问，何铸走到了自己人生的路口，面临着一次重大的抉择。一边是权相给的输诚与表忠机会，一边是自己的职业良知和岳飞的冤情。陷害岳飞，从此将成为秦桧一党，高官厚禄唾手可得；顶撞秦桧，则会被打入另册，不仅前程化为乌有，还可能搭上身家性命。而何铸选择了后者，他说："我何铸难道仅仅是为了救一个岳飞吗？如今强大的敌人还没有被消灭，无缘无故杀死一名大将，会失去军心的，这不是国家的长远之计。"秦桧说不出话来，就改让万俟卨处理此事。

岳飞的悲剧已经注定，何铸的悲剧才刚刚开始。秦桧先派何铸出使金国，趁其不在国内，指使万俟卨污蔑何铸与岳飞暗中勾结，要将其流放岭南，幸而宋高宗不许，遂将何铸贬往地方充任低级官员。在人生最后十几年，何铸不是在地方调来调去，就是被派往金国出使，至死也未能回到杭州。

秦桧对何铸怀恨在心。当时，正值金人派萧毅、邢具瞻来议事，秦桧说："先帝的灵柩还没有回来，太后的銮车还在北方，除大臣外都不可祈请议事。"于是，让何铸以端明殿学士、签书枢密院事的身份作为报谢使出使金国。何铸说："这次出行犹如颜真卿出使劝降李希烈，但是君主的命令不能推辞。"等到何铸九死一生回来复命，秦桧暗示万俟卨在皇上面前说，何铸私自认为岳飞没有谋反，想把何铸流放到岭南，皇帝没有听从，只是把何铸贬到徽州。当时，有出使金国的大臣回来，说金人问何铸在哪里，是否曾被重用。皇帝于是就命何铸掌管温州。不久，何铸被封为端明殿学士提举万寿观兼侍读，皇帝下诏命令他立刻前往皇帝所在地，何铸极力推辞。于是皇帝又派何铸出使金国，并命令秘密行事，不得外传。等到何铸归来上报时，皇帝又重用何铸，授予他资政殿学士的职位，并掌管徽州。绍兴二十二年(1152)何铸后任资政殿学士，知徽州，过了几个月后，皇帝又把他提升为提举江州太平兴国宫。后来去世，享年六十五岁。

光耀千秋

何铸，有正义气概，力辩岳飞之冤，不屈从奸相秦桧，不怕罢官，不怕报复，是位难得的清官。在杭州南宋御史台旧址，御史中丞何铸留下了他廉俭正直的身影，光耀千秋。据《宋史·何铸传》记载，他"孝友廉俭"，身居要职，却没有体面的住所，乃至"无屋可居"只能在寺庙里借宿；他以自己的切身利益为代价替岳飞辩冤，"亦人所难"。只有在困境中，才能了解一个人的真实品性，何铸的抉择无愧于他的职守。由于忠良死难、奸臣迫害，他举家南迁至珠江边。

宋宁宗嘉定初(1208—1224)，何铸死后五十余年，改谥"恭敏"。墓葬广东佛山市南海区里水镇湖州村犬眠岗。直到今天，在岳飞的家乡河南汤阴，何铸仍然受到岳氏子孙的供奉敬仰。

南宋殿中侍御史郑刚中

郑刚中(1088—1154),字亨仲,一字汉章,号北山,又号观如,婺州金华(今浙江省金华市曹宅郭门村)人。进士及第,初授左文林郎,任温州军事判官,拜为枢密院编修官,升迁为殿中侍御史,为枢密行府参谋出谕京陕,代理礼部侍郎、刑部侍郎、礼部侍郎,提拔为枢密都承旨、川陕宣谕使,升迁为川陕宣抚副使兼营田,提举江州太平兴国宫。

郑刚中生于宋哲宗元祐三年五月二十三日,宋高宗绍兴二年(1132)以第三名进士及第,是"探花"出身的南宋名臣。初授左文林郎,任温州军事判官。绍兴六年,除枢密院编修官。绍兴八年,迁殿中侍御史。绍兴九年,为枢密行府参谋出谕京陕,归除权礼部侍郎,寻兼详定一司又兼权刑部侍郎。绍兴十年(1140),除试礼部侍郎。绍兴十一年(1141),擢枢密都承旨,为川陕宣谕使。绍兴十二年(1142),迁川陕宣抚副使兼营田。绍兴十七年(1147),因为忤逆秦桧而遭到罢免,提举江州太平兴国宫,桂阳居住,徙复州安置。再徙封州。绍兴二十四年(1154)卒,年六十七岁。秦桧死后,郑刚中被追谥为"忠愍"。

秉公论事

当时,正遇百年大旱,郑刚中因提出"以工代赈"之方针,缓解灾情,政绩显著,被当朝宰相秦桧赏识、荐举。绍兴六年(1136),经秦桧之荐举,任刺令所删定官,其时政要务见解得到宋高宗的赏识,不久即升任宣义郎,不过一年,又兼授太常博士。

那时,金兵入侵,秦桧独揽朝政,恣意陷害忠良,卖国求荣,对金力主和议。郑刚中力陈和议之弊,没有因为秦桧荐举为官而附和秦桧的意见。

绍兴十一年(1141),王伦挟金使来议和。枢密院编修胡铨因请斩王伦、秦桧而导致祸在旦夕。当胡铨生命危在旦夕之时,郑刚中挺身而出,率领同级官员营救胡铨。最终奏准宋高宗开恩,胡铨得以幸免。郑刚中因为这件事得罪了秦桧,却更令宋高宗欣赏其胆识,升任他为宗正少卿,后又任秘书少卿。

有理有节

绍兴九年(1139),郑刚中为枢密行府参谋出谕京陕,等他返回,被授予礼部侍郎的职务。

绍兴十年(1140),金兵叛盟,大军压境,宋高宗想用兵征讨。郑刚中分析时局利弊得失后,面奏宋高宗说:"如今形势我们不宜动兵。因为金兵狡猾多诈,再加上韩世忠、张俊、岳飞等大将都领兵在外,我们后方空虚,稍有不慎,他们就会乘机要挟,我们不如暂时言和,争取时间。"宋高宗依从郑刚中的计策,对金不使用武力而言和,以谋缓兵之计。同时,也为创建川陕抗金根据地赢得了时间。

绍兴十一年(1141),擢枢密都承旨,为川陕宣谕使,绍兴十二年,迁川陕宣抚副使兼营田。绍兴十四年(1144)甲子,郑刚中充任陕西分画地界使,奉命到陕西与金使商议划定疆界事宜。他在与金划分西北地界的谈判过程中采取原则性与灵活性相结合的策略。地界的划分为川陕抗金根据地划定了势力范围。金派使者乌陵赞谟与郑刚中商议划分西北地界。谈判中,乌陵赞谟一定要铁山这个地方,然而"无铁山就无蜀地","蜀口有铁山栈道之险",铁山地理位置如此重要,郑刚中与乌陵赞谟争辩,不肯退让半步。乌陵赞谟无奈,又提出尽取阶、成、岷、凤、秦、商等六州之地,郑刚中仍然力争不从。乌陵赞谟见郑刚中寸步不让,不得已又做了让步,提出要把秦州和商州的十分之四五的土地,以大散关为界划给金管辖。郑刚中还是毫不让步。于是,在第一次宋金两国划分地界的谈判中,由于郑刚中坚持原则,保住了南宋的险要位置和大片土地。

金朝大将完颜宗弼(金兀术)提出要郑刚中赴金谈判。郑刚中不顾个人安危,毅然赴金。金兀术一定要得到和尚原这个地方,并死不相让。郑刚中权衡两国实力，从稳定南宋大局出发，在万不得已的情况下，暂时忍痛割爱，同意割让秦州、商州的一半之地，放弃和尚原。这样南宋仍然能雄踞险要的地理位置，使蜀中安然无恙。

节制诸将

绍兴和议后，郑刚中改任四川宣抚副使。他治理四川的方略独特完备，经划调度，军政事务井井有条。

当时，川陕有驻扎兵力十万余人，归三位大将指挥，其中吴璘驻守兴州，杨政驻守兴元府，郭浩驻守金州。郑刚中节制诸将，极为严厉。吴璘、杨政、郭浩是南宋初年川陕地区三大统兵武将，史称“蜀中三大将”，他们均受到郑刚中的有力制约。郑刚中之举也受到时人的肯定，南宋名人陈亮就称他为“能臣”。四川宣抚司旧址在绵州和阆州之间，“及胡世将代吴玠，就居河地，馈饷不断”。郑刚中奏道：“利州在潭毒关内，与兴、洋诸关声援相接，乞移司利州。”郑刚中认为应将指挥部移到利州（今嘉陵江上游一带），因为利州在潭毒关内，与兴、洋等关口要塞遥相呼应，地理位置居中，利于军队调遣和防范。郑刚中到任后马上部署驻防调遣方案。这时，大将杨政首先反对，并责难他。郑刚中毫不示弱，厉声呵斥：“我虽然是一介书生，但我不怕死。我今天是奉旨命令你，你若违抗，是否想以身试法！”杨政一听，傲气锐减，惴惴不安。此事在川陕一带迅速传开，各路将领唯命是从，不敢妄自尊大。郑刚中将移防之事奏报宋高宗。宋高宗同意将宣抚司治所移至利州，从而节省军费开支近百万。

那些带兵的都统每次进入拜谒，必然当庭参奏然后才能就座。大将吴璘升为检校少师之职，前来拜谢，告诉门官，希望讲平等之礼。郑刚中说：“少师（这个荣誉）即使尊隆，也就是都统制官罢了，假如改变为平常礼数，就导致废弃了军规。”吴璘听罢，只好像过去一样行礼。

郑刚中主政蜀地期间，“行屯田，免杂征；严教训，重积聚；整军旅，强武备，金兵不敢犯”。当时，郑刚中奏请蠲免四川其他杂征税赋，又奏请减免成都府路对籴及宣抚司激赏钱等。宋高宗批准了他的奏折。

郑刚中从整编军队、严明号令、严肃军纪着手，以示军威。除吴璘、杨政、郭浩“蜀中三大将”外，还有统制官即战时选拔的各地将领如知成州王彦、知阶州姚仲、知西和州程俊、知凤州杨从仪等，都在周边领兵当安抚使官。他们各自领兵，虽相互制约却各自为政，权力集中，兵力分散。面对武将专权、军需不足的局面，郑刚中采取了一系列措施：一是将利州分为东、西路，以兴元府、利、阆、洋、巴、剑州、大安军七个郡县为东路军，指挥所设兴元，任命杨政为安抚官；二是以兴、阶、成、西和、文、陇、凤七州为西路军，指挥所设兴州，任命吴璘为安抚官；三是任命郭浩为金、房、开、达四州的安抚官；四是罢免一批副将领兼安抚的官员；五是对酒类商品实行专卖制度；六是恢复利州铸钱机构为政府掌管；七是将军队转移到各郡县内；八是罢免各路转运使官员等。宋高宗准奏。

实行屯田

南宋川陕根据地驻军数量大，军粮消耗也大。为确保足够的粮食供应，郑刚中采取了多种渠道筹集军粮，这虽然对川陕根据地的巩固发挥了重要作用，但同时也给当地百姓带来沉重的负担。郑刚中为此苦苦思索，实行营田，终于求得兵民两富之策。召集逃亡在外的农民回到自己的家乡，发给种子、耕牛，减免赋税，让他们安心生产，叫作“营田法”。绍兴十五年(1145)，郑刚中在川陕辖区内张贴告示以表诚心，希望民众积极参加。告示一出，响应者云集。郑刚中有条不紊地推行营田法，赏罚分明，勤者赏，怠者罚，军中乐从，农夫乐耕。营田范围从阶州(今甘肃省陇南市武都区)、成州(今甘肃省成县)，直到秦州(今甘肃天水市)界，面积共三十万亩，年收成达一百八十万斗粮食。实行屯田，稳定军心。让士兵在不打仗的时候进行耕种，将生产的粮食作为军粮，称作“屯田法”。开始吴璘在川陕也积极推行军屯，以减轻百姓负担。当时，阶、成、西和、天水、兴、凤、洋、利等八州府有许多逃移、荒闲、有主无力耕种的土地，吴璘便命令部队耕垦这些土地。郑刚中又根据吴璘的措施，进一步完善了军屯制度。所以，宋人称川陕九州军垦“始于吴璘，成于郑刚中”，“至绍兴十五年，逐州垦田共二千六百五十余顷”。

创建川陕抗金根据地，为南宋建立了军民联防的防御体系。郑刚中在川陕实施军民屯田和营田，屯兵设路，重组布防，正规军队和义兵结合等一系列卓有成效的措施，相比起前代的兵制，防御能力有了提高。川陕地区其地理范围大致相当于今天的陕西省南部、四川省北部、甘肃省南部三省交叉地带，也即以今汉中盆地为中心及其周边地区。川陕地理形势独特，战略地位重要。宋人认为，此地“前控六路之师，后据两川之粟，左通荆、襄之财，右出秦、陇之马”。郑刚中凭借险要的地理位置，在川陕根据地取得了实战防守和战略防御经验，为后来旷日持久的抗蒙战争建立了一个强有力的防御体系。

郑刚中在川陕开展军民屯田营田运动，为抗金及南宋后期持久的抗蒙战争奠定了物质基础。他在川陕实行的屯田和营田制度取得了积极成效，对于加强和巩固川陕抗金根据地无疑起到了极为重要的历史作用。一是军民联合开垦闲散土地，积蓄部分粮食，减轻了川陕驻军粮食及部分军需开支负担；二是鼓励士兵携带家属边寨屯田，建设家园，守卫边疆；三是减轻军粮运输之困苦，防止商人对粮食囤积居奇，稳定粮食价格。最终使兵民可以足食足兵，兵民两富，即所谓“田既垦，则谷自盈，募既充而兵益振矣”。

川陕根据地的建立体现了郑刚中爱民忠国的思想。建立一个根据地必须得到老百姓的拥护，如果失去百姓的拥护，就很难巩固根据地，而郑刚中通过屯田营田、军民联防已经体现了这一爱民理念。他在创建根据地过程中，为当地百姓减去各种赋税达七百万贯，边防士兵蓄积谷物也以数千万计。川陕根据地所起的历史作用，不仅仅是增强武备，储积粮草，安抚百姓，使金军不敢轻举妄动，其中还包含了郑刚中“以人为本，爱民忠国”的核心思想。他为民请命，免四川杂征，减官府“激赏钱（即奖金）”；他重民生计，鼓励农耕，解民于水深火热之中；他熟谙治道，经国济世，无不相宜；他威震巴蜀，致蜀生机大展。所以，有“宗泽猛虎在北，刚中伏熊在西”之称。

正因为郑刚中建立的川陕抗金根据地为南宋朝廷奠定政治、军事、经济上的基础，后期的南宋才有足够的实力来顽强抵抗蒙军，川陕也成了抵抗蒙古侵略最早且时间最长的地区。川陕军民抵抗蒙古铁骑的侵略长达51年，大大延缓了蒙元军队平定南中国的速度，延长了偏安江南的南宋朝廷长达100多年的寿命，直至宋朝被蒙元所灭，深刻地影响了中国历史的进程。

奸臣陷害

蜀中富饶，秦桧令献金三万两并加派赋税，遭郑刚中的拒绝。秦桧恨他在蜀地专擅权威，不听从命令，于是，密令侍御史汪勃奏请设置四川财赋总领官，以赵不弃担任，不隶属于宣抚司。赵不弃上任后书面通知宣抚司，郑刚中大怒，因为这件事两人之间有了矛盾。赵不弃歪道打听郑刚中的私事，并向秦桧奏报，秦桧假意召赵不弃回朝，因此也召郑刚中回朝。郑刚中与同僚说："孤危之迹，独赖上知之耳。"秦桧听说后更加恨郑刚中了。

绍兴十七年(1147)九月，秦桧命御史汪勃、余尧弼等人吹毛求疵，对郑刚中猛加弹劾，列出所谓"妄用官钱""奢僭""贪婪""天资凶险""网罗死党"等种种罪状。当年十二月，又派余尧弼继续弹劾他，"为臣不忠""贿赂溢于私帑""暴敛困民""密遣爪牙""窥伺朝政"等等罪行，郑刚中因此被免职，外派提举江州太平兴国宫，桂阳监居住。

绍兴十九年(1149)七月，宋高宗想减轻一点对郑刚中的处罚，秦桧却不依不饶，要彻底查究他"贪污"的罪行。又命令人逮捕郑刚中的儿子——右承务郎郑良嗣及其将佐宾客，这些人都被关押在江州狱中。秦桧还派大理寺丞汤允恭、太府寺丞宋仲堪等凶暴亲信前往审理，严刑拷打，硬要坐实郑刚中的贪污之罪。

汤、宋二人后来报告结案，说是"落实"了郑刚中的罪行："违旨出卖度牒，收钱五十五万余缗；自设钱监铸钱，随意支用；违法领用厨食钱一万三千余缗入己；用公钱买通士人进京为他说项，将转运司并入宣抚司；违法使用公钱十二万余缗……"秦桧大喜，批下判决书曰："郑刚中罪大恶极，依法当死，特免死，免禁锢，移封州(今广东省封开县东封川镇)安置；郑良嗣免死，柳州安置。"与此案有牵连的僚佐赵士祃、张汉之、张仲应等亦皆受了重惩。

郑刚中到了贬所，秦桧再指使其党羽、封州太守赵成之一步步将他窘辱、折磨致死。郑刚中卒于宋高宗绍兴二十四年(1154)五月二十三日，与其生日同月同日，时年六十七岁。直至秦桧死后，郑刚中案才得以昭雪。

据《金华郑氏宗谱》记载，郑刚中案得以昭雪后，宋高宗恢复其资政殿学士的官职，追谥“忠愍”。特下旨在其故里金华郡拱坦郑宅（今曹宅）和赤松宫宝积观敕建郑忠愍公祠和郑忠愍公别祠、金华郑氏宗祠，并赐郑忠愍半副銮驾，为他重新举行灵柩安葬，赐长山垅作为郑忠愍墓地，命名为“五凤楼”。在前后山上建祭坛，赐名前后祭山。其妻石氏封咸宁永宁二郡太夫人；其先祖八代荣封，子嗣荣封，享太庙供春夏秋冬四季祭祀；拱坦郑氏宗祠所在之巷赐名“金龙巷”，立八字门。宋高宗赐建郑忠愍公神龛一个，按最高规格十六人抬龛，另外还有御笔“正气凛然”“君臣一心”八个大字的彩幛一对。

文学成就

郑刚中不仅为官颇有政绩、民望，抗金有胆识、有谋略，还留下了很多诗文著作。他著有《北山集》（一名《腹笑编》）三十卷，《四库总目》又有《周易窥余》《经史专音》《论语解》《孟子解》等，并传于世。

郑刚中二十四岁离开金华，长期在陕西、四川等地任职，对故乡怀有深深的思念，常常借诗遥寄乡愁。“春浅酒寒人密坐，花深雨细蝶移枝。十年未解作归计，此恨故园莺自知。”一首《怀山居》，满满怀乡之情。

郑刚中在故乡时，经常去游览北山，也去大佛寺（原名西岩禅寺）。据《金华郑氏族谱》和大佛寺相关资料记载，郑刚中为官之后曾经回过几次故乡，每次必去大佛寺，在那里散心闲游，品茶会友吟诗，每次离开故乡之前，也会去大佛寺祭拜、祈祷。他写过一首记录大佛寺闲游的小诗《题西岩》：

终日徘徊得好凉，一怀炎暑变冰霜。
会须月上出山去，更看芰荷生夜香。

郑刚中擅长借景抒情。如他写的《此心》一诗：

金华山下赤松乡，何日横门杜短墙。
皮几鶉衣甘淡泊，竹阴花径任徜徉。
雨馀静听溪流激，风过时闻稻米香。
缄负此心刚未遂，羡渠陶子傲义皇。

这首《此心》，前三句写景，最后一句才切入正题。“负”也只能负，“未遂”又如何？此恨无绝期。对照诗人的坎坷一生，《此心》昭昭，真是句句无冤，却字字生怒。

最值得一提的是郑刚中撰写的《周易窥余》。这本书综合了古代诸多易学研究典籍之精华，是金华唯一一本易学经典，在海内外影响很大，成为台湾、香港地区一些名牌大学研究生的必读书目。编入《四库全书》的《周易窥余》共十五卷，是根据明代《永乐大典》所辑珍本编入。1989 年，上海古籍出版社从《四库全书》全文编录的一百六十六部易学论著中精选四十一部，编成《四库易学丛刊》，郑刚中的《周易窥余》又被选中影印出版，该书在易学研究史上的学术地位和价值可见一斑。

享誉天下

郑刚中为南宋名臣，与岳飞、宗泽齐名，是金华在科举时代唯一的探花，相继任礼部侍郎、川陕宣谕使、四川宣抚副使等要职，为人刚正不阿，力主抗金，后受大奸臣秦桧所害。

作为朝廷官员，他忠直正气、忧劳国事、正义感强。尽管在一次救灾工作之中，因成绩突出而被当朝宰相秦桧赏识、荐举而得以提拔，但郑刚中并没有人身依附、划圈为党。与之相反，郑刚中力陈和议之弊，反对秦桧的议和主张，因此而得罪了奸相。

作为监察官员，敢于直言进谏，提出正确合理的主张，敢于弹劾不称职的官员，提倡了清风正气，黜治了一大批贪官污吏，匡正朝纲，使整个朝廷能够有序展开。

郑刚中还是有名的军事家。他整顿队伍、节制诸将、严明军纪、实施屯田，建立川陕抗金根据地，坚持抗敌。郑刚中在川陕一带创建的抗金根据地，有力阻挡了金兵入侵南宋的步伐，使金兵不敢再犯，从此抗金战争进入了一个持久的对峙抗衡阶段。郑刚中建立的抗金根据地为后来的川陕军民抵抗蒙古侵略奠定了基础，川陕成了抵抗蒙古侵略最早且时间最长的地区。

郑刚中的名声享誉天下，他的事迹载入史册，永不磨灭！

南宋监察御史吴芾

吴芾(1104—1183),字明可,号湖山居士,浙江台州府仙居县(现今浙江省台州市仙居县田市镇吴桥村)人。南宋绍兴二年(1132)进士,官秘书省正字,因揭露秦桧卖国专权被罢官。历任处州、婺州、越州三府通判,处州、婺州、隆兴(今江西省南昌市)、临安、太平(今安徽省当涂县)、越州六地知府,后任监察御史,上疏宋高宗自爱自强、励精图治。擢升殿中侍御史、给事中、户部侍郎、刑部侍郎、吏部侍郎、礼部侍郎,以龙图阁直学士荣退。

两淮抗金失利,主和派为求偏安一隅,纷纷主张对金退让。吴芾力排众议,建议宋高宗亲征,驻跸建康(今江苏省南京市),"以系中原之望"。隆兴元年(1163),升礼部侍郎。隆兴二年(1164)十一月,任敷文阁直学士临安知府;十二月,复职吏部侍郎。几经升迁,气质益坚。曾言:为官"视百姓当如父母,视公事当如私事;预期得罪于百姓,宁得罪于上官。"终为权臣所忌,出治太平州(今安徽当涂、芜湖辖境)。乾道五年(1169),以龙图阁直学士告老还乡,修小西湖于后里吴,终日从事著述。卒年八十,谥"康肃"。墓葬于县西十里申岙,朱熹为其作神道碑文。著有表奏五卷,诗文三十卷,今存《湖山集》十卷,收纂于《四库全书》。

心系苍生

吴芾幼年时较为成熟,虑事周到翔实,处事庄重公正,读书废寝忘食,于南宋绍兴二年(1132)高中进士。翌年,任温州乐清县尉。

仙居立县于东晋永和三年(347)。按宋代宁海方行可《仙居县令厅壁记》载:"台州之属县五,仙居尤为古邑。秦汉之交,地控于荆吴闽越之间。

西晋置郡称临海，而县名始丰。后析其南乡别为县，曰乐安。”由此可见，仙居本为天台之南乡。东晋至唐初时，仙居县曾两度兴废。北宋宣和初年，仙居土城亦毁于战火。吴芾就出生在这个风景如画但经济落后的山区县。古代盐业属于高税收产业，为历代朝廷掌控，并实行专卖。临海、三门、乐清、温岭、温州等产盐地域与仙居临近，浙南沿海地带的贫苦民众迫于生计，大多铤而走险“担私盐”。入冬以后，万物蛰伏，男女老少借此农闲季节，扁担短棍，成群结队，络绎不绝于私盐古道。尤其是天灾年份，浙东南山区男人都靠“担私盐”赚钱养活妻儿。当时，皇令森严，如果辖区内有私盐贩子越境，县尉一律被参劾免职。迫于皇令，临海、三门、温岭、温州等产盐地都相继禁关，全力打击私盐贩卖活动。吴芾却表现消极，他说：“铤而走险贩卖私盐的，都是贫苦无业的人，我怎么忍心只考虑个人仕途而让他们雪上加霜呢？”他以民生为重，不惜以自己的官位与前途相赌，“睁只眼闭只眼”，乐清盐关网开一面，为州县苍生“暗开私盐通道，滋千村万户贫民家命”。

在乐清任职期间，吴芾还大力整治县庠，倡导好学之风，延请名师宿儒，召集有志求学的士子一起苦学，几年后当地人才辈出，其中有绍兴二十七年(1157)状元王十朋等。

开罪权贵

此后，吴芾先后调任平江府录事参军、详定一司敕令所删定官、秘书省正字，都是掌管校勘政令、典籍之事的低级官员。吴芾早年与秦桧相识，两人早期交情不错。当时，秦桧因善于揣摩宋高宗的心理，提出一系列“议和”计划，深得宋高宗宠信，在朝廷中擅权作威、炙手可热、权势熏天。吴芾力主抗金，时刻谋划北伐中原、收复故土，因此对秦桧的所作所为非常不满。他不但没有凭借旧日的交情去攀附秦桧，反而像跟这位当朝权贵从来不认识一样，从不单独去拜见，有时工作需要，不得不和其他官员一起去拜见，他也只是对秦桧作一个揖就退出来了。

秦桧因此对这位昔日好友起了疑心，进而怀恨在心，又担心吴芾在朝堂上与自己作对，就着手打压吴芾。当时，四川宣抚使郑刚中获得升迁，上书推荐吴芾接替自己的职位，称吴芾不仅适合担任这一职位，而且其气度恢宏远胜一般官员。秦桧见此更加不高兴，一日当面指责吴芾："你这样沽名钓誉，标榜自己，这难道是有德长者应该做的事吗？"他暗示谏官上书弹劾吴芾，提议将他罢免。在秦桧等人的排挤下，吴芾被迫离开临安（今浙江省杭州市），先后担任处州（今浙江省丽水市）、婺州（今浙江省金华市）、越州（今浙江省绍兴市）等地的通判，又因勤勉为政而升任处州知府。

谏言驻跸

吴芾为官清廉、勤政爱民，因为谏官何溥的举荐，由处州知府升任监察御史。当时，金国准备违背宋金盟约，吴芾就劝宋高宗要全身心地提升自己的品德，认真切实地反省自己的过错，延请、接见群臣，让他们陈述朝政的阙失，力求人事合于天地，无愧于祖宗，这样就会使全国人民心悦诚服，即使是上天也会助顺南宋。宋高宗认为，他说得非常对，使其迁任殿中侍御史。

后来，两淮战况对南宋不利，人心惶恐不安，朝廷众臣争着陈述退避的计划，吴芾却说："今日的战事，只有进没有退，进是上策，退是无策。如果误听这些胆小鬼的馊主意，我担心士气衰竭，人心沮丧，大事就完了。建议派建王为元帅，火速前往前线督军，大势尚可挽回。"不久，金朝君主完颜亮去世，吴芾于是上疏劝宋高宗北伐亲征。宋高宗车驾到达建康（今江苏省南京市），吴芾就请求宋高宗将车马停留在建康，以建康为首都，顺应中原人民日夜期待王师收复失地的愿望。

宋高宗心里一度接受了吴芾的建议，但不断有大臣上书要求立即离开建康，回到临安，大部分谏官也集体要求东归，宋高宗又犹豫了。面对摇摆不定、下不了决心与金决战的高宗皇帝，吴芾上《乞驻跸建康疏》，论道："今欲控带襄、汉，引输湖、广，则临安不如建康便；经理淮甸，应接梁、宋，则临安不如建康近。议者徒悦一时扈从思归之人，非为国计。臣恐回銮之后，西师之声援不接，北土之讴吟绝望矣。"指出建康龙盘虎踞，是六朝建国的根本之地，进可恢复中原故土，退可据长江天险，而且相比临安，地理上靠近襄阳、武汉等战略要地，离宋朝故都汴京更近。而当时中原故土百姓无不翘首期盼王师北伐，定都建康则能更加鼓舞天下士气。当此天下臣民犹疑观望之际，皇帝须早下决心，明确下达驻跸建康的诏书，明告中外，使天下皆知"陛下不忘经略中原之意，则人心安而国是定矣"。吴芾痛斥那些一意退回临安的大臣们目光短浅，只为个人考虑，全不顾国家大计。

吴芾又说："去年，两淮地区各个城池的守军，望到敌人就奔跑溃败，没有一座城池能拒守的原因，就是秦桧求媚金国、乞求媾和的余毒啊！皇上如果能一反秦桧壅塞言路、挫折士气的错误途径，那么我军士气可一天天振奋，如此那些在危难面前勇于献出生命的人就有了啊！"但是满朝文武都畏金兵如虎，吴芾苦苦进谏，最终不能挽回大局，宋高宗不久东还临安，没有抓住大好时机与金朝决战，令后人痛惜不已。吴芾这篇奏章评论表明他是位战略家。

此次定都之争，吴芾没有成功，而且又一次深深得罪了朝中的议和派。不久就有言官上书，说吴芾擅长理财，为了发挥他的长处，建议立即让他代理户部侍郎，实际上是借此解除他的御史之职。至此，吴芾在朝担任御史仅半年时间。随后，吴芾再次被排挤出朝廷，以集英殿修撰身份任婺州知府。

政绩卓著

吴芾一生曾先后在处州、婺州、绍兴、临安、太平（今安徽当涂）、隆兴（今江西南昌）等六个州府任知府，都能根据当地的实际情况施政安民，宽猛相济，管好胥吏保护百姓利益，维护社会稳定，政绩卓著，深受朝野好评。

任处州知府时，下属各县按惯例上交若干钱财到知府衙门。吴芾对此陋规予以严厉斥责，并全数退回。他说："县里税赋本来就不足，现在大家为了讨好上司而送如此重礼，最后承受痛苦的难道不是老百姓吗？"

当时，处州百姓负担的捐税繁重，民不聊生。吴芾重新审核户籍人口，增补了漏编的人丁，减轻赋税，不足部分由新增的人丁补足，受到百姓拥戴。百姓纷纷赞道:“吴大人是难得一见的清官!”

吴芾任职婺州的时候,人还没有进入婺州辖区,就开始了解民情,到处向人询问各县县令的情况,尤其关心有哪些县令能力平庸不能胜任。人家问他为什么这么着急了解,他说:“县令是亲民官,如果县令不能胜任工作,知府即使满怀爱民之心,也不能把恩惠普施到老百姓身上啊!”

当时,婺州财政亏空严重,不仅不能及时支付军饷,还欠交上级巨额税款。吴芾说:“这都是官员无能啊!”他立即下令禁止官吏敲诈、盘剥百姓,减轻百姓税赋负担,堵塞各种财政支出漏洞,对侵害百姓、贪污公款的官吏严惩不贷。不到两个月,府库充实,百姓富足,气象焕然一新。

婺州百姓以前苦于差役不均,争执不断。吴芾鼓励推行义役。婺州长仙乡十一户人家,自行按照甲乙的等级评定他们的田产,然后按照顺序次第相继来服役,他们就这样做了将近二十年。吴芾让人用车载着他们十一户人家来到官府,亲自宴请他们,更改他们的乡名为“循理”,改里巷名为“信义”,以此来褒扬他们的与众不同。这个做法在婺州广泛推行。

吴芾在婺州政绩突出,不久朝廷诏令嘉奖,改任绍兴知府兼两浙东路安抚使。吴芾刚到任,遇到某宗室子弟横行霸道,他毫不顾忌,立即把他抓起来投进监狱。负责宗室事务的宗正司立即派员来要人,气势汹汹,态度骄横。吴芾主动向朝廷报告实情,自请处分。朝廷支持吴芾的做法,将那位宗室子弟交宗正司惩罚管教。经此一事,绍兴府上下皆知吴芾性格刚强,执法如山,无不敬畏。宗室子弟再也不敢随意欺行霸市了。

绍兴当地赋税繁重,并且用物抵税的折色特别厉害,吴芾以皇帝、皇后梓宫在绍兴暂厝,上奏请求免去支移折变的赋税部分。境内鉴湖长期废用,恰逢这年收成不好,出现大饥荒,吴芾于是下令打开常平仓来招募饥民,疏通鉴湖。吴芾离任后,当地大姓为了从田中获利,使鉴湖再一次荒废。

随后吴芾调任代理刑部侍郎,迁任给事中,改任吏部侍郎,以敷文阁直学士的身份知临安府兼两浙西路安抚使。临安是皇城,内侍太监欺行霸市的事常有发生。有一天,某内侍的家童殴伤酒家的酒保,吴芾逮捕了那个家童并加以惩治,在集市上示众,权豪都侧目畏惧,更加忌恨他。当权者为了排挤他,又调他任吏部侍郎,计划让他出使金国,以龙大渊为副使。吴芾说:“龙大渊这个人是可以一同办事的人吗?”这句话后来被孝宗皇帝得知,于是出使金国的事情就停了下来,没有成行。吴芾下迁礼部侍郎,他上书力求去职,不允,改任提举太平兴国宫。当时,吴芾与陈俊卿都以刚直被人忌恨,不久,陈俊卿也被罢了官。中书舍人阎安中向宋孝宗进言说:“两个以刚直著称的人同时被罢官,这不是国家的福气啊!”于是,吴芾被起复任用,任职太平州。

太平州原先是百姓安居的乐土,但经多年兵乱,此时已是百业荒废、民不聊生。吴芾到任后,采取宽厚治民之策,轻徭薄赋,正常税赋之外的一毫不取。太平州城楼毁坏严重,他每年安排各县轮换着予以修葺,并在梁姑溪造船、架桥,以方便百姓过河。他到任后,太平州为之一新。

历阳的士兵长期戍守,被打散要返回乡里,他们扬言要奔赴太平州的郡界。吴芾召集他们,重重地犒劳他们后予以遣散,然后秘密地逮捕了提议作乱的士兵,把他们关进监狱,上报给皇帝。朝廷下诏褒奖,调吴芾以徽猷阁直学士身份任隆兴知府兼江南西路安抚使。

隆兴府土地广阔,盗贼多发,一些豪族横行乡里,祸害百姓。吴芾予以严厉打击,迅速扫清黑恶势力。他说:“稗草不除,稻谷就不能成长。我也是不得已而为之啊!”吴芾的做法,令百姓欢欣鼓舞。

当年,隆兴府发生瘟疫,病亡者很多。吴芾在救灾过程中发现,南昌城里有很多臭水沟,这是引发瘟疫的一个原因。他就发动群众疏浚河道,保持居民区干燥清洁,控制住瘟疫的蔓延。

致仕归乡

南宋乾道五年(1169),吴芾以龙图阁直学士致仕,晚退闲居,归隐乡里,时年六十六岁,自号湖山居士,于石井溪一带修建十里仙居西湖,又名小西湖。仙居西湖按照当年杭州西湖的规模与式样,集防洪、灌溉、景观于一体,位置在今官路镇北岙坑与永安溪交叉口的湖山(今官路镇后里吴村)、新桥、石井、增仁、叶沙田、乌眉潭一带,分为里西湖与外西湖,里西湖在今乌眉潭一带,外西湖在今增仁与叶沙田一带。《台州府志》记载当年有“十亭十榭”,湖岸桃红柳绿,湖中碧波荡漾。

吴芾常以诗歌直抒胸臆，他创作的《送黄作霖》《题养浩轩》两首诗，表达了他志向高远、穷达无惧的情怀。

送黄作霖

有志男儿走四方，怜君羁旅岁时长。
数千里外干微禄，三十年余返帮乡。
老著青衫唯可恨，光生白屋亦非常。
时来会有抟风便，莫道穷途便感伤。

题养浩轩

丈夫穷饿亦陶陶，肯使胸襟挂一毫。
千古功名输慷慨，百年荣辱付酕醄。
斗间古剑光芒直，雪后青松意气高。
安得泊船沽美酒，月明相对读离骚。

吴芾寄情山水，勤于著述，"为文豪健俊整"；兴办教育广收弟子，与学界交流甚广，他与当时的王十朋（温州人）、陈良翰（临海人）并称"江浙三才子"。史称王十朋、吴芾、陈良翰为南宋奇才，"足以大任者，惜其不尽用焉"。而吴芾的那句名言，至今仍值得我们借鉴："视官物如己物，视公事如私事。与其得罪于百姓，宁得罪于上官。"这是多么博大的胸怀与远见！

朱熹在台州任职期间，曾多次拜访吴芾，两人相见恨晚。吴芾退隐仙居后，朱熹钦佩其不造豪宅以显身份，不购置田产留予子孙，倾尽终身积蓄，按照杭州西湖格局建造仙居西湖，既有利于防洪、灌溉，又能让家乡父老同享西湖美景。淳熙九年（1182）金秋十月，朱熹专门到仙居西湖，拜访耄耋之年的吴芾。吴芾闻讯，倒屣相迎，"野服蓝舆出见，邀与湖上，延坐与饮，论说平生，俯仰感慨，遂以身后之传为托"。翌年，吴芾在仙居西湖安然辞世，享年八十岁。朱熹悲痛挽诗："台省倾群望，江湖去一麾。语闻三谏切，政有百年思。"并亲自提笔，为吴芾撰写《龙图阁直学士吴公神道碑》。朝廷以吴芾忠心耿耿、直言不讳，谥号"康肃"，并恩准墓道立"赐谥敕牒"碑。很可惜，朱熹撰写的洋洋六千余字的神道碑铭，由于石质选料问题，于清中期前后就已风化坍塌，今存"赐谥敕牒"碑，历经八百余年风霜雨雪，依然挺立在仙居县官路镇后里吴村大岙里吴芾墓，为浙江省第六批省级文物保护单位。

千古留名

吴芾为官清廉、勤政爱民。吴芾曾经评价自己说："视官物当如己物，视公事当如私事。与其得罪于百姓，宁得罪于上官。"这样的为官标准与追求，自然是将百姓始终挂在心上的。

吴芾为官正直，从不搞依附和阿谀。他与秦桧是故人，吴芾拜见秦桧时泰然处之得就像和秦桧从来不相识的样子。吴芾和其他官员同时去拜见秦桧，且作个揖就退出来（不单独去见秦桧），秦桧就开始怀疑他，让谏官弹劾他，将他罢免。

吴芾曾担任监察御史，他力主抗金，劝宋高宗要全身心地提升自己的品德，切实认真地反省自己的过错，延请接见群臣，让他们陈述朝政的阙失，力求人事合于天地，无愧于祖宗，这样就会使全国人心悦诚服。当金朝君主完颜亮去世时，吴芾上疏劝宋高宗北伐亲征。宋高宗车驾到达建康（今江苏省南京市），吴芾就请求高宗将车马停留在建康，以建康为首都，顺应中原人民日夜期待王师收复失地的愿望。

吴芾任地方官，施政安民，宽猛相济，减免捐税，关注民生。他一生曾先后在处州、婺州、隆兴、临安、太平、越州等六个州府任知府，政绩卓著，深受朝野好评。

吴芾与朱熹友好往来，英雄惜英雄。吴芾比朱熹大二十六岁，同为主战派，互相推赏，朱熹驻台州时曾专程去拜访，吴津比朱熹小两岁，曾同在绍兴府共事，共同赈灾，并协助朱熹弹劾唐仲友，三人尽心为民，以政见相近，关系亲密，气味相投，情同管鲍。淳熙九年（1182）金秋十月，朱熹与吴芾相聚于仙居西湖，畅叙别后深情。正如孔子云："有朋自远方来，不亦乐乎？"他们的友谊之深，由此可见一斑。

南宋右谏议大夫陈良翰

陈良翰(1108—1172),字邦彦,又字士楚,号塘南。台州临海塘南(今属温岭市东海)人。南宋绍兴五年(1135)进士。历任会稽主簿、慈溪知县、瑞安知县、衢州教授、检法官、监察御史、右正言、左司谏、建宁知府、福建转运副使、提点江东刑狱、提点浙西刑狱、兵部侍郎、右谏议大夫、给事中、太子詹事兼侍讲等职。

宽行仁政

陈良翰父亲名守忠,官至和州通判,去世早,陈良翰事母至孝,喜爱读书。天性端庄,为人稳重,他写的文章恢宏博大有气势。绍兴五年(1135)进士及第。到温州瑞安县当知县。当时,瑞安这个地方,民风比较骄横强硬,历任官员都认为,吏治一直要求严厉。陈良翰到任之后,偏偏以宽厚相待。即使是政府催租,也不下文件,只是贴个公告到墙上,上面写着要交的物品名目和数目,老百姓反而乐于主动按期完成,根本不用催逼。上堂审案,也不动粗,双方的实际情况都能掌握。因此,在百姓中名声较好。别人问他治理社会有什么诀窍,陈良翰笑道:“哪里有什么诀窍,只是抱着公平心和平常心,做到公正而已,正如高堂上悬挂的明镜一样能洞察一切。”台州同乡殿中侍御史吴芾推荐他为检法官,后又迁任监察御史之职。

力主抗金

宋孝宗赵昚刚刚执政不久,金主完颜褒也新即位,他们派来使节求和,而中原沦陷区许多官员也要求重回朝廷。宋孝宗问大臣,该如何处置。陈良翰进言:“现在的形势下与敌人议和,又将原来任伪职的官员重新接纳归大宋政府,都是不妥当的。关键是我们要做好长期抗战的准备,而和或者不和,任之乃可。”宋军张浚的部队驻扎在淮河、泗水一带,伺机北进收复失地。而许多官员却争相献计,要求张浚弃淮河南归而防守长江。陈良翰坚决反对:“长江以北地区,是我们的抗敌前线,只能巩固,不能消解,务必专任要员,重点经营。现在舍淮河防守长江,放弃土地,只求方便,而朝廷也被错误建议左右,不让军人积极备战,这是完全错误的。”

金国又派遣使者带信来,要求归还被宋军收复的中原故地。陈良翰上言:“中原本来就是我们大宋的固有领土,何况唐州、邓州、海州、泗州四地也是金国违背约盟后我们夺回来的,根本不是他们的故地,也没有将此归还的道理。”汤思退主张派遣卢仲贤、李栻为使者去金国。陈良翰认为:“卢仲贤这人行为轻浮、品行不好,李栻这人来自北方沦陷区,底细不清,恐难相信。”又说:“现在中央政府与边境前线的处境不同,看问题也不一样。前线常常一边上书赞成中央的政策,一边又以种种理由拒不执行。此事关乎大局,仅派遣使者去协助边境都督府交涉,万一事情搞砸了,都督府能够独立担当起这样的责任吗?”皇帝矍然称善。

孝宗派遣使节史正志到建康(今江苏省南京市)前线视察,结果使节与前线将领张浚因议事起了冲突。陈良翰弹劾史正志,要求给他以行政降级处分。皇帝说:“史正志没有过错。”陈良翰说:“陛下让张浚守淮,从责任上说,张浚为重,史正志郎官为轻。但是,史正志是皇帝身边的人,张浚必然担心自己的安危。这样下去,对于一个身处前线又手握兵权的人,前景是十分可怕的。”皇帝马上明白了,从大局出发,将史正志外调并贬为福建漕运之官。

坚守两淮

当时的宋金对峙中,宋军的军事实力处于守势。两边打打谈谈,处于胶着状态。在守两淮还是弃两淮一事上,朝廷出现了两种意见。陈良翰是坚定的守淮派,认为一旦弃守,缓冲地区消失,必定引来金兵大举入侵,对临安的局势更为不利。朝中主和派则认为,舍淮防江,可以缩小防区,以长江为天堑，较为稳固。事实上，两派都爱大宋，都是国家的忠臣。因为主和派汤思退秉政，陈良翰的意见不被接受，并且因为与汤思退同党在一些政见上相左，在权力场上，他又直言不讳，触犯了一些人的利益，因此被罢了左司谏的官，让他不能说话。

事情的发展果然如陈良翰所料，宋军撤出两淮地区后，金军乘虚而入，边防从此不修。宋孝宗为此感到非常后悔。面对国家的危急局面，太学生数百人激于义愤，集体到皇宫前游行请愿，强烈要求皇帝起用陈良翰、胡铨、王十朋等主战派官员，杀汤思退、王之望等以谢天下。太学学潮事件引起了社会各界的热烈响应，也反映了当时的民意所向。

聪睿刚直

陈良翰任谏官时，成恭皇后受册封，按旧例同时给内外亲属二十五人加官晋爵。陈良翰向皇帝提意见，认为这样大规模提拔造成冗员太多，皇帝只好减了七人。后来，他担任建宁府知州、福建转运副使，提点江东刑狱等职。回到朝廷后，任宗正少卿、兵部侍郎。

枢密都丞张说宴请孝宗皇帝身边的工作人员，得到皇帝的同意。张说给相关官员发出邀请，只有陈良翰不来。张说很不高兴。宋孝宗派宦官给宴会赐了酒菜，以示赞同。张说报告孝宗皇帝说："我是皇帝同意下的请客，他不来是违背圣意的。"宋孝宗又给宴会赐了酒菜，张说又报告："陈良翰还是不来。"宴会进行到半夜时，忽然传来宋孝宗任命陈良翰为谏议大夫的消息，参加宴请的人都非常惊愕。

宋孝宗让陈良翰担任太子詹事一职，并当面对他说，要好好履行调护太子的职责。一次，宋孝宗在选德殿召见陈良翰，给他看亲自抄写的唐太宗与魏徵论仁德功利的文章，认为许多方面当前并没有做好。陈良翰深受感动，回来后，马上给宋孝宗写了一道奏章，尖锐地指出了当今存在的八大方面问题，希望引起重视。皇帝看后为之赞叹，下诏让他再兼太子侍讲一职。

不久，陈良翰因为疾病，一再坚持要求退休，皇帝才同意。任敷文阁直学士、提举太平宫。病重后，他拒绝医疗和吃药，自然、安详地去世，终年六十五岁。皇帝追赠大中大夫。宋光宗即位以后，特谥“献肃”，“献”是聪明睿智，“肃”是刚德克就，大意是聪明而刚直。

陈良翰入朝作谏臣，以诤言而闻名，他举止刚毅，严于自律。别人有长处，他到处传扬鼓励，有不足，就当面指出，赢得很高社会声望。他去世后，入祀台州乡贤祠。著有《塘南陈侍讲文集》二十卷、《东海塘南诗话》五卷。于其文集中亦可见陈良翰的思想与志向。

忠于国事

陈良翰喜爱读书，德才兼备。他深入了解圣贤之道，以孝为先，修身、养性、治国、平天下，因而，他对母亲十分孝顺。他为人端庄稳重，所写作文章立意高远，气势恢宏博大。作为地方主官，陈良翰能够深入调查、实事求是，掌握民生的第一手资料，在吏治尚严的瑞安任知县时，用宽松的政令安抚百姓，成效显著，受到百姓的爱戴与好评。

陈良翰洞悉时局，富有见地，对如何处理金主求和、中原旧人求归一事，他主张加强战备，伺机北进收复失地，反对曾任伪职的官员回归；对于金主写信索要“故土”等无理要求，他坚决反对，认为不应归还。

陈良翰作为监察御史，正直无私、敢于进谏，以直谏闻名于朝廷。他认为皇上对史正志的任命不妥，故而坚决反对，进而说服皇上收回成命；他在担任谏官时，敢于直言成恭皇后的亲属封官太多，皇上只好削减名额。

陈良翰忠于国事，深受倚重，他屡次从国家大局出发，建言献策。皇上托付他调护太子，又让他指陈当今不足，他的上疏令皇上赞赏不已。

陈良翰是一位忠于国事、正直无私、洞悉时局、富有见地、敢于进谏的监察官员。

南宋监察御史余端礼

余端礼(1135—1201),字处恭,衢州龙游县灵山冷水村人(今浙江省龙游县)人,南宋宰相。生于绍兴五年,宋高宗绍兴二十七年(1157),二十二岁的他高中进士。历知湖州乌程县,宋孝宗召为监察御史,迁大理少卿、太常少卿,进吏部侍郎,出知太平州,奉祠。

宋光宗绍熙四年(1193),召拜吏部尚书,擢同知枢密院事。与赵汝愚共赞宋宁宗即位,进知枢密院事兼参知政事。

庆元元年(1195),拜右丞相,庆元二年(1196),迁左丞相,寻出判隆兴府,改判潭州,移庆元,复为潭帅。嘉泰元年卒,享年六十七岁。

初入宦海

南宋绍兴二十七年(1157),余端礼高中进士,赴任乌程(今浙江省湖州市)知县。到任后,他发现当地的赋税苛重,老百姓受到层层盘剥,生活难以为继。余端礼立即将此事报到府衙,又亲自赶赴中书省向中央大员申诉,使县里每年减免赋税六万贯钱(一千个方孔钱穿在绳子上方为一贯)。食禄者不与民争利,余端礼深谙这条儒家治国智慧,此举顿时为老百姓减轻了不少负担,深得百姓赞誉。

余端礼的果敢和悲悯得到上级赏识,一纸诏令下来,他被调到杭州。当时,宋孝宗希望恢复疆土,召见余端礼策对。余端礼就军事策略问题陈述了自己独到的见解,他将南宋对金的情势比喻成春秋时越国对吴国,认为敌强我弱,应外修盟好,内修武备,观察时变,伺机恢复。

当时,孝宗皇帝志在恢复中原。余端礼说:“越国谋划吴国,对外讲求订立盟约示好,在内做好武力征伐的准备,假装派文种、范蠡讲和,暗中和齐、晋结援，同时，敬赠吴王的礼物越来越多。这是等待时机图谋，希望能够一战而建立霸业。如今，我国的形势和越国相似。希望能够暗中做好准备，秘密谋划，观察时局变化，那么就有机可乘了。时机没有到来，不能够先举事；时机已经到了，不可以贻误时机。以此来防备边疆，安若泰山；以此来应对敌人，势如破竹。”宋孝宗听完之后，对余端礼大为赞赏，高兴地说：“爱卿可谓是通晓事理啊。”宋孝宗立即提拔他为监察御史，升大理少卿，转太常少卿，代理兵部侍郎兼太子詹事，进吏部侍郎，后出知太平州。

独木难支

在积重难返的南宋后期，余端礼宦游四十余年，历经宋孝宗、光宗、宁宗三朝皇帝，见过太多的朝廷变故、人事代谢。孝宗帝死后，光宗继位，余端礼升任吏部尚书，知枢密院事。当时，蜀州将帅吴挺死了，余端礼对枢密使赵汝愚说：“吴氏世世代代掌管蜀地兵权，现在如果又让他的儿子承袭帅位，将成为国家后患。”赵汝愚认为他的话正确，把他的话全部上奏。光宗皇帝心意未决，余端礼说：“赵汝愚的请求是为蜀地考虑，为东南地区考虑。如果委派的将帅不合适，就会失去蜀地；失去蜀地，就会失去东南地区。如今，军中请求委派将帅而迟迟不回复，人们将生有异心。”光宗皇帝没有听从。后来，吴挺的儿子吴曦最终叛乱占据蜀地，正如余端礼所言。

绍熙五年(1194)，宋光宗病重不能主事，一时人情汹汹，局势动荡不安。余端礼为天下社稷，竭力拥戴太子赵扩为帝。太子因光宗帝在世，不肯登位。余端礼便以“不思国家之大计，是守匹夫之小节，而昧天子之大孝”竭力劝谏，情之切切，言之凿凿，感动朝廷上下。第二年，赵扩继位，号宁宗，余端礼升为参知政事。

当初，余端礼和赵汝愚一心一意共同执政，赵汝愚曾说：“人们的议论未统一，非余处恭不能胜任。”等到韩侂胄窃取朝政，赵汝愚想上书皇上斥退他，后因谋划泄露而被迫离开。余端礼不能阻止这件事，只能长长叹气罢了。

彼时，拥立宋宁宗赵扩即位，有“翼戴之功”的韩侂胄拥功自大，在朝堂中倾轧宰相赵汝愚，令其客死他乡。韩侂胄还将一大批对他有意见的人排斥出庙堂，权势日重之后，更是专权误国，处处倒行逆施。一向以“善意扶人最重贤良”的余端礼，看在眼里，也急在心里，竭尽所能，但因韩侂胄一手遮天，终究无济于事。眼见朝纲已紊，祸根已滋，余端礼这时有心灰意冷之意，所以，强烈要求辞职，但宋宁宗不答应，还升任他为左丞相，成了朝臣中的首相。

掌管浙西常平仓的黄灏，因为放宽对百姓征收租税而被流放，婺州知州黄度因为庇护蜀地官吏而被革除官职，这两个都是韩侂胄怨恨的人。余端礼坚持上奏，但最终没有免去两人的处罚。太府丞吕祖俭因为忤逆韩侂胄而被贬官到南方任职，余端礼解救他没有成功，舆论于是开始责备余端礼。他有一天朝见皇上，说朝纲已被扰乱，祸根已经滋生，请求离职，皇上没有答应。余端礼担任左丞相一整年，知道要保护良善之辈，然而受到韩侂胄的牵制，心情抑郁，不能称心如意，多次称病求退。

按理说，宰相是中国古代最高行政长官，是辅助国君打理政务的最高官职。位至巅峰的余端礼却丝毫感受不到踌躇满志。朝纲已乱，议事不成体统。皇帝昏庸无能，朝廷岌岌可危。余端礼也受到韩侂胄掣肘，孤掌难鸣，回天无力，他只能再次向皇帝称疾求退。得到恩准后，返回故里。

后来，在韩侂胄的唆使之下，皇帝又任命余端礼为潭州和庆元通判。当时，潭州(今湖南省湘潭县)局势不安，民风强悍，余端礼到那里主事，很久都打不开局面，疲于奔命，首尾难以相顾。嘉泰元年(1201)，六十六岁的余端礼病逝于潭州，被追授“少保”“郇国公”，谥号“忠肃”。

落叶归根

余端礼没有在京城建造府第。到了乡间，该有个安身之所吧？他平生积蓄的银子不多，只好在县城东南的东苕溪畔建造了一座简陋的住宅。他跨出门去的时候，没有喧闹的乐队和震天的鞭炮。当地迎候的官员被他劝回去了，接风洗尘的宴席也被取消了。天色微暗，余端礼目力不济，基本上看不清什么东西。只觉得宅院深深，好像过于奢华了些。老人家在两个书童的搀扶下，沿着宅第转了一圈，并用双手抚摸着每一堵墙壁和每一根楹柱。他向着都城喃喃自语："皇上，臣罪该万死，栖身之所茅庐即可，如此奢华则寝食不安矣！"家人说，好歹你也是个相爷阁老，人家当个三年穷太守，还十万雪花银呢！"不可妄言！"余端礼把一张饱经风霜的老脸绷得紧紧的，"从今日起，老夫就是普通百姓一个"。同时，还说了几句先哲家训之类的话，下人听得半懂不懂。

他曾写过《劝农石头城赋诗》，表达他心怀"只要我民不苦饥"的诚意和"同见三登太平日，老守不愿万户封"的愿望。

去年出郊春欲半，钟阜林峦青未遍。
今年此日蛰初惊，动地春光满石城。
柳如麼金梅碾玉，川原高下麦苗绿。
一声布谷已催人，吴侬莫问春迟速。
苍颜老守政无奇，只要我民不苦饥。
奉诏偕行两赤令，职在劝耕无扰之。
鲐背厖眉数十叟，听取吾言醉此酒。
但遣儿郎力南亩，不患三钱无米斗。
米斗三钱大江东，从今更祝八方同。
同见三登太平日，老守不愿万户封。

落叶归根，一生操持的余端礼在死后终于回到了真正让他安息的地方。余端礼的身躯经水路用船运到龙游县灵山乡，石角石壁村郊山间的一片林地成为他的归宿。

国之柱石

作为南宋宰相的余端礼，走过自己的人生之路，经历了官场太多的风风雨雨，经过不断的努力，终于位极人臣，但板荡的乱世，他也是独臂难支。作为监察御史，他是称职的，他曾劝宋孝宗："卧薪尝胆，三千越甲可吞吴。"这给了孝宗皇帝多大的鼓励啊！

无论多么声名赫赫，无论多么郁郁不得志，"南渡名宰"余端礼都只能栖息在这一方墓冢中。除了当时人们用比较别致的砖头铺就的“人”字形墓道、依稀可见的排水沟，余端礼安详地躺在这里，拥有的就是周遭草木，和远处泛着粼粼波光的灵山江。

1997 年，龙游县文化部门现场考证，余端礼墓坐西朝东，现存墓葬占地约四十八平方米，墓室为砖砌的双室墓，墓顶为花岗石板压顶。只是，墓室的右后方有痕迹显示，此墓曾经被打破过。出土的文物中，有红砂岩石刻墓志一方，记载了墓主余端礼的生平，同时出土的还有较多的砖雕仿木结构建筑构件。曾经，余端礼一度渐行渐远，慢慢淡出了人们的视野。岁月悄然地流淌，千载过后洗净铅华，他又获得了人们的尊崇与膜拜。后人为余端礼建起了雄浑大气的木牌坊，古色古香，气势恢宏，巍然耸立在龙游民居苑大门左侧，与大门正出口处的照壁墙相映成景，翘首觐向，唯一不变的是余端礼的那一颗赤子之心。

丞相端礼公遗像

南宋殿中侍御史洪咨夔

洪咨夔(1176—1236),南宋士大夫,字舜俞,号平斋。於潜县(今浙江省杭州市临安区)人。嘉泰二年(1202)考中进士。授官如皋主簿,不久做了饶州教授。后来跟随崔与之来到蜀地,历任成都府通判。宋理宗即位,召为秘书郎,忤逆史弥远遭到贬官外放,后以礼部员外郎的官职召还。累官至刑部尚书、翰林学士,知制诰,加端明殿学士。端平三年(1236)卒,谥“忠文”。

献策抗金

作《大冶赋》,受到楼钥赏识。被授予南外宗学教授,因敢于直言而离职。遇到母亲病故,服丧期满后,他应博学宏词科,直院庄夏推举他代替自己的官职。

嘉定中,崔与之主管淮东安抚司事,筹划边防。他对边事十分尽力。当时,金兵南侵六合(今江苏省南京市北),扬州形势危急,洪咨夔立即去对统帅丘寿隽说:“金人对楚州有所顾忌,一定不会到扬州,我们自己先示弱,不仅会使淮东的人心动摇,而且金人将更骄横,一定来了。只应该在远处安排放哨的人,精选间谍,选拔人马,夸大外郡的声援并大开城门,像平时一样。如果金人真来进犯,我当然要亲上前线。”丘寿隽很惭愧。金兵得知扬州防备严密,不敢进攻而逃跑了。

金国山阳守将兼青州统帅张林请求献上二十万缗铜钱,洪咨夔认为,应把张林所献的铜钱用来犒赏他的人马,像唐代魏博那样,使他们不敢有轻视中原的军心。统帅就下令运来其中的一半,张林也不再来侵犯宋境。

主政地方

崔与之统帅成都，向皇上请示，授予洪咨夔为籍田令、成都府通判。崔与之为制置使，首先把洪咨夔召到身边，洪咨夔推辞说："如今应该开诚心、布公道，集中西南的人物来成就国事，我是一个没有声望的人，而你用人先涉及门生、故吏，是向人们显示自己的私心。"他始终不接受任命，只以通判的身份往来效忠，蜀人认为他很高尚。

不久，洪咨夔任龙州（今属陕西省）知州。龙州年年贡奉碎金，几乎都是从矿户那苛刻征敛来的，洪咨夔说："要侍奉皇上就危害百姓吗？"拿出官府的钱买麸金。江油百姓年年戍守边境，又苦于运送粮饷，洪咨夔向制、漕二司请求免去运粮这项差事。他毁去邓艾祠，重新祭祀诸葛亮，对那里的百姓说："不要事奉仇人而忘了父母。"洪咨夔的做法，深受百姓赞誉。

监察御史

入朝后，洪咨夔历任秘书郎、金部员外郎、考功员外郎。因触犯当权大臣史弥远，被他的人弹劾而失去官职，在家里待了七年，潜心读书。宋理宗亲政后复职，授予监察御史的官职，他上书宋理宗，请求将皇权收归理宗自己，政令出自中书省。宋理宗端平年间（1234—1236）升迁为殿中侍御史，提拔为吏部侍郎兼给事中，累官至刑部尚书、翰林学士，知制诰，加端明殿学士。

恰好皇上下诏征求直言，他慨然说："我可以把想说的话都说给明主了。"他的父亲见了他的奏疏说："我能吃茄子饭，你不要有什么忧虑。"史弥远读到"济王的死，不是陛下本意"时，非常愤怒，把他的奏疏扔到地上。洪咨夔转官为考功员外郎。百官转对，他又说李全一定是国家祸患，于是遭台谏李知孝、梁成大相继弹劾，他被降官二级。他在原来的山上读书。七年后，史弥远去世，皇上亲政五天，就召用洪咨夔为礼部员外郎，他入朝拜见皇上，请求皇上修养英明的气质，并论述君子和小人的区别。皇上询问当今最紧要的政事是什么，他以“进用君子而斥退小人，开诚心而布公道”来回答，并说“这些都需陛下有坚定的信念”。皇上又问在朝外的人都有谁可以任用，他回答说：“崔与之守卫四川归来，闲居了十年，是一位始终保全德行的老臣，若请他入朝为官，可以作为朝廷的倚靠。真德秀、魏了翁是陛下所选拔了解的，应该让他们聚集到朝中来。”

第二天，他和王遂一起被任命为监察御史。洪咨夔感激对他的知遇之恩，对王遂说：“皇上不亲自提拔台谏已很久了，我们应该把治国的根本先论述清楚。”于是，他上疏说：“臣历考古代治乱的本原，权力归于人主，政事出于中书，天下没有不大治的。权力不归人主，那么清廉正直的人就会被铲除，三纲五常将不能确立，还有什么政事可考察？政事不出于中书，那么心腹人就会无所寄托，一定要投奔别处，还揽什么权？这是国家施政八个方面中的驾驭群臣，所以大权只属于人主，而受诏命的人一定是百官。陛下亲自处理朝政以来，把国家的大权收回并掌握在自己手中，光大朝廷、发出政令，震撼了海内外，天下才知道有陛下。元首既已英明，大臣也不允许偷惰，撤销言事者的上疏副本，罢去先行，在政事堂处理政事，天下才知道有朝廷。这些大权、大政，也稍微确立了。但中书的弊端，其中严重的有四条：一是自用，二是自专，三是自私，四是自固。希望陛下在从容讲论治道的时候，表明我说的这些，使大臣充满信心并更加努力，惩前毖后，继往开来，以便与励精图治的纲领相符合。”皇上高兴地接受了。他又首先请求罢去枢密使薛极，以勉励大臣的节操，他三次上奏，终于使薛极被罢免。其他被公正的评论所摒弃的人，也相继被弹劾罢去，朝纲大振。

直言进谏

第二年，改年号为端平。洪咨夔先请求在正月初一下诏征求直言，使人人能畅所欲言，又请求下令让内职中职权大的人推荐人才，皇上都采纳了。当时任用很多儒士，以扩大对讲读、说书的选拔。洪咨夔说，圣人学说的实际，所应该讲明并推行的有六点：一是亲睦自己的嫡系和庶出子孙；二是决定妻妾的名分；三是告诫和引导侍从官；四是审察正直的人和奸邪的人，决定是任用还是斥退；五是储备和培养文武人才；六是忧虑国家的根本，不要有惹事邀功的事情发生。又说常平义仓、盐课和苗税多收取的弊病。

京湖献来《八陵图》，洪咨夔援引绍兴留司去八陵献奉表和东晋大都督亲自朝拜五陵的做法，请求先诏命制臣前去察看，等制臣回来，再另外议定朝拜、祭祀的形式。

金灭亡后完颜守绪的遗骨献来，当时的宰相对此大张旗鼓地庆祝，十分奢侈，洪咨夔说："这是朽骨，把它装起来埋葬在大理寺就行。只是应该把金国灭亡的事告诉九庙，归功于列祖列宗的恩德，何况与大敌为邻，就像抱着老虎，枕着蛟龙，时刻会有危险，事情变化莫测，却借着别人的俘获大肆奢侈，使边境守臣论功，朝臣颂德。陛下羡慕元祐时在崇政殿接受俘虏，独独不借鉴崇宁时在端门受降吗？"但最终没被采纳。

洪咨夔被提升为殿中侍御史，恰好王定进入御史台，极力诋毁蒋重珍，洪咨夔就弹劾王定忌恨善良的人，请求罢免他。过了三天，王定被降官，而洪咨夔升为中书舍人，不久兼权吏部侍郎，与真德秀同时任知贡举，不久他兼直学士院，这时洪咨夔的口疮已重，他又上疏认为自己应该引咎悔过，并请求得到管理宫观的闲职，皇上说："你在朝中对国家有很多裨益，为什么轻易离去？"洪咨夔上奏："臣屡次任台谏、给舍的官职，但都不能阻止六月朝廷下诏出师收复三京，对朝廷有什么补益？臣病了很久，应该离朝，离开了还能有益于风俗。"皇上挽留他，升任他为吏部侍郎兼给事中。他上奏："近来营私成俗，风化实际没改变，靠一公而削去万私的，只有陛下，而好乐营缮，厚待亲近的人，保护旧臣，似乎对陛下不能没有拖累。"皇上在位已超过十二年，没立皇太子，没有臣子对此敢深说的，洪咨夔请求皇上选择宗室子孙在宫中抚养，并替济王确立后代。

洪咨夔升为给事中，史嵩之入朝任宰相，召他入朝，晋升为刑部尚书，被授予翰林学士、知制诰。洪咨夔更极力请求罢官，他被加官为端明殿学士。洪咨夔去世，皇上御笔写道："洪咨夔耿直忠诚，有助于新政，给他按执政的恩例，特赠他两官。"

洪咨夔素以才艺自负，为官耿直，屡次上书直陈弊政，但也因此得罪权贵。"自宰相至州县无不捃摭其短"，为权臣所抑，"十年不调"。

文学成就

洪咨夔颇有文采。他的词立意高远，意境开阔，想象丰富，非常有意味。

浣溪沙·苍鹤飞来水竹幽

苍鹤飞来水竹幽，初弦凉月一帘秋。
木犀花底试新篘，风味砚供无尽藏。
龙飞榜占最高头，慈闱洗眼看封侯。

蝶恋花·画斛黄花寒更好

画斛黄花寒更好。人爱花繁，却被花催老。旧恨新愁谁醖造。带围暗减知多少。开眼万般浑是恼。只仗微醺，假寐宽怀抱。隔屋愁眉春思早。数声啼破池塘草。

水调歌头·如此好明月

如此好明月，梅里自来无。炎云溽雾收尽，宇宙一冰壶。浅濑乍分随合，清影欲连还断，滉漾玉浮图。风物庾楼似，秋思欠菰蒲。醉魂醒，尘骨换，我非吾。琼箫紫凤何许，风露足清都。君看流光多处，缥缈㶉𪅖人立，白与藕花俱。只恐姮娥妬，凉透粟生肤。

洪咨夔为人正直敢言。在现存的九百二十多首诗里，像"今岁啼饥眼欲枯"(《刘后溪和雁湖即事诗十绝见示次韵》其四)，这样直接反映农民生活疾苦的诗句并不少见。又如，《次韵闵饥两绝》其一写道："贵人生长不知田，丝竹声中醉饱眠。渠信春山青草尽，排门三日未炊烟。"已接触到农村贫富对立的事实。他感叹，"月行九霄上，安知下民愁"(《酬程嘉定杨汉州见和》其二)，足见其十分同情贫民。他也常有讽刺官吏、讥刺朝政之作，如《狐鼠》一诗，最为淋漓痛快。他善于描写农村景物，如描绘牧童"秃穿犊鼻迎风去，横坐牛腰趁草行"(《夏至过东市二绝》其一)，笔调清新、生活气息浓厚。不过他受江西诗派影响较深。

洪咨夔的《狐鼠》一诗最为著名：

狐鼠擅一窟，虎蛇行九逵。
不论天有眼，但管地无皮。

吏鹜肥如瓠，民鱼烂欲糜。
交征谁敢问，空想素丝诗。

在诗人笔下，那些横征暴敛猛于虎的官，压榨百姓毒如蛇的吏，横行于世；而那些清廉正直、德高望重的好官，则都是历代诗歌里的假象。

洪咨夔的著作有《春秋说》三十卷、《西汉诏令揽抄》一百卷、《平斋文集》三十二卷、《平斋词》一卷等。其《平斋文集》所收多为讲经及制诰之文，余为诗歌、杂文，其词“淋漓激壮，多抑塞磊落之感”，风格颇似辛弃疾，清毛晋将其刊入《宋六十名家词》。《平斋文集》三十二卷，有《四部丛刊》影宋本；又有洪氏《晦木斋丛书》本，收诗寥寥。《平斋词》有汲古阁本。

垂馨千祀

洪咨夔耿直忠诚、勤于王事、为官清廉。他力主抗战，有军事才能、有谋略，敢于并善于坚持抗战。他作为监察御史，敢于直言进谏，他希望“权力归于人主，政事出于中书”，进而达到天下大治。他将圣人学说归纳为六点：亲睦子孙、确定名分、管理近侍、辨识官员、储备人才、考虑国本。他排斥虚礼俗事。对于皇帝的后继者选择问题，他也敢进言。他直陈弊政，因而得罪权贵，仕途多舛，“十年不调”，但他丝毫没有怨言，这是一位以国事为重的监察官员。

洪咨夔文集

南宋右正言王淮

王淮(1126—1189),字季海,婺州金华(今浙江省金华城区)人。南宋名相。历任临海尉、监察御史、右正言、秘书少监兼恭王府直讲、太常少卿、中书舍人等职。官至左丞相,封鲁国公。淳熙十六年(1189),王淮去世,获赠少师,谥号"文定"。

少年奇才

他幼年聪颖,理解力强,刻苦学习。绍兴十五年(1145)考中进士,出任台州临海县尉。郡守萧振一见到王淮就认定他是一位奇才,声言王淮日后必成大器。萧振调任四川安抚制置使后,将王淮辟为幕僚。萧振要离任,大家都想挽留,王淮说:"万里送母,难道会计较功名利禄。"众人都很佩服王淮的学识与气度。后来,王淮被晋升为校书郎。

罢免奸臣

宋高宗下令中丞举荐可以充任御史的人,朱倬推荐了王淮,王淮因此被任命为监察御史,不久后升为右正言。王淮在第一次上宋高宗书中指出:"大臣养尊处优,下级官吏保持禄位,他们以搜刮为才智,以退出政坛相标榜。臣请陛下正心以正朝廷,正朝廷以正百官。"宰相汤思退有负众望,王淮上书宋高宗,列举数十条罪过,汤思退因此被罢免。吏部侍郎沈介欺世盗名,都司方师尹阴险狡诈,大将刘宝搜刮民财、结交权贵,王淮都一一予以弹劾,使这些人都被罢职。他又上奏说:"自治良策,朝廷上有三条:端正心术,孝敬父母,罢免使君主受蒙蔽而视听不明的小人。治理外朝有四条：稳定地方官员，选择将帅，严明赏罚，储备财用。”宋高宗读后，认为很对。

善于进谏

王淮官拜秘书少监兼恭王府直讲。其时，恭王生子赵挺，王淮告诉丞相说：“恭王夫人李氏生育了皇室嫡系长孙，恳请您讨论典章礼仪。”钱端礼对这种说法很气愤，上奏宋高宗：“王淮有年钧以长之说。”宋高宗说：“这是什么话，岂不是会开启邪心？”王淮被罢职离京，出任建宁知府，改任浙江西路提点刑狱。赴任之前，王淮至京师觐见宋高宗，详细陈述福建地区的利病。宋高宗嘉奖了王淮，并让他前往东宫，皇太子以师礼相待，特行跪拜之礼。不久，王淮被召回朝廷，任太常少卿，官拜中书舍人兼直学士院。龙大渊曾官为太师，同时仍给以仪同三司恩数，张说官拜太尉，主管在京宫观，王淮认为不合成例，都封还诏书。王淮出任翰林学士、知制诰，所拟文字精微醇厚，符合帝王诏敕样式。宋高宗下令选拔有文学行义之士，王淮举荐郑伯熊、李焘、程叔达，这些人均被起用。

淳熙二年(1175)，王淮被任命为端明殿学士、签书枢密院事。辛弃疾平定茶寇，上书请功太滥。王淮以为：“不核实真假，怎么能勉励有功之人。”文州少数民族侵扰边地，吴挺上奏：“库彦威出师失利，靖州夷人侵扰边地。”杨倓上奏：“田淇出战，遇敌溃败。”王淮对宋高宗说：“库彦威、田淇出师不利，然二将均战死沙场，如若还要论二将之罪，怎么能劝慰后来之人。”宋孝宗曾告谕臣僚说：“王淮处事公道，人无间言，任免选派官员都能很好地遵守规章制度。”王淮推荐军帅吴拱、郭田、张宣。王淮官拜同知枢密院事、参知政事。

公正无私

当时，宰相位空缺很久，王淮与李彦颖二人共同行使宰相职权。王淮说：“选择官吏，当以是否贤达为标准，不要计较以前的形迹。真是贤才，我亦不敢因为是同乡故旧而废弃；若无才能，我也不敢因与自己有私交而荫庇。”皇帝认为很对。王淮被提升为知院事、枢密使。宋孝宗认为，武将祠禄官名额应当减少。王淮提出异议，他指出：“立有战功之人，壮年加以使用让其为国出力，年龄大了将其抛弃不管，这怎么可以呢?”赵雄说：“从金朝归附的人，给以员外身份安置，应当令他们去吏部报到，再加以安排。”皇帝说：“姑且按惯例办理。”王淮回答说：“皇上的意思即是天意。”赵雄又上奏说：“宗室祠禄名额为八百员，应当罢去。”王淮表示反对，他说：“尧亲睦九族，在普通百姓之先；疏远骨肉之恩，可以吗?”其时辛弃疾平定了江西寇贼，王佐镇压了湖南寇贼，刘焞平息了广西寇贼，王淮均处置得当，论功行赏公正无私。宋孝宗表扬王淮，对他说：“陈康伯虽有声望，处事则不如爱卿。”

稳定朝政

淳熙八年(1181)，王淮官拜右丞相兼管枢密院事务。在此之前，自初夏至深秋，长时间干旱，拜相当天，大雨如注，士大夫竞相庆贺，皇帝也很高兴，认为任相得人，老天感知而下雨，于是下令免除各地绢钱、人头税一年，合计缗钱达八十余万。

赵雄被罢相，在朝廷任职的籍贯四川的官员很不安，都打算离职。王淮对宋孝宗说：“这是唐末党祸胚胎，难道是太平盛世所应有?”于是，籍贯四川的官员都依次晋级，人心这才安定。枢密都承旨王抃恃宠胡作非为，王淮极力陈述他的罪过，并且说：“皇帝受到非议，大多是由于受宠人作恶所致。”宋孝宗立即将王抃罢免，并说：“丞相正直诚实，谈论无所隐讳，君臣之间就应该这样。”章颖上书论事疏狂直率，皇帝很生气，打算将章颖贬官，王淮不同意，他说：“陛下喜欢听真话，士大夫就以敢讲真话相标榜，这种士风值得庆贺。贬斥章颖正好成就了他敢讲真话的美名。”皇帝听后很高兴，章颖被留任。

当时以荒政为急务，王淮说：“李椿阅历深又通晓人情世故，当让他出镇长沙，朱熹忠厚老实，有学问有品行，应让他出任浙东提举，以为郡国倡导。”事后论功行赏，皇帝说：“朱熹留意所管事务。”王淮说：“实施荒政，这是行其所学，百姓得到了实惠，我想为他晋级。”皇帝说：“让朱熹升任直徽猷阁。"成都缺帅，皇帝物色人选，王淮举荐留正。皇帝问道："留正不是福建人吗?"王淮回答说："立贤不论地域，商汤不偏不倚做得很公平。一定要说闽地出了章子厚、吕惠卿那样的奸臣，同一地区不也出了曾公亮、苏颂、蔡襄这样的贤臣吗？若说江浙多名臣，不也出了丁谓、王钦若吗?"皇帝认为很对，王淮官拜左丞相。

天长县遭水灾，七十多户人家受害，有人说不必上奏皇帝，王淮说："前人曾说皇上不可一日不闻水旱盗贼，《论》曰：'天下歉收，一定要先让皇帝知道。'怎么可以不让皇帝知道呢?"镇江饥饿百姓强行向政府借粮，执政大臣请求严厉惩罚百姓，王淮说："法令规定，饥民犯罪不致被处死。"八名进士请求用免举恩数晋级，王淮回答说："八人得到后，则会有百人援引为例。"龚颐以执政门客补官，请求去铨曹任职，王淮认为不可开此先例，予以拒绝。王淮曾说，放荡不羁，不循规矩的人，危急时刻怎么会全力以赴，不惜舍身。于是让周极出任安丰军知军，辛弃疾任祠禄官。

因病离世

淳熙十五年(1188)王淮上书皇帝，坚决请求离职，宋孝宗授予他观文殿大学士，封鲁国公，判知衢州，他拒不接受任命，改任提举洞霄宫。

宋光宗即位，下诏征求即位之初治国对策。王淮认为，应以尽孝进德，奉天敬民，用人立政为本。生母去世，王淮以礼服丧。一天，王淮生病，他对家人说："《易》有六十四卦，我的寿命也是如此。"淳熙十六年(1189)王淮逝世。噩耗传至京师，皇帝十分悲伤，停止临朝视事表示哀悼，赠王淮为少师，谥号"文定"。

当初，朱熹任浙东提举，曾弹劾台州知州唐仲友。王淮一向与唐仲友关系很好，不喜欢朱熹，于是他提拔陈贾为监察御史，指使陈贾上书说："近来道学假名济伪之弊盛行，请皇帝下诏革除这种恶行。"郑丙任吏部尚书，与陈贾合力攻击道学，朱熹因此改任祠禄官闲居。后来的庆元伪学之禁即源于此。

青史留名

王淮为官四十年，被宋孝宗称为“不党无私，刚直不阿”。他竭力举贤，李焘、朱熹、吕祖谦、辛弃疾、陆游等都曾受其荐举，一时人才济济。在枢密院时，他力主抗金，建议“择将、备器、简兵、足食”；批评只知“以和为和”，不知“以和为战”。又注重赈济遭水旱灾害的饥民，奏请宽刑减赋。他言行稳健，善于调和矛盾，颇有贤名。

王淮在监察御史任上，不畏权贵，敢于直谏，而且所言颇有见地，如他上奏“自治之策”：“治内有三，正心术，宝慈俭，去壅蔽；治外有四，固封守，选将帅，明赏罚，储财用。”宋高宗对此深为佩服。

王淮画像

南宋右谏议大夫何澹

何澹(1146—1219),字自然,浙江处州龙泉人(今浙江省龙泉市兰巨乡豫章村)。南宋诗人,曾任兵部侍郎、右谏议大夫等职。十八岁入太学,宋乾道二年(1166)中进士礼部第二人。历官秘书省正字、武学谕、校书郎、秘书丞、将作少监、国子祭酒、兵部侍郎、右谏议大夫、御史中丞等职。庆元二年(1196),任同知枢密院事(正二品,职同副相)。四月,任参知政事(正二品,职同副相)。庆元二年(1200)闰二月,任知枢密院事兼参知政事。著有《小山集》,收入《永乐大典》。《宋史》有传。

进士及第

南宋高宗绍兴十六年(1146),何澹出生于其父何佾任淤潜知县的县衙,出生不久,其母姚氏去世,过继给其叔何称为子。十八岁入太学,宋孝宗乾道二年(1166),何澹二十岁,进士及第。《宋史・何澹传》称他"美姿容,善谈论,少年取科名"。于是,留在"储才之地"的馆阁任职。淳熙二年(1175)任秘书省正字。淳熙三年(1176),改任武学谕兼皇太子小学教授。淳熙十二年(1185),为将作少监。淳熙十三年(1186),任国子监司业。淳熙十五年(1188),升国子监祭酒,主管全国学政。当年十一月,以代理兵部侍郎的身份出使金国。第二年四月,回朝,升谏议大夫。宋光宗绍熙元年(1190),以焕章阁学士任御史中丞。绍熙二年(1191),生父继室周氏去世,回家守孝。绍熙四年(1193),服孝满回朝廷,丞相赵汝愚是道学家,因不满何澹曾上书反对道学,不让他在朝中,以焕章阁学士授泉州知州,后改任明州知州。

1195年,宋宁宗即位,年号庆元,韩侂胄当权,抨击道学、排挤打压赵汝愚，调何澹回京，授太中大夫。庆元二年(1196)正月，何澹升为同知枢密院事；四月，升为参知政事。庆元六年(1200)闰二月，以知枢密院事兼参知政事。授职《制》称何澹“识贯于古今，环文发诸经纬。暴声名于当世……两职中司之宪，独高直节之风”。因两职都相当于副丞相，所以后人称何澹为何丞相。

弹劾宰相

当初，何澹被宰相周必大所器重，刚开始担任学官，很长时间没有升迁，而右丞相留正上奏皇帝后就升迁了，他对周必大开始怀恨，假借自己的谏官职务向皇帝弹劾周必大，导致周必大被罢免了宰相的职务，并且祸及周必大的门人弟子。何澹又依附权臣韩侂胄，排斥并清除异己，制造了“庆元党禁”。

何澹曾经与好朋友刘光祖说起弹劾周必大的事，刘光祖对他说：“周丞相的为人与政绩难道没有可圈可点之处，他门下多是佳士好官，不能祸及他所举荐的人。”何澹不听。

那时，姜特立、谯熙载因为春坊旧恩颇用事。一天，刘光祖到何澹府上，告诉何澹说：“曾、龙那样的事不可以再出现。”何澹回答道：“你所说的就是姜特立、谯熙载的事吧？”一会儿，何澹引导刘光祖进入屋内就座，那里都是姜特立、谯熙载的徒弟，刘光祖才开始悟道何澹轻慢的意思。何澹与刘光祖同时知贡举，刘光祖授予殿中侍御史之职，首次上奏判断学术邪正的奏章。等到公布考中的人名时，刘光祖奉圣旨进入考院拆除考号，与何澹的考席很近。何澹对刘光祖说：“您近日风采一新啊？”刘光祖回答说：“不是标新立异，但想为大谏言的人，今日谈了自己的看法罢了。”等刘光祖出来，同院对刘光祖说：“何澹自然看见你所上奏的奏章，好几个傍晚精神恍惚，他下定决心要想方设法取得你的奏章，他肯定知道。”何澹进御史中丞。

被迫守孝

何澹遭遇继母丧事，希望官府确定守孝的时间，礼部官员告诉他按规定应罢官，何澹援引不能办理公事的文件规定，希望下发给给事中、谏议大夫等官员讨论。太学生乔嘉、朱有成等写信给何澹，对他说："足下自从当上台谏的长官，这是伦理纲常所系之处。你四十多年以亲生的礼来对待继母，等到她死了，反而以为生者无法做到而不守丧礼可以吗？奉守常礼由之而来，你却看看台谏、给舍议论的结果，有见识的人可以从此窥见你的内心。"何澹被迫停止官职去守孝。等守孝期满，授予焕章阁学士、泉州知府，不久任明州知府。

嘉定十二年(1219)参知政事卫泾在《祭何澹文》中赞他："如青天白日之无滓，如黄钟大吕之在悬，三朝之元老，一世之大贤。"他历官孝宗、光宗、宁宗三朝，在宣扬道学与反对道学的斗争中，几经起落，始终站在反道学一边。

和战论争

偏安东南的南宋王朝内部，一直贯穿着主战派和主和派的斗争。北宗二程的"洛学"(理学)经过朱熹(1130—1200)加工，形成道学派，支持主和派，成为主战派出兵北伐的严重障碍。宋绍兴三十二年(1162)，主和派头目宋高宗在朝野一片怨声中被迫退位，传位给积极主战的宋孝宗，标志着主战派对主和派斗争的一个胜利。但主和与主战、道学与反道学的斗争，一直延续下去。宋孝宗为岳飞平反冤狱，驱逐秦桧一党主和派的人，重用主战派将领张浚，发动了第一次北上伐金战争。由于左相汤思退、监察御史尹穑等主和派的阻挠、破坏，北伐失败。宋孝宗乾道元年(1165)，宋割给金国大片土地，订立"和约"。这时，何澹尚在太学求学，其父何称为吏部员外郎，上疏弹劾尹穑，奏折说："愿请尚方剑，断奸臣颈，死不恨。"宋孝宗感悟，罢免了尹穑。汤思退被罢相离开了朝廷，死于被贬的信州路上。此后十年间，主和与主战、道学与反道学的斗争继续进行。宋孝宗不甘心屈辱妥协，但朝廷上大多是崇尚空谈的主和派儒臣。乾道三年(1167)，宋孝宗起用主战派将领虞允文，乾道五年(1169)，又任为宰相，准备从四川出兵。淳熙元年(1174)，虞允文病死于四川，出兵计划落空。

在此期间，朱熹绝口不谈战事，一意著书讲学，逐步形成他的道学体系。这个号称集大成的体系，阐发二程“去人欲、存天理”的说教，以《大学》的格物致知、正心诚意为核心，以维护三纲五常为宗旨，继承、综合周敦颐、邵雍、张载、程颐、程颢等人的学说，又吸收佛教禅宗和道教的唯心主义论和诡辩术，使二程理学带上更多的唯心主义哲学色彩。宋孝宗多次对大臣说：“近时儒者多高谈，无实用”“儒者不肯留意金谷(理财)”“不达时变”。朱熹得不到宋孝宗的赏识，不能挤入官僚行列，就极力在社会上扩大影响，形成道学集团。这个集团和朝廷中反对抗战的主和派官员龚茂良、史浩、周必大、留正、王蔺等相呼应，汇成一股保守的政治力量。

永康学者陈亮(1145—1194)反对“和议”，力主抗金，指摘朱熹空谈“道德性命”“相蒙相欺，以废尽天下之实”。陈亮和朱熹进行过多次“王霸义利之辩”。永嘉派学者叶适(1150—1223)官至吏部侍郎，反对“和议”，反对道学性理空谈，讲究“功利之学”，认为“既无功利，道义者乃无用之虚语”。朝中以左相王淮为代表的主战派，对主和的道学官员进行讨伐。大理寺少卿辛弃疾坚持抗战，遭到主和派打击，淳熙九年(1182)，被主和派监察御史王蔺弹劾、罢官。淳熙十五年(1188)五月，在右相周必大支持下，左补阙薛叔似等反战官员上书攻击王淮，王淮被罢官，次年病死。周必大推荐朱熹入朝，朱熹向宋孝宗大讲“正心诚意”之论，宋孝宗任命他为兵部郎官，在主战派官员反对下，被罢免官职离开朝廷。后来，宋孝宗再次征召朱熹，朱熹不应召赴任，乘机上书攻击主战派将帅和反道学官员，为道学一党争官夺权。淳熙十六年(1189)二月，宋孝宗退位，传位给宋光宗。周必大、留正任左右相，王蔺任参知政事。朝政被反战主和的妥协、保守势力所操纵。

反对道学

何澹中进士后在馆阁任职，1175—1188 年为儒学官员，倾向反对道学,但未干预朝政。淳熙十六年(1189)升为谏议大夫,他是宋光宗的老师。上任伊始即上章弹劾周必大引荐朱熹等人,倡导伪学(道学)误国。在朝中反道学官员的参劾下,周必大被罢免宰相职务出任泉州知州。绍熙元年(1190)四月,何澹任御史中丞。王蔺上疏"愿陛下先定圣志",条例八件事。尽管王蔺曾推荐何澹为"儒学政事一时之选",但何澹还是上章逐一驳斥,王蔺被罢免宰相职务,调到四川为帅。王蔺不去上任。绍熙二年(1191)八月,何澹因生父继室丧,回乡守孝。绍熙四年(1193),孝满回京,因曾弹劾丞相赵汝愚多引荐所知,贫寒之士无由可进,赵汝愚积怨在心,排斥他入朝,授予泉州知州,后改为明州知州。绍熙五年(1194)宋光宗退位,他的儿子赵扩(宁宗)即位。以宗室赵汝愚为首的主和派与以外戚韩侂胄为首的主战派展开斗争。右相赵汝愚执政的第一件事,就是荐用朱熹做焕章阁侍讲,为宋宁宗讲道学。朱熹初见宋宁宗就大讲其正心诚意、人欲天理的道学。作侍讲后,进讲《大学》,借机处处干预朝政,又勾结彭龟年等弹劾韩侂胄。闰十月,宋宁宗说:"朱熹所言,多不可用。"免去朱熹的侍讲。赵汝愚等上书力保,被宋宁宗拒绝。次年二月,右正言李沐上书,说赵汝愚"以同姓居相位,将不利于社稷。乞罢其政"。赵汝愚被免宰相职务。然而,赵汝愚门下的道学者纷纷为其大鸣不平,痛骂韩侂胄。韩侂胄深知要对付赵汝愚羽翼下形成的道学文人,需要有一支反道学文人队伍与之抗衡,这支队伍的擎旗者非何澹莫属。于是便把何澹从明州调回,官复御史中丞,加焕章阁学士衔。何澹与监察御史胡纮上疏弹劾赵汝愚"唱引伪徒,谋为不轨"。赵汝愚被贬永州安置,行至衡州病死。

庆元元年(1195)七月,何澹上书乞辨真伪,开头就指出:"顷岁有专门之学(指道学)者,以私塾诸人为己任,非不善。"但时间久了,就形成派别,有的人附和,有的人诋毁,有的人因害怕而不敢议论。他认为:"彼此是非,纷呶不已,则为汉甘陵,唐牛李,国家将受其害,不可虑哉?"希望宁宗"以高宗之言('学者当以孔孟为师')风厉天下,使天下皆师孔孟。有志于学者,不必自相标榜,使众人得而指目,亦不必以同门之故,更相庇护。是者从其为是,非者从其为非。朝廷亦唯是之从,惟善之取,而无彼此异同之说。听言而观行,因名而查实,录其真而去其伪,则人知勉励而无敢饰诈以求售也。士风纯而国是定,必将由此"。宋宁宗读后非常感动和赞许，命人抄写并悬挂在庙堂上。这篇文章被视为声讨道学的檄文。后人论及“庆元党禁”，多提此文，何澹便成了“庆元党禁”的主谋。

右正言刘德秀也上书揭露朱熹道学的欺骗和虚伪，称之为伪学。朱熹降两官。庆元二年(1196)主战派京镗任右相，韩佗胄加开府仪同三司，权位重于宰相。韩、京等掌权后，朝中反道学的官员纷纷揭露道学的欺骗和虚伪。庆元四年(1198)，宋宁宗下诏，订立伪学逆党籍，道学首要官员调出朝廷。韩侂胄亦乘机排除异己。

罢相再任

开禧元年(1205)韩侂胄出兵北伐，群情振奋，辛弃疾作词《六州歌头·西湖万顷》一首歌颂韩：“君不见，韩献子，晋将军，赵孤存。千载传忠献，两定策，纪元勋。孙又子，方谈笑，整乾坤。”八十二岁的陆游作诗言志，在《老马行》一诗中表达要上战场的决心：“中原蝗旱胡运衰，王师北伐方传诏。一闻战鼓意气生，犹能为国平燕赵。”但是韩侂胄因北伐军事将领准备不足，用人不当，将领吴曦等叛变，导致北伐失败。

北伐开始前，嘉泰元年(1201)，韩侂胄命吴曦为蜀帅，何澹认为吴曦有异志，极力反对，韩侂胄大怒，罢了何澹知枢密院事和参知政事两职，外任福州知州。后来，吴曦果然叛变，被金国封为蜀王。

何澹后改任观文殿学士知隆兴府。开禧元年(1205)七月，以侍奉老母回乡，以观文殿学士、金紫光禄大夫提举临安洞霄宫的闲职，定居丽水。同年，奏请朝廷调兵三千人，疏浚处州通济堰，将木坝改为石坝；修筑保定村洪塘，蓄水灌溉两千余亩；修撰第一部《龙泉县志》，开龙泉地方志之先河。开禧三年(1207)十一月，韩侂胄北伐失败被诛。第二年，即嘉定元年(1208)八月，何澹再度被重用，以观文殿学士、金紫光禄大夫出知建康府兼江淮制置大使。嘉定二年(1209)六月，因母石氏丧，解官回乡守孝。其间，主持修浚通济堰。嘉定五年(1212)初，孝满，再任湖北安抚使兼知江陵。嘉定八年(1215)，任满致仕。嘉定十二年(1219)病逝，享年七十四岁。宋宁宗闻讣，停止上朝一日，以示哀悼。赠少师。拨库银五百两、绢五百匹助治丧事，由参知政事卫泾撰祭文，遣使祭奠。墓葬丽水西乡凤凰山之东。

泽被乡邻

何澹曾三次返回处州居住，最后在此病逝，墓葬丽水。三次居住的时间分别是：开禧元年(1205)七月至嘉定元年(1208)八月；嘉定二年(1209)六月至五年初；嘉定八年(1215)初至十二年(1219)病逝。三次居住，共约十年。十年中何澹为故乡做出了突出贡献。

一是主持修建通济堰，修筑洪塘。开禧元年，何澹以母老养亲为由，奏请奉祠，以提举临安洞霄宫，不改金紫、二品阶居家丽水。他凭借这种特殊的身份为家乡做了一件流芳千古的好事——修建通济堰：将容易腐朽、每年都要修理的木筱堰坝改为坚固的石砌坝，并浇灌铁汁，至今仍在使用。开禧三年(1207)，韩侂胄北伐失败，宋金议和，双方撤兵，宋遣散招募的忠义兵(民兵)归农。何澹乘机奏请从遣散的洪州(今江西省南昌市)兵中调三千名到处州疏浚通济堰，并在保定村修筑水塘，广三顷七十亩，蓄水灌溉农田三千余亩。因塘为洪州兵所筑，故名洪塘。

二是为处州应星楼书碑，留下州以星名的记载和宝贵书法艺术。开禧三年(1207)，处州知州王庭芝拆除应星桥上的旧屋，建立应星楼。楼成，由丽水人朝散大夫叶宗鲁撰写《处州应星楼记》，何澹书碑。这是处州命名缘由最早、最有权威的记录。碑虽已佚失，但留有拓片。2009年丽水市政府重建应星楼，根据拓片重镌《处州应星楼记》。中国书法家协会会员、浙江省书协理事、丽水市书协主席王迅先生在《何澹〈应星楼记碑〉述考》中指出："何澹书法取法二王，融会唐宋楷行，其书风疏瘦劲炼，自信果敢，既有柳公权瘦硬清挺、遒媚劲健之体势；更有米元章振迅天真、神气飞扬之笔意，砥节厉操，自成一家。……这是千年处州文化一笔不可多得的宝贵财富。"

三是主持修撰《龙泉县志》，记载香菇发源史。嘉定二年(1209)，何澹回乡守孝期间，主持编纂《龙泉县志》，开创龙泉地方志之先河。何澹修撰的第一部《龙泉县志》中记载的生产香菇"砍花法"和"惊蕈术"对世界香菇发展起到了重大作用，何澹也因此成为世界香菇文化之父。尤其可贵的是，《志》中记载了香菇"砍花法"栽培技术全过程，这是人类历史上最早、最精确、最完整的人工栽培香菇的记录。这段文字被明代浙江参政陆容(1436—1494)转记于《菽园杂记》;明嘉靖四十年(1561)被黄佐编的《广东通志》引用;清雍正九年(1731)又被郝玉麟引入《广东通志》。1796年日本林学家佐藤成裕(1762—1848)从《广东通志》抄录这段文字,编入其著作《五瑞篇》(又名《惊蕈录》)中,被日本视为"国宝",认为人工栽培香菇源于日本。20世纪80年代后期,龙泉籍食用菌专家张寿橙先生在国际权威专业刊物和菇类会议上,发表了何澹关于人工栽培香菇的文字,引起轰动。经过国际菇类专家实地考察和多次研讨,国际菇类权威机构确认香菇之源在中国浙江龙庆景,从而结束了争议。何澹记录香菇起源史的文字,意义非凡。

四是建万象楼,山因以名。道光《丽水县志》:"万象山,在县治西南,城中之山,此为最高,宋参政何澹建万象楼于其上,山因以名。元改为崇福寺。"此山原名已无考,或许本来就无名。山"俯临城邑,近挹溪光"(《府记》)居高临下,环视四野,气象万千;山中林秀草茂,景色宜人,何澹名之为"万象",名副其实。

何澹在处州民间被称为何丞相,口碑较好。八百年来,何澹的名字连接着通济堰、万象山、应星楼和香菇发源史。这些珍贵的历史文化资源日益受到人们珍惜、重视,正在弘扬光大。

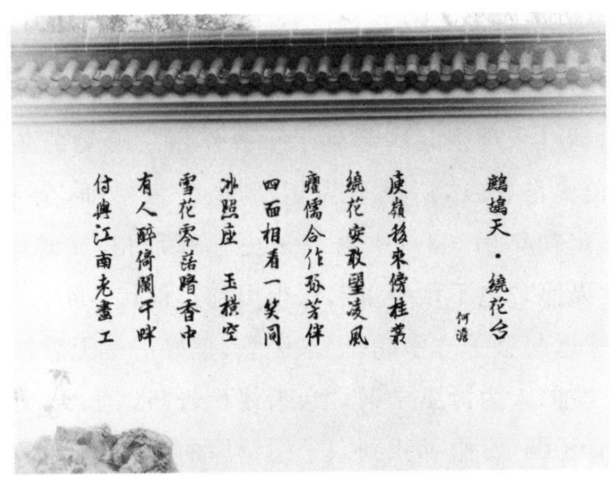

何澹《鹧鸪天绕花台》(吕小芽制作)

南宋礼部尚书兼给事中余天锡

余天锡(1180—1241),字淳父(或作纯父),号畏斋。庆元府昌国县甬东村监桥(今浙江省舟山市城关镇蓬莱新村)人,南宋官员。宋宁宗嘉定十六年(1223)进士,历监慈利县税,籍田令,超授起居舍人。迁权吏部侍郎兼玉牒所检讨官,兼崇政殿说书。迁户部侍郎兼知临安府、浙西安抚使。试户部侍郎,权户部尚书,皆兼知临安府。升兼详定敕令官,以宝文阁学士知婺州,仍旧职奉祠。起知宁国府,进华文阁学士,知福州。及理宗即位,召为吏部尚书兼给事中兼侍读,嘉熙二年(1238),拜端明殿学士、同签书枢密院事,累官参知政事兼同知枢密院事,封奉化郡公,授资政殿学士、知绍兴府、浙东安抚使,以观文殿学士致仕。母亲朱氏亦封周、楚国夫人,寿过九十。将以生日拜天锡为相,而天锡于淳祐元年(1241)卒。赠少师,寻加太师,谥“忠惠”。

再续皇嗣

余天锡对拥立宋理宗赵昀起到了重要作用。祖父余涤,曾任昌国县学教谕,与盐监史浩交友,后史浩为相,聘涤任家塾师,余天锡随祖父读书。宋宁宗嘉定初年(1208),史浩三子史弥远拜相,又聘余天锡为家塾师。余天锡性谨愿,“绝不预外事”,深得史弥远信赖。

当时,史弥远与皇子竑不睦,谋求废立,正好沂王无后,于是派余天锡寻觅宗子中贤厚的人为沂王子嗣。余天锡秋告归试于乡,史弥远对他说:“现在沂王没有子嗣,希望寻找到宗子中贤厚的人一起回来。”余天锡将这一重托牢记在心。

《宋史》记载:“天锡绝江与越僧同舟,舟抵西门,天大雨,僧言门左有全保长者，可避雨，如其言过之。保长知为丞相馆客，具鸡黍甚肃。须臾有二子侍立，全曰：'此吾外孙也，日者尝言二儿后极贵。'问其姓，长曰赵与莒，次曰与芮。天锡忆弥远所属，其行亦良是，告于弥远，命二子来。保长大喜，鬻田治衣冠，心以为沂邸后可冀也，集姻党，且诧其遇以行。"

余天锡得宋理宗于全保长家，引见史弥远，"史弥远善相，大奇之。计事泄不便，遽复使归。保长大惭，其乡人亦窃笑之。逾年，史弥远忽谓余天锡说：'二子可复来乎？'保长谢不遣。史弥远密谕曰：'二子长最贵，宜抚于(纯)父家。'遂载与归。余天锡母亲为之沐浴、教字，礼度益闲习。不久，召入嗣沂王，迄即皇帝位"，为宋理宗。

原来，南宋的第五位皇帝宋理宗赵昀，生于越州(今浙江省绍兴市)山阴县，原名赵与莒，是宋太祖赵匡胤的十世孙。相传，他出生前一天晚上，其父梦见一位穿紫衣戴金帽的人来拜见，神人走后，赤光满室。随后，家人又闻听屋外有车马声，急忙出去查看情况，却并无车马路过的痕迹。更为神奇的是，年幼的赵与莒在白天熟睡时，家人"忽见其身隐隐如龙鳞"。

赵与莒的父亲赵希瓐，曾是山阴县的一名小吏，母亲全氏的娘家祖辈以务农、酿酒为生。在赵与莒的弟弟出生后不久，其父因病去世，自此一家人失去了生活的依靠。母亲全氏不得不带着他们兄弟二人投靠娘家的兄弟，赵与莒称其为舅父。当时，赵与莒的舅父是山阴西郭门外的保长，素与地方上的一些官吏、乡绅多少有些来往。赵与莒的舅父为抬高自己的身价，言谈之中，常炫耀自己的外甥是宋太祖赵匡胤的后裔。其实，由于宋朝的皇族宗室人丁繁多，宗室世系较远者基本与百姓无异，特别是宋室南渡之后，情况更是如此。赵与莒的舅父深谙此理，但他见两位外甥聪明伶俐，是可造之才，日后倘若发迹，自己也可享福，于是请人教兄弟二人读书、学礼仪，并经常叮嘱他们："既为帝王之后，当有大志也。"宋宁宗嘉定十三年(1220)，景献太子薨。因宋宁宗无嗣，便立其弟沂王的嗣子贵和为皇子，改名竑。当时，把持朝政的宰相是史弥远。赵竑对史弥远独断专权、结党营私的行为极其反感。史弥远知道后，便有了废赵竑另立皇子的想法。他暗地托其心腹幕僚余天锡来帮助物色皇储人选。因南宋王室家眷多在山阴县，余天锡便将此地作为重点考察地区。

余天锡将赵与莒引荐史弥远后，史弥远怕有人会质疑赵与莒的宗室后裔身份，便让余天锡先送赵与莒兄弟二人回山阴。经过一段时间的精心筹备，史弥远命人再次把赵与莒接至临安，并让余天锡的母亲照料其生活起居，请专人教赵与莒朝廷礼仪，并让理学儒士郑清之担任其国学老师，研读礼仪经史、文章翰墨。此后，史弥远极力扶植赵与莒，提高他的政治地位，先是"入嗣沂王，赐名贵诚"，又授右监门卫大将军。宋宁宗嘉定十七年(1224)八月，宋宁宗驾崩，史弥远与杨皇后密谋，假传遗诏，立贵诚为皇太子，改名昀，嗣皇帝位，是为宋理宗，时年二十一岁。由此，赵与莒开始了长达40年的帝王生涯。而赵竑则被废除皇太子身份，封为济阳郡王，出居湖州。

以德报怨

余天锡在改写别人命运的同时也缔造了自己平步青云的神话，就像一只鹞子腾空而起。虽然出身书香门第，但也科场多舛，四十四岁方得进士及第。由于举荐皇嗣的重大贡献，余天锡青云直上，不久被召为吏部尚书兼给事中兼侍读。当时，有一位叫曹豳的言官，以正直敢言闻名，与王万、郭磊卿、徐清叟四人号称"嘉熙四谏"，曾上疏论余天锡、李鸣复的过失，可以说与余天锡有点过节。权礼部侍郎曹豳上书，说余天锡升官不宜过快，宋理宗不高兴，将他贬谪。宋理宗视余天锡为恩人，自然听不进逆耳之言，要贬谪曹豳。余天锡上疏为曹豳求情，他在《留曹豳疏》中奏道：

> 臣荷国恩，起家分阃，旋蒙趣觐，躐玷迩联。时权礼部侍郎曹豳实在谏省，盖尝抗疏谓用臣大骤。臣与豳交最久，相知最深，今观其所论，于君父有陈善之敬，友朋有责善之道。而豳遂迁官，臣竟污要路。豳以不得其言，累疏丐去。夫亟用旧人而遂退二庄士，则将谓之何哉！豳老成之望，直谅多益，置之近班，可以正乃辟，可以仪有位。欲望委曲留行，使之释然无疑，安于就职，则陛下既昭好贤之美，而微臣亦免妨贤之愧。

宋理宗答应了他。曹豳因此恢复官职。这篇疏文真实地反映了余天锡的人格和政德，在苟安于乱世，党同伐异、落井下石已屡见不鲜的南宋朝廷，余天锡“以德报怨”的风范难得一见。

评价史相

宁波鄞县东钱湖姜浜桥八行堂史氏一门，门第显赫。自北宋迁鄞，重教知礼，以“孝友、睦姻、任恤、中和”为本，其家族排行为“积善致悠久，济美培庭训”，家风远播。大观二年（1108），宋徽宗赵佶就下诏并御书“八行高士”赐史诏。其后一门出了三位宰相——右丞相越国忠定王史浩（1106—1199）、史浩三子右丞相卫国忠献王史弥远（1164—1233）和其侄右丞相鲁国公史嵩之（1189—1257），四世两封王、五尚书、七十二进士。对南宋皇朝的政治、经济、文化产生过重大的影响。余天锡能为史浩在道隆观立祠时作记，作为历史上的一个小插曲，为史门在昌国史话中添上一笔，也有其精彩独到之处。

宋绍定二年（1229），昌国县为已故右丞相越国忠定王史浩立祠于昌国（今浙江省定海县）道隆观。当时，任起居郎的余天锡为其作记。

史浩，字直翁，明州鄞县东钱湖（今浙江省宁波市）人，宋绍兴十一至十三年（1141—1143）在昌国任县尉。一说是绍兴十八年（1148）三月，以余姚尉摄昌国正监盐官。并在其影响下，乾道六年（1170）在昌国城东鳌山麓建它山庙，祭祀唐朝鄮县县令王元暐。当时认为王元暐有功水利，历朝有封号，祷祈甚灵。且史浩文才甚高、益善地方，在昌国三年任内有一定的影响，在昌国立祠是无可置疑的。绍兴十四年（1144）登进士第，调绍兴余姚县尉，历温州教授，后升国子博士、秘书省校书郎兼二王府教授、中书舍人迁翰林学士。隆兴元年（1163）官至尚书右仆射。首先为岳飞、赵鼎、李光等人和因冤案牵连的官员申冤平反，复其官爵，禄其子孙。后因故自劾去职。乾道四年（1168）知绍兴府兼浙东按抚使，淳熙五年（1178）复为右丞相，奏准起用朱熹等人，后又荐江浙名士杨简、袁燮等十五人。官至太师。十年（1183）请老退位封太保、魏国公。在东钱湖边建阁养老。至绍熙五年（1190）卒，享年八十九岁。封会稽郡王，御书“纯诚厚德元老”之碑。嘉定十四年（1221）追封越王。史浩为官喜荐人才，不为恩怨，一生为人宽厚。著有《尚书讲义》《周官讲义》《仙源类谱》《鄮峰真隐漫录》《词曲》等。

造福桑梓

余天锡虽在京为官，但也乐善乡里之事，曾捐俸在家乡创建书院，收贫寒子弟入学；与天任兄弟俩出资建造定海城内“大余桥”和“小余桥”，便利行人；举办义仓，救济贫困同族等。绍定三年(1230)，礼部侍郎兼侍读余天锡在定海盐仓创立虹桥书院，请名儒教授乡里求学士子，这是舟山第一座书院。嘉熙三年(1239)，昌国籍参知政事(丞相)余天锡，向朝廷申请“显忠崇孝”的匾额赐给吉祥院，以表旌扬。宋宝庆《昌国县志・寺院志》中，共记有十座禅院，九峰山吉祥院排在第一位。记曰：“九峰山吉祥院，县北六十里，唐开元中(713—741)，高僧惠超，居是山香柏岩，草衣木食，遂开此山。其岩高峻不可到，时闻钟磬声而已。”“自是层观杰阁，金碧辉煌。茂林修竹，荫荟蒙密，为一方名刹。咸谓与天童、雪窦相颉颃也。”(元大德《昌国州图志》)惠超原为宁波天童寺方丈，在海边得一石佛，供于禅房。一夜，惠超梦见石佛对自己说：“送我去甬东九峰山。”惠超认为这是佛的旨意，于是和两个小和尚一起，把石佛送到了小沙九峰山，并在香柏岩上搭篷供奉，即石佛庵之由来。五代后汉乾祐二年(949)，号曰“崇福”。经过十三代，至宋咸平年间，有真大悲者继之，善诵神咒，乡民归政。由鄞县县尉丁渐施舍地基建造庵舍，请真公迁其居于山之麓新舍，便民祈祷。庆历元年(1041)，有僧人文珍继承真公住持事业，丁县尉因改为院。于宋治平元年(1064)，朝廷赐额吉祥，基址花粉山。宝庆年间，吉祥寺僧人众多，田产达 1560 亩，山 3779 亩。《潮音洞旧事与余天锡其人》一文有记。《中国佛教》一书说，余杭径山寺、天童寺皆极一时之盛，其住众常至千人以上。宋室南渡后，普陀山的规模根本无法与杭州、明州的一些大寺院相比。即使在舟山，似乎本岛的普慈寺、吉祥寺影响更大。

余天锡造福桑梓，声誉著乡里。

落叶归根

余天锡的故居被历史湮没六百余年，至今几无遗迹、片瓦难觅。余天锡之墓就在定海北蝉小展小坑里，人称“余阁老墓”。《定海县志》和宁波的《余氏宗谱》都有记载。余天锡的墓由青柴头、红咀岩两座小山岗交会小坑一方平坦地，墓下也有一块水田一口水井，水源常年不竭。墓居南朝北。墓址下尚存很有气派的石马石羊，墓址下边不远处亦有一口深水古井。樟树湾余氏祠堂名曰“树德堂”，距余天锡墓地仅百米左右。祠堂占地面积五十平方米，“风水”和余阁老坟墓颇有相似之处，居北朝南，下方左右各有一口水井。祠堂的屋檐下前后放置两块匾额，前者谓“余府内阁”，后者谓“树德堂”。在宁波奉化金峨亦有一支余氏后裔，约有五百户的余姓人家。据《树德堂余氏宗谱》写道：“金峨余氏从宋代起发迹，其中第九代余天锡任职宋理宗尚书，余天锡祖上从余家坝迁定海（昌国）又迁回鄞县……”

德厚流光

余天锡是一位曾担任过吏部尚书兼给事中，进而累官至参知政事兼同知枢密院事的著名官员。他最大的贡献是协助史弥远为南宋皇家再续皇嗣，为沂王寻得继子，使宋理宗由平民而一跃成为皇帝。余天锡在改写别人命运的同时，他自己也创造了青云直上的神话，最后位极人臣。

作为吏部尚书兼给事中，余天锡也有进言劝谏的职责。他为官平和，能正确对待各种事项，即使权礼部侍郎曹豳上书弹劾他升迁过快而得罪宋理宗之时，余天锡也能以德报怨，为此写了《留曹豳书》，劝谏宋理宗不要贬谪曹豳，这在封建时代是难能可贵的。

余天锡能正确评价宰相史浩一门的历史功过。余天锡京城为官，也不忘造福桑梓，他创立虹桥书院，为舟山的教育做出了重大贡献。

余天锡的一生，是辉煌的一生。他忠诚正直，敢于直谏、匡扶王室、造福乡里，是一名值得称道的监察官员。

南宋殿中侍御史杜范

杜范(1182—1245),字成之,号立斋,台州府黄岩县(今属浙江省台州市黄岩区)杜家村人。南宋名相。南宋嘉定元年(1208)进士,历任金坛县尉、婺州司法参军、户部架阁文字、大理司直、军器监丞。端平二年(1235)十二月,任监察御史,弹劾右丞相郑清之。后与太学诸生再三弹劾郑清之和李鸣复等人。于嘉熙元年(1237)一月渡江归家。嘉熙三年三月,任江西宁国知州,赈灾救济,并礼请城中富户开仓。十一月回京,历任吏部侍郎兼中书舍人、兵部尚书、礼部尚书,同签枢密院事,同知枢密院事。因不屑与李鸣复一殿为臣,出京而去。宋理宗急遣中使召回。淳祐四年(1244)十二月,任右丞相兼枢密使,整肃朝纲,选拔贤才,驱逐史嵩之的党羽。卒赠少傅,谥"清献"。著有《古律诗歌》等,后人辑成《清献集》。2006年12月,杜范墓在黄岩被发现。

进士及第

杜范是唐代名相杜佑的后人,祖先因唐末战乱迁居黄岩杜家村,南宋淳熙九年(1182)十月生于杜曲里。父母早亡,从小是个孤儿,少时师从堂祖父杜烨和杜知仁,学习朱熹以至范益的著作。因为他的堂祖父杜烨曾跟朱熹学习过,是当地有名的学者,人称南湖先生,与杜知仁一道钻研理学,开创了南湖学派。杜范志向远大,力行致远。这一时期,他苦读诗书,由于有良好的家庭因素和学习环境,为他奠定了坚实的学业基础,使他参加进士得以高中。南宋嘉定元年(1208)进士及第,历任地方多种官职,直至成长为右丞相兼枢密使。

屡次直谏

端平元年(1234),杜范改授军器监丞。第二年,他入朝奏对,对宋理宗说:“陛下亲自处理政事,到现在已经两年了。如今不仅没看到革新政治的效果,有时候却有越来越不如以前的担忧。导致弊病一定是有根源的,挽救弊病也一定有根源,积累了三四十年的陋习,逐渐地渗透熏染,日益深入并且腐蚀人心,有不能挽救的弊病,它们的根源不过是一个私字而已。陛下本来就应该警惕弊病的根源,使私意去除干净。所以,身在皇位而或许还心怀私人间的怨恨,天命有德而或许还会因私情滥赏,出兵征讨有罪的人而或许还会被私情牵制,左右亲近臣僚的言论有的是来源于道听途说,土木无益之功有的是为了个人的耗费,尊崇的礼仪用来尊敬贤能的人并且任用他们,陛下还没完全做到。和颜悦色地接受劝谏并实行,这在陛下是困难的,这些是陛下没有去除的私心。大臣们不能同心协力,互相之间不信任,在文告的下面标明是皇帝的敕令,事先不告诉具体情况。在一起决定事情,不能互相议论是否行得通。虽然大臣们在一起讨论了,但施行的时候还取决于私人的见解。看似众贤人在朝廷上议事,却在私人的府第秘密地商议和决定各种事情,这是大臣没有去除的私心。如果允许君主和宰相有私心,那么颁布教化百姓的条例则只能是一纸虚文。近来,朝廷召用有名的儒者,阐明关于穷究事物的本原而获得知识、诚心正意的学说,有喜欢议论的人,就因此诋毁和讥笑他们,陛下被这种人的言论所迷惑,就产生了讨厌儒学的想法。这正是贤能的人和奸邪的人被任用和斥退的关键,它关系到天下的安危,希望陛下认清真伪,并付诸实行。”宋理宗赞成他的奏对。

端平二年(1235)十二月,杜范任监察御史。他上奏说:“先前权臣所用的台谏官,一定都是自己的亲信,他们互相约定好了以后,再发出命令。台谏官所弹劾攻击的人和事,都秉承权臣的微言示意,所以国家的法度被废去,风俗遭到破坏。陛下亲自处理政事后,首先用洪咨夔、王遂,彻底地矫正原有的弊病,斥退奸邪的人。然而在朝廷上,受到的牵制还很多。台谏官弹劾到皇上宠信的人以后,就想方设法地加以保护,并且先同意被弹劾的人管理宫观的请求；事情有所牵扯，就从中进行调解，到最后就是收回论罪的奏章。也有弹劾有罪的人的墨迹还没干而朝廷已发布了对他的新任命，被裁退不久又很快得到好官职的。从此台谏的风采，从前振奋的却日益消融；朝廷的法度，从前逐渐完善的却日益被破坏。"宋理宗十分肯定杜范所上奏的这些话。

得罪权臣

杜范又上奏说，九江守臣何炳年纪大了，不能抵御风寒，更别说干什么样的事，希望罢去他，但没有被实行。杜范又上奏说："一个守臣没罢去，这是小事，台谏官的话不实行，这是大事。阻遏台谏的话还可以，甚至把陛下的旨意藏起来不实行，这难道是励行新政时所应该有的吗？"丞相郑清之见到这个奏章后大怒，五次上疏请求免去杜范的官职，他的奏疏中有"危机将要发生，朋党祸起"的话，并且认为杜范秉承某人的微言示意，来装饰自己对大臣的排挤和陷害。

于是，杜范就自己弹劾自己，他说："宰相和台谏，官位有尊卑的区别，但做的事都是为一个目的，只应该同心为国，怎能容许以私害公。执行的是宰相，议论的是台谏。执行的人怎么能完全符合事情的需要，议论的人或许免不了被攻击诋毁，在清明的国家，这也是常有的事。古代大臣想维护国家的法度，所以一定要推崇褒奖台谏，听说有因台谏而被处治的大臣，没听说大臣有忌讳台谏的话而发怒的。从前掌权的人所用的台谏，一定是他们的亲信；陛下改革政治，台谏官都是陛下亲自选拔的。如果陛下不想让我议论掌权大臣的亲戚故旧，那就钳住我的嘴，夺去我的命，那么这与从前大臣任用亲信为台谏官还有什么区别？不知所说的'秉承某人微言示意'这个某人是谁？'装饰对大臣的排挤和陷害'又有什么事来证明？请陛下检验我前面的奏疏，罢免我，以满足我退官安居在乡间的心愿。"

当时，郑清之荒谬地索取战功，在河、洛用兵，兵民死了十多万，物资、粮食、武器、铠甲都被敌人缴获，边境骚动，朝廷内外都十分困乏。杜范率全体谏官论奏这些事，弹劾右丞相郑清之"不量非才，妄邀边功，用师河洛，兵民死者数十万”。并说制置使诈谋欺骗皇上。凡是监司、郡守中贪暴害民的，都按等论罪。郑清之更加忌恨杜范，改他为太常少卿。

请求归田

次年，杜范任太常少卿，面对朝政日坏，向宋理宗上疏说：“现在的弊病，没有比贿赂交结成风更大的。名誉已经显赫的人收买身边的人的赞誉，以便巩固自己受宠的地位，没有当官的人只是为了升官才逐渐贿赂交结。边疆的帅臣，不用黄金去收买敌人为我所用，而用来探听皇上的意思；不优待和重赏士卒，而用来交结权贵。以致赏罚颠倒，严令被轻慢，因罪被贬的人抗拒命令而不执行，弃城逃走的人用巧妙的办法来求得免罪，统帅官兵的人招致祸乱并且大肆抢掠，掌握大权的人恃势而骄。下面的禁军，骄悍难以节制，监军结成团伙互相剽劫。希望陛下不要因为小恩而废大原则，不要因为私情而阻挠公法，严格管理后宫，不让半句话进入宫门；约束宦官，不让那些用谗言诬陷忠良的人得逞。”杜范自从担任台谏官以来，多次请求去管理宫观，这时又五次上疏请求回乡务农，皇上都不允许。

再上谏言

同年十月，杜范任秘书监兼崇政殿说书。当时，蒙古军进犯江陵，杜范请求在蕲、黄二州驻兵以防止元军窥伺长江，并且命令沿江的帅臣兼任江、淮制置大使，使他们的权力加强，命令淮西帅马上调兵拨粮去援救江陵。宋理宗准奏，江陵解围。

十二月，杜范复任御史，被任命为殿中侍御史，他推辞但没获准。对于宋理宗纵情声色，任用权奸，大讲道学，就趁着给皇帝讲读经书时，直谏说：“臣曾经充当过陛下的耳目，往往触犯宰相，以致麻烦陛下从中委婉地调解保护，现在又让我担任从前受攻击的官职，难道因为臣说的阻止私心的话还有可取的吗？因为我性格谦恭懦弱，容易调理保护，就暂时用来充数吗？从前人主对于敢于直言的大臣，不是高兴地听他们的话，就是勉励他们,否则就疏远他们,没听说有不采纳他的意见而又用他的。陛下自从端平元年亲自处理朝政以来,召用正直的人来振兴御史台,不久就出现了曲折辗转地进行调理的弊病,御史所弹劾攻击的,或者是受到牵制而没执行,受到贬斥的,又找机会升官进职。臣在担任台谏官的初期,本来就已经极力说了这些,不仅没有改变它们,这种弊病反而越来越严重。甚至节帖的文理不全,改写但没有御史台的大印,中书不敢把这些奏明,看见的人对它们产生怀疑。没想到在圣明时候,这种弊病达到了如此程度。陛下认为他的话不能采用,又从而越级提升他,那么台谏这个官职,就成了升官的捷径。陛下只知道尊崇和褒奖台谏是盛德,而不知道阻止和压抑正直的言论是弊政,那么陛下就是外有喜欢劝谏的名声,内有拒绝劝谏的事实,天下怎么能有虚可以遮盖实的呢?"杜范开始把不能说出自己想说的话就离开朝廷看作遗憾的事,这时他就极力讲台谏失职的弊病。

拒任台官

面对襄蜀俱坏、江陵孤危、两淮震恐,朝政被郑清之父子把持、陷害无辜、招权纳贿、勾结蜀师赵彦呐丧师害国的局面,杜范始而忧心忡忡,继而拍案而起,与太学诸生再三弹劾郑清之、李鸣复等人。杜范说:"鸣复不去则臣去。"宋理宗不纳所言,杜范拒入台官任职。

当时,襄蜀都遭到破坏,江陵孤单危险,两浙受到震动,人们恐惧,杜范又说:"郑清之蛮横地挑起边境战争,几乎危及国家,他的儿子招引权贵,收取贿赂,贪得无厌,盗窃国家的钱帛用来换外国货,并且有事实。"杜范还说:"签书枢密院事李鸣复和史寅午、彭大雅用贿赂与郑清之的儿子交结,想尽办法为他开脱。李鸣复既不体恤父母生活的国家,又怎么能想着陛下的社稷。"皇上因为郑清之是自己王府中的老臣,李鸣复没什么大罪,就没有马上处治他们,因此杜范也不接受殿中侍御史这个官职。皇上催促他上任,杜范上奏说:"李鸣复不离开,那我就离开,怎么敢进入经筵?"杜范将要再次论奏李鸣复时,李鸣复针对杜范的奏疏为自己辩解,他说:"台谏官论奏我,不知道所指的是哪些事,难道是因为我曾经主张和议了吗?幸好我没被斥退,那么使国家安定,对社稷有利,死生都是靠和议决定；否则人们就会无家可归，只有在五湖中坐着小船游荡了。”杜范又极力论奏李鸣复寡廉鲜耻，不久御史台的全体官员都弹劾李鸣复，太学生们也上书攻击他。李鸣复刚被贬出关，皇上又派使臣召回他，杜范又与全体台谏官上奏：“李鸣复担任宰执，他所交结的只有史寅午、彭大雅，他们这些人在一起搞阴谋，不过是贿赂受到宠幸的人，欺骗皇上，以便暗中谋求宰相的职位。臣最近看到李鸣复为自己辩解的奏章，见到他使边疆的大臣互相争斗而引起矛盾，荒谬地讲和战来肆无忌惮地胁迫别人服从自己，并且因为蜀地已遭破坏而想在五湖泛舟。又把安定国家、有利社稷作为自己的责任，不知道李鸣复在政府中长期任职，现在又有什么安定、有利的策略呢？欺骗皇上的事，他没有不做的。如果臣的话对，就请马上罢免他；如果说的不对，请皇上早点罢斥我。”

救济灾民

杜范改任起居郎，他上奏说：“臣论奏李鸣复，没见朝廷处治他，忽然又任命我当左史，那就是我说的不对，对我表示优待。臣以前曾上奏说台谏只是升官的捷径，起初对朝廷的法度没有益处，我亲自说的话，又亲自实现了，我的罪过大了。”

嘉熙元年(1237)元月二日，杜范渡江归家。宋理宗闻后愕然，谕使至黄岩劝返，杜范力辞。杜范被授予江东提点刑狱，不久改为浙西提点刑狱，杜范都极力推辞，宋理宗无奈，将签书枢密院事李鸣复调任越州知州。

嘉熙二年(1238)冬，杜范任江西宁国府知府。杜范刚到宁国府时，时逢大旱绝粮，府中的仓库很多都空了。杜范见机行事，立即发常平仓米粟四千斛救济，并以礼延请城中富户开仓赈济。不久，库存的米就多了十万斛，钱也有数万缗，杜范就把这些用来代替下户纳粮，当地老百姓因此得以安宁。两淮饥民渡江的大多剽掠，他们的首领张世显特别勇猛剽悍，率领三千多人来到宁国府城外。杜范派人犒劳他们，让他们不要骚扰、等待安排，张世显就暗中怀有夺城的想法，杜范用计谋抓住并杀了他，接济他的部下，让他们回去。

回京任职

嘉熙四年(1240)六月,杜范回京任职。他回到朝廷后,首先说:“干旱接踵而来,人们吃不到一粒粮食。纸币贬值,物价猛涨。行都里面,景象萧条,左浙在京城的附近,饿死的人充满了道路。流民比比皆是,没听说有安抚他们的政事,剽掠成风,已经开始有起兵的迹象,这是内忧已经急迫了。新建的北军,借着胜利的机会又善于战斗,中原地区很多盗贼,都借着这个名声而起兵。大元兵捣毁我们的巴蜀,占据我们的荆襄,骚扰我们的淮扬,最近又从夔、峡二州窥伺鼎、澧二州。边疆的大臣,肆意欺骗皇上,取胜时就宣扬出来讲自己的功劳,失败时就掩盖起来不向朝廷汇报。假如敌人趁长江上游我们没有防备的时机,做到长江下游饮马的打算,谁能抵御他们?这是外患已经严重了。”

“人主在上侍奉的是天,在下依靠的是老百姓。近来天象显示了变异,彗星吐出尾巴,正值冬天却打雷,春天已经过去却还下雪,海潮冲进了都城,旱灾造成的不产粮食的土地几乎遍及京城附近的地区,这是不能符合天意,而天已经发怒了。人死于战火,死于饥饿,父亲和儿子互相抛弃,夫妻不能互相保护,满肚子怨气,诽谤朝廷的话充满了道路,‘等死’的念头一萌发,什么不能做?这是不得人心而老百姓已经怨恨了。内忧外患交相而来,天心人心全都失去,陛下能与二三位大臣安居在天下人的上面吗?陛下也曾经想过之所以这样的原因吗?”

“从前掌握大权的宰相表面对陛下表达小妻一样的忠心,暗中窃取驾驭人的大权,以音乐女色和赏玩嗜好的物品在内部蛊惑陛下的思想和心计,而废除和设置,生和死,这一切都只按他的心意,想怎么做就怎么做,因此导致国家的法度被破坏,风俗颓废,军政不治,而且边疆的保卫和防备措施被毁坏和缺乏。凡是现在有的内忧和外患,都是掌握大权的宰相三十年酝酿成的,好比养护痈疽,到了一定的时候就该发作了。端平年间号称革新,但担任宰相的不是革新人物,不能改变旧的弊政,对朝政的败坏和玷污,比原来还严重。从此陛下的思想疑惧,不知应该依赖谁,并且不以他为仇人而认为他有德,不以他为罪人而认为他有功。于是,上天的希望在陛下这里实现的少，天象变异的事就出现了，人们的希望在陛下这里实现的也少，怨恨和反叛就形成了。”

“陛下敬奉上天要有法度，对美酒的需求要有限度，缉熙要有记录，如果能持这样一个念头，那么使国家从倾危颓靡中振兴，应该没有什么困难的。然而，我在道路上听说，陛下所谓的警醒畏惧的想法，只能在外朝处理政事那一会儿能见到；而喜欢玩乐的私心，常在宫中设宴请亲近的人时放纵。名义上是任用贤能的人，而陛下身边的宠臣能从中钻空子；政令由中书发出，而陛下的御笔特奏又从宫内传出。邪说的蛊惑，亲属的请托，蒙蔽陛下的聪明，转移陛下的思想和心计。”

这时，杜范离开朝廷已经四年了，皇上对他的安抚和慰劳十分周到。

谏言反思

杜范升为权吏部侍郎兼侍讲。因为长期干旱，他又说：“陛下继承皇位已经二十多年，灾异的谴责和告诫，没有一年没有，到现在更严重了。陛下追求如何才能符合天意，难道只是减少膳食、撤掉音乐、分别到各祠庙中祈祷就行了吗？不应该除此以外又在自身寻找吗？不去自己反省悔过，而只希望天怒消散，天下哪有这样的道理？希望陛下彻底扫除旧习以使天下一新，放出宫女以疏远音乐和女色，斥退受到亲幸的人以防止受到欺骗和蒙蔽，节省不必要的开支以使国家的财政丰足，减轻征敛以使老百姓得到休息。况且没立皇太子，皇太子的位置还空着，请选宗室中有贤德的人在宫中养育并教导他。”又讲铨法的弊病说：“朝廷已经有堂除，又常取吏部的缺额来做人情；士大夫贪污受贿，就暗中不经过推勘结绝而得到改正，这些都是营私舞弊、忘了国家的祸害。”

不久，杜范又上疏说：“天灾和干旱，从前本来就有。但粮仓中的粮食枯竭，每月的开支不能接继，一升米的价格是一千钱，价格还在不停地增加，富户没落，十间房子有九间房子的人都不在了，这又是从前所没有的。更严重的是全家饿死，相继投江，老百姓聚集在一起议论掌握政权，士兵的牢骚话不忍心听，这是什么样的景象，却在京城这样核心的地区可以见到。浙西盛产稻米，但干旱的土地有千里。淮河流域的老百姓流离失所，背着孩子在路上的人一个接一个，想回家却没有住处，气息微弱就等着死亡。如果没有边疆的战事，老百姓还可以相依为命，苟且活下去，万一敌人的骑兵冲进来，这些流浪的人一定会奔到南方，有的可能被迫屈从敌人，就给他们当向导，那么巴蜀的教训是可以借鉴的啊！”

次年四月，杜范任兵部尚书、礼部尚书兼中书舍人。六月，宋理宗命近臣祷雨于天地、宗庙、社稷、宫观。七月，杜范上疏：“我个人认为陛下勤于政务，担心国家的前途和命运，在安定的时候也没间暇。然而，宫中的宴饮和赏赐没听说有所减少，身边的宠妃没听说有所放出，宦官和陛下亲幸的人没听说有所斥退和疏远，通过宫中受宠的女子的请托没听说有所屏退和拒绝，朝廷政事没听说有所整顿，官府的积弊没听说有所追查和改变，掌握国家大权的人是按私情处理政事，负责处理各种事物的人不按法度履行自己的职责，国家大政则被两种意见所左右，不能决定，官府中的琐事则有个想法就轻率处理。朝廷的命令早晨改的而晚上又变了，法度被破坏，没有一件事不存在弊病，没有一个弊病不严重。陛下何不也震动恐惧，自我反省。”

皇上下诏：“朝廷内外的官员和老百姓考虑现在最紧要的事，比如河道不通，怎么才能运送军饷？浙右出现旱灾，怎么才能推行救济饥荒的法令制度？财政匮乏，怎么才能使国家买粮的本钱充足？老百姓流离失所，怎么才能使这些人安定？敌情难以预料，怎么才能使边境得到巩固？每个人都一定要全力思考，来陈述控制危机和变乱的策略。”

杜范被任命为吏部侍郎兼中书舍人，他又极力讲宴饮和赏赐不节制，修造宫殿不合时宜、穷兵黩武、放纵私欲几件事。杜范兼权兵部尚书，改为礼部尚书兼中书舍人。

担任右相

淳祐二年(1242)六月，杜范任端明殿学士、同签书枢密院事。杜范进入都堂以后，凡是朝政有什么过失，任免官吏有什么不妥当，他都毫不留情地进行反驳。丞相史嵩之表面上对杜范宽容，内心里实际是忌恨他。

两年后，杜范任同知枢密院事。李鸣复回京任参知政事，杜范不屑与李一殿为臣，出京而去。宋理宗急遣中使召回，敕诸城门不准出城。太学诸生闻讯，上书宋理宗挽留，并斥右丞相史嵩之与李鸣复权奸误国。史嵩之唆使谏议大夫刘晋之、赵伦等并论杜范与李鸣复。宋理宗将李鸣复改任知州，杜范以原职提举洞霄宫。十月诏回杜范任旧职。不久，史嵩之丁忧去职，贤臣陆续起用。

淳祐四年(1244)十二月，杜范任右丞相兼枢密使，范钟任左丞相。两人同心协力整肃朝纲，选拔贤才，驱逐史嵩之党羽全渊、濮斗南、刘晋之、郑起潜等。次年二月，宋理宗亲书“开诚心，布公道，集众思，广忠益”赐予杜范。杜范上疏五事：“正治本，肃宫闱，择人才，惜名器，节财用。”宋理宗命杜范制订政令，杜范又上“使任用和免退官员公正，储备有才能的人，严肃推荐人才”等十二事定国本，系人心，以挽宋室。

当时，孟珙掌握重兵长期驻扎在长江上游，朝廷一向怀疑他难以控制，这时孟珙也写信来祝贺。杜范给他回信说：“古人认为大将和宰相和睦则士子就心悦而依附，从此我们只应该同心协力，以身殉国。像用不良的手段进行驾驭、控制的事，不是杜范值得做的。”孟珙非常感动和佩服。孟珙说：“今蒙推诚相许，与前人以术相驭万万不侔，愿效死不辞。”不久，大元军队大举侵入五河，渡过长江中游，设置营寨，并且用重兵牵制合肥，命令不要互相救援，作为一定攻取寿春的计划。杜范命令淮扬、鄂渚的两位统帅分别调兵从东西两面来策应，终于取胜。合肥、寿春解围。杜范按功劳的大小进行奖赏，没有不符合事实的，士兵们都很高兴。

传世名相

淳祐五年(1245)四月，杜范病逝，终年六十四岁。宋理宗辍朝减膳三日，赠少傅，谥“清献”。五月归葬，灵车所过，聚祭巷哭。七月，葬台州府黄岩县西七十里靖化乡黄杜岭(今牌门)。

杜范著有《古律诗歌》五卷、《杂文》六卷、《奏稿》十卷、《外制》三卷、《经筵讲义》三卷，以及《易礼》《春秋》等。黄震在《戊辰修史丞相杜范传》中说：“端平大坏之余，方得正人如杜公。”车若水《悯立斋先生》称：“元元含望久，及是事方新。四海看更化，皇天忍误人。"有侄杜浒于宋亡后以身殉国。

杜范是一位担任过监察御史、殿中侍御史，最后累官至右丞相兼枢密使的南宋名相。从上述可知，他忠于国家、勤于王事、直陈弊政、敢逆龙鳞，他上奏的奏本，思绪清晰、逻辑严密、条分缕析、催人猛醒，是帝王广开言路、察纳雅言的好范本。杜范不但是一位称职的监察御史，也是一个千秋礼敬的著名宰相。皇帝让各位正副宰相们提出当时存在的主要问题和对策，杜范写了吏治、人才等十二个问题，都切中时弊。他协助宋理宗治理天下，积劳成疾，任上去世。蔡东藩称赞曰："宋廷非无贤将相，如杜范、吴潜、董槐等，皆相才也，孟珙、余玠、马光祖、向士璧、王坚等，皆将才也，若乘蒙古之有内乱，急起而修政治，整军实，勉图安攘，尚不为迟。"

杜范故里（吕小芽摄）

南宋殿中侍御史李宗勉

李宗勉(？—1241)，字强父，富阳古城(今浙江省杭州市富阳区常安乡)人。南宋开禧元年(1205)进士。任黄州(今属湖北省)教授、浙西茶盐司、江西转运司干官。嘉定十四年(1221)主管吏部架阁，不久改任太学正。嘉定十六年(1223)迁国子博士。宝庆初年(1225)，添差通判嘉兴府。宝庆三年(1227)，他被召用为秘书郎。绍定元年(1228)迁著作郎；二年，兼权兵部郎官。先后任监察御史、左司谏、殿中侍御史、谏议大夫等职务，擢端明殿学士、同签书枢密院事。不久，升为签书。后升为参知政事。他被任命为左丞相兼枢密使，最后以光禄大夫、观文殿大学士的身份辞官，宝祐元年(1241)卒，被赠为少师，谥号“文清”。

入朝奏对

绍定元年(1228)，李宗勉升为著作郎。入朝廷奏对，说边事应该时刻警惕，以消除灾祸。第二年，他兼任权兵部郎官。这时，李全反叛的阴谋已暴露，人们都不敢说，李宗勉独自多次上疏论及此事。又说：“想使人们与陛下一心，不如使下情上传。人们大多喜欢谄媚，揣测陛下喜欢的就多说，估计陛下讨厌的就少讲。上面已被堵塞，下面也欺骗，那么成败得失的关键、治乱安危的原因，将有谁能向陛下讲呢？不知道则不戒备，等事情发生了，震惊并去处理它，已经晚了。想财计丰富，不如节省国家开支。善于治国的人常使财富多于用度，不使用度多于财富。现在山东的军队，白白浪费我们的钱、粮，湖南、江右、闽中的寇盗，蹂躏我们的州县，如果再奢侈浪费，从而侵耗财用，那就会形成漏杯难盈、蠹木易坏的情形。如果有紧急的情况，必将因为财用窘困，而失去成事的机会。想要巩固国家的根本，不如宽民力。州县之间，聚敛的人很多，残酷剥削的风气已慢慢形成。民生穷困，怨愤不能伸张，他们聚集到山林中反抗，也是势所难免。拯救那些在水深火热中的人，能不赶快确定办法吗?”不久，他改兼侍右郎官。第二年入朝奏对，说起天灾的事十分恳切。

改革币制

绍定四年(1231)，李宗勉被派遣为台州知州。第二年，他为直秘阁、婺州知州。绍定六年(1233)冬，他被召赴行在，没成行。端平元年(1234)，他升为直宝章阁，仍任原职。一个月后，他以宗正丞兼权右司的身份被召，改为尚左郎官，兼职仍旧。不久兼左司。五月，他在皇上面前奏对，讲了四件事:“守公道以悦众心，行实政以兴治功，谨命令以统一认识和行动，明赏罚以示勉力和惩戒。”其次讲纸币:“希望向各部门下诏，从皇上和后宫开始，下至百官和各级政府，都要核实出那些冗费，从而节省它们，一年节省十万，就可减少十万纸币，一年节省百万，就可减少百万纸币。实行的时间长了，减少的纸币就越来越多，铜钱和纸币相当，进行流通，那么操纵我们盈余和亏欠的关键就不是纸币了。”

监察御史

李宗勉被任命为监察御史。当时正谋划出师汴京、洛阳，李宗勉说:“如今朝廷安静，和平常一样。士卒不精锐，资粮不充足，器械不锋利，城墙没修缮。此时守御还不能做好却想进攻，能行吗？就算是今日得到蔡州，明日得到海州，后日得到宿州、亳州，然而得到的未必能守住。万一含怒蓄忿，仓促间发生变故，将怎么处理？臣所讲的，怎能说是外患始终不能平息、国土始终不能收复呢？也是想量力而行、适时而动。希望诏示大臣，爱惜时间以修内政，综合众人的谋略以加强边防，节省冗费以使国家财富充裕，招募强壮勇敢的兵卒以壮大国势。仍告诫沿边将帅，不要贪图虚名而受到危害，左控右扼，毋失良机。那么以逸待劳，以主人的身份防御客人，也就可保边境无忧患。如果使国家的根本壮大巩固，兵士战马都精锐强壮，见机而动，用兵不晚。”不久，进攻洛阳的军队溃败，他又说：“过去担心的是应该防守但贸然进攻，如今担心的是想防守却不能。什么地方可控扼敌人，哪支军队可调遣，哪位将领可御敌，哪里的粮食可作为军饷，都应事先做出筹划。”李宗勉又论及皇帝直接发布命令的弊病，大致是：“王府后宫的官员，皇帝内侍的恩赏，都是制令直接发出，不经过都省，各种书札陈请，时常出于后宫，这些都是大臣应该上奏的。事先说出，见到微小的失误就劝谏，这不能说是专权。好的就施行，坏的就停止，这不能说是专权。命令出于皇上，政事归中书，这不能说是专权。如果以专权为嫌疑，不以挽救过错为急事，每件事都迎合皇上的旨意，等皇上的命令已下达，错误已显露，然后言官才议论它们，这就会连累皇上的很多德政。何况议论的也未必听，听的也未必实行呢？”

擢左司谏

李宗勉升为左司谏。第二年春天，他兼任侍讲，他首先奏道：“均、房、安、蕲、光、化等处兵祸十分严重，长江沿岸可凭借而没有忧患的，只有襄州，现在襄州又有变化了。襄州失守则江陵危险，江陵危险则长江之险不能凭借。从前担心的是在秋天，现在担心的就在旦夕。江陵如果失守，那么事情紧迫形势危急，必有生死存亡的忧患，后悔怎能来得及？”

他在左司谏任上，多次上谏议论时政，都直指问题所在，他的奏本屡次得到朝廷肯定，不久，宋理宗又提拔了他。

殿中侍御史

李宗勉被任命为殿中侍御史。这时，淮西制置使兼沿江制置副使史嵩之兼鄂州知州，在鄂州建衙门。李宗勉说：“荆、襄城残破，淮西正当南北之间，史嵩之应该在淮西设衙门，那就脉络相连，可以应援，远在鄂渚，那就会有鞭长莫及的忧虑。如果说防卫长江是急事，想依靠史嵩之在鄂渚经画，然而齐安正与武昌隔江相望，如果在齐安措置防扼，那就会屏障坚固而江面安全了。这就是所谓的要保江南先守江北。应该另选鄂州守将,命令史嵩之把衙门移到齐安。”

诏命侍从、两省、台谏逐条上奏边事,李宗勉率僚属上奏说:“蜀地四路,已失去二路,成都隔绝,不知存亡。各官署退保夔门,未必能守住。襄汉先失去九郡,现在郢又被攻破,荆门也被攻破,剩下江陵一座孤城,怎能独存?两淮地区,人民奔逃,背井离乡,十分危险了!陛下果真能马上下哀痛之诏,以身作则,大大减少各种费用,衣服、车马、宴会,都应从简,放后宫中不耕而食的宫女,罢去宫中不急需的费用,停止赏赐和修建各种亭台楼阁,拿出皇室的储蓄来感召天下。然后,劝谕皇亲国戚、世代臣僚,根据自己的能力拿出自己的财产,来帮助解决国家的财政困难。分上游、淮西、淮东为三帅,由江淮大帅统一指挥。或者就按现在的官职,或者选拔人才,让他们分地防守,听到命令就行动。把公私的财物分给各地,让他们召集散兵,招募强壮的流民,使他们充当游兵,来补充军队的缺额。仍选沿江各郡的将士做好防御的准备,才能支撑局面。不然金人将水陆并进,集结荆楚的力量,侵扰我方的上游,江南就危险了。有人认为金人气势强盛,应与他们讲和,想拿金帛献给他们,这是抱薪救火,难道让我们把国家的财富都给敌人啊?”

谏议大夫

李宗勉升为工部侍郎兼给事中,仍为侍讲。他又上疏说:“陛下在朝廷上对国家的安危忧虑、操心,但入后宫后就被享乐所转移;在朝廷上还与群臣切磋,退朝后就被那些能接近皇上的邪佞小人所迷惑。没听说减放宫女,而嫔嫱比过去还多;没听说奖励功臣,而节钺先给外戚;没听说拿出皇家储备来犒赏战士,而金帛多被浪费。陛下的举动,是人心向背的依据。陛下既然不以为忧,那么谁会替陛下担忧呢?”李宗勉被提升为谏议大夫兼侍读。他首先讲边防的事应该增兵防御上游。又说:“求谏不难而接受劝谏难,接受劝谏不难而执行劝谏难。如果听到一条劝谏不做调查,轻视它而不相信,最终会使正直的言论,对国家无益,对当时的危局无救,这和拒绝劝谏的人只相差一点了。”

任左丞相

李宗勉升为端明殿学士、同签书枢密院事。不久，升为签书。这时，王鲫又索求岁币银绢各二十万，李宗勉说："轻易许诺的事后患很多，应该遵守原来的条约。但同开禧年间比，物价已涨几倍了。"史嵩之设督府，力主和议，李宗勉说："使者可疑者有三点。史嵩之的职责是督战，如收复襄、光，控制施、澧，召集各山寨，保护和巩固江防，都是他现在该做的。如果他主和，那么凡有机会可乘，他都会退缩，定会虚度岁月，坐失灭敌的良机。"

李宗勉升为参知政事。他被任命为左丞相兼枢密使后，遵守法度，抑制侥幸，不私亲党，召用老成的人，尤其爱听正直的话。赵汝胜曾认为李宗勉是公正清廉的宰相。李宗勉以光禄大夫、观文殿大学士的身份辞官，他去世后，被赠为少师，谥号"文清"。

名垂青史

作为监察官员，李宗勉先后担任监察御史、左司谏、殿中侍御史、谏议大夫等多个职务，无论在哪个岗位上，他都是忠君爱国、忧劳王事、上疏进谏、直陈时弊，对于匡扶政务、补阙拾遗，做出了自身应有的贡献。也正因为他是一位非常称职、卓有成效的监察官员，所以能得到朝廷重视，不断擢拔升迁。

作为宰相，李宗勉于宋理宗前期入朝为相，此时为南宋、金、蒙古三方政权冲突、交替之时，随着蒙古的兴起以及蒙古与金朝在北方的战争不断扩大，南宋长期以来所受金朝政权的威胁已逐渐减小，所面临的威胁是来自北方更为强大的蒙古，李宗勉肩上的担子更重了，尽管他与史嵩之之间存在矛盾，但他以国事为重。他是宋理宗朝前期宰相群体中综合评价最高的一位，他所做出的贡献为历史所铭记。

南宋侍御史王十朋

王十朋(1112—1171),字龟龄,号梅溪。宋徽宗政和二年生于浙江温州乐清四都左原(今浙江省乐清市)梅溪村。南宋著名政治家、教育家、诗人,爱国名臣。乐清历史上唯一的状元。1919 年 8 月 4 日,恽代英在阅读日记中提到了王十朋及其著作《梅溪集》。①

绍兴二十七年(1157)王十朋以"揽权"中兴为对,被宋高宗亲擢为进士第一(状元)。官秘书郎。曾数次建议整顿朝政,起用抗金将领。孝宗立,累官侍御史,力陈抗金恢复之计。历知饶、夔、湖、泉诸州,救灾除弊,有治绩,时人绘像而祠之。封乐清开国男,赠左散大夫。宋光宗绍熙三年(1192)谥"忠文"。

少年聪颖

王十朋少时颖悟强记,七岁入私塾,十四岁先后在鹿岩乡塾、金溪邑馆、乐清县学读书,博闻强记,涉猎广泛,学通经史,诗文名闻远近。少时就有忧世拯民之志,十七岁"感时伤怀",悲叹徽、钦二帝被掳,宋室被迫南迁。十九岁时写出"北斗城池增王气,东瓯山水发清辉"的名句,其才华震动了浙南的诗坛。

王十朋从小非常聪明,又十分用功。他在县城读书时,已是满腹经纶,又写得一手好字,名声早已传遍了全县。县城里有一条小巷,巷里住着个叫钱百享的官儿。他肚皮里没有几点墨水,却喜欢结交名士,为自己装装门面,提高自己的身价。他曾好几次请王十朋赴宴题诗,可都被王十

---

① 《恽代英全集》(第三卷),北京:人民出版社,2014,第 276 页。

朋婉言谢绝了。尽管如此,他还是念念不忘相请王十朋。有一次,他听一个走差讲,王十朋很尊敬书院里教书的老先生,老先生出门探亲访友时节,王十朋总是陪着他。这个走差鬼点子多,当即替钱百享出了个主意:“老爷,你择个大吉大利的日子,请老先生和王十朋同来喝酒。只要老先生肯赏光,王十朋就不会不来。他只要一上门,老爷就可以拦他题诗了。”钱百享听了眉开眼笑,连连点头。这一天,钱百享派人送去请帖,又特备了一桌好酒菜,就等老先生和王十朋前来做客了。时间不长,就把老先生请来了,王十朋果真随同前来。一到钱家门口,王十朋就想自个回家,却被钱百享早就安排的家丁拦住了。这样,王十朋没法脱身,只得硬着头皮走进钱家,陪老先生坐到酒席上。吃了一会儿,王十朋扶着老先生站起来表示感谢。刚要离席,又让家丁拦住了,钱百享双手递上早已准备好的纸笔,恭恭敬敬地说:“老夫别无他求,只希望才子给我题一首诗,留作纪念。”

王十朋见钱百享就像蚂蟥叮牢鹭鸶脚,没办法,只好接过纸笔说:“我这个穷书生是写不出好诗来的,不晓得老爷出什么题目?”

“这题目嘛,就叫‘钱百享升’如何?想讨个彩,请把这四个小字分别嵌在每句的开头。”

王十朋听了,皱了皱眉头,提笔一挥,写了一首打油诗:

钱家鱼肉满箩筐,
百姓糠菜填饥肠。
享福毋忘造众福,
升官莫作殃民郎。

老先生边看边称赞:“好诗!好诗!”钱百享看了却是哑巴吃黄连,有苦说不出。因为王十朋在这里被拦后才写的诗,所以人们便把这条无名的小巷,称为“拦诗巷”。

状元及第

三十三岁时,王十朋在家乡创办梅溪书院授徒,次年入太学。由于当时南宋政治腐败，奸臣秦桧专权，科场黑暗，屡试不第。

王十朋曾以“红梅”为题赋诗一首以明志。诗曰：

桃李莫相妒，夭姿元不同。
犹余雪霜态，未肯十分红。

绍兴二十五年(1155)，秦桧病死。这给王十朋的命运带来了转机。

绍兴二十六年(1156)冬，天降奇迹，乐清县城东塔山文笔峰上有祥云出现空中，散发着五色光彩，见者皆惊，“识者以为有文魁之应”。果然，绍兴二十七年(1157)，四十六岁的王十朋以“揽权”中兴为对，被宋高宗亲擢为进士第一(状元)。状元策试卷中，他针对时弊，挥洒万言，提出皇帝掌朝政，须以身作则，赏罚分明，善于使用人才，注意育才取士，节省财用，切勿奢侈，培育良好政风。同时，还提出自己的政治主张：“正心以正朝廷，正朝廷以正百官，正百官以正万民。”宋高宗阅后，甚为赞赏，御笔亲批：“经学淹通，议论醇正，可作第一人。”钦定为状元。后来，王十朋因论力主抗战，并荐用老将张浚、刘锜，遭主和派排斥，被迫离京回归故里。

敢于进谏

王十朋任秘书省校书郎时，力排和议，并抨击三衙兵权过重，谏罢杨存中兵权，奏请起用张浚。宋孝宗诏百官陈事务，他上《应诏陈弊事》札子，指出百官“尽其官不履其职”，同时指出皇帝有任贤、纳谏、赏罚三大职事，并未做好。隆兴元年(1163)任侍御史时，他弹劾当朝宰相史浩及其党羽史正志、林安宅，并使之罢职，震动朝野，人称颂王十朋为“真御史”。他守饶州期间，宰相洪适特意回乡拜访王十朋，竟提出以放学宫地扩建私宅后花园，王十朋毅然拒绝。《宋史》本传记载说：“丞相洪适请故学其益其圃，十朋曰：‘先圣所居，十朋何敢予人’？”此事后来朝野皆知，传为佳话。

泉州知州

宋孝宗即位后，起用为知严州，未赴任召对除司封员外郎，迁国子司业，起居舍人，任侍御史。他力排和议，并以怀奸、误国等八大罪状劾主和派代表宰相史浩，使之罢职。

隆兴元年（1163），张浚北伐失利，主和派非议纷起。王十朋上疏称恢复大业不能以一败而动摇，未被采纳。出知饶、湖等州，救灾除弊，颇有政绩。

乾道四年（1168），王十朋被起用为福建泉州知州。王十朋在任时，严于律己，清廉自持，且严厉约束下属。刚到泉州上任，他就召集所属七县县令到州衙议事。聚餐之际，即席赋诗《宴七邑宰》："九重宵旰爱民深，令尹宜怀抚字心。今日黄堂一杯酒，殷勤端为庶民斟。"明确告诫县老爷们：这杯酒是代表百姓敬你们的，天子爱民，你们也应有恻隐之心，体恤百姓，爱民敬业，廉洁奉公。随后，又下令把州衙中刻有"尔俸尔禄，民膏民脂，下民易虐，上苍难欺"的戒石重加修葺，并在贡院会集属僚，作修戒石诗：

> 君以民脂膏，禄尔大夫士。脂膏饱其腹，曾不念赤子。贪暴以自诛，诛求不知耻。指呼有鹰犬，嗜欲肆蛇豕。但言民至愚，孰谓天在迩。昭然甚可畏，殃必反乎尔。
>
> 圣训十有六，简严具天理。大字刻山骨，朝夕临坐起。一念苟或违，方寸宁不愧。清源庭中石，整顿自今始。何敢警同僚，兢兢惟敕己。

王十朋痛切地指出，官场贪腐已然成风，你们应为百姓多想想，不能再干这种不顾廉耻的事了，倘若执迷不悟，继续作恶，天理不容，国法难欺，最终只能害了自己。

王十朋在泉州为官时，关心民瘼，体恤百姓疾苦，勤于政事，为发展泉州经济文化，做了不少好事。他深知百姓艰辛，在厉行节用的同时，着力革除端政，减轻百姓负担。惠安县沿海地区，历来有"田落海而税不除，官卖盐而民受害"等弊端。他调查证实后，下令凡田园被海水淹没，免除税收，并放宽盐民售盐数量，增加盐民收入。泉州任职时，王十朋身体患有严重疾病，甚为虚弱，可是，他仍然兢兢业业，辛勤理政。百姓有争讼时，他不厌其烦，苦口婆心，动之以情，晓之以理，努力化解矛盾；办理案件，总是“事至立断”，绝不无故拖拉，且谨慎研判，公正处理，涉案之人，心悦诚服。王十朋经常下乡，劝导农民，勤事耕作。大旱之时，见麦苗枯萎，忧心如焚。为减轻旱涝之苦，倡修不少水利工程，诸如晋江湫田塘，灌溉面积达十多万亩。泉州遭遇台风，灾情严重，他同样十分焦虑，又别无良策，“焚香叩苍天，防患问耆艾”。台风刚过，他马上轻车简从，深入灾区，不辞劳苦，考察灾情，组织恢复重建。

卸任返乡

乾道四年十二月初十（1169 年 1 月 9 日），王十朋遭遇最大一次打击，三十载恩爱无间的夫人贾氏在泉州撒手而逝。“熊胆未酬平昔志，牛衣犹是向来贫”，宦游在泉，泪涌如泉，泉州成为他人生的伤心驿站。次年，已满头白发的他决心罢官，扶柩还乡。

乾道五年（1169）冬，王十朋卸任。他离开泉州时，男女老幼涕泣遮道苦苦挽留，还仿效饶州百姓挽留王十朋的做法，把他必经的桥梁拆断（后来当地百姓重新修复，用王十朋之号“梅溪”为名）。王十朋只好绕道离去，士民跟随出境送到仙游县枫亭驿。《宋史·王十朋传》记载：“去之日，老稚攀留涕泣，越境以送，思之如父母。”

一生清廉

王十朋一生清廉，夫人贾氏，品德高尚，忍贫好施，常以清白相勉。他辞官归故里时，家有饥寒之号，却不叹穷。夫人在泉州逝去，王十朋在极度悲痛之中写下了《悼亡诗》。他吟道：“伤哉无复见，老矣不成偕。牢落凝香地，同谁话此怀。相勉惟清白，囊如四壁空。难忘将绝语，劝我莫言穷。”夫人死在泉州任所，因路远无钱将灵柩及时运回家乡。他在《乞祠不允》诗里述云：“臣家素贫贱，仰禄救啼饥。”王十朋家庭本来贫寒，当了官却不想贪贿，只能靠朝廷那份俸禄养家糊口，艰辛度日！“况臣糟糠妻，盖棺将及期。旅榇犹未还，儿女昼夜悲”。他家无积蓄，想把夫人运回老家埋葬，竟然没有足够的运费，结果灵柩暂寄荒寺，在泉州停放了两年。王十朋为官，关心的是国家、黎民，唯独没有自己和家人。

文采斐然

王十朋学识渊博，诗才横溢，凡眼前景物，常常感而成诗，大多是爱民忧民、寓含教育之作，咏蔡襄修建洛阳桥的诗、宴七县宰诗、承天寺十奇诗、咏清源山诗等，都是流传后世的佳篇。

王十朋对《春秋》《论语》《尚书》尤有研究。治学反对追求故事典故或理学空论，为文处事偏重功利实用。朱熹称其文“规模宏阔，骨骼开展，出入变化俊伟神速”，称其诗“浑厚质直，思恻条畅，如其为人”，并将他与诸葛亮、杜甫、颜真卿、韩愈、范仲淹五君子相提并论，说：“海内有志之士闻其名，诵其言，观其行，而得其人，无不敛衽心服。”叶适说他“素负大节”“士类常推公第一”。《四库全书总目》赞曰“十朋立朝刚直，为当代伟人”。

王十朋著有《梅溪集》等。他计有诗一千七百多首，赋七篇，奏议四十六篇，其他如记、序、书、启、论文、策问、行状、墓志铭、祭文、铭、赞等散文、杂文一百四十多篇，都收入《梅溪先生文集》前后集中。此外还有《春秋》《论语》讲义八篇等。

乾道七年(1171)，王十朋被任命为太子詹事，旋即以龙图阁学士致仕。七月初三(8月6日)，王十朋在乐清县家中逝世，享年六十岁。宋孝宗知王十朋清廉，特令两浙路转运司给他安排丧事。十二月戊午，葬于左原白岩。梅溪民众号恸流涕以送。泉州士民闻讯，会集在开元寺沉痛悼念，又在东街建王忠文祠(又名梅溪祠)以为纪念。

享誉古今

绍熙三年(1192)，宋光宗追赐谥号“忠文”。宋孝宗赵昚高度评价王十朋的政绩，他指出：“朕岂不知王十朋，顾湖州被水，非十朋莫能镇抚。”

如此评价一个官员的政绩，是不多见的。

中国历史上最年轻的状元、南宋官吏、诗人、散文家汪应辰曾评价道："汉廷用儒，黯独戆朴。淮南惮之，谋不敢作。谓公孙辈，发(阙)振落。儒岂不用，其效奚若。孰知其故，鼠腊非璞。公之节义，视黯无怍。屹然立朝，作世郛郭。正色凛凛，危言谔谔。招之不前，麾之不却。猛虎在山，卫及藜藿。出守四郡，治行皆卓。问胡为然，非智之凿。圣有谟训，守约施博。唯其躬行，粹美无驳。道固如是，不由外铄。于彼汲直，如玉而琢。我为铭诗，以表儒学。人虽云亡，尚有矩矱。"

宋资政殿大学士刘珙则将王十朋比作古之贤臣："此五君子（诸葛亮、杜甫、颜真卿、韩愈、范仲淹），其所遭不同，所立亦异，然其心则皆所谓光明正大，疏畅洞达，磊磊落落而不可掩者也，其见于功业文章，下至字画之微，盖可以望之而得其为人，求之今人，则于太子詹事王公龟龄，其亦庶几乎此者也。"

南宋理学家朱熹盛赞王十朋的事业文章："在朝廷则以犯颜纳谏为忠，在州县则以勤事爱民为职。禀乎天者，纯乎阳德刚明之气，是以其心光明正大，疏畅洞达如青天白日，而见于事业文章者，一皆如此。"

元朝末期政治家、军事家脱脱点评南宋历史时，称赞王十朋等一干忠臣。他说："十朋、吴芾、良翰、莘老相继在台府，历诋奸幸，直言无隐，皆事上忠而自信笃，足以当大任者，惜不尽其用焉。"

明代内阁首辅、永嘉人黄淮全面赞誉王十朋，称之是立德、立功、立言当之无愧的典范："家食时，敏于力，学博究经史，旁通传记百家，由博反约择精守，固其于天理民彝之懿，忠孝立身之本，体认真切凝然，以斯道自任……每为权要忌嫉，而执德不回……剖析详明，论议耿直，皆足以阐圣道、垂世教，惜乎当时不能尽用也。其为郡时，布上恩、恤民隐，导掖抚摩，直欲底之于平康之域，身在外服，而心存朝廷，汉唐循吏殆不是过，其著为杂文诗歌，率皆浑厚雅淳，和平坦荡，不离于道德仁义……盖其当代之立德、立功、立言，可谓无愧者矣。"

明末清初思想家王夫之称赞道："至若周必大、王十朋、范成大、杨万里之流，亦铮铮表见，则抑文雅雍容，足以缘饰治平而止。"

清康熙、雍正、乾隆三朝元老、太子太傅、文华殿大学士，兼吏兵二部尚书朱轼给予王十朋很高的评价："观十朋之言行，昭昭乎若揭日月而行也。语云：'世之所少者，非才也，气也。有是气者，浩然塞乎天地之间。其于物也，不约而信，不令而从。'成功立事，非可以意拟言谈而数计也。十朋若用于时，其几于是矣。"

清礼部尚书、协办大学士、太子少保纪昀赞誉王十朋的文才："十朋立朝刚直，为当代伟人。应辰称其于文专尚理致，不为浮虚靡丽之词。其论事章疏，意之所至，展发倾尽，无所回隐，尤条畅明白。珙称其诗浑厚质直，恳恻条畅，如其为人。今观全集，淳淳穆穆，有元祐之遗风。二人所言，良非溢美。曹安谰言长语仅称其祭汉昭烈帝、诸葛亮、杜甫文各数语，未足以尽十朋也。"

王十朋纪念馆（吕小芽摄）

南宋殿中侍御史兼侍讲朱熠

朱熠(1192—1269),字明远,名叔耀,号肃庵,温州府平阳县径口杉桥(今浙江省温州市平阳县水头镇三桥村)人。端平二年(1235)登第,历官阖门舍人、横州知州、雷州知州、右正言、殿中侍御史兼侍讲、参知政事兼权知枢密院事。先持旨授带御器械,兼干办皇城司,差知兴国军(今湖北阳新县),继迁度支郎官。拜监察御史,兼崇政殿说书。宝祐元年至四年,擢右正言,迁殿中侍御史兼侍讲,左谏议大夫。宝祐六年(1258),丁大全拜右丞相兼枢密使,朱熠升端明殿学士签书枢密事。数月进同知枢密院事,兼权参知政事,特授中大、开庆元年,拜参知政事。

文武双全

朱熠出身书香门第,父亲朱伯魁,尚武好文。朱熠自小习武,臂力惊人,能挽两百斛的大弓,又爱好读书,是个文武双全的人。

朱熠成年就离开了故乡,以武学上舍生的身份寄居临安。宋理宗端平二年(1235),乙未科武举第一,他这时四十三岁,授秉议郎,迁阖门舍人(掌朝会议礼的武职宦,宋代可参与政事),差知沅州(今湖南省阮陵县)、横州(今广西横县),复为阖门舍人,后来又到雷州(今广东省雷州市)等地做过几年地方官。任职期间,勤政爱民,办事公正廉明。

屡进谏言

朱熠不久调京,在一次偶然的机会里,他替某嫔妃的弟弟写了一份婚启书,内有句云:“舍妹夫人十年陪凤辇,霓裳犹粲朝霞,水流红叶之无心,琴续朱弦而有托。琼台不怕雪，甫歌采鸾之诗，玉杵曾寿霜，辱聘云英之咏。”朱熠文采斐然，由此可见一斑。

朱熠做了一辈子的官，历经宁、理、度宗三朝，但当时宋室偏安一隅，几个皇帝都没有多大作为。丞相史弥远、丁大全弄权，兵将不振，边防虚弱，加上连年灾害，人民陷于水深火热。宝祐初年(1253)，朱熠担任右正言，揭发了边防军勾结官吏、盗窃库财经商牟利的违法行为，要求严予惩办。他眼看国用日益不足，前线馈饷缺乏，又上疏说，真宗、仁宗时，全国只有一万多官员，现在却增到两万四千余人，“境土蹙而赋敛日繁”，提出“欲宽民力”“必汰冗员”，获得一些朝臣的支持，亦为宋理宗所赞许，但没有被果敢实施。宝祐五年(1257)，沿海地区出现垄断盐源的官商，对国家与人民危害极大，他再上了《请措置浮盐》的奏疏，说：“贪墨无耻之士大夫，知朝廷住买浮盐，垄断而笼其利，累累灶户，列处沙洲，日籍铢两之盐，以延旦夕之命，今商贾既不得私贩，朝廷又不与收买，则是绝其衣食之源矣。”他认为，政府应采取高于正盐(公盐)的价格，收购浮盐(私盐)，使盐民乐于把浮盐卖给国家。所得盐息经输朝廷，一则可以绝戎争利之风，二则可以续锅户烹煎之利。这些主张切中时弊，可惜也没有被坚决执行。

进谏盐政

宝祐年间(1253—1258)，南宋在盐业的制造、流通体制上存在着一些弊端。对此，朱熠曾两次向朝廷进言陈述其弊病。第一次是在宝祐元年(1253)，他十分尖锐地指出了盐税亏空的原因。他说：“现在盐税亏空日甚一日，以真州为例，见亏两千余万，这都是由于不法官吏与军队勾结造成的。”时过四年，朱熠又上《请措置浮盐》的奏章，在对有关问题进行分析之后，提出了解决弊端的办法，以确保盐民之利。他说：“盐之所以由国家专控，是因它能给国家带来很大的利税。但蜀、广、浙等地的盐税，皆不及淮盐额度的一半，这都是因为盐场广大，可以供煎烹；芦苇繁茂，可以用来烧蒸海水。所以环海之边，有亭户，有锅户，有正盐，有浮盐。正盐出于亭户，归之公上；浮盐出于锅户，鬻之于商贩。如果盐利有五成的话，那么正盐居其四，浮盐居其一。端平初年，朝廷不想使浮盐之利散而归之于下，于是分置十局，以收买浮盐，以每年的额度计算，有二千七百九十三万斤。十数年来，钞法屡次变更，国家与个人都很困难。真、扬、通、泰四州有六十五万袋的正盐，视其犹不及额，谁还能计算浮盐呢？所以贪婪无耻的士大夫，知道朝廷买浮盐，就垄断而获取利益。平民百姓，每日只有很少的盐，以延旦夕之命。今天商贾既不得私贩，朝廷又不与收买，这是断绝百姓衣食之源啊！为今之计，不如采用端平年间旧的办法，收买锅户的浮盐，所给盐本，应当超过盐的最低售价，那么人们就都与官家交易，而官家所得的盐利，全部上交朝廷，这样，一来可以杜绝不法官吏、军官争利之风，二来可以使锅户得到煎烹之利。"

朱熠的进言，引起了皇帝的重视，朝廷下旨要求有关部门参照执行。

落职返乡

当时，元兵渡江攻鄂州(今湖北省武昌市)，破广西、湖南，丁大全以隐瞒军情被罢相，朱熠仍任旧职，兼权知枢密院事，景定元年(1260)，左丞相吴潜被贾似道驱逐下放，皇帝下诏与权参政戴庆灯轮日判事，大政共议，名声大振。不久，贾似道入相，朱熠拜知枢密院事兼参知政事，又兼东宫宾客。那年秋天，皇太子度宗赵禥受册礼成，朱熠晋爵一秩。次年，上《经武要略》《孝宗、光宗实录》，再进二秩。他为官三十年，都是一帆风顺，一度集军政大权于一身，处于举足轻重的地位。但自宋度宗登基以后，贾似道独揽大权，排除异己，一些人趁机挟嫌报复，连章交劾，把朱熠排挤出京师，先后知建宁府、平江府，最后一任是庆元府兼沿海制置使。咸淳四年(1268)，在监察御使胡用虎、常懋，中书舍人马廷鸾等相继弹劾下，落职送处州居住，不久又被迫还乡。

朱熠立朝刚正不阿，不避权贵，不谋私利，不营私结党，在担任监察御史时，一些名士如中书舍人马廷鸾(后为右丞相)、资政殿大学士徐清叟、端明殿学士马天骥、翰林学士尤焴(累官至礼部尚书)、宗正少卿姚希得、秘书郎吕中都受到他的弹劾，他得罪了许多人，因而有人攻击他是个狂人。

朱熠晚年，眼见政事日非，危机四伏，又羞与专横跋扈的贾似道一伙人为伍，曾三次乞归田里，都得不到恩许，这是大臣马廷鸾等从中阻挠的缘故。景定二年(1261)三月,朱熠签书枢密院事。不久,又知枢密院事,以观文殿学士知建宁府。由于受到监察御史胡用虎的攻讦,皇帝剥夺了朱熠的实权。又由于监察御史张桂等人相继纠劾,朝廷将其安置在处州(今浙江省丽水市一带)居住。咸淳四年(1268),宋度宗赵禥下诏,令其自便,不再受到管束。咸淳五年(1269),因侍御史章鉴于朝堂之上重提旧账,致使朝廷将他驱赶还乡。次年,卒,享年七十八岁。葬于浙江省平阳县水头镇北岙口,谥号"文惠"。

光照千秋

朱熠位至宰辅,正史有传,是宋代武科状元中任职最高者。今天平阳故地还有朱熠墓,墓碑撰有"武状元朱熠之墓"。1984 年,朱熠的后人又集资建造了"状元亭"和"朱状元熠公纪念堂",供后人瞻仰、凭吊。

朱熠不但武功了得,文学才华亦不弱,他游历过南雁荡山,曾写下《三台峰》诗一首:

即此是台星,三峰入眼明。
若非天上贵,宁显世间名?
万国皆瞻仰,千岩自送迎。
泰阶何日正,草木亦光荣。

朱熠是平阳人民的骄傲,平阳人民至今纪念他。

武魁匾额

南宋侍御史陈文龙

陈文龙(1232—1276),福建兴化(今福建省莆田市)人,初名子龙,字刚中。宋度宗为之改名文龙,赐字君贲,号如心,其乃陈俊卿五世从孙,抗元名将、民族英雄。早年随父陈粢迁徙至福建长乐县(今阜山村)。幼颖悟,苦学不厌。淳祐十一年(1251),入乡学。宝祐四年(1256),入太学。咸淳四年(1268)戊辰科进士,龙飞射策第一。宋端宗谥"忠肃"。这是一位担任过监察御史、侍御史等职,又担任过浙江地方官的外省籍官员。

舍生取义

宋端宗景英年间,陈文龙出任福建、广东宣抚使兼兴化县指挥官。咸淳七年(1271),官至秘书省校书郎。贾似道爱其文,雅礼重之。

后来,陈文龙的正直敢言,渐渐忤怒了贾似道。襄阳失守,陈文龙上疏痛责贾似道用人不当,并请罢黄五石、范文虎、赵潜。贾似道大怒,将陈文龙贬官抚州,又指使台臣季可上书弹劾陈文龙。不久,范文虎降敌,贾似道兵败鲁港时,赵潜最先逃跑,导致其余守将弃城而逃。贾似道后悔不听陈文龙所言,又起用陈文龙为左司谏,迁侍御史,再迁为参知政事。由于朝内议和,陈文龙乞请回乡养老,获准。景炎元年(1276),益王称帝福州,陈文龙再次出任参知政事,一上任就轻而易举地平定了漳浦、兴化叛乱。元军占领广州后,泉州、福州守将纷纷投降。招降使者两次至兴化劝降陈文龙,均被其焚书斩杀。对军中的议论,陈文龙道:"诸君特畏死耳,未知此生能不死乎?"由于部下降敌,陈文龙与家人均被元军抓获。面对凌辱,陈文龙指腹道:"此节义文章,可相逼邪!"押送杭州途中开始绝食,经杭州谒拜岳飞庙时,气绝而死,葬于杭州西湖智果寺旁。其母被监于福州尼庵，病重无药，旁人无不落泪，其母言道："吾与吾儿同死，又何恨哉？"亦病逝。众人感叹道："有斯母，宜有是儿。"将其母收葬。

鱼跃龙门

莆田市郊，木兰溪蜿蜒穿过阡陌村庄，孕育了历代无数贤人名士，陈文龙就诞生于木兰溪北岸的玉湖乡（今镇海街道）古山村。

陈文龙生于宋理宗绍定五年（1232）二月。因宋太平兴国五年（980），原属泉州的莆田、仙游两县改隶于兴化军，故《宋史》与《八闽通志》皆称陈文龙是兴化人。建于宋代的玉湖陈氏祖祠迄今仍保存有"陈丞相里第""状元里"等石刻。

陈文龙的家学渊源，应该从其曾祖父陈俊卿谈起。宋绍兴八年（1138）科举考试，状元黄公度、榜眼陈俊卿两位莆田人联袂题名。廷试时，皇帝问道："莆田乡土贫瘠，怎么会人才辈出？"陈俊卿答道："地瘦栽松柏，家贫子读书。"这话后来成了莆田读书人的口头禅。陈俊卿官至左丞相，封魏国公，赠太师，成为与李纲齐名的南宋名相。

从小就"濡染先训"的陈文龙，深受曾祖父"人才当以气节为主"观念的影响，自幼立志"忠君报国"，少年时期便显示出了超凡的聪颖和勤奋。据清末莆田进士张琴所著《陈忠肃公年谱》载："公幼颖悟，苦学不厌。年未弱冠，以赋律名郡庠。"只可惜他的诗文流传后世数量太少，这也是他名气不如文天祥的原因之一。

宝祐四年（1256），陈文龙"补入太学，累捷私试"。年方二十五岁，其书法已称誉一时，据《石仓历代诗选》载，有时人所写《送陈德刚归莆》诗，说的就是其书艺："近得钟王法，才华世共称。剑锋看舞女，笔阵笑狂僧。散帙花前席，鸣琴竹里灯。石渠成远别，白下酒如渑。"陈文龙的手迹传世极少，他写的《文宝论杨徽之诗》，全篇如下："杨徽之能诗，太宗写其警句于御屏风。僧文宝谓，当以天地皓露涤笔于金瓯雪碗，方与其诗神骨相投。"结体浑然天成，着墨枯湿自如，骨力神韵，颇得钟繇、王羲之等大家笔意。

宋度宗咸淳元年（1265），三十四岁的陈文龙参加了春考并夺魁，随即

“升补外舍积分，私试分数中内舍优奏”。咸淳三年(1267)，陈文龙三十六岁。这年五月，度宗皇帝临殿考核，“对策试，赐进士六百六十四人，擢公第一，状元及第。公本名子龙，唱第日，御笔改为文龙，赐字君贲”。

上书谏言

陈文龙学而优则仕之时，正是南宋王朝风雨飘摇、朝不保夕的危难之秋。

陈文龙任宣义郎镇东节度判官驻节越州(今浙江省绍兴市)期间，对趋炎附势、行贿受贿等官场现象深恶痛绝。他雷厉风行，革除政弊，秉公执法，疾恶如仇，关心民瘼，政声卓著而“人皆惮之”。得到了上司镇东军元帅刘良贵的器重，“政无大小，悉以询之”。

贾似道从宋理宗开始当权，到宋度宗时权倾朝野。“文章魁天下”的陈文龙，几年内从镇东军节度判官历政殿说书、秘书省校书郎，直拜为监察御史，均得力于贾似道的提携，但道不同不相为谋，正直耿介的他对贾弄权误国的行径予以严厉抨击。浙西转运使洪起畏在贾似道的授意下，上奏请求推行宋理宗时未施行的“公田法”，致使浙西一带“六郡之民，破家者多”，民怨沸腾。陈文龙上疏陈述得失，据理力争，并要求严惩洪起畏，才平息这场轩然大波，百姓拍手称快，“朝绅学校相庆”，赞扬陈文龙“乃朝阳之鸣凤也”。

惨遭贬谪

宋度宗三年(1267)，元军长驱直下，围攻南宋国防重镇襄阳、樊城。贾似道的女婿范文虎率兵驰援，却临阵逃遁。守将吕文焕降元，被围困达六年之久的襄、樊重镇相继陷落。朝野震动，舆论哗然。贾似道为掩饰其咎，对范文虎只作降职一级、出任安庆知府的处理。同时，任命“曾多献宝玉”的小人赵晋任建康知府，又让卖身投靠的无耻之徒黄万石出任临安知府的肥缺。陈文龙对贾氏结党营私的丑恶行径极为愤慨，毅然上疏宋度宗力陈贾之过失，并提出弹劾范文虎、赵晋和黄万石三人。因此触怒了贾似道，被贬职到抚州。

陈文龙在抚州任上仍然不改初衷。他为官清廉，深得民心。贾似道找不到借口，就以官爵收买监察御史李可，以陈文龙"催科峻急"的莫须有罪名，于宋恭宗德佑元年(1275)十一月将其罢官，他只好返回兴化军故里。这位出身"世代簪缨"之家的名臣，在一个动荡腐败的年代洁身自爱、不移操守，却因为忤逆权贵而不容于官场，这是他个人的不幸，更是南宋朝廷的悲哀。

板荡忠臣

"疾风知劲草，板荡识忠臣。"贾似道兵败后，南宋朝廷后悔当初没有采纳陈文龙的意见，于是诏令到兴化，宣召他进京。临行时，其叔陈瓒说："为今之计，莫若尽召天下之兵屯聚要害，择与文武才干之臣分督之。敌若至，拼力奋斗，则国犹可为也。"陈文龙听言，感慨万千地说："叔之策非不善，然柄国政者非人，恐不能用，是行也，某必死之。"表明此行已下定以死报国之心。

不出所料，朝廷虽然罢黜了贾似道，但又起用了陈宜中为宰相。不久，元军攻下了临安北面文天祥据守的独松关，附近的郡守县令风声鹤唳，争相弃官逃亡。十二月廿八日，陈文龙与文天祥、陈宜中、张世杰等文臣武将商议。陈文龙主张背城一战，他对张世杰说："宋家天下，被人坏了，今无策可支。愿太尉无奈收拾残兵出关一战，大家死休报国足矣！"文天祥主张入闽广再图匡复，可陈宜中力赞议和，最后陈的意见得到谢太后的同意，遂于德祐二年(1276)正月，派人向元军奉表称臣。

陈文龙痛心疾首，便以母老乞求归养为辞，无限惆怅地回到了故乡莆田。德祐二年(1276)二月，元军攻陷了南宋首都临安，宋恭宗及皇室成员被俘北去。五月，益王赵正在张世杰、陆秀夫等大臣的拥立下，在行都福州登基，陈文龙再次被起用为参知政事(左相)。九月，元军向闽粤进军，兵锋直向榕城，福州知府不战而降。张、陆等保护端宗从海上逃亡避难于泉州。朝廷任命陈文龙依前职充闽广宣抚使，并于兴化(今福建省莆田市)开设衙门。

于是，陈文龙倾尽家财招募兵勇组成民军，厉兵秣马备战。在福州、泉州两城守将先后叛降后，陈文龙固守孤垒，四次斩杀前来劝降的元使，并在城头竖起"生为宋臣、死为宋鬼"的大旗，以表明心迹、激励士气。最后一次其姻亲被元军抓来劝降，陈文龙大义灭亲，复信说："孟子曰'效死弗去'，贾谊曰'臣死封疆'，国事如此，不如无生，唯当决一死守……若以区区之守义为不然，或杀身复家，鄙意则虽阖门磔尸数段亦所愿也？请从此诀，勿复多言。"拳拳之心，跃然纸上。

满门忠烈

然而，大厦将倾，非一木可支。德祐二年（1276）十二月，被陈文龙派往福州打探敌情的部将林华、陈渊，和降将王世强勾结，引元军来到兴化城下，通判曹澄孙开城投降，元兵蜂拥而至，陈文龙寡不敌众，力尽被擒。他见元军在城中放火烧杀，怒声呵斥："速杀我，无害百姓。"

第二天，陈文龙和两子三女以及母、妻等一家人被押至福州元将董文炳军中，董令左右百般凌挫，陈文龙以手指腹正色道："此皆节义文章也，可相逼邪？"周围的人无不为他宁死不屈的气节所感动。董文炳还不死心，对陈文龙说："国家兴亡有成败，汝是书生，何不识天时？"陈文龙回答："国亡我当速死。"元将唆都企图以"母老子幼"来动摇他，陈文龙慷慨而答："我家世受国恩，万万无降理。母老且死，先皇三子岐分南北，我子何足关念。"其忠肝义胆的《复元将唆都书》也千古传颂。

元军见劝降无望，就把陈文龙押往杭州。他从离开莆田即开始绝食，行至合沙时，赋《元兵俘至合沙，诗寄仲子》诗一首给他的仲子诀别，表达了视死如归、尽忠报国的强烈心声。

斗垒孤危势不支，书生守志定难移。
自经沟渎非吾事，臣死封疆是此时。
须信累囚堪衅鼓，未闻烈士树降旗。
一门百指沦胥尽，惟有丹衷天地知。

陈文龙到杭州后，被囚禁在太学里。景炎二年（1277）四月二十五日，他要求拜谒岳飞庙。当他以孱弱之躯蹒跚进入岳庙时，不禁失声痛哭，哀恸悲绝，当晚死于庙中，年仅四十六岁，后被葬在西湖智果寺的翠竹园里。陈母被拘禁在福州一座尼庵中，身患沉疴，而不愿看病服药。她对监守说:“吾与吾儿同死,又何恨哉?”周围的人无不为之黯然泪下,感叹道:“有斯母,宜有是儿。”至此,陈文龙一家,包括其季弟陈用虎(弟媳朱氏在陈文龙被俘后就自缢)、其叔陈瓒,都忠贞不屈,为国捐躯。

宋端宗闻讣,下诏赠太师,谥“忠肃”,赐庙为昭忠。后人誉为福建的“岳飞”,尊称为陈忠肃,与岳忠肃(岳飞)、于忠肃(于谦)合称“西湖三忠肃”。陈文龙殉国,邑人为其立“宋丞相里第”坊,并于玉湖祠立像奉祀,建“二忠祠”祭祀陈瓒和陈文龙。

丹心照汗青

陈文龙为国捐躯后,福建许多地方建起了陈文龙祠庙。陈文龙不仅在福建有很大的影响,而且赢得了浙江百姓的景仰。浙江人民在元朝统治下,敢于传播陈文龙的传说,敢于上街围绕,本身就体现了一种敬仰民族英雄的情结,这与当年杭州先民崇敬岳飞是一脉相承的。

明初,朝廷下令访求民间应祀神祇,“凡有功国家及惠爱在民者,着于祀典,令有司岁时致祭”。在上报的名单中,朱元璋特别重视南宋隆名并峙的两状元文天祥和陈文龙,洪武三年(1370),明太祖敕封陈文龙为“水部尚书”。于是,在福建境内建有“历代奉旨祀典”陈庙十余座,中山公园北门原有的陈文龙祠就是其中之一。在祭祀陈文龙的寺庙中,以福州阳岐的尚书祖庙时间最早。相传当年阳岐村民在乌龙江边拾到陈文龙遗落的官袍,便自发集资在兴化古道边建庙。明天启七年(1627),当地村民及部分莆仙籍商贾,出于对陈文龙的敬仰,将原庙宇移至阳岐村凤鸣山下。庙建成后,历经沧桑,几度重修。庙前空坪上至今保存了几方古代残碑,分别记载了清乾隆四十六年(1782)、嘉庆九年(1804)、道光二十年(1840)、咸丰九年(1859)和光绪十年(1884)五次重修的情况。其中乾隆碑刻载:“祖殿水部尚书三次敕封,加封镇海王。”所以福州百姓都称陈文龙庙为“尚书庙”,陈文龙为“尚书公”。福州市区的其他四座庙均由此分香,阳岐尚书庙也被称作“尚书祖庙”。1919 年,阳岐人、大思想家严复发起又一次重修。他亲自撰写《重建尚书祖庙募缘启事》,福建督军李厚基、省长萨镇冰、前清福州知府叶大庄等都有善捐。严复为祖庙题写镌刻了三副石柱联，其中大殿正门的草书联为“十万家饭美鱼香，惟神之助；百余乡风清魔伏，为民所依”。他还赋诗“天水亡来六百年，精灵犹得接前贤。而今庙貌重新了，帐里英风总肃然”，表达了对陈文龙民族气节和爱国精神的景仰之情。

陈文龙抗元爱国事迹历来受到福建人民的尊崇。林则徐在清道光三十年(1850)去福州台江“万寿尚书庙”祭祀陈文龙，并题写对联云：“节镇守乡邦，纵景炎残局难支，一代忠贞垂史传；英灵昭海澨，与信国隆名并峙，十洲清晏仗神庥。”把陈文龙与文天祥相提并论，对陈文龙的爱国精神给予充分的肯定。

历代史传、诗文、戏曲等都对陈文龙倍加褒扬。明永乐六年(1409)，朝廷封陈文龙为福州府城隍，又以能保佑航运、渔民，加封“水部尚书、镇海王”；清乾隆四十六年(1782)，皇帝亦加封陈文龙为镇海王。

明清时期，每三年科举后，历朝皇帝都委派新科状元率册封团赴琉球、台湾册封当地官员。册封团在海上行船为祈求平安，将陈文龙像立于船中祭拜，由此，就有了“官船拜陈文龙、民船拜妈祖”之说。闽台及东南亚等地，都将陈文龙比作“海上保护神”。福州人称文龙为“尚书公”。仅在台湾和马祖，保存完好的陈文龙庙就有十六座之多。

福州陈文龙纪念馆(陈冠达摄)

南宋监察御史陈宜中

陈宜中(约 1234—1283),字与权,浙江永嘉四都青岙(今浙江省温州市龙湾区永中街道青山村)人。南宋末年宰相,曾担任监察御史。初为太学生员,与同学黄镛等六人联名上书攻击丁大全,遭其打压被取消太学生资格,谪为建昌军,时称"六君子"。景定三年(1263)廷试第二,任绍兴府推官校书郎,累迁为监察御史。德祐元年(1275),贾似道丁家洲兵败,贾被革职,太皇太后谢道清任命陈宜中为右丞相,全面主持临安危局。

少时家贫

陈宜中年少时家中一贫如洗,但他为人"性特峻拔",即他的性格特别倔强。曾经有个商贾推算他的生辰八字,认为他将来必定得到大富大贵,故把自己的女儿许配给他为妻。到了太学后,陈宜中写的优美文章,得到了许多饱学之士的赞誉。

据《永嘉陈氏世德碑》记载:安惠公讳景彦,幼颖悟,知读书,一目数行俱下,名重缙绅间,问遗殆无虚日,里社浮沉,未尝一入城府,居隐以终。恭喜公讳春资,质直,殊不乐进取,有乃父风。

不畏权贵

宝祐年间,丁大全以亲戚乡里婢婿的关系奉承巴结权臣卢允升、董宋臣,因而得到理宗皇帝的宠幸,擢升为殿中侍御史,在台谏官中特别骄横。陈宜中与同学黄镛、刘黻、林则祖、陈宗、曾唯六人上书宋理宗批评、攻讦他。丁大全因此恼怒,指使监察御史吴衍弹劾陈宜中,削夺了他的太学生资格，发配到建昌军。临行那天，太学司业率十二个学生，穿着整齐地送他到桥门之外。丁大全因此更加恼怒，立碑文在学校中，戒令学生们不要妄议国家的政事，又命令，凡从此以后有上书的人，前廊的生员仔细看过以后书面报送检院。因此，士大夫们众口一词地称道陈宜中他们，号为“六君子”。由此可见，陈宜中是一位不畏强权、主张正义的有为青年。

擢升御史

丁大全倒台被放逐之后，丞相吴潜上奏要求陈宜中还朝任职。贾似道入朝仕相，再次请陈宜中还朝任职，又诏令六人都可免省试直接到京城赴考。景定三年(1262)廷试，陈宜中考中录取为第二名，一举拿下榜眼之位。六人之中，陈宜中尤其通达时事政务。先后任绍兴府推官、户部架阁、秘书省正字、校书郎，数年以后迁升为监察御史。

程元凤再次担任相职，贾似道担心他侵夺自己的权力，想赶走他。陈宜中首先弹劾程元凤纵容丁大全肆意作恶，为国家祸害的根源，命按法律格令处置，免除太府卿职。

咸淳三年(1267)正月，陈宜中以国子祭酒进读《中庸》。

外任地方

陈宜中考虑到在朝廷积怨太深，而且做地方官也有利于自己建立政绩，于是，他请求调往外地任职，担任江东提举茶盐常平公事。他到职以后便上书《请禁盐法抑配之害》札子，该奏疏讲述了由政府发行盐钞，令商人付现，按钱领券。发券多少，视盐场产量而定。券中载明盐量及价格，商人持券至产地交验。领盐运销的盐钞法，本来是方便百姓的好办法，但到南宋末年时，出现了强行摊派的现象。诸吏以次充好，盐中杂以灰泥，短斤缺两，强卖强买，如有不从，就纠集流氓打手，席卷其家所有值钱东西。甚至诬蔑为私贩私盐，予以处罚，致使民不聊生，只有各自等死。

奏疏言辞诚恳，可知陈宜中对盐钞法带来的弊端是痛心疾首的，对加剧这一弊端的无耻官僚是深感憎恶的，他是站在百姓的立场上写了这篇奏疏，揭露了南宋盐钞法实施后逐渐带来的弊端。

咸淳四年(1268)，陈宜中改任浙西提刑。据《宋史》记载，他为人处世多讲权术谋略。少年时为县学的学生，他的父亲当官受赃按法应当黥面受刑，陈宜中上书温州知州魏克愚请求宽恕他的父亲，让他代父亲受刑。魏克愚认为这是官吏狡猾的行为，最后仍然依法处罚。这时，陈宜中为浙西提刑，魏克愚到郊外迎接他，陈宜中报礼不写官衔名称，也落款“部下民陈某”。魏克愚惶恐不安，不敢接受，袖手以表示谢罪。陈宜中表面上以礼相待，而暗地里搜寻他的过错，一无所得。此后，魏克愚揭发贾德生冒借官府木材事，违忤了贾似道，被废罢家居。陈宜中入朝，仍特地指斥魏克愚居住乡里的不守法行为，贾似道令章鉴弹劾他，贬谪严州。

针对这一问题，有学者指出，陈宜中当绍兴府的八品推官时，魏克愚已任浙西安抚使，两人级别悬殊，却不是上下级关系，陈在绍兴，魏在苏州，两浙东西，各归一路，没有任何利害冲突。到咸淳四年(1268)，陈宜中当上浙西提刑，时间又过了七年，魏克愚早已离开浙西。

后来，陈宜中之所以拥戴二王在福州建立朝廷，是因为陈宜中在知福州兼福建路安抚使任上政绩显著。陈宜中在福州具有深厚的民众、舆情基础。咸淳七年(1271)四月，他以礼部侍郎兼中书舍人补为显文阁待制，出知福州，兼福建路安抚使。《宋史》本传记载，陈宜中咸淳七年知福建福州，“在官得民心”。他在任官期间，整顿生产，主张抗战，兴修水利，政绩明显，深得民心。周密《癸辛杂识别集·陈宜中父》记载了一段陈宜中岳父与前妻的故事，也反映他在福州为民除害的政绩情况：“陈(陈宜中)在南日，葛(葛宣义，陈宜中岳父)以往江心寺设水陆供，尽室以往，独长女(陈宜中前妻)居守。葛巨富，是夕寇夜至，遂席卷以去，长女亦被获以往。……后陈以文昌出守七闽，遇巧节，诸吏各有所献。陈妻(葛宣义幼女)忽识一盘似其家物，审视果也。因语陈，陈乃召吏，叩所从来？云海巡所遗也。亟发兵围其寨，尽俘诸校，置于理，悉得其情，正葛寇也。事已，各以次伏诛，无漏网者。”陈宜中为民除害，赢得了福州人民的高度赞誉。牟巘《贺刑部陈尚书启》高度赞扬陈宜中的才学和政绩，特别是称赞道其在福建有“十乘惠临，七闽苏醒。然而林有伏猛，所当归重于本朝；海不扬波，讵可独私于遐峤”。

朝官屡迁

咸淳五年(1269),陈宜中被召还朝廷任崇政殿说书,累次迁升至礼部侍郎兼中书舍人。

咸淳六年(1270),"陈宜中经筵进讲《春秋》终篇,赐象简、金御仙花带、鞍马"。他向宋度宗灌输自己的理念和价值观,扮演皇帝老师的角色很出色,故日后仕途官运自然亨通。

咸淳七年(1271),陈宜中知贡举,权礼部侍郎。后为朝奉郎、除尚书、户部侍郎兼中书舍人、同修国史实录院同修撰兼侍读,以显文阁待制出知福州兼福建路安抚使。一年多以后,回朝廷担任刑部尚书。《宋史·度宗纪》记载,咸淳八年(1272)八月乙卯诏:"福建安抚陈宜中克举厥职,升宝谟阁待制。"当年十月,陈宜中兼给事中,为正四品。咸淳九年(1273)六月为刑部尚书兼给事中,为从二品,九月,陈宜中同签书枢密院事。咸淳十年(1274),拜任签书枢密院事兼权参知政事。

德祐元年(1275)正月,陈宜中升任为同知枢密院事兼参知政事。二月,贾似道在芜湖兵败丧师,于是以陈宜中知枢密院兼参知政事。此后,翁应龙从军中回朝,陈宜中问他贾似道在哪里,翁应龙回答说不知道。陈宜中以为贾似道已经死了,于是上奏疏请求对贾似道的误国之罪加以正法。贾似道率军出行时,以他的亲信韩震总管禁兵,有的人说韩震想以兵劫持打算迁行的人,陈宜中借召韩震商量事情,暗中令埋伏壮士在衣袖中藏铁椎击杀了韩震,以表明不是贾似道的同党。

艰难时局

当时,右丞相章鉴晚上逃跑了,曾渊子等人请诏令陈宜中代理丞相职事。恭帝诏以王爚为左丞相,拜任陈宜中特进右丞相兼枢密使。四月,王爚还朝论事,即与陈宜中意见不合。台臣孙嵘叟请放逐潜说友、吴益、李珏回原籍,陈宜中认为:"簿录并不是盛世所做的事情,祖宗忠厚,未曾轻易用它。李珏刚刚被召入朝廷,立即加以重刑,恐怕此后难以示信于人。"

王爚力争，认为应该按孙嵘叟所说的办。适逢留梦炎从湖南到京城入朝，王爚与陈宜中都请求罢免自己的职务，不理政务，请求以留梦炎担任相职。六月，太皇太后于是以陈宜中担任左丞相兼枢密使，留梦炎担任右丞相，王爚担任平章军国重事。王爚接受任命，当天就去租赁民间的住房，把丞相府让给陈宜中，陈宜中上奏皇上，认为“一个推辞，一个接受，怎么能够解除天下人的讥笑呢？”因此也辞职而去。皇上派遣使者几次去挽留他，才至朝任职。

当时，朝廷命张世杰等人分四路进军，陈宜中、留梦炎二丞相都督军马而不出战。王爚请以一丞相督师在吴门建筑关隘，以保护诸将士兵，不然的话，就自己请求担任此事。陈宜中感到惭愧，始与留梦炎上疏请求行边防守。这个意见在议论时臣僚们不能决断。七月，张世杰等人所率军队果然在焦山失败。王爚上奏章说：“没有什么事比军务还重要，现二丞相一起担任都督，妙算计谋，指挥授任，我不能够知道。近来，六月出师，诸将缺乏统帅。我难道不知道吴门相距京城不远，而一定要为此请求，大概大敌当前，不是陛下自任统帅，就是大臣们督师出征。现在张世杰因为各位将领不能齐心协力而败，不知道国家能够经受几次失败？我既不能担负起这方面的职责，又不能听到这方面的言论，请求罢免我的官职。”此奏没有获得允许。

王爚子王某于是唆使京城的太学生刘九皋等到宫廷上书，数落陈宜中的几十件过失，简单地说，就是：“赵溍、赵与鉴都弃城逃跑，陈宜中于是借使者去饰说，以此回报私人的恩德。令狐概、潜说友都以守城降于蒙古，于是受他的包苴而成为他的羽翼。文天祥率兵勤王，陈宜中相信谗言而阻挠他。贾似道丧失军队大败，以致误国，表面上请求惩罚而实际上暗地里袒护他。大兵压境于国门，勤王的军队留在京城而不派遣去御敌。宰相应当率兵督战，而他畏首畏尾，犹豫不决，商量好了的意见而不执行。吕师夔狼子野心，却派他去敌方通好请求结盟。张世杰的步兵用之于水战，刘师勇的水兵用之于陆战，指挥授命失宜欠当，以致造成军事失败。我们恐怕误害国家的将帅不止一个贾似道。”

奏书上后，陈宜中离职而去，皇上派遣使者去召他回朝，他没有至朝。这以后，朝廷罢免王爚，命临安府逮捕捉拿上书的京城学生，再召陈宜中，他还是没有回朝。太皇太后，下刘九皋等于狱，并亲自写书信送给陈宜中的母亲杨氏，要她劝勉谕示她的儿子，陈宜中这才请求以祠官职入侍朝廷，于是拜任为醴泉观使。九月乙巳，授陈宜中观文殿大学士、醴泉观使兼侍读；己卯，陈宜中上书请求担任海防方面的官职，朝廷不允。十月壬寅，才到朝廷，回朝以后，大势已去，不久，被任命为右丞相兼枢密使。

仓促迁都

然而，宋朝大势已去。陈宜中仓皇间组织京城的民众当作士兵，市民十五岁以上的都入籍为兵，人们都对此感觉可笑。十一月，派遣张全与尹玉、麻士龙的军队援助常州，尹玉与麻士龙都战死，而张全却不发一箭，迅速逃回。文天祥请求诛杀张全，陈宜中却释放了他而不问他的罪行。此后，常州被攻下，蒙军压境至独松关，周围的宋军望风而逃。

陈宜中派遣使者到蒙军中请求讲和，而没有被答应，即率群臣入宫请求迁徙都城，太皇太后不同意。陈宜中痛哭失声地请求迁都，太皇太后于是命人装物、升车等待，发给百官路费银两。到傍晚，陈宜中没有入宫，太皇太后愤怒地说："我起初不想迁都，而大臣们数次请求迁都，难道这不是欺骗我吗？"于是脱掉发簪，摘下用玉石做的耳环丢在地上，关上阁门，群臣要求入内引进奏疏，都没有被允许。大概陈宜中实际上打算第二天迁都，仓促间奏陈了皇上，没有经过仔细考虑。

独支危局

《宋史》记载，德祐二年(1276)正月，陈宜中起初与大元丞相伯颜预期在军中相会，不久对此感到后悔，没有按约前往。伯颜率兵到皋亭山，陈宜中晚上逃跑了，陆秀夫侍奉二王到温州，派遣人员寻召陈宜中，陈宜中到温州时，他的母亲死了。张世杰抬着他母亲的棺材到船上，于是与他一起到闽中。对于这次所谓陈宜中逃跑，祥兴二年(1279)十二月初九日，可以从被捕后的文天祥答元丞相博罗问时得到证明，文天祥回答说："陈丞相奉二王出宫时，具有太皇太后吩咐言语，何谓无所受命？"

德祐二年正月，谢太后在向元朝递交降表之前，宋恭宗封皇兄赵昰为益王，制福州。后来，赵昰和弟广王赵昺、宋理宗驸马杨镇、度宗杨淑妃之兄杨亮节、赵宋宗室秀王赵与择等一行经婺州、温州辗转来到福州。次年五月，赵昰即位于福州，升福州为福州府，改元景炎，册封杨淑妃为皇太后，同政听，进封广王赵昺为卫王。陈宜中任左丞相。此时，赵昰年仅十岁，史称宋端宗。福州政权的建立对南宋来说不无复兴的希望，尽管前途十分渺茫，陈宜中仍在这个"海上行朝"中担任着一个重要角色，主管南宋流亡政府的全面工作。

即使在这样危急的时刻，权贵们仍没有忘记争权夺利。外戚杨亮节用事，以国舅自居而"居中秉权"，嗣秀王赵与择则"自以国家亲贤"对杨亮节多方掣肘，杨怀恨在心，不久将赵与择逐出朝廷。在抗战派中，陈宜中起初看重陆秀夫和文天祥。他认为，陆秀夫"常在兵中，知军务"，多委以重事，而陆秀夫"亦悉心赞之，无不自尽"。后来二人发生分歧，陈宜中指使台谏官弹劾陆秀夫并将他免职去潮汕。文天祥作为抗战派的中流砥柱，侥幸在被押往大都的途中逃回来，颠沛流离，历尽艰苦来到福安府。他派人招豪杰于江淮、募义兵于温州，但此时他们未被重用，与陈宜中发生纠纷，被排挤出朝廷而转战于外。

宋朝统治集团矛盾纷纷，元军侵南的步伐却从未减缓。元军南下的途中，曾遭到许多爱国将领的坚决抵抗。湖南的李芾、淮南舶的李庭芝、广西的马塈、东川的张钰，都演出了极其悲壮的一幕。尤其是文天祥在老家江西的空坑、广东的五城岭领导的抗元斗争，尤为激烈，几乎全军覆没。景炎元年(1276)十一月，元军进犯福建，知福州府王刚中开城投降。端宗被护送到船上，经海路到达泉州。张世杰以宋端宗名义向泉州市舶司——阿拉伯人后裔(蕃客回回)蒲寿庚(1205—1290)征调海船，由于措施不当，逼反了早有反意的蒲寿庚，蒲拥兵作乱，兵围泉州，宋端宗及南宋小朝廷官员撤离泉州，再到秀山、井澳。

借兵暹罗

在元军的追击阻截下，宋端宗一行四处漂泊流离。景炎三年(1278)

三月，他们飘流到井澳（广东省中山市南大洋中），在井澳乘船时，遭遇突如其来的飓风，被掀落海中。由于连日航海颠簸，加上身体虚弱，端宗不久死于雷州湾硇洲的船上，死时只有十一岁。陈宜中因绝望仓皇逃走。

陆秀夫立卫王赵昺为帝，与少傅张世杰共同秉政，改元祥兴。祥兴元年（1278）六月，帝移居崖山（今广东省江门市新会市南海中）。祥兴二年（1279）二月初六，张弘范率领的元军与张世杰在崖山进行最后一战。次日，陆秀夫闻讯大哭，背着九岁的小皇帝赵昺跳海而死。杨太后闻知，亦跳海而亡。还有的说，陈宜中"遁归温州清澳"。六月，张世杰在海上遭遇风浪，亦毁船坠海而死。至此，宋朝已经伴随着逝去的海波，烟消云散，立国共三百二十年。

据《宋史》记载，井澳之役战败以后，陈宜中想侍奉益王逃至占城（今越南河内），于是，先到占城，说是益王的意思，估计借兵一事不可能，就没有返回。二王多次派人召他回来，最终还是未回。据元黄溍《陆君实传后叙》记载，陈宜中到占城前，是辞去相位，以枢密使、都督诸路军马身份去的，是去搬救兵的。

至元十九年（1282），元军攻伐占城，陈宜中逃到暹罗（今泰国），本想借兵反攻，但没有成功，后来他死于暹罗。也有的说，陈宜中"蹈海而亡"。还有的说，陈宜中"遁归温州清澳"。

大节凛然

陈宜中是宋史上一个有争议的人物。但他在民族大义上立场是坚定的，他用温州人的聪颖智慧、执着耐劳的性格，致力于南宋末年小朝廷的重建，表明了心存社稷、忠贞事君的志向。他是延续南宋王朝四年时间的核心人物，也是一个值得后人尊敬和景仰的历史人物。

学者胡珠生的《陈宜中生平考辨》一文指出，"宋元鼎革之际，战祸荒乱，记籍湮没缺佚。加以《宋史》成于元臣之手，人物褒贬难免讳饰"。他认为，"陈宜中在太学仗义敢言，为官深得民心，在濒临亡国之际，因通达时务，得到太皇太后信任，躬任艰危。严于律己，为国尽忠，及时处理韩震逆案，制止背城一战的绝望血拼，不愿称臣降元，转而奉二王出宫，在福州重立朝廷，延续宋朝正朔四年。他为帝患病，前往占城谕意，因和张世杰不协，屡召不至，终于从占城回国，欲往福州图兴复。陈宜中惊闻南宋灭亡噩耗，愤而跳海殉难。陈宜中在南宋风雨飘摇之中，多方努力，试图力挽大厦之将倾，政治大节始终无亏。福州民间为立陈丞相祠，被俘的文天祥仍尊称陈宜中为陈丞相，陈宜中的一生是光辉的一生，是坚贞不屈、至死不忘匡复宋室的忠臣”。

福州是陈宜中曾经主政的地方，也是他坚持抗元的最后根据地。千百年来，福州民间一直把陈宜中看作勤政为民、爱民如子的清官，当作保护地方的神灵。据林浦民间传说：当年宋军撤离福州之前，陈宜中将多下来的军粮，挨家挨户地发放到当地老百姓手中。这些军粮，当地老百姓吃了三五年，林浦百姓非常感激，口口相传了千年。据《福州林浦的泰山宫和陈宜中祠》一文记载，如今福州林浦村在“进士牌坊旁边的小庵里，还有一处不为外人注意的小庙，当地人称‘太师庙’，庙门上方的匾额里写着‘宋丞相陈公祠’。这里祭祀的神明就是陈宜中”。又说“当年陈宜中题写的‘平山福地’四字，也还悄无声息地悬挂在泰山宫里”。流传七百多年的祠堂和题匾，即可证明陈宜中在福州有深厚的民众、舆情基础。

陈宜中画像

南宋殿中侍御史周坦

周坦(1201—1263),字平甫,号瑞江。浙江永嘉人。南宋理宗嘉熙二年(1238)应试科举,廷对第一,名列戊戌科榜首(状元)。周坦中状元后,初授镇东军节度判官,拜秘书省正字,校书郎。淳祐三年(1243),以校书郎进官著作佐郎。淳祐四年(1244),为著作郎,差知吉安州。淳祐五年,出任工部郎官。淳祐七年(1247),升监察御史、殿中侍御史。累官至宝章阁直学士、朝议大夫、知徽州军州事,特授中奉大夫守宝章阁直学士,或授刑部尚书致仕,死后追赠光禄大夫,谥“文肃”。

高中榜魁

周坦世居浙江永嘉郡安固县来暮乡永安地方(今浙江省温州市瑞安市江溪坊额底村)。周坦的父亲周朝奉原是瑞安永安(今江溪坊额底村)的农民,后来入赘平阳孔氏,三十岁时英年早逝。周坦父母早殁,自幼孤单,少年即替人牧牛,平阳舅父孔庆夫收周坦为子,带归平阳,授以经业。后舅父得子名梦斗,便还坦归宗周氏。

周坦少年时极聪明,风姿俊秀。立志勤奋苦练,读书过目不忘,曾寄学常宁寺,后逐渐精通诸子百家之学。浙东理学名儒杨简对他非常赏识,晚年收为关门弟子。他认为,周坦敏而好学,小小年纪就已头角峥嵘,日后必成大器。

南宋嘉熙二年(1238)的春天,京城临安风和日丽、花团锦簇。这一日,天街那边锣鼓喧天,远远过来一列仪仗整齐的马队,为首的是一位三十多岁风流俊雅的男子,骑着高头大马,披红挂彩,炫耀过街。他就是新科状元——周坦。

用“春风得意马蹄疾”来形容这位状元郎此刻的心情，是最贴切不过了。其实在世人眼里，周坦身上带有一种神秘的色彩，因为正是来自农村、贫苦出身的他，演绎了“朝为田舍郎，暮登天子堂”这一人间的奇迹。

据传，周坦的状元，险些被邵泽夺走。原来邵泽廷对时，内侍中有人见邵泽所磨京墨甚佳，就向其索要，而邵泽毫不吝啬。内侍告诉邵泽：“主上御苑新建一亭，命名为‘定一’，皇上说：‘若有人用此立说，当取为状元。’”邵泽知道后，挥毫如飞，内侍见其文采，回奏，理宗大喜，于是搜求此卷，欲置首选。但此时已取周坦为状元，所以定邵泽为榜眼，群臣贺道：“恭喜陛下今得周、邵。”

铁面无私

在京为官多年，周坦一直恪尽职守，秉公办事，始终保持清廉正直的操守品行，绝不趋炎附势、随波逐流。淳祐五年(1245)，他被调入御史台，担任监察御史。身为朝廷谏官，周坦铁面无私、疾恶如仇，曾多次仗义执言，上书揭发过秘书少监王爚、太常少卿杨栋、转运判官包恢等官员的渎职不法行为。淳祐九年(1249)，周坦升任殿中侍御史。也就在这一年，他又干了一件震动朝野、令满朝文武肃然起敬之事——上书弹劾理宗皇帝宠信的宦官董宋臣。

董宋臣是宋理宗的贴身内侍，平常最善察言观色、拍马逢迎，因此深得皇上欢心。仗着有皇帝撑腰做靠山，他与权臣丁大全表里为奸，内外勾结，弄权纳贿，无恶不作。朝廷上下，人人侧目而视、切齿痛恨，暗地里都称他为“董阎罗”。可就这么一个为非作歹的太监，由于皇帝的纵容包庇，朝廷官员慑于权势，都对他唯唯诺诺，逆来顺受，敢怒而不敢言。有的甚至趋炎附势，与之同流合污。周坦看在眼里恨在心里，他觉得御史台为朝廷的监察机构，自己既然身为其中的一员，面对“董阎罗”的恶劣行径，就应该挺身而出与之抗争，绝不能置若罔闻作壁上观。

于是，他不顾一些好心同僚的劝阻，甘冒“引火烧身”的风险，搜集了有关董宋臣不法的劣迹与证据，奋笔疾书，毅然向皇帝上了一道弹劾奏章。谁知奏章上呈后，却如泥牛入海毫无消息。原来，理宗皇帝一意偏袒董宋臣，见到奏章后根本不加追究，反责怪周坦无事生非。只是碍于他是状元出身，在朝臣中享有一定声望，才放他一马，没有加罪，怕他继续惹事，便将其调离御使台不再担任谏官。如此一来，董宋臣、丁大全之流就变得更加有恃无恐、横行霸道了。

宝祐四年(1256)，丁大全勾结董宋臣和后宫阎贵妃，向理宗皇帝进谗，弹劾宰相董槐。此举终于激起朝野上下的公愤。太学生陈宜中、刘黻、陈宗、黄镛、曾唯、林则祖等“六君子”，伏阙上书，要求惩办丁大全。周坦也联络一批刚直正义的官员，全力以赴进行声援。一时间，群情激昂，朝野上下闹得沸沸扬扬。本来理宗皇帝已开始动摇，打算改变主意了。但由于阎贵妃从中作梗，形势又急转直下，结果董槐还是被逐出相府，陈宜中等人被拘管，支持他们的官员也分别遭受打击，周坦被外调至徽州为官，丁大全却堂而皇之地进入枢密院，成为权倾一时、炙手可热的宰相。

直到开庆元年(1259)，丁大全终因隐匿军情之罪而被罢相。次年，他被贬送南康军，所乘之船经过滕州时，被将军毕迁挤落河中溺水而亡。丁案发后，陈宜中等“六君子”得以平反昭雪，周坦也官复原职，以殿中侍御史擢升刑部尚书而致仕。

骨鲠之臣

周坦状元及第后，朝廷于其家乡钦造状元坊，坊额底村就是因此得名。不久，状元周坦知恩报德，在曾经就读的常宁寺建有“知恩报德坊”。

景定四年(1263)，周坦在京都临安病逝，理宗皇帝对周坦赞誉有加，御赐赞辞中有“伟哉典型，冰清玉洁；嘉熙翼步，盛名日扬”等词句。这看似泛泛而论的溢美之词，其评价还是比较客观公正的，也是对周坦平生高风亮节的真实写照。

周坦生平著有《平甫先生文集》，现已失传。累官至刑部尚书的周坦，并没有在宋史中列传。其坟葬对岙丘引山状元坟，石马石将军至今犹存。

明朝御史中丞刘基

刘基(1311—1375),字伯温,江浙行省青田九都南田山之武阳村(今浙江省温州市文成县南田镇岳梅乡武阳村)人。元末明初政治家、军事谋略家、文学家,明朝开国元勋,曾担任御史中丞。刘基辅佐朱元璋平天下,计划立定,功成名就。施德政、得民心是他建功立业的理论依据,也是刘基治国思想的核心。他常向朱元璋灌输这一思想,得到朱元璋多次称赞,朱元璋誉之为“吾之子房”。在中国民间,也流传着“三分天下诸葛亮,一统江山刘伯温;前朝军师诸葛亮,后朝军师刘伯温”的说法。1945 年 4 月 24 日,毛泽东在党的七大上作口头政治报告时曾提到刘基。他指出:“一个阶级革命要胜利,没有知识分子是不可能的。……至于封建时代的诸葛亮、刘伯温……都是封建社会里的知识分子。”①1950 年 3 月 6 日,邓小平在中共川东区委扩大会议上的报告《学会管理城市,加强农村工作》中指出:“知识分子爱当军师,汉高祖有张良、萧何,明太祖有刘伯温。”②也强调了发挥“刘基”等知识分子的作用是很重要的。

聪慧好学

刘基家乡青田县在元末属江浙行省处州路(今浙江省丽水市),东临温州路(今浙江省温州市),境内多山。南田山在青田县城南一百五十里处。南田山的形势,乃是“万山之巅,独开平壤数十里,号南田福地”。《洞天福地记》中记载说:“古称七十二福地,南田居其一。”

---

① 《毛泽东文集》(第三卷),北京:人民出版社,1996,第 342-343 页。

② 《邓小平文集(一九四九——一九七四年)》(上卷),北京:人民出版社,2014,第 70 页。

据文献记载，刘基的先祖是丰沛（今江苏省丰县沛县一带）人，后迁往鄜延（今属陕西省）。北宋灭亡，刘基的七世祖乃南宋初年的荣国公、鄜王刘光世"南渡"到临安（今浙江省杭州市一带）。刘光世到江南后，虽也"屡屡迁寓"，"但大致不出今浙江境内"。刘光世之子尧仁后迁居丽水竹洲，而刘尧仁之子，也就是刘基的五世祖刘集卜居当时的青田县南田镇武阳村。至此，刘集一支就在南田一带繁衍生息，现在南田镇武阳村还有"宋处士刘集墓"。刘基的曾祖父刘濠、祖父刘庭槐、父亲刘爚和刘基都生长在南田镇武阳村。

元武宗至大四年六月十五日（1311 年 7 月 1 日）子时，刘基出生于江浙行省青田县九都南田山之武阳村。刘基天资聪慧，好学习，由父亲启蒙识字，阅读速度极快，据说七行俱下。十二岁考中秀才，乡间父老皆称其为神童。

泰定元年（1324），十四岁的刘基赴括城（今浙江省丽水市），入处州路郡庠（即府学）读书。他从师学习《春秋》。这是一部隐晦奥涩、言简义深的儒家经典，很难读懂，尤其初学童生一般只是捧书诵读，不解其意。刘基却不同，"人未见其执经诵读，而默识无遗"。他不仅默读两遍便能背诵如流，而且还能根据文义，发微阐幽，言前人所未言。老师见此大为惊讶，以为他曾经读过，便又试了其他几段文字，刘基都能过目而识其要。老师十分佩服，暗中称道"真是奇才，将来一定不是个平常之辈！"一部《春秋》，刘基没花多少工夫就学完了。刘基习举业为文有奇气，决疑义皆出人意表。凡天文兵法诸书，过目洞识其要。

泰定四年（1327），刘基十七岁，他离开府学，师从处州名士郑复初学程朱理学，接受儒家通经致用的教育。郑复初在一次拜访中对刘基的父亲赞扬说："您的祖先积德深厚，庇荫了后代子孙；这个孩子如此出众，将来一定能光大你家的门楣。"刘基博览群书，诸子百家无一不窥，尤其对天文地理、兵法数学，更有特殊爱好，潜心钻研揣摩，十分精通。

初入仕途

元元统元年（1333），二十三岁的刘基赴元朝京城大都（今北京）参加会试,一举考中进士。元末,兵荒马乱,战火连连,他在家闲居三年。至元二年(1336),才被元朝政府授为江西高安县丞(正八品),协助县令处理政务。他勤于职守,执法严明,很快就做出了政绩。他微服私访、深入乡间、体察民情,发现高安县一些豪绅地主勾结贪官污吏,无法无天,骗人钱财,夺人妻女,杀人害命,无恶不作。刘基倾听百姓的哭诉后,义愤填膺,决心为民除害。经过明察暗访,掌握了真凭实据后,对几个劣迹昭著的豪强恶霸,坚决予以严惩,并对县衙内贪赃枉法的官吏也进行了整治,高安县的社会风气很快就有了好转。刘基刚正不阿,一身正气,赢得了百姓的赞誉,清正的名声渐渐传开。在他任官的五年内,处理地方事务的原则是"严而有惠爱",能体恤民情,但不宽宥违法的行为,对于发奸擿伏,更是不避强权,因此受到当地百姓的爱戴。但因为他的正直,地方豪绅对他恨之入骨,总想找事端陷害他,幸得长官及部属信任他的为人,才免于祸患。在高安任上,"小民咸慈父戴之,而豪右数欲陷焉"。后来,被江西行省辟为职官掾史,"以谠直闻"。不久,辞职归里。

蛰伏隐退

辞官后,刘基返回青田,至正三年(1343),朝廷征召他出任江浙儒学副提举,兼任行省考试官。后来,因他检举监察御史失职事,得不到朝中大臣的支持,还给他许多责难,他只好又一次上书辞职,任期仅约一年。至正六年(1346),刘基接受好友欧阳苏的邀请,与欧阳苏一同来到丹徒,在距欧阳苏家附近的蛟溪书屋住下,过了一段半隐居的生活,以教授村中的子弟读书来维持生活,偶尔和月忽难、陶凯等好友相往还。

至正八年(1348),刘基结束在丹徒约两年的半隐居生活,再度投入人群。他来到杭州居住,他的夫人为他生下一个儿子,即刘琏。在杭州的四年当中,他和竹川上人、照玄上人等方外之士时相往来,也和刘显仁、郑士亨、熊文彦、月忽难等文士诗文相和。

至正十二年(1352)七月,徐寿辉攻陷杭州,在攻陷杭州之前,刘基便带着家人回到故乡。回到故乡不久,朝廷来了一封公文。朝廷起用他为江浙省元帅府都事,次年改任行省都事,在温、台一带参与戎事,主要任务是帮助当地政府平定浙东一带的盗贼，特别以方国珍为对象。元左丞帖里帖木儿欲招安方国珍，刘基认为方氏兄弟为首犯，不诛无以惩后。当时，刘基向朝廷建言，方国珍为“首乱者”，宜追捕诛杀。方国珍知道后非常恐惧，用重金贿赂刘基，刘基坚决拒绝。方国珍重赂官府其他人，终被招安，并授以官职，其反而谴责刘基擅作威福，受免职羁管绍兴的处分。至正十六年(1356)，复行省都事职，后改任行枢密院经历，在处州谋括“寇”有功，一度升任行省郎中(从五品)，可是不久执政者抑其军功，仍以从七品格改授处州路总管府判，且“不与戎事”(即夺去兵权)，刘基乃“愤而弃官”归乡，居家著书，以表对元朝腐败昏聩之不满。

出山辅佐

至正二十年(1360)，刘基受朱元璋礼聘，与宋濂、章溢、叶琛赴金陵(今江苏省南京市)，被朱元璋委任为谋臣。他上书陈述时务十八策，倍受宠信，朱元璋特地为“四先生”建造礼贤馆。

刘基帮助国主朱元璋废小明王而自立。朱元璋是郭子兴的部将，子兴死后，小明王韩林儿封郭天叙为都元帅，张天佑为右副元帅，朱元璋为左副元帅。朱元璋借用龙凤年号，名义上受小明王节制。在攻克南京、据淮河江左地区、下浙江后，朱元璋被手下奉为吴国公，置江南行中书省，仍奉韩林儿。岁首，中书省设御座行礼，独基不拜。曰：“彼牧竖耳，奉之何为?”因见太祖，陈天命所在。所谓天命，就是要朱元璋有雄心壮志、大展宏图，担负起打天下建立新王朝的使命。

刘基针对当时的战略形势，向朱元璋提出避免两线作战，各个击破的计策，被采纳。刘基还建议朱元璋一方面脱离“小明王”韩林儿自立势力，却另一方面以“大明”为国号来招揽天下义师的民心。

至正二十七年(1367)，刘基参与制定朱元璋的灭元方略，并得以实现。当初，朱元璋起于淮右，渡江后，势力发展较快，但仍只局限于浙江一带，且东有张士诚，西有陈友谅，均为劲敌，稍有不慎，就有败亡之危。当时许多人认为张士诚据有苏湖富饶地区，宜先攻取。但刘基认为“士诚自守虏，不足虑；友谅劫主胁下，名号不正，地据上流，其心无日忘我，宜先图之。陈氏灭,张氏势孤,一举可定。然后北向中原,王业可成也”。朱元璋采用了这战略决策,遂成帝业。刘基共参与军机八年,筹划全局。

御史中丞

吴元年(1367),朱元璋以刘基为太史令,十一月,刘基呈上《戊申大统历》。十二月,《律令》成,这是《大明律》的雏形。平定张士诚后,有张昶者使人上书称颂功德,劝朱元璋及时行乐,刘基当即指出:“是欲为赵高也。”及时提醒朱元璋“居安思危”。荧惑星出现在心宿位,预示有兵灾祸乱,刘基请求朱元璋下诏罪己。天气大旱,刘基请求处理久积冤案,朱元璋便当即命令刘基予以平反,大雨也就从天而降。刘基趁机请求建立法制,防止滥杀现象。朱元璋这时正要处决囚犯,刘基便问是什么原因,朱元璋将自己所做的梦告诉他。刘基说:“这是获得疆土和百姓的吉象,所以应当停刑等待。”三日之后,海宁归降,朱元璋很高兴,就将囚犯全部交给刘基释放了。元至正二十七年(1368),朱元璋即皇帝位,定都应天(今南京市),国号大明,明王朝正式建立,授刘基为御史中丞兼太史令。朱元璋即位后,刘基奏请设立军卫法,又请肃正纪纲,曾谏止建都于凤阳。

运筹帷幄

刘基因谙韬略,通天文地理,故往往“遇急难,勇气奋发,计划立定,人莫能测”。在重大战役中,或运筹帷幄,或亲临前线指挥战斗。至正二十年(1360),陈友谅率精兵三十万,战舰五千只,攻下太平,进驻采石矶,直逼金陵,势甚嚣张。当时,朱元璋驻金附守兵仅十万余。由于双方力量对比悬殊,朱元璋军中文武大臣乱成一团:有的主张投降;有的主张放弃应天,保存实力再作计较;有的主张出击,一决雌雄……独刘基一人张目不言,朱元璋就把他请到自己的卧室,征求意见。刘基说:“主张投降和逃跑者,应杀头治罪,因他们不看大好形势,散布失败情绪。事实上,陈友谅自以为兵强势众,又打了几次胜仗,更是志得意满,目空一切。我们就利用他的骄傲情绪,设下埋伏,使计诱其深入,一鼓可破。”朱元璋听了刘基这番独见后，乃定征伐之计。刘基勇气奋发，计划立就。首先遣人诈降，使康茂才诱陈友谅夜来劫城，并约定陈友谅至江东木桥边呼“老康”为联络信号。陈友谅不知是计，结果点精兵三十万，行至江东桥边，并无木桥，是座铁桥，使人呼“老康”，又无人答应。正在疑惑间，又突遇暴雨，四下伏兵齐出击，陈友谅鼠窜狼奔，败退至江边。谁知原有渡江用的战舰，刘基以计尽将拘掠，仅留破船三百艘于江边。陈友谅败军争先逃渡，行至江中，又突闻火炮声，破船连人沉没一半多。结果，全歼陈友谅主力军，挫败陈的锐气，乘胜收复太平，攻下安庆、信州、兖州。陈友谅只得带领剩余的伤卒败将仓皇地逃回汉阳。

三年后(1363)七月，陈友谅重整旗鼓，号称百万，再度与朱元璋在鄱阳湖中作生死存亡的大决战。在这胜负的关键时刻，刘基始终和朱元璋在一条船上参与军机，运筹帷幄。一次，他忽然发现水鸟惊飞，刘基预知这是陈友谅的船队集中力量向朱元璋的指挥船开火，在这千钧一发之际，他立即拉起朱元璋转到另一条船上，当他们还未坐定，原来那条船已被陈友谅火炮打得粉碎。当时，陈友谅看到朱元璋的指挥船已被打沉，大喜过望。不料，朱元璋仍在指挥战斗，士兵越战越勇，最后大败陈友谅，陈也在这次水战中战死。这次战争是我国历史上以少胜多、以弱胜强的战例，历史上称为鄱阳湖之战。

严明法纪

明开国以后，刘基奏立《军卫法》，提出“宽以待民与严惩贪吏”的主张，肃纲纪，整吏治，严惩贪枉。当初确定处州税粮时，仿照宋制每亩加五合，唯独青田县除外，明太祖朱元璋这么说道：“要让刘伯温家乡世代把此事传为美谈。”明太祖巡幸汴梁时，刘基与左丞相李善长一起留守京城。刘基认为，宋、元两朝都因为过于宽纵而失天下，所以应该整肃纲纪，便下令御史检举弹劾，不要有任何顾忌，宿卫、宦官、侍从中，凡犯有过错的，一律奏明皇太子，依法惩治，因此人人都畏惧刘基的威严。中书省都事李彬因贪图私利，纵容下属而被治罪，李善长一向私宠李彬，故请求从宽发落，刘基不听，并派人骑马速报明太祖，得到批准，刘基便在祈雨时，将李彬斩首。因为这件事，刘基与李善长开始不和。明太祖返京后，李善长便向明太祖告状，说刘基在坛土遗下杀人，是不敬之举。那些平时怨恨刘基的人也纷纷诬陷刘基。当时正逢天旱，明太祖要求诸臣发表意见，刘基上奏说："士卒亡故者，他们的妻子全部迁往他营居住，共有数万人，致使阴气郁结。将投降的吴军将吏都编入军户，便足以协调阴阳之气。"明太祖采纳了他的意见，但十天过后仍不见雨，故而发怒。此时，恰好刘基的妻子死了，所以刘基请求告辞还乡。明太祖正在营造中都，又积极准备消灭扩廓帖木儿。刘基临走上奏说："凤阳虽是皇上的故乡，但不宜作为建都之地。王保保（扩廓帖木儿）不可轻视。"谏止营建东都，提醒明太祖不要轻敌。不久，定西之役失利，扩廓逃往沙漠，从那时起一直成为边患。这年冬天，明太祖亲自下诏，叙说刘基征伐之功，召他赴京，赏赐甚厚，追赠刘基的祖父、父亲为永嘉郡公，并多次要给刘基晋爵，刘基都固辞不受。

不徇私情

明太祖因事要责罚丞相李善长，刘基劝说道："他虽有过失，但功劳很大，威望颇高，能调和诸将。"明太祖说："他三番两次想要加害于你，你还设身处地为他着想？我想改任你为丞相。"刘基叩首说道："这怎么行呢？更换丞相如同更换梁柱，必须用粗壮结实的大木，如用细木，房屋就会立即倒塌。"后来，李善长辞官归居，明太祖想任命杨宪为丞相，杨宪平日待刘基很好，刘基仍极力反对，说："杨宪具备当丞相的才能，却没有做丞相的气量。为相之人，须保持像水一样平静的心情，将义理作为权衡事情的标准，而不能掺杂自己的主观意见，杨宪就做不到。"明太祖又问汪广洋如何，刘基回答："他的气量比杨宪更狭窄。"明太祖接着问胡惟庸，刘基又回答道："丞相好比驾车的马，我担心他会将马车弄翻。"明太祖于是说道："我的丞相，确实只有先生你最合适了。"刘基谢绝说："我太疾恶如仇了，又不耐烦处理繁杂事务，如果勉强承担这一重任，恐怕要辜负皇上委托。天下何患无才，只要皇上留心物色就是了。这几个人确实不适合担任丞相之职。"后来，杨宪、汪广洋、胡惟庸都因事获罪，证明刘基识人的眼光是准的。

功成受封

洪武三年(1370),明太祖授刘基为弘文馆学士,十一月,大封功臣,又授刘基为开国翊运守正文臣、资善大夫、上护军,封诚意伯,食禄二百四十石,故其又称刘诚意。次年正月,明太祖并未听从刘基话,罢了李善长相职,并以汪广洋为右丞相、胡惟庸为中书左丞。这两人对刘基都是耿耿于怀的。刘基本来就有急流勇退之意,此时更觉处境不好,得到明太祖允许,立马告老回乡。他六十一岁还乡之际,曾劝谏明太祖道:"霜雪之后,必有阳春,今国威已立,宜少济以宽大。"刘基居乡隐形韬迹,只饮酒弈棋,口不言功。

洪武六年(1373)正月,中书省右丞相汪广洋因为无所建树,被贬黜为广东省参政,由左丞胡惟庸主持中书省事务。至此胡惟庸大权在握,终于想出了报复刘基的办法。洪武五年(1372),刘基出于对国事的关注,命长子琏进京奏请在青田县边远地区谈洋(今浙江省文成县朱阳乡)设立巡检司以维持地方治安。洪武六年(1273),另一个叫茗洋(今文成县东头乡)的地方发生逃军周广三等人的反叛事件。胡惟庸故意将谈洋与茗洋混为一谈,指使刑部尚书吴云,诱引处州府与青田留用的元朝旧吏,构陷刘基,说刘基看中了谈洋有"王气",想占为墓地,当地百姓不肯,便提出设巡检司的办法驱赶当地住户,因而激起百姓作乱。接着,胡惟庸请明太祖按叛逆罪处置刘基,并逮捕刘琏下狱。明太祖疑信参半,只因"王气"两字确实犯了他的忌,所以虽未明文加罪刘基,未逮捕刘琏,却移文切责刘基,并下旨夺了他的俸禄。刘基内心惧怕,于当年七月亲自入朝觐见明太祖,不敢辩白,只是引咎自责。为了消除明太祖怀疑,便留在京城,不敢要求回家。从此,刘基在南京孤苦伶仃地度着风烛残年,身体日益衰朽。

刘基在政治、军事、天文、地理、文学等方面有很深的造诣,精通天文、兵法、数理等,尤以诗文见长。诗文古朴雄放,不乏抨击统治者腐朽、同情民间疾苦之作。与宋濂、高启并称"明初诗文三大家"。他主要著作有《郁离子》《覆瓿集》《写情集》《犁眉公集》《春秋明经》等。著作均收入《诚意伯文集》,共二十卷,这套明人所辑的文集中,共收录刘基散文三百二十篇,诗歌一千一百八十四首,词二百三十三首。

临终预言

洪武八年(1375)正月下旬,刘基感染了风寒,明太祖知道之后,派胡惟庸带了御医去探望。御医开了药方,他照单抓药回来煎服,觉得肚子里好像有一些不平整的石块挤压在一起,让他十分痛苦。

二月中,刘基抱病觐见明太祖,婉转地向他禀告胡惟庸带着御医来探病,以及服食御医所开的药之后更加不适的情形。明太祖听了之后,只是轻描淡写地说了一些要他宽心养病的安慰话,这使刘基相当的心寒。三月下旬,“上知公且不起,御制文遣使送之归”。已经无法自由活动的刘伯温,由刘琏陪伴,在明太祖的特遣人员的护送下,自京师动身返乡。回家后,他拒绝亲人和乡里为他找来的一切药石,只是尽可能地维持正常的饮食。

几天之后,刘基自知来日无多,找来两个儿子交代后事。交代完后事,又让刘琏从书房拿来一本天文书,对他说:“我死后你要立刻将这本书呈给皇上,一点都不能耽误;从此以后不要让我们刘家的子孙学习这门学问。”又对次子刘璟说:“为政的要领在宽柔与刚猛循环相济。如今朝廷最必须做的,是在位者尽量修养道德,法律则应该尽量简要。平日在位者若能以身作则,以道德感化群众,效果一定比刑罚要好,影响也比较深远,一旦部属或百姓犯错,也较能以仁厚的胸怀为对方设身处地地着想,所裁定的刑罚也必定能够达到公平服人和使人警惕改过自新的目的;而法律若能尽量简要,让人民容易懂也容易遵守,便可以避免人民动辄得咎无所适从,又可以建立政府的公信力和仁德的优良形象,如此一来,上天便会更加佑我朝永命万年。”又继续说道:“本来我想写一篇详细的遗表,向皇上贡献我最后的心意与所学,但胡惟庸还在,写了也是枉然。不过,等胡惟庸败了,皇上必定会想起我,会向你们询问我临终的遗言,那时你们再将我这番话向皇上密奏吧!”回乡与家人团聚一个多月的刘基,最后于农历四月十六卒于故里,享年六十五岁。六月,葬于乡中夏中之原。

刘基在辅助明太祖消灭群雄、推翻元朝、建立明朝的历史活动中发挥了智囊的作用，做出了巨大的贡献。明武宗正德八年(1513)，朝廷赠他为太师，谥号“文成”。

明世宗嘉靖十年(1531)，刘基的同乡、刑部郎中李瑜向明世宗朱厚熜上疏说：“(刘)基宜侑享高庙，封世爵如中山王(徐)达。”朝廷再度讨论刘基的功绩，并决议刘基应该和徐达等开国功臣一样，配享太庙。

刘基辅佐明太祖平定天下，料事如神。他生性刚直，疾恶如仇。功成身退，回到山林隐居，只喝酒下棋，从不提起自己的功勋。

清官化身

刘基是中国非常特殊的人物，已成为一种非常独特的文化符号。刘基，民间常称之为刘伯温，关于他的神通传说众多，流传广泛。刘伯温在中国民间的人气极旺。民众心目中的刘伯温，是清官的代表、智慧的化身、人民的救星。他能前知五百年，后知五百载，还是个风水大师、高道神仙。明太祖朱元璋评价刘基：“(刘基)学贯天人，资兼文武；其气刚正，其才宏博。议论之顷，驰骋乎千古；扰攘之际，控御乎一方。慷慨见予，首陈远略；经邦纲目，用兵后先。卿能言之，朕能审而用之，式克至于今日。凡所建明，悉有成效。”明代杨守陈称赞刘基：“汉以降，佐命元勋多崛起草莽甲兵间，谙文墨者殊鲜，子房之策，不见辞章；玄龄之文，仅辨符檄。未见树开国之勋业而兼传世之文章如公者。公可谓千古之人豪矣！”《明史·刘基传》评论说，刘基“所为文章，气昌而奇，与宋濂并为一代之宗”。众所周知，宋濂是历来公认的元明数一数二的文章大家。沈德潜在《明诗别裁》中说：“元代诗都尚辞华，文成独标高格，时欲追韩杜，故超然独胜，允为一代之冠。”《四库全书总目提要》评论说：“其诗沉郁顿挫，自成一家，足与高启相抗。”

明朝监察御史陶垕仲

陶垕仲，明朝洪武年间（生卒年不详）在世，名铸，字垕仲，贡生。江浙等处行中书省庆元路鄞县昌国乡（今浙江省舟山市定海区马岙街道）人。陶垕仲二十多岁的时候，就考中贡生，得以进入仕途。

弹劾尚书

明洪武十六年（1383）以国子生擢监察御史，纠弹不避权贵，曾上书劾刑部尚书开济至死，直声动天下。

开济，字来学，洛阳人。洪武十五年（1382）被御史大夫安然推荐给明太祖朱元璋，称其有吏治之才，堪为大用。于是，朱元璋诏令开济入刑部，试任刑部尚书职。

曾任元朝察罕帖木儿掌书记一职的开济，是真的有才学的，他曾经于洪武初年，因明经举被授河南府训导，入任国子助教。不知何因，开济没做多久的助教，便称疾辞官了。

经历十数年的归隐之后，开济还是又一次踏进了官场，并涉足于权力的中心。开济凭借才能出任刑部尚书后，便开始着手整理刑部积压的案牍，在他的努力下，数月间，滞牍一清。开济又以综核为己任，请天下诸司设文簿，日书所行事，课得失。又各部勘合文移，立程限，定功罪。凡国家经制、田赋、狱讼、工役、河渠事，众莫能裁定之事，开济一出手，便有条有理，成为世代遵循的政策。明太祖朱元璋大以为能，不仅将开济刑部尚书的职位由暂代变成了实权，还让他兼预其他各部事务。

因他深受皇帝信任，也使其他臣子眼红，这些人因此嫉妒、忌讳他，谤议滋起。但是，皇帝信任依旧，不为所动。直到他命令刑部郎中仇衍开脱死囚，为狱官所揭发。开济得知后，没有去捉拿仇衍，却是与刑部侍郎王希哲、主事王叔徽抓了狱官,将狱官给毙了。

这件事被监察御史陶垕仲知道了,这时,在任的陶垕仲没有忘记自己所担任的监察御史的本分,专门写了奏折把这件事给捅到了明太祖朱元璋那儿。他不仅仅是揭发仇衔这件事,还弹劾开济首施两端,奸狡莫测;奴役甥女,霸人家财。于是,明太祖大怒,将开济下狱,并把王希哲、王叔徽等皆弃市。

纠弹大员

陶垕仲后调任福建按察使,到任后诛杀贪赃枉法的官吏数十人,大为净化官场风气。整个福建官场都为之一振。官员人人都惧怕这个陶按察使。他还兴学劝士,抚恤军民,得到明太祖表彰。福建布政司薛大方为人贪暴,陶垕仲上本弹劾,薛大方也上本反诬,朝廷将陶、薛一同逮捕解京。明太祖命令刑部严查,很快便水落石出,还了陶垕仲一个清白。案情查清后,薛大方下狱,陶垕仲恢复了官职。当时有记载曰:"讯实,坐大方罪,诏垕仲还官。"有人编对子曰"陶使再来天有眼,薛公不去地无皮",流传甚广。

辞官奉亲

经过这两件事后,明太祖朱元璋认为陶垕仲是个人才,想要给他升官。如果换成其他人应该很高兴,但是陶垕仲是个孝子,他向明太祖朱元璋请求回乡。明太祖朱元璋正需要人才,哪里能轻易放陶垕仲离开,多次派人劝说陶垕仲。陶垕仲给明太祖朱元璋上奏道:"臣父昔为方氏部曲,以故官例徙凤阳。臣幼弱,依兄抚养,至于有成。今兄亦为凤阳军吏。臣叨圣恩,备位司宪。欲推禄养报生育恩,使父母兄弟得复聚处,实戴圣天子孝治天下至意。"明太祖特予准许其迎养双亲,除去徙籍。不久,陶垕仲辞官去安徽凤阳(明初海禁徙民时迁往)奉养父母。陶垕仲回乡后清介自持,俸禄都用来招待宾客。

忠孝两全

明太祖朱元璋也被陶垕仲忠孝感动,特批他回家乡,担任了县令的职务。虽然县令比监察御史的官职低，但是这已经是巨大的恩典了。陶垕仲回乡后，为官清正廉洁，造福一方百姓。他既可以实现为国尽忠的理想，还能孝敬自己的父母，确实是明太祖朱元璋开恩了。后来，陶垕仲病逝于任上，明太祖朱元璋对这个清官记忆深刻，命令州府厚葬陶垕仲。数百年后，再看当初陶垕仲不畏权势，将刑部尚书弹劾至死，既得到了明太祖朱元璋的器重，又实现了自己的人生抱负，真的很高明。陶垕仲践行着自己的初心，因此得到了明太祖朱元璋的器重，最终实现了忠孝两全。

立坊纪念

风霜以别草木之性，危乱而见贞良之性。舟山人民铭记着这位监察御史。舟山市定海区马岙街道平石岭立有一“成贤坊”，建于明嘉靖三十二年(1553)，迄今已有400余载历史，是乡民为纪念先贤监察御史、按察使陶垕仲自发筹建的。乡人将陶垕仲与陶回孙、陶椿卿合称为“马岙三陶”。

陶垕仲的一生，是忠于职守、不畏权贵的一生。无论监察对象官职多高，只要有违法行为，陶垕仲就敢于弹劾，他是一名合格的监察御史。陶垕仲清廉不阿、无畏权贵的秉性与忠于职守、敢于监察的精神，必将激励着新时代的纪检监察人员坚守初心、无畏向前。

马岙石碑(吕小芽摄)

明朝左副都御史邵玘

邵玘(1375—1430),字以先,号贞白,浙江行中书省金华府兰溪县(今浙江省兰溪市)人。明永乐四年(1406)中进士三甲一百四十二名,授监察御史,历官江西按察使、福建按察使、南京都察院左副都御史。

身世传奇

明洪武二十三年(1390),邵玘十六岁,以诗经补邑弟子员。明建文二年(1400),他二十六岁,那年的六月初九日,其父亡故。建文四年(1402),他二十八岁,那年的九月,为父守孝期满。

邵玘“幼承家训,为人外肃内宽,遇事善断,廉直有声”。其本为兰溪礁石人士,后为芝堰陈义收留抚养成人,培养成才。据说,一天深夜子时,下宅的一位陈氏太公在睡梦中,梦见一位白须老人拄着拐杖,对他一本正经地说:“明天中午有一位叫花子,他肩挑一副破洋箩担,箩担的一头是破衣裤、破铁锅铲等生活用品,坐着一个罩着青罗伞的小孩,你把他收留下来,日后必有回报。”说完就隐身不见了。一觉醒来,却是南柯一梦,知道是神人托梦,陈太公将梦里的情节讲给家人听,阖家大小半信半疑。陈太公说:“不管怎样,今天不下地干活了,在家等候一天也无妨。”于是就在家中抽烟等候。全家午饭刚过,烈日当头,酷暑难熬,只听得门外小孩的哭叫声:“爷爷,我肚子饿了,好热啊! 好饥啊!”此时,陈太公放下烟卷,打着扇子走到门口一看,果真与梦中一般。一个三四岁的小孩子头上盖着一张青荷叶,在破洋箩中号哭。

陈太公急忙请至家中,避暑、用饭。饭后,两位老人叙起家常。说长道短,好生相怜。礁石老头为日后求生,恳请陈太公收留可怜的小孙子,从破衣袋中掏出了小孙的生辰包囊，老脸上露出了有望的悦容，然后百叩谢安，挑着破箩担，一步三顾地渐渐离开下宅。

被收留下的小孩，就是邵玘。一转眼又过了三四年，到了七岁上学年龄。陈太公就命家人送其上学。小玘儿聪慧灵活，口舌也相当伶俐，还善于奉承大人，很受长辈的宠爱。他谈诗书写文章，琴棋诗画无不超群。

初授御史

邵玘“幼已负志挺特，不与凡儿狎，就学外傅，勤励不懈”。明永乐三年(1405)乡试第六名，其文之奇特，备受主考官所赞赏，名声广为称颂。

第二年，他赴京参加京试，中进士。廷试策对时，“敷陈学校科贡于举之由、田制马政设置之略”，深得明成祖赞许。邵玘更加获得皇帝欣赏，是在参加明成祖朱棣举行的春宴上。春宴有一项为明成祖皇冠上簪花的活动，“许监生簪花，众皆畏缩，玘且前为成祖簪之，皇上注目焉”，参与春宴的众生员中，唯独邵玘胆壮敢为，不惧皇威，亲自上前为明成祖的皇冠上簪插簪花。因而，受明成祖嘉赏，荣归其乡。

明永乐六年(1408)二月三十日，钦命召用。授湖广道监察御史，三月初一到任，以贞白自号，取“磨不磷，涅不缁”之意，表示意志坚定的人不会受环境的影响。一时声誉赫然。

进谏履职

永乐八年(1410)四月初四，邵玘向皇上奏本，纠劾礼部尚书李志纲、左侍郎宋礼、右侍郎杨砥、鸿胪寺卿樊敬、左少卿汪泰、寺丞陆允诚等人。揭发他们“职司邦礼典领朝仪”不到位、不尽责。

永乐九年(1411)三月，上奏本，弹劾鸿胪寺卿樊敬、左少卿郁旃、寺丞陆允诚等人。他们“不顾包羞，惟图贪鄙，假以送浩为名，希图狐媚之意”。

永乐十年(1412)八月初八，奏本纠劾刑部湖广清理司问供一事。

永乐十一年(1413)二月，奏本纠劾王勉、王淮等二人不明祭祀之礼，擅更成制之法，具不孝不忠之责。

永乐十二年(1414)九月十九,蒙圣旨署都察院左都事。奏本纠劾国子监祭酒胡俨并、司业吴溥、监丞梁许等故违禁令、不识遵依,以及北京行后军都督府掌府事、驸马都尉、广平侯袁容,泰宁候陈珪,北京刑部尚书朱濬、郭资涉及“皇上营建北京,采运木料,勤劳万状”。邵玘认为:“俱合拿送法司明正典刑。”

永乐十五年(1417)五月二十,奉命署理刑部尚书。奏本参陕西布政司布政使杨恭拖欠秋粮事和工部尚书宋礼不惜官费,虚涂城垣事。

永乐十五年(1417),邵玘奉命巡按河南。他来到河南,接二连三收到开封百姓的状子,要求严惩县官陈某。陈某听到风声,连夜携带一箱黄金,妄图贿赂邵玘。“你这箱黄金哪里来的?是不是索取来的?黄金哪里掠夺来的,退回哪里去!你听后处置。”面对邵玘义正词严的呵斥,陈某只好灰溜溜地走了。邵玘回京复命,如实上奏明成祖。

地方政绩

明永乐十五年(1417)八月初十,授江西提刑按察司按察使。

永乐十六年(1417)正月初八到任,废除南昌、新建二县百姓额外摊费,百姓欢声载道,而那些因私事行贿的人则显得不便,开始仇视邵玘。

明永乐二十年(1421),任满回司。腊月二十六,闻母盛氏病故,依例回乡守孝。据杨士奇记载:“家居有孝行,既仕得禄时,惟母在,迎奉就养,极其爱敬,母丧哀毁,所居产瑞芝者再,乡里以为孝感。”

明永乐二十一年(1422),在家守孝,八月,所居重屋之下产芝五茎,一茎三秀一茎五秀,华彩焕烂。古时候认为这是祥瑞的征兆。

永乐二十二年(1423)五月,复产芝一茎五秀,名震乡里,都认为是邵玘的大孝感动上苍所致,所以,大家将他所住的楼命名为凝秀华盖殿。大学士杨士奇、礼部尚书李志刚、太子少傅杨荣都作了文章,来记述这件事。

明宣德元年(1425)三月初八,授福建提刑按察司按察使,七月二十五日到任。

宣德二年(1426),闽中饥,不及奏请,尽发各属仓廪,为民赈济,全活者不可胜计。《福建名宦志》称赞邵玘:“用法平恕,严明之政,廉洁之操,二十余年始终一致。”

抚民赈灾

明永乐十四年(1416)三月十一,邵玘奉圣意,前往浙江金衢兰及江西湖广等省蹈勘水旱民患事。起初,明成祖命令邵玘前往浙江巡视水旱灾情,邵玘为难地说:“皇上,臣本是浙江兰溪人,到家乡巡视不合适吧?”当时,明朝规定“大臣之族,不得任科道”,巡回检察官要回避原籍或曾任官、寓居处所等地,以防亲朋故旧干扰监察。“正因为你是浙江人,才更知晓浙江的情况,所以派你去。”明成祖坚决地答道。“那么,请皇上增派一名御史,与臣一道前往。”邵玘奏道。为了避免巡按不公,邵玘要求增加一名御史,这个主意得到明成祖的支持。

于是,他星夜兼程,与另一御史一道赶往水灾重灾区金华巡视。来到受灾的家乡,邵玘根据自己亲眼所见,将灾情写成《永乐丙申洪水记》。

> 自古兰江,号为胜地。上通闽广,下接苏杭。当驿邮传命之通津,乃商旅经行之要道。钱粮户口,冠乎一郡之先;士农工商,恪守四民之分。各安生业以应科徭,岂知一岁之间,罹此三重之难。聊陈异事,先述其由。
>
> 今岁次丙申,月惟甲午,癸亥日,降淋漓之骤雨,延及三朝。乙丑晚起汹涌之洪波,汛腾百尺。黄昏入室,青晓平檐。处处呼相救之声,户户动哀号之泣。田禾淹没,得活者五损七伤;屋宇漂流,仅存者七歪八倒。园圃葱茄多绝类,田畴菽麦尽抽芽。缅此灾伤,实为痛恨!爰此重修庙宇,再整田园。开涨地补种粟苗,理荒田复勤稼穑。栖身未定,暂且偷安。既息水灾,复遭旱疠。烈炽骄阳于六月,晒枯禾稼于千畴。但闻处处桔槔声,只见丘丘枯槁色。时维七月,序属孟秋,家家仰望云霓,户户祈求雨降。将谓立求多福,何期反受天殃。十四日忽起括地之飙风,十五日顿下倾盆之骤雨。川原一夜发潜龙,溪间登时成孽海。山崩地陷,浪激波飞。临溪屋宇尽漂流,岸旁人民皆溺没。号天叫地,唤子呼妻。非惟祸起于他乡,抑亦灾延于此境。十七日,高涌滔天之洪水,震扬卷地之狂风。洪汛起自一朝,比前更

> 高八尺。纵有千寻之大厦，无分百尺之高楼。一柱才倾，连梯尽失。人随屋去，王浚楼船下益州；民抱树浮，张骞乘槎浮北海。仓箱浮浮而至，似落水之浮鸥；牛羊滚滚而来，如关河之浴马。嗟夫！人生在世，寿夭关天，何期一日之水灾，断送万千之性命。夫妻南北，父子东西。
>
> 直至十八日，方见三分水退，渐渐回波归古港，看看复水出前溪。簇簇烟村，变作深深之沟壑；丛丛市井，浑成漠漠之沙滩。酒肆糟坊，唯有几多破瓮；盐坊客舍，仅存数架空包。江边白骨淹黄沙，岸上腐尸横碧草。子含悲而认父，夫啼哭以寻妻，闻者酸心，见者骇目。愁归故里，稻粱屋宇尽成空；惨步荒郊，鸡犬牛羊多绝类。竟无措手，何处安身？聊结草庐，破瓦不堪经夜雨；暂居古址，疏窗安可避寒风？思量半世家园，总是一场春梦，这般苦事，难可胜言。有余者再整生涯，无计者实难存活。
>
> 府县垂怜施赈济，朝廷闻奏布覃恩。谅天数之难期，实生民之应劫。聊陈异事，以记时年。虽前事之莫追，遗后人之永鉴。

这次金华灾情十分严重，在明万历《浙江通志》《金华府志》均有记载："明永乐十四年五月大水淹溺人畜田庐无算。六月大旱，七月及八月又大水，坏城垣。"明万历《兰溪县志》也记载道："五月水灾甫息，夏仍旱，七月十五又发生洪水，高超前八尺。"在金华，他深入实地调查，亲自询问灾民，全面掌握灾情，为救灾奠定基础。于是，呈奏朝廷祈请赈济。他一方面开仓赈粮、救济灾民，另一方面组织力量疏导泄洪、兴修水利、建造堤坝。他为民造福，被称为御史界的大禹，留下"治水能臣"的美誉。

擢升御史

宣德三年(1427)，皇上命令吏部选拔政绩方面之有声誉者，入为六部都察院正，被推者十二人中邵玘位居第一，擢升南京都察院左副都御史。都察院乃明朝廷最高监察机关。据《历代职官表》载："左都御使，权位显然，同六部尚书称七卿，其职掌纠劾百官，辨明冤枉，提督各道，为天子耳目，风纪之司。"左都御史是都察院最高长官，左副都御使是都察院次官，协助左都御史综理院事。

邵玘于明宣德四年(1428)二月十九日赴任。上任后,邵玘发现不少御史胆小怕事,不敢直言上奏,做事拖沓。他向宣德皇帝上奏,罢免了不称职的御史十三人,精简诸司庸懦不肖者八十余人,朝廷纲纪为之一振。邵玘理狱公正,冤民伸白,人命所系,能持之以平,时有"无冤都察院"之清誉。时评:"纲纪大振,与北院顾佐齐名,宪台为之一清。"

解民盐困

邵玘事母至孝,他高官致仕回乡,后回到芝堰,登门拜访养母。当时,浙江一带食盐非常紧缺,食盐是专营之物,由朝廷派人掌管,价格十分昂贵,一般平民百姓生活拮据,根本买不起食盐,只能淡食。邵玘养母见他来拜望,心想,不妨将此事提一提,也许邵玘会有办法缓解百姓的食盐之苦。于是,心生一计,养母知道他从小就爱吃咸、不吃甜的习惯,立马,用红糖做了一碗汤圆,热腾腾端到邵玘面前叫他食用。邵玘端起碗夹了一个汤圆吃了一只,皱着眉头说:"娘亲! 您知道我不吃甜食,今天为何让我吃甜汤圆?"娘亲叹了一口气说:"唉,家里连一颗盐也没有,盐价贵如金,我们买不起啊!"邵玘追问:"百姓们平时都这样吗?""都这样,没办法噢!"娘亲问道,"玘儿,你帮百姓想想办法呀!"邵玘默然无声,只是点了点头。返回府邸,邵玘提笔撰写奏本,向朝廷上奏,反映浙江百姓食盐奇缺的状况。于是,朝廷将全国两堆半食盐划给浙江半堆(相当于全国的五分之一食盐),从此,解决了浙江食盐紧缺的困难。

威名永传

明宣德五年(1429)正月十一日夜,邵玘五更起忽感头晕目眩,不一刻而逝,未及留下遗言便驾鹤西去,享年五十六岁。皇上惊闻,深为痛惜,重加恩典。朝野上下莫不叹息,羡为廉宪;城中百姓,无论文武士民商买小贩妇人童稚,莫不奔哭,如丧父母。十月二十八日,奉柩葬于花塘之源。三公六卿太史科道各僚属致祭并哀吊,来挽之章盈笥累牍,太常卿孙生行状,少傅士奇杨公碑铭,国子监司业敬宗陈公墓表,兰江两岸,涛水呜咽,草木泣血。

《明一统志》评价邵玘:“居家有孝行,在官以威严惮吏,遇事善断,所至,削妄费,黜贪庸,能举其事。”这正是他一身正气、无私无畏、公正严明的真实写照。

明朝礼部尚书兼大学士金幼孜曾作诗《挽都御史邵玘》曰:

绣衣屡拜渥恩浓,宪府重临位秩崇。
此日威名驰列郡,昔时风采著朝中。
清秋鹤化钟山月,落日猿啼浙水风。
北望凤台吟楚些,可胜抆泪听哀鸿。

邵玘墓在兰溪县花塘村,坟茔完好,青石坟面上刻有明宣德五年二月二十日朝廷专使来此主祭的敕文及其他文字,清晰完整。明朝杨士奇所撰《南京都察院左副都御史邵公玘墓碑文》对邵玘的一生给予了高度评价,据该碑文记载:

(邵玘)中永乐乙酉乡试,明年成进士,赐敕归进学。又明年召至,授湖广道监察御史。慨然以功业自期,明宪纪,究律意,而用法平恕,至遇巨奸猾为民厉者,亦不少宽假,声誉遂起。尝巡按江西、广东、福建,克振风裁。时仁宗皇帝监国,尤所简知。间刑部都察院大理寺阙堂上官,率命公署有重狱数以付公。公感上知遇,夙夜尽心,每事亲理,有所顾问,应对详明,一时老成,多推让之。升江西按察使。先是,南昌、新建二县苦上官和买长里役者,供一日费,家为之空。公视事之日,立罢之。懽声溢路而私不便者,皆侧目焉。然睎公自用简俭,终亦莫敢一语侵之。积岁讼牒填委悉取省阅,择其尤甚者自听断,余悉归郡县,滞狱一清。在江西五年,政用肃然。丁内艰去服,阕改福建按察使,治职如江西。而有司之务倍繁,稍济以宽。宣德三年,召为南京都察院左副都御史。时南京诸司缓弛,御史尤纵,公奉敕简择,奏黜其不肖及庸懦者殆半,继奉敕偕六部长贰,简黜诸司之不肖庸懦者,纲纪复振。为人外肃内宽,仕二十余年,所历中外皆风宪于条制。故实与夫施措之宜,默识明习所至,纠劾官邪,举大体而略琐细……处朋友、寮属必约之于义,有所荐举必清介士,其廉洁之操,盖终始一辙。

明朝御史于谦

于谦(1398—1457),字廷益,号节庵,杭州府钱塘县(今浙江省杭州市)人。明朝杰出的政治家、军事家、民族英雄。毛泽东从小就熟知于谦的史实。1945年8月,毛泽东赴重庆谈判前夕,就以于谦组织北京保卫战的故事为例作了生动说明:“万一谈不成,蒋介石把我扣起来做人质,那他就彻底输了。他坚持内战的反共嘴脸便暴露无遗。最坏的情况无非像历史上的明英宗土木堡之变,如果真是那样,大家就要像于谦那样,针锋相对,坚决斗争!斗得越凶,仗打得越好,我也就越安全。”①新中国成立后毛泽东每次到杭州,他总要让人到图书馆借阅于谦的文集、传记等。2007年6月,习近平同志在为《浙江文化研究工程成果文库》作序时指出:“岳飞、于谦的精忠报国、清白一生……激励着浙江人民永不自满、永不停息。”②

御史任上

明朝永乐十九年(1421),于谦考中了进士。宣德初年,授御史。奏对的时候,他声音洪亮,语言流畅,使皇帝很用心听。顾佐任都御史,对下属很严厉,只对于谦客气,认为他的才能胜过自己。于谦出去按察江西时,昭雪数百件冤案。他还上书说,陕西一些地方的官员为害百姓,皇上派御史去逮捕他们。皇上知道于谦可以担当大任,正好这时将各部的右侍郎

① 转引自盛巽昌:《毛泽东论中国历史人物》(下册),上海:上海书店出版社,2018,第557页。

② 习近平:《浙江文化研究工程成果文库总序》,浙江在线,https://zjnews.zjol.com.cn/05zjnews/system/2007/06/07/008506333.shtml,2007年6月7日。

增设为直省巡抚，便亲笔写下于谦的名字交给吏部，越级提升为兵部右侍郎，巡抚河南、山西。宣德五年(1430)，以兵部右侍郎巡抚河南、山西。于谦到任后，时时以百姓生计为念，轻骑简从，披星戴月，不辞劳苦，奔走在太行山区和黄河两岸。他一方面访问父老，查看灾情，考察当时各项应该兴办或者革新的事，并在自己的署衙前立起“求通民情”“愿闻利弊”两块木牌，认真倾听民意；另一方面督促州县官员计口发放钱粮，在各地建立药局，免费给灾民赠医送药。一年之中，连续上疏几次，据实向朝廷奏报灾情，减免受灾地区历年税粮。正统六年(1441)上书说：“现在河南、山西都积蓄了数百万斤粮食。请在每年三月份时，令府州县报上缺少食物的下等民户，然后按份额支给他们粮食，先给豆类和高粱，其次给小米和麦子，最后给稻谷，等秋收后偿还。因年老有病以及贫困而不能偿还的则给予免除。州县官吏任期已满应当升迁的，如果预备粮不足，不能离任。还要命令风宪官员经常监察。”皇上下令施行。

治理黄河

为了驯服桀骜不驯的黄河，于谦还带领农民加固堤坝，并在河堤上植树固堤，在河边官道上挖井筑亭。他要求，每个乡里都要设亭，亭设亭长，责令其督率修缮堤坝。又命令百姓种树挖井，结果当地榆柳夹路，行人也不再受渴了。十年九害的黄河，在治理后的几十年内都没有发生大的水患，这是多么了不起的功绩！如今，当地的于谦祠内仍摆放着当年于谦带人铸造的独角镇河铁犀，上面的斑斑锈迹至今还在历数着于谦治理黄河的伟大功绩。于谦在此任上九年，升为左侍郎，享受二品俸禄。

两袖清风

当初，杨士奇、杨荣、杨溥(人称“三杨”)主持政府工作，很器重于谦。于谦所上的奏章，早上递上去，傍晚便可以批回，这都是因为“三杨”的支持。而于谦每次进京议事，总是空囊而去，权贵们不能不怨恨他。到这时“三杨”已相继去世，太监王振正当弄权，正好有个御史的名字像于谦，他又曾经忤逆过王振。于谦进京朝拜时，推荐参政的王来、孙原贞来代替自己。通政使李锡迎合王振的旨意，弹劾于谦，说他因为久不得升迁而有怨怼情绪，擅自推荐别人来代替自己。于谦被下到法司，判了死罪，在狱中关了三个月。后来，王振知道弄错了人，于谦才得以获释，被降为大理寺少卿。

正统年间，宦官王振专权，作威作福，肆无忌惮地招权纳贿。百官大臣争相献金求媚。每逢朝会期间，进见王振者，必须献纳白银百两；若能献白银千两，始得款待酒食，醉饱而归。而于谦每次进京奏事，从不带任何礼品。有人劝他说："你不向上司献金玉，就带上点土特产吧！如绢帕、蘑菇、线香之类的。"于谦听罢仰面大笑，然后潇洒地甩了甩他的两只袖子，说："只有清风。"还特意写《入京》诗以明志：

绢帕蘑菇与线香，本资民用反为殃。
清风两袖朝天去，免得闾阎话短长！

这首诗写成后远近传讯成为一时佳话。其意思是：绢帕、蘑菇、线香这些东西本是供广大人民群众享用的，可是贪官污吏搜刮去了讨好上司，它们反而给百姓带来了灾难，所以我什么也不带，只带两袖清风去朝见天子，免得老百姓在后面指戳脊背，被人说长道短。这首诗嘲讽了当时官场的歪风，表现了于谦为官清廉、不愿同流合污的铮铮风骨。

"两袖清风"的成语就是这样来的，比喻为官清廉，家中一点积蓄也没有。从此"清风两袖朝天去"被挂上于谦的门楣，以示不为利禄所动。

擎天一柱

正统十三年(1448)，于谦被召回京，任兵部左侍郎。次年，发生了震惊华夏的"土木堡之变"。蒙古族瓦剌部落贵族首领也先率军于土木堡(今河北省怀来县以东)大败明军，并俘虏了英宗皇帝，乘胜南进，直逼北京。当时，北京守军不足十万，大敌当前，人心恐惧，局势危急。在这生死存亡的关头，于谦被授命兵部尚书，总领抗敌事务。他走马上任后，力排京都南迁的主张，指出"京师是天下的根本，一旦摇动，必将危及国家大计”。他又毅然提出“社稷为重君为轻”的口号，主立新君景帝，迅速稳定了人心，结束了朝野一片混乱的局面。

当初，大臣们担心国家无主，太子尚且年幼，敌人即将到来，便请皇太后立郕王朱祁钰为皇帝。郕王很震惊，一再推辞。于谦激动地说：“臣等实在是为国家担忧，并非为了自己。”郕王这才受命登基。九月，景帝即位，即明代宗。于谦进宫应对，慷慨哭奏道：“敌寇得志，要挟留下上皇，势必轻视中国，长驱南下。请饬令各守边大臣协力防御。京营的军械即将用尽，应当从速分道派人招募民兵，令工部修缮器甲。遣都督孙镗、卫颖、张軏、张仪、雷通分兵守卫九个城门要害之地，到城外列营。让都御史杨善、给事中王竑协助，将近郊居民迁到城中。通州的积粮，令官军自己前去领取，运回的粮食就归他们个人，以作为报偿，不要留给敌人。文臣像轩輗，宜用为巡抚。武臣像石亨、杨洪、柳溥，宜用为将帅。至于行军打仗，臣亲自担当，如不胜任，请给予治罪。”明景帝采纳了他的建议。

保卫京师

接着，他又整饬兵备，部署要害。为了鼓舞士气，他把自己的生死置之度外，亲自披甲上阵，激励战士保国杀敌，誓死保卫北京。在于谦的果断指挥下，终于击退瓦剌的进攻，赢得了京师保卫战的胜利，使人民免遭蒙古贵族再次野蛮统治，保全了明王朝，避免了当年外族入侵导致北宋王朝灭亡这一历史悲剧的重演。在这次战争中，于谦充分发扬了赤忠报国的精神，成为士大夫阶层中“忠君爱国”的典范。于谦因功加少保，总督军务。也先挟明英宗逼和，于谦以社稷为重君为轻，不许。也先因无隙可乘，被迫释放明英宗。明英宗既归，仍以和议难恃，择京军精锐分十团营操练，又遣兵出关屯守，边境以安。其时朝野多事，乃独运征调，悉合机宜，号令明审，片纸行万里外，无不惕息。

迎返旧君

景泰元年(1450)八月，上皇被俘将近一年了。也先见明朝没有发生灾祸，更想求和，使者频繁到来，请求送回上皇。大臣王直等人建议派使者去迎回来，明景帝不高兴地说："朕本来不想登大位，当时被推上去，实在是你们出的主意。"于谦从容说道："陛下天位已定，难道还有其他变动？只是按理应该尽快迎回上皇而已。万一他们果然使诈，我们就有理了。"皇上看着于谦，改容说道："依你，依你。"先后派出李实、杨善前去，终于将上皇接了回来。

上皇虽然接了回来，但他从不谈自己的功劳。换了东宫太子后，明景帝令凡兼任东宫属官的支给两职俸禄。大臣们都不推辞，唯独于谦一再推辞。他自己生活非常节俭，所住的地方仅能挡风遮雨。明景帝在西华门赐给他府第，他推辞说："国家多难，臣怎么敢贪图安逸？"他坚决推辞，明景帝不许。于谦于是把明景帝前后赐给他的玺书、袍、锭等东西，全部封好，加上标签藏起来，每年拿出来看一次而已。

得罪小人

他性格很刚强，遇到不痛快的事，总是拍着胸脯感叹说："这一腔热血，不知会洒在哪里！"他看不起那些怯懦无能的大臣、勋臣、皇亲国戚，因此憎恨他的人很多。他又始终不主张和议，虽然上皇实际上因此得以接回，但心中也不高兴。徐王呈因为提议南迁而受到于谦的斥责，这时，他改名有贞，逐渐受到重用，曾经对于谦咬牙切齿。石亨本因犯法而被撤职，于谦请求宽宥而留用他，让他总领十营兵马，他惧怕于谦，不敢肆意妄为，所以，也不喜欢于谦。德胜门之捷，石亨功劳不如于谦而得以世袭封侯，觉得内心有愧，便上书推荐于谦的儿子于冕。明景帝令于冕赴京师，于谦推辞，明景帝不允。于谦说："国家多事之际，臣的儿子从大义上讲不能只顾私恩。而且石亨位居大将，没听说他荐举一名隐士，提拔一名军队中出身卑微的人，以补军国之用，而唯独推荐臣的儿子，这能得到舆论支持吗？臣对于军功，坚决杜绝侥幸之徒，绝不敢让儿子冒功。"石亨更加怨恨他。都督张车兀在征讨苗人时违犯了军令，被于谦弹劾，所以他和宦官曹吉祥等人都一向恨于谦。这一切都为于谦罹难埋下了祸根。

百世流芳

景泰八年(1457)二月十二日，石亨与曹吉祥、徐有贞等在迎接上皇复位，向朝廷宣布谕旨完毕后，将于谦和大学士王文逮捕入狱。他们诬告于谦等人。天顺元年(1457)英宗复辟，石亨等诬其谋立襄王之子，奏本上呈后，英宗还在犹豫说："于谦实是有功。"徐有贞上前说："不杀掉于谦，这一行动便没有借口。"明英宗才下了决心，最终以"谋逆罪"诬杀了这位民族英雄。

到他被抄家时，家无余财，只有正室门环锁得很坚固，打开一看，都是皇上赐给的蟒衣、剑器等。于谦死后，石亨的党羽陈汝言代为兵部尚书。不到一年被革职，查获的赃物达好几万。明英宗叫大臣们来看，愀然说道："于谦被重用于景帝朝，死后没有余财，汝言的财物也太多了！"石亨低头不能作答。不久有边警，明英宗忧形于色。恭顺侯吴瑾正侍从明英宗，说："假如于谦还在，当不会让敌人如此猖狂。"明英宗默然不语。

于谦去世的那天，阴云密布，全国的人都认为他是冤枉的，有个叫朵儿的指挥，本来出自曹吉祥的部下，他把酒泼在于谦死的地方，大声恸哭。曹吉祥发怒，鞭打他。第二天，他还是照样把酒泼洒在地表示祭奠。都督同知陈逵被于谦的忠义感动，收敛了他的尸体。过了一年，送回去葬在杭州三台山。成化初，复官赐祭。弘治二年(1489)，明孝宗朱祐樘采纳了给事中孙需的意见，赠于谦特进光禄大夫、柱国、太傅，谥号"肃愍"，赐在墓建祠堂，题为"旌功"，由地方有关部门年节拜祭。万历中，改谥为"忠肃"。

于谦性情淳朴，忠厚过人，为官时忧国忧民，勤政不懈。正直刚正，一身正气。外出巡按江西时，曾昭雪了被冤枉的几百个囚犯。他上疏奏报陕西各处官校骚扰百姓，诏令派御史逮捕他们。又曾救灾赈荒，深受百姓爱戴。

于谦为官廉洁，自奉俭约，两袖清风。在他几十年的官场生涯中，"不妄与一事，不妄取一钱"，上不行贿，下不受贿。虽然生活并不宽裕，却从未滥用手中的权力，在贫寒中始终坚持着自己的操守。他在《石灰吟》中写道：

千锤万凿出深山，烈火焚烧若等闲。
粉身碎骨浑不怕，要留清白在人间。

在这首托物言志诗中，于谦以石灰做比喻，表达自己为国尽忠，不怕牺牲的意愿和坚守高洁情操的决心，体现出他本人磊落的襟怀和崇高的人格。

于谦一生家无余财。为官时，与家人长期分离，过的是“千里逢人俱是客，十年持节来还家”的清苦生活。

于谦一向有痰症病，明景帝派太监兴安、舒良轮流前往探望。听说他的衣服、用具过于简单，下诏令宫中造了赐给他，所赐东西甚至连醋菜都有。又亲自到万岁山，砍竹取汁赐给他。有人说明景帝太过宠爱于谦，兴安等说：“他日夜为国分忧，不问家产，如果他去了，让朝廷到哪里还能找到这样的人？”于谦生活很俭朴，所居住的房子仅仅能够遮挡风雨，睡的仍是“小小绳床”，用的仍是“多年蚊帐”。于谦的清白本色，堪称万世师表！

于谦有《于忠肃集》传世。《明史》称赞其“忠心义烈，与日月争光”。他与岳飞、张煌言并称“西湖三杰”。清代袁枚的《谒岳王墓》一诗曰：

江山也要伟人扶，神化丹青即画图。
赖有岳于双少保，人间始觉重西湖。

明朝王阳明亦曾撰联祭悼于谦：

赤手挽银河，公自大名垂宇宙；
青山埋白骨，我来何处吊英贤。

今天，杭州、河南、山西都世代奉祀他，香火不绝。

于忠肃公祠（吕小芽摄）

明朝浙江按察使周新

周新(？—1413),初名志新,字日新,明代广东南海人。明洪武年间以诸生身份进入太学,任大理寺评事,明太祖即位后历任监察御史、云南按察使、浙江按察使,后被明成祖封为杭州城隍,以为官清廉、善于断案而著称,人称“冷面寒铁”。明成祖永乐十一年(1413)周新因得罪锦衣卫指挥使纪纲而被诬陷,冤死。杭州百姓感恩周新对浙江的功绩,便开始供奉周新为城隍神,而且一供数百年,善男信女如云,香火不绝。永乐十四年(1416),纪纲被处死,最终真相大白。周新是一位曾官居监察御史,又担任过浙江按察使的外省籍官员。

早年经历

周新在洪武年间由地方上的诸生推荐进入太学,被任命为大理寺评事,因善于判决案件而被人称道。

明成祖即位后,周新改任监察御史。他敢于直言,很多官吏被他弹劾。权贵们都很害怕他。京城中甚至有人用他的名字来吓唬小孩,小孩一听到他的名字就奔逃躲藏起来。

周新身材魁梧,年少时已显得器宇轩昂,面目威严,气度过人。他遇事不平则鸣,待人严厉,每逢身边亲朋好友有所过失,必直言不讳地当面指出,全然不顾及朋友们的颜面。周新的朋友都说他为人过于直率,不懂人情世故,处事不够圆通,周新对此则不以为然。他认为,能指出他人的过失,才是真正的良师益友,如果对待他人,只懂得曲意逢迎,阿谀奉承,那算不上是真正的朋友。后来,朋友们都有错即改,总害怕自己的过错被周新知道,受到他的指责。

监察御史

建文元年(1399),周新以乡贡生员身份考中举人后被任命为大理寺评事。上任不久,就以善于断案而闻名。靖难之役后,明成祖朱棣即位后,周新改任监察御史。在监察御史任上,周新就显示出其刚直不阿的一面,无论是皇亲国戚,还是达官显贵,只要他们的行为有失规范,他一律上奏弹劾,并没有因为弹劾对象的身份而有所顾忌。

永乐元年(1403),周新奉命巡按福建,发现派驻福建沿海的卫所(明代派驻地方的一种军事建制)武官对州府地方官员不够尊重,于是将这种情况上奏朝廷,建议"司卫所不得凌府州县,府卫官相见均礼"。也就是说,都、司、卫、所各级武官不能凌驾、欺辱府、州、县各级文官,同等官阶的各级文武官员相见时都须用平等的礼节,武官们因此有所收敛。回到朝廷后,被提拔为云南按察使,未及赴任,又调任浙江按察使。

后来,他巡按北京。当时,令犯了徒刑流放之罪的官吏和百姓耕种北京闲田,监禁要详拟,往来待报,致使许多人死于狱中。周新请听从北京刑部或巡按官员的详拟派遣,以免滞留。皇上批准了他的奏折,并命令应判决的京畿内的罪人允许赎罪。

清官断案

永乐三年(1405),周新升任浙江按察使。当时,浙江一带,陈案堆积,冤案不止。当地含冤受屈的老百姓听说周新要来浙江出任按察使,欢欣不已,都认为:"我得生矣。"有了可以申冤活命的希望。周新果然不负众望,到任浙江后,很快使得那些受屈者沉冤昭雪,无罪释放。

周新身为一省之按察使,负责掌管一省之刑狱。他对辖区内的刑狱状况十分重视,亦曾视察辖区内的刑狱情况。在一次"微服私访"期间,他得罪了某县的县官,被逮捕入狱。周新进入监狱后,与囚犯们交谈,了解该县的治理情况。在得知县官有贪污的行为后,当即表明身份。县官惶恐谢罪,周新依然将其贪污罪状上奏朝廷,使其受到弹劾而被罢职。经过此事后，“诸县邑吏闻风股栗，莫敢恣肆”，当地吏治为之一振。

当初，周新赴任进入浙江地界时，成群的飞虫围着马头飞，周新追踪来源，在丛生的荆棘中发现一具尸体，死者身上系着一个小木印。他通过检验木印，判定死者原来是一个贩布的商人。就令人四处寻买布匹，看到布匹上的印文同死者身上所系木印相吻合时，就立即将贩布人逮来审问，最后将杀害贩布商人的强盗全部缉拿归案。

还有一位叫石仰塘的商人在黄昏时经商归来，因怕路上遇盗被劫，就把金子暂时藏在丛林中神庙的石头底下，回来后，他把此事告诉了他的妻子。等他再前往神庙里取金子时，发现金子不见了，于是便向周新报了案，请求侦讯。周新就召来商人的妻子进行侦询，果然发现商人的妻子私通别的男人。当商人突然回家的时候，私通者还藏在妻子的房间，暗里窃听到商人对妻子所说的藏金的话，便趁夜晚前去神庙将金子全部窃去。商人的妻子和她私通的人都被判了死罪。

明朝永乐十年(1412)，浙西遭遇严重水患，通政使司赵居任刻意隐瞒，不向朝廷奏报。周新向朝廷奏报此事后，朝中官员夏原吉为赵居任辩解开脱。永乐皇帝派人调查此事，证明周新所言属实，遂下令向当地民众发放救济。这令周新“廉使”的名声天下闻名。

嘉兴人倪弘三组织数千人劫掠周边郡县，当地官兵无法平定贼乱，使当地民众在遭遇天灾的同时又遭人祸，苦不堪言。周新督军抓捕倪弘三，从水陆两路堵截贼盗，最终在桃源将倪弘三逮捕，并移送至朝廷治罪。

含冤而死

明代厂卫制度严密，明太祖朱元璋在开国之初，即设立锦衣卫，赋予他们巡查缉捕之权，并直接向皇帝负责。朱棣即位后，更加强了锦衣卫的职权，赋予其可直接逮捕、审问犯人的权力，刑部、大理寺等无权过问。正是由于这种“无节制”的权力，使得明代锦衣卫有恃无恐，肆意欺压百姓乃至朝廷命官。当时的锦衣卫指挥纪纲颇受明成祖的器重，他派一名武官千户任浙江的缉事，该人攫取财物，作威作福。周新要审察处治他，这名武官逃匿而去。不久，周新送文册进京，在涿州遇到这位武官，就把他抓起来关押在涿州的监狱里。武官脱身逃跑后向纪纲告状，纪纲捏造事实上奏皇上说周新有罪，明成祖大怒，下令逮捕周新。押解的官员都是纪纲的心腹，在途中把周新打得体无完肤。到了京城，周新伏在台阶前，慷慨陈词说："陛下您下诏按察司执行公务，与都察院一视同仁，我奉皇上之命捉拿奸恶的罪人，怎么反倒判我的罪?"明成祖更加恼怒，下令杀了周新。

临刑前，周新高喊："我活着是正直的臣，死了要做正直的鬼!"明成祖最终还是杀了他。后来有一天，明成祖后悔了，问侍臣说："周新是什么地方人?"回答说："南海人。"明成祖叹息说："岭外竟有这样的人，我错杀了他。"后来，纪纲因犯罪被处决，事情的真相更加清楚了。周新的"生为直臣，死当作直鬼"的誓言从此流传开来。

周新含冤而死的消息传回广州，广州士民感念周新的刚正廉洁，故将其故居所在地、位于广州城南的"高第里"，改名为"仰忠街"，以彰其忠烈，现该街道仍沿用此名。

周新与妻子并无子嗣，周新死后，其妻子返乡过着清贫的日子。时任广东巡抚的杨信民极为佩服周新的为人，称其为"当代第一人"，不忍看见其妻子生活穷困，经常在生活上给予接济。周新的妻子在景泰(1450—1457)初年病逝时，在广东做官的浙江籍官员都前来为她送葬。

羽化成神

周新死后，民间流传有不少关于周新羽化成神(或成为城隍爷)，继续治贪除恶、保境安民的传说。这些传说无不寄托着百姓希望"青天不灭"的美好愿望，正如明人黄佐所言"新之清风劲节，固不待于此而自可传于不灭也"。

周新曾说："责善，朋友道，苟阿谀，胡取友为!"周新在杭州为官期间，吏治廉明。在任浙江按察使期间，因断案公正，以"善于断狱"而为后世所记住。浙江人民立碑、立祠、修庙来纪念这位好官。当年悔恨不已的明成祖追封周新为浙江城隍之神。而如今，浙江人民怀念他，在编写《浙江通志》时，把他列入"名宦传"。瞿同祖评论道：周新不仅爱憎分明、赏罚有度，而且在具体办案中心细如发、体察入微，表现出高超的判案技巧。

明朝左都御史项忠

项忠(1421—1502),字荩臣,号乔松,浙江嘉兴(今浙江省嘉兴市)人。明代中期名臣。正统七年(1442)进士,授刑部主事,进员外郎。历任陕西按察使、右副都御史、右都御史、左都御史、兵部尚书等职。他胸怀大略、刚正不阿、廉洁自守、政绩斐然,所到之处,万民颂扬。

项忠是一个传奇人物。正统十四年(1449),项忠随明英宗北征蒙古瓦剌,于土木堡被俘,瓦剌人命令他喂养马匹,他乘间隙挟持两匹马南奔,马疲,弃之,徒步走七昼夜始归宣府。在瓦剌时,有一蒙古族姑娘与项忠结为夫妇,为帮助项忠逃归中原,中途舍身救夫,跳崖牺牲。

进士及第

景泰中,项忠由郎中提升为广东副使。巡行高州时,准确判断出贼人劫持的百姓,保证他们的生命安全。天顺初年(1457),任陕西巡察使。不久因母丧,辞官回家服丧,陕籍军民纷纷到朝廷请求项忠留任,得到明英宗同意。天顺七年(1463)因陕西连年遭灾,项忠命令开仓,以 180 万石粮食救济灾民,并奏请免陕西税粮 91 万石。同时,对犯轻罪的人施行纳米抵罪,百姓依靠这些粮食得以度过灾年。天顺七年(1463)十一月,朝廷以大理寺卿召项忠赴京,陕西父老又一次要求朝廷挽留项忠,明英宗将项忠提升为右副都御史,巡抚陕西。

当时,西安水质多碱不能饮用,项忠组织人力开龙首渠及皂河,引水进城。又疏浚泾阳郑、白二渠,灌溉泾阳、三原、醴泉、高陵、临潼五县田地七万多顷。百姓深受其惠,感念其治水功德而建祠堂。

不久,居住在洮(洮州,属甘肃省)、岷(岷州,在甘肃南部)的羌族起事。项忠上疏说："羌族入侵，目的在劫掠财物，如果将他们全部杀尽有伤仁慈，只是抚慰则不能显出大明的威武，请让我视机行事。"明英宗同意后，项忠率陕西子弟兵到边境占据险要之处，摆好阵势，要讨伐羌族，其实只是虚张声势。羌族首领见项忠声势浩大，吓得一一投降，项忠的机智用计，使边境百姓安居乐业。

成化元年(1465)，项忠为整饬军纪及选拔武官，上疏说："三边大将遇敌逗留，虽云才怯，亦由权轻。士卒畏敌不畏将，是以战无成功，宜许军法从事。"又说："庙堂选拔将才，一年多来没有一人应诏。陕西民风强劲，古多名将，难道如今就没有人才吗？其原因在于武将不能应答策问罢了。现今学校中的生徒善于应答策问的人一百人之中也不过一二，为何要以此要求武人呢？"明宪宗认为项忠的意见正确，允许项忠在实际工作中选拔武将，而项忠的下属却墨守成规不能改革。

成化元年(1465)七月，鞑靼毛里孩袭扰榆林，八月又袭扰延绥(治所在今陕西省绥德县)，项忠与彰武伯杨信合力抵御，大败。第二年，毛里孩深入六州县，掳掠而去，兵部为此上书弹劾项忠，但他得到明宪宗原宥。

成化四年(1468)，陕西固原开城土官满俊(亦名满四)据石城(即唐代吐蕃的石堡城)发动叛乱，自称"招贤王"，项忠督军经大小三百余战，终于攻克石城，讨平叛军，擒获满俊。此后，升为右都御史，与林聪共掌都察院事。六年，李原率流民在湖北荆、襄地区起义，称"太平王"，连占南漳房、内乡、渭南诸县，流民附者百万，项忠受命总督军务，与湖广总兵李震一起率各路大军 25 万人，分八道进击起义军，并在竹山(今湖北省竹山县)乘山洪暴发，溪水大涨，半渡截击，李原等战败被俘杀，流民被迫遣散，沿路被杀及因饥饿瘟疫而死者达数十万人。项忠进左都御史。成化十年(1474)，升刑部尚书，不久为兵部尚书。弘治十五年(1502)去世，享年八十二岁，授太子太保，谥号"襄毅"。

抵御叛军

成化四年(1468)，满俊反叛。满俊又名满四，满俊的祖先巴丹，自明朝初年率领部属归附朝廷，世代统领千户的游牧部落。沿用过去俗规，无捐税徭役。其地在开城县的固原里，接着边境。满俊蛮横，向来收藏坏人盗贼，常出边境抢掠。恰好有官司牵连满俊，有关部门追踪来到他的家，多方索求，满俊发怒，于是煽动部众作乱。守臣派遣满俊侄子指挥满王寿前往捉拿。满俊杀掉满王寿的随从，劫持满王寿反叛，进入石城据守。石城，即唐代吐蕃石堡。城非常险固，没有数万人是不能攻克的。山上有城墙栅栏，四面峭壁，里面开凿五口石井用以贮水，只有一条小路可以上山。满俊自称“招贤王”，有兵四千。都指挥邢端等与满俊交战，被打败。不到两个月，满俊众至二万，关中震动。就命项忠为总督军务，与监督军务太监刘祥、总兵官都督刘玉率领京营以及陕西四镇的军队讨伐满俊。军队还未行，而巡抚陈价等先以三万军队前往讨伐，又被打得大败。满俊军队借助缴获的官军器械铠甲，声势更加嚣张。朝廷中商议要增兵。项忠考虑到京师的军队脆弱不能依靠，而且再派遣大将则扰乱军队的统一指挥，因而向明宪宗报告说：“臣等调兵三万三千余人，足以灭贼。现在深秋野地寒冷，如果再调其他军队，恐怕来回需要时间，贼得以远逃。况且边兵不能久留，增兵不便。”大学士彭时、商辂表示赞同，京军也就没有派遣。

项忠就与巡抚都御史马文升分兵七路，抵达石城下，与满军交战，杀伤敌人和俘虏敌人很多，伏羌伯毛忠乘胜攻其西北山，几乎攻破，忽然中箭而死。刘玉也被包围。诸军想退，项忠斩一千户长示众，军队兵士尽力拼战，刘玉方得获救，于是项忠布兵围困敌军。恰好有彗星在台斗星位出现，朝中很多人说其对应于秦地，这次出师不利。项忠说：“李晟讨伐朱泚时，彗星就居岁星位，这又有什么关系呢？”项忠每天派兵迫近城下，焚烧牲口草料，断绝其引水的渠道。叛贼走投无路想投降，就邀请与项忠、马文升相见，项忠同刘玉两人骑马赴约，马文升也带着几十个骑兵到了，呼喊满俊、满王寿迅速投降。叛贼远远地望见罗列而拜，项忠单骑上前挟制满王寿返回，满俊十分沮丧，犹豫着不出来。项忠命令兵士将木头绑成桥，用土袋填平护城河和壕沟，以铜炮发石头攻击，叛贼伤亡更加惨重。满俊的爱将杨虎狸夜间出城取水被捉，项忠赦免他的死罪，对杨虎狸说明，如果配合抓住满俊将有重赏，又当面出示了赏金，并且赐他金带钩，放他回去。杨返城后引诱满俊出来作战，满俊被埋伏的军士活捉。项忠带兵迅速攻下石城，将城内余寇全部俘获。项忠捣毁这座城，在石头上刻字记下战功。在固原西北西安废城增加一个卫所，留下军队戍守后，率军而还。

当初，石城尚未攻下，天气十分寒冷，士兵非常疲乏，项忠担心叛贼突围逃走，乘河水结冰过河与河套敌寇汇合，就日夜准备进攻的器具，战时身先士卒，面对流箭石雨从不躲避，经历了大小三百多战。彭时、商辂深信项忠能够打败叛贼，不从中遏制他，令项忠终于消灭了叛贼。因为战功显赫，项忠被升为右都御史，与林聪协同主管院事。

白圭已经平定刘通，荆州、襄阳地区的流民聚集如故。刘通同党中有个外号叫李胡子的人，名叫李原，伪称平王，与小王洪、王彪等抢劫南漳、房县、内乡、渭南各县。流民归附李贼的已到百万人。成化六年(1470)冬天，朝廷下诏书任项忠为总督军务，与湖广总兵官李震一同征讨李原，项忠上奏章请调永顺、保靖士兵。而先分兵守住各要害部位，到处竖立旗帜配备钲鼓，派人进山招降，流民返回家乡的有四十余万人，王彪也被擒获。这时白圭任兵部尚书，他派锦衣百户吴辅助参将王信的军队，吴企图窃取战功，不希望叛贼瓦解，放出流言，白圭相信了，停止增调士兵。项忠上疏争辩，并且弹劾吴的罪行，皇帝因此召吴回来，而且批准了原来的调兵计划。士兵加起来有二十五万人，分八路进逼，流民归来的又有几万人。贼潜伏在山栅，伺机出来掠劫。项忠命令副使余洵、都指挥李振攻打，在竹山两军相遇，溪水上涨，乘贼渡河过了一半发起截击，擒获李原、小王洪等，贼被溺死很多。项忠将军队转移到竹山，捕捉余孽，又招来流民五十万人，斩首六百四十人，俘获八百多敌人，家眷人口三万余人。每户选一男丁，守卫湖广边境，其余的回归原籍分田耕种。项忠上疏陈述善后十件事，朝廷全都批准实行。

驱赶流民

项忠下令驱赶流民，有关部门则一律逼迫驱逐。如不走，就杀掉。流民中有自洪武年间就自外地迁来，已成为有户籍的当地居民，也在被遣返之列中。守边的流民乘船途中病死很多。给事中梁王景趁着朝廷因为星相变化广开言路之机，弹劾项忠胡乱杀人，白圭也说流民已经立业的，应随所在地落户籍,又驳斥项忠所报功的等次互相矛盾,明宪宗都不听,升项忠为左都御史,荫庇儿子项绶为锦衣千户,对诸将按级别记录功劳。

项忠上疏道:“臣先后招抚流民复业的有九十三万余人,贼党逃入深山,又通过告示解释自动解散归来五十万人。俘获的一百人都是首恶。现在说都是良家子弟,那么前些时候屡次上奏朝廷猖獗难以抵御的又是谁呢?贼党本来就应判死罪,正因为不忍滥杀,因此才罚遣壮年男子去守边。这些久已在当地落户籍的人,有的竟然占山四十余里,招聚无赖千人,争斗劫掠杀人,像这样的人,可以久居而不遣返吗?臣张榜警告贼,说是已杀几千人,只是虚张声势威慑贼人的,并不是实事。况且白圭本人也曾经负责此事,今天这件事又是白圭本人所遗留下来的。前些时候,朝廷内外谈论的是说荆、襄流民的祸患哪一天能安定,现在有幸平定了,而流言沸沸腾腾,以我为攻击的目标。从前马援打胜仗后从交趾运回一车薏苡被人诽谤为一车明珠,魏将邓艾被朝廷下诏书用槛车囚回,他们的功劳不被记载,连自身都难保,臣有幸遇到圣明的皇帝,请求赐给我这把骨头,不要使臣步马援、邓艾的后尘。”明宪宗以情词恳挚的诏书答复他。

请求返乡

成化八年(1472),朝廷召项忠回来,与李宾协掌院事。过两年拜为刑部尚书,不久代替白圭为兵部尚书。

成化十三年(1477),汪直开西厂,放肆蛮横,项忠屡次遭到汪直的侮辱不堪忍受,正好大学士商辂等弹劾汪直,项忠也带领九卿弹劾汪直。皇帝将弹劾汪直的奏章留在宫中不加处理,但是西厂还是停办,汪直心中十分怨恨项忠等人。没多久,西厂又恢复,汪直用吴绶为心腹,吴绶心揣前仇,更加急切地寻找项忠的差错,以资报复。项忠心中不安,请求返乡治病,还未成行,而吴绶唆使侦探的人诬告项忠有罪。给事中郭镗、御史冯贯等又上奏章弹劾项忠,事情牵连项忠的儿子项经、太监黄赐、兴宁伯李震、彰武伯杨信等。宪宗下诏由法司会同锦衣卫在朝廷审讯,项忠大声争辩毫不屈服,然而众人知道这一切出自汪直的意愿,无人敢为他辩白,竟将项忠削职为民,黄赐与李震等也被判罪。直到成化十七年(1481),汪直垮台后，项忠恢复官职，后辞官回乡，在家居住二十六年，到弘治十五年(1502)，去世，享年八十二岁。追授太子太保，谥号“襄毅”。项忠墓在嘉兴市南湖乡，原墓地广四十余亩，松柏参天，多至千株，清朝中期尚存旧迹。

青史留名

项忠为人倜傥，胸怀大略，精通军务，刚正不阿，善于处理政事，因此他所任职之处，都受到人们特别称赞。《明史》赞曰：“忠倜傥多大略，练戎务，强直不阿，敏于政事，故所在著称。”

宋徵璧评论道：一国之大事，唯在戎索。董正六师，以匡王国，惟大司马(兵部尚书)是赖。强本弱枝，制变弭患。虽事难隃度，而枕席度师。或躬亲简练，而旌麾改色。本朝如于忠肃(于谦)、王庄毅(王竑)、项襄毅(项忠)、余肃敏(余子俊)、马端肃(马文升)、刘忠宣(刘大夏)、王恭襄(王琼)、李康惠(李承勋)、王康毅(王宪)、王襄敏(王越)、杨襄毅(杨博)，诸公之在枢密，尤为矫矫。

张岱在《石匮论赞》中评曰：国家以武事责文臣，任极重而其报功极轻。……至项忠、韩雍，其平蛮功皆出赵辅、刘聚上，而论功者止进一阶，荫一子镇抚而已，何以服人心！何以示后世哉！

忠孝碑刻(陈金波摄)

明朝右副都御史孙燧

孙燧(1460—1519),字德成,号一川居士,浙江余姚子小家境(今慈溪市横河镇孙家境村)人,明代著名忠烈之臣。郑州递运所大使孙新之子。弘治六年(1493)进士。弘治十年(1497),授刑部贵州司主事,用法典狱不苟。正德六年(1511),升福建布政使参政。正德八年(1513),升贵州按察使。未莅任,改山东。正德十年,升河南右布政使。正德十四年(1519)十月,擢右副都御史,巡抚江西。七疏宁王朱宸濠必反且晓以大义,被遮蔽阻截不得达上听,终反被害,卒赠礼部尚书、文渊阁大学士、光禄大夫,谥号"忠烈"。

敢于涉险

孙氏世居余姚烛溪湖西北的孙家尖,南宋晚期陆续迁至湖东,"方十里许,烟交栋接,无他姓相杂",乡人称之为"孙家境"(现属慈溪市横河镇)。孙燧娶妻杨氏。杨氏本是姚江名门之后,自幼熟读《孝经》《列女传》,自然深谙教子之道。育有三子:孙堪、孙墀、孙升。长子堪(1483—1553),字志健,号伯泉,承荫为锦衣卫正千户,由嘉靖五年(1526)武举第一官至都督佥事,以孝旌;次子墀(1489—1556),字志朝,号仲泉,嘉靖八年(1529)由选贡生仕至尚宝司卿;季子孙升(1501—1560),字志高,号季泉,明嘉靖十四年(1535)韩应龙榜进士第二名(榜眼),授翰林院编修。

宁王朱宸濠有叛逆阴谋,勾结宦官和受皇上宠信的大臣,一天到晚打探朝廷中的事态,希望有所变化。朱宸濠厌恶江西巡抚王哲不依附自己,就对他下毒,让他生病,一年就死了。董杰代替王哲,仅 8 个月也死了。从此以后,到这个地方当官的人都惴惴不安,把能够离开当成幸运的事。

孙燧凭着才能和节操，在地方官员中声名卓著，于是朝廷官员们就推举他代替董杰。

预防叛乱

正德十年(1515)十月，孙燧被提拔为右副都御史，任江西巡抚。孙燧巡抚江西时，宁王朱宸濠有谋反自立之心并密谋加紧准备，朱宸濠叛逆的情况已经大为显露，南昌人议论纷纷，说朱宸濠早晚会得到天子之位。孙燧有所觉察，他身边的侍卫，都是朱宸濠的耳目，但孙燧的提防、观察很细密，身边侍卫没能窥探到什么。孙燧一面加强江西地方武备，一面向朱宸濠陈说大义，并屡次公开反对朱宸濠，遭朱宸濠忌恨。朱宸濠欲借自己庆祝生日大摆筵席之机谋反，孙燧应邀前往，并与朱宸濠针锋相对，宴后遭朱宸濠杀害。朱宸濠叛乱不久即被南赣巡抚王守仁平定。

英勇斗争

当时，宁王朱宸濠外结群盗，内通权佞，挟持群吏，逆谋反叛，不肯附从者，累遭暗害，孙燧决心“生死以之”，遣妻、子还乡，独携二僮入南昌。起初，他向朱宸濠陈说大义，遭到拒绝，朱宸濠反而派遣耳目安插在孙燧左右。孙燧知道按察副使许逵忠勇，即与商量对策。于是托言防御他寇，加固南昌周围城池，请重兵把守九江要害，又请设通判驻弋阳，兼督旁五县之兵，加强防范。为防朱宸濠劫兵器，又假托防贼，将辎重转移他所。孙燧认为，如果朱宸濠真的叛乱，也一定因这样的摆布而迅速破灭。朱宸濠也察觉到了孙燧的意图，一面使人贿赂朝中幸臣设法将孙燧调走，一面又派人送枣、梨、姜、芥四物给孙燧，暗示孙燧“早离疆界”。孙燧笑而却之。

正德十三年(1518)，江西发大水，朱宸濠同党凌十一、吴十三、闵廿四等流扰鄱阳湖，孙燧与许逵计划从江外围捕。夜，大风雨，三贼逃入朱宸濠祖墓间失踪。于是，孙燧密疏朱宸濠必反，秘密上书，称朱宸濠“不愿做藩王，甘愿去做盗魁，想是做藩王的趣味，不如盗贼为佳”。但一连七道上疏都被朱宸濠同党中途缴截。朱宸濠极为恼怒，设宴想毒杀孙燧，未成。

惨遭杀害

第二年,朱宸濠胁迫巡镇官向朝廷表奏他的孝行。朝廷正议论降旨责备孙燧,恰好御史萧淮完全揭发了朱宸濠图谋不轨的情况,下诏派重臣宣读圣旨,朱宸濠得知后,就决意造反。六月十三日,是朱宸濠生日。他决定借自己生日聚宴之机进行叛乱。宴请次日,孙燧及其所属主要属官进入朱宸濠的府中致谢。朱宸濠在左右埋伏了士兵,大言不惭地说:“孝宗被李广所误导,抱养民间孩子,紊乱宗祧,我祖宗不享祭祀十四年了。现在太后有诏令,命令我起兵讨伐奸贼,你对此也有所了解了吧?”众人互相观望,惊讶瞪眼回望,孙燧径直上前说:“怎么能有这样的话!请拿出诏书来给我看。”朱宸濠曰:“你少啰唆,我今将前往南京,你要随从保护我的车驾。”孙燧大怒说:“你是找死罢了。天上没有两个太阳,臣子不可能侍从两个君主,太祖的法制都在,哪个敢行悖逆之事?”朱宸濠恼怒地呵斥孙燧,指挥手下士兵捆绑孙燧。许逵奋不顾身说:“你们怎么敢侮辱天子的大臣!”并用肢体像鸟张开翅膀一样掩护孙燧,叛贼将许逵一并绑了。二人一边拒绑,一边怒骂,骂不绝口。叛贼殴打孙燧,打断了他的左臂,他和许逵一同被奸贼拖了出去。许逵对孙燧说:“我之所以劝您先发制人,就是知道会有今天的缘故。”孙燧、许逵一同在惠民门外被杀害。

平叛首功

这一年,孙燧六十岁。孙燧的儿子孙堪听说父亲被害,率两个弟弟孙墀、孙升赶到南昌,欲报父仇。这时朱宸濠已经被擒,兄弟三人扶父亲灵柩归葬。据《明史·孙燧传》载:“燧生有异质,两目烁烁,夜有光。死之日,天忽阴惨,烈风骤起,凡数日。城中民大恐,走收两人尸,尸未变黑,云蔽之,蝇蚋无近者。”

后来,吉安知府伍文定起兵,设孙燧、许逵木主于文天祥祠,率吏民祭之,遂与南赣巡抚王守仁,共平濠乱。王守仁认为这次平乱,孙燧为首功,在追悼大会上说:“孙燧是大忠臣,孙堪是大孝子!”王守仁是一代大儒,给了孙燧极高的评价，并遣使护其丧归乡。

明世宗朱厚熜即位，诏录孙燧功绩，追赠孙燧为礼部尚书，谥"忠烈"，荫一子为锦衣卫百户。与许逵并祀南昌，赐祠名"旌忠"，余姚籍的大学士谢迁撰写碑文。嘉靖二年(1523)，余姚知县邱养浩请准上司，于龙泉山南麓建忠烈祠，浙江提学副使黄芳书撰《灵绪山忠烈祠碑记》。在此前后，为纪念孙燧建祠的还有：浙江巡按御史周汝贞于杭州建同仁寺；浙江巡抚刘儿、巡按庞尚鹏于杭州涌金门外建忠烈神祠，余姚籍大学士吕本撰文纪事；绍兴知府沈启于卧龙山建旌忠祠等。

后继有人

孙氏虽然是官宦世家，但皆以清白遗家，家产贫薄，衣粗食淡，清贫度日。孙燧除有忠义品行外，文才也十分值得称道，孙燧在《常山草坪驿中和见素先生韵》一诗中，表达了他的志向。诗曰："纲要自古要担当，弱水谁将驾苇航？岭道风行豺遁远，海空云阔雁飞忙。身从许国频加爱，发为忧民忽变苍。醉饱君恩无以报，寸丹惟不愧朝堂。"孙燧勤政爱民、忠肝义胆的形象跃然纸上。他的遗著有《案牍稿》十卷、《四圣糟粕》、《诗文启劄》六卷、《恤刑录》二卷、《审录编》二卷、《奏议》四卷、《巡抚榜文》一帙及《陆恒易学指南》等。

孙燧幼子孙升，嘉靖二十五年(1546)，出任应天府乡试考官。升国子监祭酒。官至南京礼部尚书。孙燧死的时候，孙升才八岁。因为孙燧被宁王所杀，孙升终身不写"宁"字。孙升博览群书，勤勉好学，和他的两个哥哥并称"孙氏三贤"。孙升作为一个读书人，从不参与政坛上的蝇营狗苟，南京的官员本身也是闲职，他把大量的时间和精力用在修身、做学问上，名声很好。孙升死后，被追赠为太子少保，谥号"文恪"。

孙升的儿子孙鑨，沿袭了祖父孙燧和父亲孙升的好人品，为官不错，学问一流，与平湖陆光祖、余姚陈有年并称为"浙中三贤太宰"。孙鑨曾经大力抨击嘉靖皇帝修道炼丹，不被皇帝待见，被迫办了病退。换了皇帝之后，孙鑨被再度启用，历任光禄卿、南京兵部尚书、吏部尚书，基本上都是闲职。孙鑨死后，被追赠太子太保，谥号"恭简"。

明朝左佥都御史王守仁

王守仁(1472—1529),幼名云,字伯安,别号阳明。浙江绍兴府余姚县(今属浙江省宁波市余姚市)人,因曾筑室于会稽山阳明洞,自号阳明子,学者称之为阳明先生,亦称王阳明。毛泽东早年笃信的“宇宙之真理,各具于人人之心中”①,正是王阳明“心即理”学说的体现。2018 年 5 月 2 日,习近平总书记在北京大学师生座谈会上的讲话中引用王阳明的话强调:“志不立,天下无可成之事。”②鼓励青年学子立大志、成大事,为祖国和人民贡献青春与智慧。

弘治五年(1492),二十一岁的王阳明中举。弘治十二年(1499)中进士。先是观政工部,继而钦差河南浚县督造威宁伯王越坟,返京后授刑部云南清吏司主事。弘治十七年(1504)秋,三十三岁的王阳明结束在越养病后返京履职,应巡按山东监察御史陆偁之聘,主考山东乡试。九月,改兵部武选清吏司主事。弘治十八年(1505),王阳明被贬到了贵州龙场。正德五年(1510),龙场三年贬谪期满,王阳明升任庐陵县(江西省吉安县)知县。冬十一月,入觐。十二月,升南京刑部四川清吏司主事。正德六年(1511)正月,调吏部验封清吏司主事。二月,为会试同考试官。十月,升文选清吏司员外郎。正德七年三月,升考功吏郎中。十二月,升南京太仆寺少卿,便道归省。正德九年(1513)四月,累官至南京鸿胪寺卿,官居正四品。正德十一年(1516)九月,升都察院左佥都御史,巡抚南、赣、汀、漳等处军务,给旗牌得便宜行事。十月,平横水、桶冈诸寇。正德十三年(1518)六月,升都察院右副都御史,荫子锦衣卫,世袭百户。

---

① 《毛泽东年谱(1893—1949)(修订本)》(上卷),北京:中央文献出版社,2013,第 27 页。

② 习近平:《在北京大学师生座谈会上的讲话》,北京:人民出版社,2018,第 12 页。

王阳明是中国历史上罕见的立德、立言、立功的圣人，他的一生都是传奇，年少叛逆却成大器，一介书生却能用兵，更能创立心学，影响直至五百年后。

少年立志

明成化十七年(1481)，王阳明的父亲王华高中状元，在京任职。十一岁的王阳明跟随父亲一起，告别家乡余姚的小桥流水来到京城。第二年，父亲为他聘请老师，让他正式接受儒家经典的系统训练。

王阳明听课认真，善于思考，经常提问。有一次，王阳明问老师："何为天下第一等事?"老师见小小孩童竟有如此悟性，笑答："第一等事当然是好好读书，考取功名。"王阳明说："登第做状元恐怕不是人生头等大事。"老师问："那你觉得什么是头等大事?"王阳明若有所思，认真地回答说："依我看，天下第一等事乃是做圣贤!"这一句话，奠定了他以后要走的路。

王阳明从小就立大志，并朝着这个目标不懈努力，终于成为圣贤，成为后世学习的楷模。

机智脱险

明弘治十八年(1505)，朱厚照继位，为明武宗。1506 年改元为正德元年，人称正德皇帝。正德皇帝是明代最风流成性的天子，他荒淫无道，整天与一帮太监混在一起，游山玩水，酗酒逞强，把朝政当儿戏，只听任刘瑾等宦官胡来。刘瑾狐假虎威，朝政大坏，凡有良知的官员都痛心疾首，但大部分官员选择了趋炎附势。正德元年(1506)冬天，正直官员戴铣、薄彦徽等 20 多人上书正德皇帝，要求严惩刘瑾一伙人，结果反被打入死囚大牢。

当时，任兵部主事的王阳明出于义愤，冒死和其他人一起上书为这些官员辩护，请求释放他们。正德皇帝看了奏疏，极不耐烦地对刘瑾说："这些小事就不要烦我了，你自己看着办吧。"刘瑾此时正对王阳明等人恨之入骨。他当即下令，将王阳明重打四十大板，谪迁至贵州龙场，当一个没有品级的驿丞。尽管这样，刘瑾仍不想放过王阳明，他暗中派人尾随王阳明，准备在途中将他害死。

王阳明行至钱塘江，遇到了刘瑾派出的杀手。他急中生智，乘夜色跳入江水之中，并把自己的衣物留在岸边，制造了投水自杀的假象。浙江官府和他的家人都信以为真，在钱塘江中四处寻找尸体，还在江边哭吊了一场。王阳明潜逃到福建，想隐姓埋名，了此一生，又担心影响家人的安全，只好想方设法避过追杀，到贵州赴任。后来，刘瑾倒台，王阳明被重新起用。

龙场悟道

阳明心学的起点是"龙场悟道"，它奠定了心学的基石，并构建起"心即理"—"知行合一"—"致良知"的基本理论框架。倘若不经此"大彻大悟"，王学恐怕很难臻于炉火纯青的境界。

王阳明被廷杖四十大板之后，发配到龙场，一住便是三个年头。王阳明惨遭此祸，心境自是孤独、寂寞、苦闷、悲戚。他由繁华、恬静、文雅、舒适的万户京城，陡然飘落到偏僻、荒凉、寂寥、冷漠的龙场，举目无亲，衣食无着，不由得产生一种巨大的失落感，仿佛由天堂坠入地狱，跌入万丈深渊。他自知无处申冤，万念俱灰，唯有生死一念未曾了却，于是对石墩自誓："吾惟俟命而已！"他心乱如麻，恍恍惚惚，悲愤忧思无法排解，终夜不能入眠。起而仰天长啸，悲歌以抒情怀。诗不能解闷，复调越曲。曲不能解闷，乃杂以诙笑。在此绝望之中，是淳朴善良的龙场人给予他无私的援助，使他看见了一线希望的曙光，有了生活的勇气，重新站立起来，与命运抗争。

他用"生命的体验"来面对人生，面对残酷的现实，走上一条艰苦、独特的道路，从而成为他人生中的一大转折，成为他学术思想的新开端。龙场在万山之中，"书卷不可携"，于是他默记《五经》要旨，但凭自己的理解去领悟孔孟之道，忖度程朱理学。这一改变，使他摆脱了世间凡俗，跳出了"以经解经""为经作注"的窠臼，探索到人生解脱之路。

王阳明在龙场附近的一个小山洞里“(把)玩(周)易”,在沉思中“穷天人之际,通古今之变”,心境由烦躁转为安然,由悲哀转为喜悦,一种生机勃勃的情绪油然而生。在龙冈,他写成了《五经臆说》,以其极富反叛精神的“异端曲说”向程朱理学发起猛烈轰击。谪居龙场三年,使他最受感动的就是那些朴质无华的“夷民”,他们非亲非故,却能拔刀相助,为他修房建屋,帮助他渡过难关。这与京城中“各抢地势、钩心斗角”的情况相比,有如天渊之别。他体味到人间真情,深感“良知”的可贵,从中得到新的启示和灵感。

在龙场这既安静又困顿的环境里,王阳明结合历年来的遭遇,日夜反省。一天半夜里,他忽然有了顿悟,认为心是感应万事万物的根本,由此提出“心即理”的命题,认识到“圣人之道,吾性自足,向之求理于事物者误也”。这就是著名的“龙场悟道”。

“千古龙冈漫有名”,这是王阳明贬谪龙场期间所写的一个诗句,用以怀念和赞颂三国时的诸葛亮。如今,这一诗句却成了后人对他的赞誉与缅怀。龙冈,因王阳明而名扬四海,被人们誉为“王学圣地”。天下的王学,无论是浙中、江右、泰州、南中、楚中、北方、粤闽诸学派,抑或是日本的阳明学、朝鲜的实学以及东南亚、欧美的王学,寻根溯源,都以贵州为渊薮,以龙冈为始发地。

乐于助人

王阳明谪居龙场期间,与地方官员关系融洽,和当地少数民族也友好相处。少数民族朋友帮助他整修石洞,伐木割草修建了龙岗书院。他在《何陋轩记》中高度赞扬少数民族“就像一块没有经过雕饰的璞玉,没有经过墨斗线衡量的木材,虽然显得粗砺顽梗,但是椎斧还可以对他们进行加工、取用”。他认为,不可以说他们鄙陋,通过教化,他们可以成为对社会有用的人才。他在龙岗书院一边给弟子们讲授研究事物深奥微妙的方法,以及了解宇宙万物的本原和事物发展的规律,一边还教少数民族青年学习汉语、认识汉字、学习礼仪,深受当地少数民族的爱戴。

王阳明乐于助人,受贵州宣慰使安贵荣之请,为水西彝族人民修复的象祠作《象祠记》;受贵州提学副使席书之聘,到贵阳文明书院授课;为按察副使毛科写《远俗亭记》,为监察御史王济写《文章轨范序》,为总兵施怀柔写《气候图序》,为阳朔知县杨尚文写墓志铭,等等。他与贵州许多政界人士都有友好的交往,有诗唱和。

王阳明很尊重龙场人民,龙场人民也因他的人品风范而十分崇敬他。在生活中,他不向附近少数民族朋友索要任何物品,自己亲自种地、浇园、砍柴、担水、做饭,并照顾生病的随从二人,生活虽然困苦,但其精神状态却很乐观。

王阳明是一个工作效率很高的人,在龙场短短的两年多时间里,他就写了《居夷诗》一百四十余首,著有《五经臆说》四十六卷,共有记、序、文、信等各类文章三十五篇。其中被选入《古文观止》的名篇有《瘗旅文》《象祠记》,这些诗文的历史价值和学术价值都很高,是研究阳明心学和贵州文化的可贵资料。

圣人情怀

王阳明具有悲天悯人的圣人情怀,明正德四年(1509)秋天,一吏目带其子和仆人,自京城来准备去南边上任,却先后死于蜈蚣坡。王阳明听说后,想到三具暴露的尸体无人收殓,恻隐之心油然而生,便带领两个童子拿着畚箕、铁锸、鸡一只、饭三钵,亲自到蜈蚣坡将三具尸体掩埋,并作《瘗旅文》凭吊。

贵州宣慰使安贵荣准备减去龙场九驿,王阳明致书给他剖析弊端,使安贵荣省悟,放弃了减驿的计划。水东苗族酋长阿贾、阿扎聚众造反,进逼贵阳,安贵荣不出兵阻挡,王阳明再次致书安贵荣,陈述利害,劝其出兵,平息了一场大乱,使广大人民避免了一场灾难,维护了民族的团结和国家的统一安定。

正德十二年(1517)五月,王阳明在《告谕浰头巢贼》中说道:"乃必欲为此,其间想亦有不得已者,或是为官府所迫,或是为大户所侵,一时错起念头,误入其中,后遂不敢出。此等苦情,亦甚可悯。然亦皆由尔等悔悟不切。尔等当初去后贼时,乃是生人寻死路,尚且要去便去;今欲改行从善，乃是死人求生路，乃反不敢，何也?"大意为王阳明在征伐龙南三浰时，深知造反的"乱民"或是被官府所迫，或是被大户所侵，或是被豪强所夺，使得民不聊生，一时错起念头，误入其中，才到山中造反抢劫，于是采取"重抚轻剿"的方略，将造反的"乱民"包围在山中围而不剿，又派人送去米粮、酒肉、银钱、布匹等物品进行安抚。并张贴告示，对造反的"乱民"动之以情，陈之以利害，使很多"乱民"颇受感动，致多部头领率部投诚。

王阳明要求部属视民如子，他《行浔州府抚恤新民牌》中有："各官务要诚爱恻怛，视下民如己子，处民事如家事，使德泽垂于一方，名实施于四远，身荣功显，何所不可。如其苟且目前，虚文抵塞，欺上罔下，假公营私，非但明有人非，幽有鬼责，抑且物议不容。"正是从这样的思想出发，他处置广西思恩洲、田州之乱，极力主张招抚，他认为"然欲杀数千无罪之人，以求成一己之功，仁者之所不忍为"。

减轻民苦

正德十四年(1519)三至七月，江西大旱，又遇朱宸濠叛乱，民困极度，王阳明三次向皇帝疏请放宽租税，均未获准，他便把朱宸濠侵占百姓的田地房屋归还本主，变卖余下土地财产救助饥民和替代灾民交税。他在《乞宽免税粮急救民困以弭灾变疏》中说："夫免江西一省之粮税，不过四十万石，今吝四十万石而不肯蠲(捐)，异时祸变卒起，即出数百万石，既已无救于难矣。此其形迹已见，事理甚明者。臣等上不能会计征敛以足国用，下不能建谋设策以济民穷，徒痛哭流涕，一言小民疾苦之状，唯陛下速将臣等黜归田里，早赐施行，以纾祸变。"

王阳明非常关心民众疾苦，他在《禁约榷商官吏》中有："备行收税官吏，今后商税，遵照奏行事例抽收，不许多取毫厘；其余杂货，俱照旧例三分抽一，若资本微细，柴炭鸡鸭之类，一概免抽。桥子人等止许关口把守开放，不得擅登商船，假以查盘为名，侵凌骚扰，违者许赴军门口告，照依军法拿问。其客商人等亦要从实开报，不得听信哄诱，隐匿规避，因小失大，事发照例问罪，客货入官。"

他在《批追征钱粮呈》中有："目击贫民之疾苦而不能救，坐视征求之患迫而不能止，徒切痛楚之怀，曾无拯援之术，伤心惨目，汗背赧（男）颜，此皆本院之罪，其亦将谁归咎！各府州县官务体此意，虽在催科，恒存抚字，仍备出告示，使各知悉。”

他在《陈言边务疏》中有：“用人之仁，去其贪；用人之智，去其诈；用人之勇，去其怒。戒人之酒，止人之杀，去人之贪，绝人之嗔，其神通妙用，亦诚可谓大矣，然必耳提面诲而后能。”

他在《南赣乡约》中有：“本地大户，异境客商，放债收息，合依常例，毋得磊算；或有贫难不能偿者，亦宜以理量宽；有等不仁之徒，辄便捉锁磊取，挟写田地，致令穷民无告，去而为之盗。”

这些都是王阳明“执政为民”的具体体现，也是阳明心学的现实运用。

平定谋反

1519 年，居住在南昌的宁王朱宸濠举兵叛乱。蓄谋已久的宁王组织了十万大军，顺江而下，势如破竹，准备一举拿下南京，自立皇帝。时任南赣巡抚的王阳明奉命阻击。他采取围魏救赵战术，直接攻打宁王的老巢南昌。宁王首尾无法兼顾，只好回师救援，双方大战于鄱阳湖上。

期间，王阳明下令将写有“宸濠叛逆，罪不容诛；协从人等，有手持此板、弃暗投明者，既往不咎”字样的免死牌，扔入鄱阳湖中。后来，叛军几乎人手一块，军心哗变。朱宸濠仰天长叹：“好个王守仁，以我家事，何劳费心如此！”就这样，在短短三十多天的时间内，一场危及江山社稷的叛乱，几乎是在王阳明的谈笑之间就灰飞烟灭了。

王阳明迅速平定叛乱，立下赫赫战功，却有功无赏，反受中伤。明武宗身边的佞臣许泰、江彬、张忠对他心怀妒恨，认为倘若平定朱宸濠之乱的功劳不能算到明武宗的身上，就无法保持自己的地位，想出一条愚蠢的奸计，他们打算在鄱阳湖上放走朱宸濠，然后由明武宗亲自率兵督战，生擒朱宸濠，凯旋返京。而王阳明已经押解着俘虏出发，所以许泰等人不断派人告知王阳明，朝廷将于广信府（今江西省上饶市）接收俘虏。

王阳明知道，若在鄱阳湖上释放朱宸濠一干人等，或许将会招致天下大乱，因此并未交出俘虏，不顾许泰等人的阻碍，夤夜赶到了玉山县（隶属广信府)的草坪驿站。对此,许泰等佞臣大怒,破口大骂王阳明,造谣“王阳明先与宁王交通”。情形如此危险,王阳明依然没有退却,还是力劝皇帝不可轻信诡计,以免荼毒百姓。王阳明为天下苍生着想,一直抗拒皇命,不肯交出俘虏。直到太监张永劝慰他:“皇上顺其意而行,犹可挽回,万一若逆其意,徒激群小之怒,无救于天下大计矣。”王阳明这才将朱宸濠等一干俘虏交给了张永。

正德十五年(1520),退居杭州数月的王阳明回到赣州,立刻进行了一场大阅兵,教导兵卒作战。当时,江彬派人打探了王阳明的动静。认识王阳明的人都担心,这样的行为会刺激到皇帝身边那些想让王阳明马失前蹄的奸佞小人,其门人陈九川也为此担忧,出言劝诫。王阳明说道:“吾在此与童子歌诗习礼,有何可疑?”并作《啾啾吟》(《王文成公全书》卷二十)一诗:

知者不惑仁不忧,君胡戚戚眉双愁?
信步行来皆坦道,凭天判下非人谋。
用之则行舍即休,此身浩荡浮虚舟。
丈夫落落掀天地,岂顾束缚如穷囚!
千金之珠弹鸟雀,掘土何烦用镯镂?
君不见,东家老翁防虎患,虎夜入室衔其头?
西家儿童不识虎,执竿驱虎如驱牛。
痴人惩噎遂废食,愚者畏溺先自投。
人生达命自洒落,忧谗避毁徒啾啾!

正德十六年(1521),朝廷因王阳明平定了朱宸濠之乱,封其为新建伯,追封王家三代及其妻室,并赐诰券令其传给子孙后代,可谓大荣耀。王阳明上《辞封爵普恩赏以彰国典疏》(《王文成公全书》卷十三),辞让新建伯这一爵位,却未被批准。后来,王阳明再次上疏请求辞退封爵时,巡按江西监察御史程启充与户科给事毛玉,在宰辅杨廷和的授意之下,提交上疏,弹劾王阳明。

当时,王阳明的高徒陆元静任刑部主事,愤慨地提笔写下《辨忠谗以定国是疏》,疏中末尾写道:“今建不世之功,而遭不明之谤,天理人心安在哉!”“天理人心安在哉”这句话在文中出现了四次,可知陆元静有多么激愤!

但是，王阳明听说此事后，写《与陆元静（二）》（《王文成公全书》卷五）给陆元静，劝他不要上疏。在这封书信中，王阳明首先对陆元静的辩护表示深深的谢意，然后写道，应该以谦虚为宗旨，自我反省，警戒卖弄辩解之词。

清正廉洁

王阳明一生不向当权者送礼，也不收受谁的礼物。他贬谪在龙场住阳明洞期间，生活特别艰苦，贵州宣慰使安贵荣知道后，多次派人奉送衣食住行等所需物品和金银、布匹、鞍马等。王阳明再三推辞不过，只好收下简单的油、盐、柴、米和生活用品，把金银、布匹、鞍马如数送还。

王阳明清正廉洁，其弟子也深受影响。正德十二年（1517），王阳明到江西平乱，宁王朱宸濠故意写信求教学问，王阳明便派冀元亨前去讲学，朱宸濠很佩服，准备厚礼让冀元亨带着回家去，冀元亨知道朱宸濠的心术不正，把这些厚礼都上交给官府了。

王阳明多次上疏请求辞免皇帝的赏赐，正德十三年（1518）六月，王阳明升任都察院右副都御史，荫子锦衣卫，世袭百户。王阳明上疏要求辞免。正德十六年（1521），王阳明因平定漳州、赣州之乱和宁王朱宸濠叛乱有功，于六月升任南京兵部尚书，十二月封"新建伯"，特进光禄大夫柱国，兼任两京兵部尚书，照旧参赞机务。并岁支禄米一千石，三代并妻一体追封。王阳明上疏，请求免去封爵和赏赐。皇帝特地派遣官员前去奖赏慰劳，赐以银币和华丽的丝绸，犒赏以羊酒，王阳明把这些物品都分给了他的下属将领。

王阳明的一生是奋斗的一生。作为心学的一代宗师，他终于没有辜负对自己人生的期许，得以跻身于圣贤之列。在他的奏折及公文中有许多有关反贪腐、倡清廉，以及亲民、和谐的言辞，如《巡抚南赣钦奉敕谕通行各属》中有："其军卫有司官员中政务修举者，量加旌奖；其有贪残畏缩误事者，径自拿问发落。尔风宪大臣，须廉正刚果，肃清奸弊，以副朝廷之委任。"《策五道问》中有："今之所薄者，忠信也，必从而重之；所贱者，廉洁也，必从而贵之。""吾将以忠信廉洁振作天下，而中心有弗然焉。"《谕泰和杨茂》中有："见人怠慢，不要嗔怪；见人财利，不要贪图。但在里面行你那是的心，莫行你那非的心。纵使外面人说你是，也不须听；说你不是，也不须听。”王阳明身体力行的思想，给我们很多启示。

嘉靖七年(1529)十一月，王阳明走完了五十七年既坎坷又无限光明的人生道路，逝世于江西南安大余一个叫青龙铺的地方的卧船中。临终前，留下“此心光明，亦复何言”的感慨。

嘉靖八年(1530)十一月，王阳明的灵柩被安葬于绍兴城南兰亭花街的青山上，那是他生前为自己所选定的墓地。他的葬礼异常隆重，除了家人，还有从全国各地赶来的门人弟子一千多人；他的葬礼也异常冷清，因为朝廷根本没对他的去世有任何表示，没有谥号，只有不避嫌疑的正直地方官员及赋闲在乡的朝廷官员参加。直到嘉靖皇帝去世，明穆宗即位，王阳明在世时所受到的诬陷与诽谤才终于被昭雪，并下诏赠王阳明为“新建侯”，追谥“文成”。万历十二年(1584)，王阳明方入祀孔庙。

余姚王阳明故居寿山堂(陈金波摄)

明朝右副都御史陈克宅

陈克宅(1475—1542),字即卿,号省斋,浙江绍兴府余姚(今属浙江省宁波市余姚市)人。生于明宪宗成化十年(1475),排行第六。正德九年(1514)中进士,官至都察院右副都御史。陈克宅进士及第后,授嘉定知县。明嘉靖中官御史,哭争大礼,系狱廷杖。获得释放后,先后按贵州、河南,多所弹劾。以劾罢吏部尚书廖纪亲戚,出为松藩副使。累迁右副都御史,巡抚贵州,与总兵官杨仁攻杀都匀苗王阿向。不久,移抚苏松,因苗民又起事,连坐罢官,卒。陈克宅一生清廉、刚正奉公,在民间有极好的口碑。其子陈有年,官至吏部尚书。

少有宏愿

陈克宅幼年时,便非常聪明,而且志向远大。他埋头读书,不治生产之业。父亲陈巨理却因家中孩子多,家庭负担重,不太注重孩子的学业功名,想让陈克宅中止学业以帮助家庭。陈克宅不敢公开反对父亲,便等待时机以劝说父亲,使父亲转变他的想法,继续支持陈克宅的学业。。

有一天,陈克宅陪父亲到园圃中,他折断了两手合围粗的树木拿给父亲看。父亲明白了他的用意,父亲说:“已经成材了,却弄断它,实在可惜,想让你放弃学业,就像这么折断一棵树一样啊。从今往后,我不再禁止你学习读书了。”由此,陈克宅得以遍览群籍,博闻强记,很快便成为饱学之士。

陈克宅熟读儒家经典,他希望通过“修身、养性、齐家”,以达到“治国、平天下”的目标。他深知“合抱之木,生于毫末;九层之台,起于垒土;千里之行,始于足下”,因而,他刻苦学习,总是一步一个脚印地解决学习中的问题,为进一步深造打下扎实的基础。他经常与老师、同学讨论问题,他的思考与答案,总比其他同学站得更高、想得更深。

清正为民

明孝宗弘治十六年(1504),陈克宅以“乡荐”由州县地方推举赴南京入太学学习。南京国子监祭酒章枫山问陈克宅的志向,陈克宅回答说:“要于道德中登功名。”章先生对他那气势宏伟的远大志向很是赞赏,日夜与他谈经论学,两人深深相得。陈克宅的学业也日益精进,同学们都认为他能成大器,是国家的栋梁之材。

明武宗正德九年(1514),陈克宅参加科举考试,一举考中进士,不久,被外放任嘉定(今属上海市嘉定区)县令。嘉定是个大县,百姓赋役沉重,又多有奸猾不轨之徒。有权有势的地主恶霸欺压良民,转嫁赋役负担,使得百姓生活贫困,多有逃亡。陈克宅到任后,不避寒暑,走遍全县,亲自丈量土地,清查人口,一一登记在册,多年积弊被革除了。县内有一富僧,他徒弟的父亲嫉妒他的富有,想占为己有。一天,他把儿子藏匿于外地,在别处找了个尸体冒充自己儿子,诬告富僧杀死自己的徒弟。陈克宅对此非常怀疑,认为富僧并无杀人动机。他先不着急抓人,有传言说他受贿,也不在意。只是不动声色地慢慢调查,把藏于外地的“死者”找出来之后,终于明断此案。众人莫不惊服。当时,有盗贼汤毛九盘踞在天目山(今浙江省西北部),巡抚张津奉命征讨,陈克宅跟随作战。在陈克宅的谋划下,一击成功,杀了魁首,余党散逃。

陈克宅治理嘉定四年,恩威并施,安抚百姓,打击豪猾,兴修水利,整修学校,平均徭役,裁汰冗兵,平理狱讼,整顿吏治,颇有政绩,口碑甚好,在各方面显示了他的卓越才能。他为官一任,造福一方。他做事干脆利落,富有魄力,当时为他郡官长所仿效。因此部使交章上荐,巡抚张津亦称赞他为“南畿卓异之首”。陈克宅遂于正德十三年(1518),擢任都察院江西道监察御史。

江西道监察御史是明朝都察院所属江西道的主官,掌管江西道官员、政务监察之事。明太祖洪武十五年(1382)设三至五人,后增至十人。南京都察院亦设二人，都是秩正七品。陈克宅上任后，忠于君上、公正处事、性格耿直、敢于进谏，仅几个月就上奏疏20道，多次陈述朝政得失，所上策对，很得朝廷赞许；所奏事务，朝廷分别实施推行，让老百姓受益匪浅。

哭争大礼

这时，明朝距太祖朱元璋开国已有100多年，太祖以后的皇帝，自英宗以后，大都是昏聩无能之主，导致宦官专权、奸佞当道，搞得整个国家政治黑暗、民不聊生。明武宗朱厚照无子，死后由堂弟朱厚熜继位，为明世宗。世宗欲尊生父兴献王朱祐杬为帝，武宗父为皇伯父。首辅杨廷和等人认为：继统同时要继嗣应尊孝宗为皇考，生父只能为皇叔考。官员张璁、桂萼、方献夫等为了个人仕途，迎合世宗心意，上疏论“继统”不同于“继嗣”，应尊兴献王为帝。这便是明史上有名的“大礼议之争”。

君臣相持，争执不下。世宗拒不上朝，不见百官，群臣跪在大殿下哭谏，陈克宅也在其列。当时，有太常寺少卿知道皇上发怒，要起廷杖之刑，偷偷起身，想要溜走。陈克宅用力掐住他的脖子，厉声喝止，众人皆为之凛然。大学士蒋冕、尚书乔宇、汪俊等人相继去职，而迎合世宗心意的大臣却“不次骤进”。陈克宅不怕忤逆圣意，进言说：“谪迁大臣，有关国体，应该谨慎。”言理切实。又弹劾武定侯郭勋大不敬，尚书王琼有才却阴险狡诈。一时间，陈克宅的刚直之名声震天下。

平定匪患

明朝都察院长官为左、右都御史，下设副都御史、佥都御史，按全国政区又分成十三道，设置监察御史，巡按州县，考察官吏，整顿吏治，纠视刑狱，“通掌弹劾及建言”，品秩低而权限广。陈克宅进入都察院后，深感皇恩浩荡，知无不言，尽职尽责。出理直隶、山东盐法，上疏招复贫灶、严革奏讨等事，皆能切中时弊。继而巡按贵州。贵州百姓苦于“苗患”，供给不足。陈克宅约束有司务必宽厚以待民，而为其区划“不遗细微”。行路人苦于瘴气，陈克宅便开山凿道使行人免受毒气侵害。麻将寨有剧盗盘踞，私立名号，屡屡抗拒官兵。陈克宅秘密授计部署，选精兵良将，趁其不备袭击，皆俯首就擒。地方安定，军民百姓莫不对他感恩戴德。像他的先祖陈康伯一样，陈克宅作为一介书生，而有此谋略胆识，实属难得人才。

弹劾庸吏

明世宗嘉靖四年（1526），陈克宅巡按河南。他根据河南科场黑暗，所录之人多名不符实的状况，订立"三场院调阅之法"，即一名士子必须经过六名考官的考试才可以录取。这个方法使得科举通畅，弊端禁绝，所录取的人多是慷慨激昂的名士，为国家选拔到大量人才，为每个士子提供了平等的晋升之路。有宪使（中央派驻地方的高级官吏）某者，是尚书廖纪的亲戚，"居职无状"。陈克宅上疏弹劾，把他罢免了。连尚书都不能庇护其亲，吓得其他有贪污行为的官吏，都"望风解绶"辞官离去。陈克宅所到之处，"典学校，斥淫祠，甄奖贤孝，表扬贞节，风俗为之感化"。为官能为民做主，设身处地为百姓着想，可以称得上是个好官。明世宗嘉靖五年（1527），陈克宅升任四川按察副使。他在都察院任职已达八年之久，擢升算是慢的了，其中皆因尚书廖纪以旧怨对他进行报复。此次把他派到险峻荒凉的四川去，舆论纷纷为之鸣不平。陈克宅却说："到哪里去不都是皇上的臣子吗？"怡然赴任。同行们都佩服他刚正忠直、不阿附权贵的高尚品质和随遇而安的宽容气度。

关爱百姓

此时，明世宗迷于斋醮，大肆铺张浪费，国库挥霍殆空。为聚敛钱财，明世宗下令再次向百姓加征粮饷。当时，陈克宅任四川按察司副使，四川已经连年灾荒，百姓无力缴纳粮饷。陈克宅于是多方筹措，往来督运，尽量减轻老百姓的负担。

明世宗嘉靖十年（1532），陈克宅升为河南按察使。按察使在明朝是各省提刑按察使司长官，主管一省司法。陈克宅素来精通法律，判断之准确，办案之公平，使人折服，尤以释放赵景阳等无辜百姓，发配刘一清等有罪之人的案件,做到冤狱平息,惩恶扬善,深得民心。不到一年的时间,就有六七人上书保荐他,连巡按贵州的官员也特地上疏请求把他派到贵州,“以从民望”。

明世宗嘉靖十二年(1534),陈克宅再擢任湖广布政使。他对钱谷出纳之政,尤为仔细。有输发钱粮的活动时,陈克宅必定亲自到场,检察官员的度量衡,使那些有作弊、贪污行为的官吏,收敛不少。有的官吏把衡器藏在袖中,不敢拿出来给他看。所谓“壁立千仞,无欲则刚”,自己没有什么奢求,没有非分之想,便自然而然站得直、行得正,无所畏惧。所以陈克宅命令限期发放钱粮,下属官吏都小心谨慎,没有敢再犯的。

明嘉靖十三年(1535),湖广遭受大旱,老百姓早已是财力困乏,生活贫困,再加上内府采办宗室皇族用品,诸藩又乱伸手索要,使老百姓简直无法生存下去。为此,陈克宅以职责所在,朝思暮想,苦思良策以救民于水火。

淡泊名利

明世宗嘉靖十三年(1535),陈克宅升任都察院右副都御史,巡抚贵州等处兼理军务。先是有“强盗”占据凯口囤阴谋造反,自宣德以来官兵屡次征剿,皆无成效,其气焰更加嚣张。于是,朝廷再命陈克宅“相机抚剿”。陈克宅先是招降,没有成功,就转而积极备战,奖励监督将校,乘雪夜派敢死队攀崖而上,垂下索梯,使大队官兵得以登上悬崖,占据险要位置,乘敌不备,一鼓作气,攻下敌垒,大获全胜。捷报奏闻朝廷,晋升陈克宅为二品大员,并多赏赐。然而,事修而谤兴,德高而毁来。陈克宅因凯口囤地势险要,一夫当关,万夫莫开,便派官兵把守,“以图永安”。但由于把守凯口囤的将官玩忽职守,贪生怕死,复被“强盗”余党抢去关隘。守将害怕朝廷降罪,为推卸责任,反嫁祸于陈克宅,勾结言官说陈克宅主张用兵剿除,挑起战端,诽谤他的不是。陈克宅闻言,上书要求离职,得旨原籍等候调查处理。陈克宅深知宦海沉浮,于是急流勇退,不失为保全家族之上策。

陈克宅于嘉靖十六年(1538)抵家后,闭门“养晦”,独处一室,正襟危坐,以经史自娱。疲倦时,便散步到郊外,与种田的老翁席地而坐,谈论农事。过年时,谨慎地行祭祀之礼,教导、率领宗族子弟习行孝悌之道,远离声色犬马取利之事,悠然自得,浩然自养。这对培养家族子弟不贪恋荣华富贵,不执着于高官厚禄有很大影响。

直到明世宗嘉靖二十一年(1543),勘查贵州一事的官员才奏明朝廷,说陈克宅有功无罪。朝廷遂下诏恢复陈克宅原职,赠通议大夫,然而此时陈克宅已去世两年多了。

千秋承传

陈克宅作为右副都御史,忠谏敢言,尽心尽责,他对于“大礼仪之争”敢于表达心声;对于改革盐法、严格纲纪、肃清庸贪,积极上奏,都能切中时弊。

陈克宅作为地方官,能清正为民、关爱百姓,平定匪患、重视农桑,减免税赋、赈灾济民;对于少数民族,他能宽以待民、平等待人,开路凿道、遇水架桥,减少瘴气、救死扶伤,他是百姓称道的一位清正廉洁、爱民如子的监察官员。清初著名史学家万斯同称赞陈克宅:“当官有器局,操行清白,声色名利一无所嗜。”他的事迹千秋承传!

清正廉洁(黄章华篆刻)

明朝右佥都御史巡抚浙江胡宗宪

胡宗宪(1512—1565),字汝钦,一字汝贞,号梅林,南直隶徽州府绩溪县(今安徽省绩溪县)人。明代名臣、抗倭名将。中进士后,由知县而起,先后担任过湖广道监察御史、宣大(宣府、大同)巡按御史、北直隶巡按御史、湖广巡按御史、浙江巡按御史、右佥都御史巡抚浙江等职,累官至兵部尚书兼都察院右都御史,加少保。嘉靖三十九年(1560),嘉靖皇帝在评价胡宗宪时曾说:"宗宪矢心为国,殚竭忠谋,劳绩殊常,宜加显擢,以示激励。"

2013年9月13日上午,胡锦涛同志回到祖籍地安徽省绩溪县的龙川村,他与夫人刘永清一起去了胡家祖宅,观瞻了胡氏宗祠,并一同前往祖坟祭祖。上午10时,胡锦涛同志在夫人刘永清陪同下,沿着龙川的水街走到010号胡家祖籍老宅。从老宅里走出后,胡锦涛又沿路参观了"奕世尚书坊",走过"十全十美桥",来到了"龙川胡氏宗祠"观瞻。为了迎接胡锦涛同志的到来,胡氏宗祠首次打开正门迎接。这座胡氏宗祠始建于宋,明嘉靖年间胡宗宪倡导捐资修建。①

胡宗宪是一位担任过监察御史,又曾在浙江为官的外省籍官员。嘉靖十七年(1538)戊戌科进士。应天府乡试第一百名,会试第八十四名。嘉靖十九年(1540),授益都知县,屡决悬案,平反冤狱,获朝廷嘉奖,晋三级。嘉靖二十六年(1547),任余姚知县,次年擢湖广道监察御史。嘉靖二十八年(1549)任宣府、大同巡按御史。嘉靖二十九年(1550),巡按北直隶。嘉靖三十年(1551),就任湖广巡按御史。嘉靖三十三年(1554),出任

---

① 《胡锦涛与夫人回安徽老家祭祖,民众夹道欢迎》,安徽绩溪网,2013年9月18日。

浙江巡按御史。嘉靖三十四年(1555),升右佥都御史巡抚浙江,次年升总督,总制南直隶、浙、福等处军务,抗击倭寇。召徐渭、沈明臣、茅坤、文徵明为幕僚;以俞大猷、戚继光、卢镗为大将,制定“攻谋为上,角力为下”和“剿抚兼施,分化瓦解”的作战方略。嘉靖三十六年(1557),斩徐海,俘陈东,降汪直,断绝倭寇内应。历经数年,弭平倭患。嘉靖三十九年(1560),晋兵部尚书兼都察院右都御史,加少保。嘉靖四十一年(1562)、四十四年(1565),两度因“严嵩案”入狱。嘉靖四十四年十一月,胡宗宪死于狱中。隆庆六年(1572),昭雪,并录平倭功勋。万历十七年(1589),追谥“襄懋”。

胡宗宪为官二十余年,忠心为国,抗倭有力,于戎马倥偬中辑著《筹海图编》十三卷,该书收录诸多浙江沿海地形、防务、战具、倭变、战事,十分翔实。此外,还有《海防图论》《三巡奏议》等传世。

诗书传家

胡宗宪作为龙川胡氏的第三十四代孙,自出生起就被家人寄予厚望。其父胡尚仁,号乐山,“以干济起其家”,为人“仗义忠信,素为郡邑人所景慕”,善于治家,家境殷实;其母方氏,乃歙县磻溪方廷仪之女,出身书香门第,知书达理,持家有度,教子有方。

胡宗宪生于明武宗正德七年(1512),自小就受到了良好的家庭教育。稍长,他的父母不惜出重金聘名师教授。胡宗宪聪明好学,对于兵法、谋略之类的书尤其用心,唯独对科举功名没有兴趣。这让他的父母大为伤心。后在其父苦苦规劝下,胡宗宪才有所收敛,专心科举。嘉靖七年(1528),胡宗宪成为绩溪县学庠生。嘉靖十三年(1534),胡宗宪乡试中举。嘉靖十七年(1538),胡宗宪考中进士。此时距他的曾叔祖胡富考中进士正好是一个甲子,整六十年。

初入仕途

胡宗宪于嘉靖十七年(1538)考中进士后,被安排在刑部观政,学习政务,从此,开始了仕途生涯。嘉靖十九年(1540),胡宗宪被授官为山东青州府益都县的县令。上任后，胡宗宪就显示出他的政治才干。他先组织广大人民扑灭多年不遇的旱蝗之灾，后又对益都当地的强盗进行招降。盗贼在益都为害多年，胡宗宪用安抚劝降之策，即使群盗解散，还将其中可用的千余人编为义军。胡宗宪日后抗击倭寇的文韬武略，在治理益都时就已初步展现。

刻苦攻读

嘉靖二十一年(1542)四月，胡宗宪母亲去世，他奔丧回绩溪故里。两年后，其父胡尚仁也因病去世。胡宗宪前后在家乡为父母守孝长达五年。在这五年中，他刻苦攻读《大学衍义》《武经七书》等书，学识大为长进，也为日后大展宏图打下了坚实的基础。

起复后，以御史巡按宣府、大同等边防重镇，整军纪，固边防，为明王朝的边疆稳定做出了贡献。嘉靖三十年(1551)，胡宗宪又巡按湖广，参与平定苗民起义。在胡宗宪踏入仕途这十多年里，他一步一个脚印地走来，政绩显著。嘉靖三十三年(1554)四月，世宗钦点胡宗宪出任浙江巡按御史。

抗击倭寇

元末明初，岛国日本由于多年的战乱(日本的南北朝时期)，使得很多战败的将领、武士和破产的农民等无以谋生，纷纷逃亡海上。同时，原本统治这一带的张士诚、方国珍部在被朱元璋打败后，其残余力量流窜到海上，还有两国的不法商人也夹杂其中。这样，几股势力互相勾结，形成庞大的海盗集团。他们经常对明朝沿海地区进行疯狂的侵扰和抢劫，这就是所谓的“倭患”。东南沿海地区的百姓备受其苦。

自明开国以来，一直存在倭患，嘉靖时期，倭患已经愈演愈烈。嘉靖二年(1523)，日本两批使臣先后来华朝贡贸易，因市舶司的太监对待不公，互争贡使资格，引发大规模的仇杀，史称“争贡之役”。此后不久，明朝罢市舶司，并严申海禁。正常的贸易渠道被堵死，在暴利的诱惑下，更多的亡命之徒铤而走险，攻城略地，烧杀抢掠，无恶不作。嘉靖年间，东南沿海地区的倭患骤然加剧，浙江和南直隶为甚，沿海百姓生活在水深火热之中。

在此背景下，胡宗宪升任右佥都御史巡抚浙江，可见朝廷对他寄予厚望。胡宗宪也感到责任重大，临行前立下誓言："我这次任职，不擒获汪直、徐海，安定东南，誓不回京。"上任伊始，胡宗宪针对辖区内明朝官兵纪律松弛、软弱涣散的积弊，以严明赏罚为手段，进行大力整顿。通过胡宗宪的努力，明朝官兵的军容、军纪有了改观，士气也逐渐有所恢复。

不久，工部右侍郎赵文华受内阁首辅严嵩的推荐，以祭海神的名义，被派往江南督察沿海军务。赵文华是严嵩的义子，为人奸诈骄横。他排挤、陷害忠良，浙江总督张经、浙江巡抚李天宠都先后因其陷害而被杀。如何和这种人搞好关系而不至于误了正事，胡宗宪对此非常清楚。因此在与赵文华共事的过程中，他谨慎小心，有时甚至行事圆滑，最后不仅没有受到赵文华的阻挠，还得到其赞赏。在赵文华的大力推荐下，明世宗于嘉靖三十五年(1556)二月擢升胡宗宪为兵部左侍郎兼都察院左佥都御史，又加浙直总督，总督浙江、南直隶和福建等处的兵务。此时，胡宗宪可以调遣江南、江北、浙江等省重兵。

胡宗宪知道自己大展宏图的机会来了。一方面，他招揽、重用各种杰出的人才，如重用俞大猷、戚继光等名将，把颇负盛名的文人徐渭招到自己的幕府中来；另一方面，有骁勇善战的将领，还得有训练有素的士兵，胡宗宪支持部下练兵，其中成就最大者当属戚继光训练的戚家军，后来发展为抗倭主力军。

嘉靖三十二年(1554)，胡宗宪针对倭寇"去来飙忽难测""海涯曼衍难守"，沿海地区随时可能遭受倭寇焚掠的情况，决定建立沿海防御系统，组织人员把沿海倭情、地理形势及抗倭措施编成《筹海图编》，指导抗倭斗争。"缮甲造舰"，修造战船千艘，多置火器，配备佛郎机、鸟铳、火炮、喷筒、火箭等，由俞大猷、戚继光分率巡洋。福建沿海设立哨兵，置烽火门、小埕、南日、浯屿和铜山五大水寨，派驻军队捍卫海岸。浙江沿海设海盐、澉浦、乍浦三大水寨，招募苍山、福清等船七十八只布列各港口，以四参将六总兵统之,“不拘警报有无,而亲出海洋,严督各总戮力用命,以遏海寇于方来”。明朝真正的水师就是从这时建立的。

智擒王直

长期以来,王直、徐海在海上“南面称孤”,坐遣倭寇侵扰东南沿海,为倭寇巨魁。王直,亦称汪直,号五峰,南直隶徽州府歙县人。徽州人有经商的风气,由此形成了著名的徽州商帮。明清时期,徽商是中国最大的商帮之一,在商界叱咤风云。他们以血缘为纽带,以家族为依托,吃苦耐劳,足迹遍布全国各地,所以有“无徽不成镇”的说法。当时能与徽商相抗衡的商帮只有山西的晋商而已。王直就出生在这样的环境中。他这个人最大的特点就是仗义,也就是有江湖义气,人们都称呼他为“五峰船主”。此外,他还很聪明,脑子快,主意多,因此得到周围人的信赖和拥护,在他的身边自然就聚集了一批朋友,如叶宗满、徐惟学等人。后来,王直带领众人乘海禁松弛之际,开始用巨舰运送大量违禁物品到日本或西洋等国贸易,获得巨额利润。开始时,王直只是违反明朝的海禁政策,从事海上贸易。后来,随着东南沿海局势的日趋紧张,王直为增强自身实力,大规模召集各种亡命之徒,甚至还和日本倭寇相勾结。由此,王直组建了一个庞大的海盗集团,并逐渐成为东南沿海地区倭寇的首领和中坚人物。

胡宗宪对海上倭患的形势进行了认真细致的分析。他曾说过:“海上的贼匪只有王直机警难治,其余的都是鼠辈,不足为虑。”胡宗宪认为,实力强大的王直是东南倭患的根源所在。多年来,朝廷投入了巨大的人力物力来抗倭,但见效甚微,倭寇之祸反而愈演愈烈。前任抗倭将领只以武力剿杀倭寇,最后不但没有完成朝廷交给的使命,还都招来了杀身之祸。因此,为了避免重蹈覆辙,胡宗宪制定了剿抚并举的抗倭策略,使用计谋招抚、擒拿王直,这是胡宗宪抗倭斗争的关键一招。

胡宗宪不顾一些朝臣反对,决计剿、抚并施,铲除王、徐。他一面令戚继光、俞大猷痛击倭寇,一面派人到日本五岛招抚王直。胡宗宪为了表示招抚王直的诚意,与他自认同乡,并以王直的家人为诱饵,特地将王直的母亲、妻子从金华府的监狱中释放出来,并妥善安置她们,给她们干净的房子居住，保证她们丰衣足食。嘉靖三十四年(1555)十月，胡宗宪就秘密派遣两个知海情、有谋略的生员蒋洲和陈可愿前往日本。胡宗宪派他们此去的任务，表面上是宣谕日本诸岛停止侵犯中国，实际上是侦探王直等人的详情，并试探性地进行招抚。蒋洲、陈可愿的这次行动很成功。他们意外地见到了王直的义子王滶(即毛海峰)，并得以见到王直本人。蒋、陈二人对王直恩威并施：一方面，以明朝抗倭的决心和沿海布置的数万军队进行威慑；另一方面，以王直的家人为筹码，说服王直立功赎罪，保全家人。王直听后，默不作声。原先他误听传言，以为妻、母早已被明朝诛戮，今天听到家人安然无恙，心有所动。为了表明立功赎罪的诚意，王直向蒋、陈二人报告了另一倭寇首领徐海要率领倭寇进犯明朝的情报。陈可愿遂同王直部属叶宗满等人回国报告消息。诡计多端的王直却将蒋洲扣留下来。过了将近两年，王直以亲自送蒋洲回国的名义，乘巨舰，带领精兵数千，满载火炮等器械，有备而来，停靠在舟山岑港。胡宗宪知道来者不善，他紧急部署沿海各卫所高度警戒。同时，为了稳住王直，还派通事夏正与王直进行谈判，去摸清王直的底细。

此时，日方因连年进犯我国，伤亡颇大，或“全岛无一归者”，怨声载道。王直集团内部亦矛盾重重，他表示，如果明朝廷能赦免其罪并开放海禁，就可归附。

在招抚王直的过程中，胡宗宪的谋略和才干得到充分的体现。自王直的船停靠在岑港之后，胡宗宪就派了王姓千户装扮成卖菜人，接近王直。王千户是个有勇有谋的人，很快得到王直的赏识和信任。一天晚上，王直到王千户的船上饮酒，乐而忘归。王千户将船的缆绳悄悄解开，使船顺水漂至岸边。胡宗宪终于有机会见到王直，并将王直奉为贵客，对他礼待有加。会面结束后，胡宗宪也任由王直大摇大摆地离去。至此，王直对胡宗宪的防范稍有松懈。

但是，王直一日不降，胡宗宪一日不安。为了能让王直释疑，尽快归降，胡宗宪又使一计，他特意邀王直义子王滶同居一室，并将早已写好的请求朝廷赦免王直的奏疏和十多篇诸将的请战书都放在书桌上。后来，胡宗宪假意出门赴宴，让王滶有机会看到这些文稿。深夜，胡宗宪大醉而归。大家入睡后，胡宗宪就装作醉酒，吐得被子和床上到处都是，却依然酣睡。王潋躲在被中，观察胡宗宪，确定他是真的醉酒睡着了，就偷偷下床，将书桌上的奏疏抄录下来，然后，潜回被子继续装睡。次日，王潋立即告辞，去给王直送信。胡宗宪知其中计，让他离去。王直听了义子的汇报，疑惧减去了许多，便带着两名部下拜见胡宗宪。

那时，势力日蹙的王直从五岛西渡至定海，欲同徐海联合，但徐部已被剿灭，王直进退维谷。胡宗宪即命戚继光"督健将埋伏数匝，水陆要害，星罗棋布，鱼鸟莫度"。同时，答应为王直请封官号，允许通商互市。王直迫于官军"兵威甚盛"及利禄诱使，投降官府。胡宗宪对之安慰备至，让他们去杭州见巡按御史王本固。谁知王本固将王直等人逮捕入狱。

胡宗宪使用连环计，成功诱降王直。按其下一步的计划，是利用王直将在舟山岑港的王直余孽一举清除。本来，胡宗宪是要上疏请求朝廷宽宥王直，让他在海上立功，以贼制贼，利用他的声望招抚其他海寇，但是，王本固坚决要求处死王直，而群臣也传言胡宗宪受了王直的重贿。胡宗宪没有办法，只得改词上奏，同意了王本固的意见。接着，胡宗宪便调集兵力，围剿王直在舟山岑港的余部。俞大猷、戚继光等人都参加了这次战斗。可是，残敌依然非常有战斗力，直至嘉靖三十七年(1558)十一月，岑港残寇终于被肃清。一年后，王直于杭州被斩。

剿灭徐海

徐海，徽州歙县人，少时曾经是杭州虎跑寺的和尚，法名"普净"，又称"名山和尚"或"明山和尚"。后来，随其叔徐惟学以及王直等人从事海上贸易。有一次，徐惟学将徐海抵作人质，向倭寇贷了大批银两，后无力偿还被杀，徐海走投无路，与倭寇勾结，开始了烧杀抢掠的海盗生涯，并逐渐组建了一支数万人的海盗集团。

胡宗宪刚任浙直总督不久，曾率领明军与徐海等倭寇进行过激战。这次激战让胡宗宪认识到以武力剿灭徐海等倭寇难度不小，于是另图他谋。胡宗宪的幕僚徐渭很了解他的心思，及时向他推荐了太学生罗龙文去招抚徐海。罗龙文和徐海是歙县同乡，在接近徐海之后，按照胡宗宪的事先安排，离间徐海与陈东、麻叶之间的关系，迫使三人力量分散。随后，胡宗宪再予以逐个击破。

胡宗宪曾派人给徐海送去招降的书信，徐海的回信言辞得体，胡宗宪感到很意外，说："想不到海寇中还有这样才华出众的人。"就把送信的人叫过来询问。原来，徐海的身边有一个很有才情的人——王翠翘，她是徐海的爱姬，原是金陵名媛。这回信就是王翠翘代写的。她本是官宦人家的女子，因父亲获罪，卖身救父，后来流落青楼。王翠翘的容貌和才情都称冠一时。当时到过金陵的士大夫都争相一睹芳容。徐海慕名而去，两人一见如故。徐海便派人将王翠翘迎娶回来。王翠翘才思敏捷，徐海军中的大小文书，她写起来真是又好又快。徐海对王翠翘非常宠爱，不仅生活上锦衣玉食，而且还非常敬重她，军中的事务多听从她的意见。胡宗宪正无计可施，了解了这些情况，如获至宝。他认为，招抚徐海，王翠翘是关键人物。

胡宗宪为表示招抚的诚意，送给徐海大量的礼物。此外，还准备了许多精致的珠宝玉器、发钗耳环、胭脂等礼物，特意送给王翠翘。同时，又派一个老妇人私下对王翠翘说："徐将军如果早上投诚归顺，晚上就是大官了，你受到朝廷赏赐的诰命，衣锦还乡，难道还不如在海上为寇吗？"王翠翘毕竟是个女人，渴望安居乐业，她心动了，力劝徐海归顺，并让徐海设计将陈东和麻叶等倭寇头目抓起来献给胡宗宪。徐海听从了她的话。其实，他这么做等于自剪羽翼，已无路可退。

嘉靖三十五年(1556)四月，徐海、麻叶与陈东率倭寇数万大举入犯，胡宗宪施离间计，倭寇自相擒杀。八月，徐海入平湖城向胡宗宪请降。城中的官员和百姓听说徐海进城都吓得惊慌失措，唯胡宗宪镇定自若。徐海向胡宗宪谢罪，胡宗宪走下大堂，用手摸着徐海的头顶说："你为害东南很久了，现在既然归顺，朝廷暂且赦免你，不要再做坏事了。"其后，徐海率众屯于平湖城外的沈庄。徐海虽然名义上归顺了，但数千倭寇屯于城外，胡宗宪知道这还是很大的隐患。他一边稳住徐海，一边加紧部署兵力。这时，已经投降的陈东秉承胡宗宪的命令，率领其党羽攻击徐海部。徐海仓皇出逃，途中负伤。第二天，官军又将徐海团团围住，徐海暗呼："翠翘误我！"经过一场激战，徐海投水而亡，王翠翘被俘。明军抓住时机，大败徐海、陈东部。麻叶、陈东和辛五郎并斩于嘉兴。

善于用人

胡宗宪十分重视用人，主张“用兵之道，任将为急”。在他手下有一批著名的抗倭名将，如戚继光、俞大猷、刘显、谭纶、唐顺之、王崇古、卢镗、任环、汤克宽、张四维及尹凤等。明廷对军队控制颇严，凡将领遇事必先奏准朝廷而后实行，往往丧失战机。鉴此，胡宗宪建议给诸将必要的权力，“欲责其决胜，必须假以重权，临阵之际，俱得以军法从事”。如有紧急军务，允许将领“一面先行处置，一面具本奏闻”，让他们在战斗中发挥主观能动性，机智灵活，不失时机地打击倭寇。

上述将领中，胡宗宪尤为器重戚继光、俞大猷，充分发挥他们的军事才能。嘉靖三十五年(1556)，戚继光调往浙江抗倭的次年，胡宗宪就推荐他任参将，镇守倭患最严重的宁波、绍兴、台州三府，将他放在抗倭第一线。胡宗宪特别重视招募土著民兵训练参战，曾亲自“于沿海招募义勇，照依客兵支给口粮”。他大力支持戚继光训练浙兵，实现其以浙人守浙土的主张。当时义乌县乡民正同处州来的矿夫为争夺采矿权展开大规模械斗，义乌乡民骁勇善战获得胜利。胡宗宪认为义乌乡民悍勇可用，指出：“外贼称悍，乌民一战歼之，勇可知矣，吾方求其人而不得。”嘉靖三十八年(1559)秋，戚继光奉命裁汰所部旧兵，去义乌招募三千兵丁，组成威震四方的“戚家军”。募兵的做法是对明代卫所制兵役的变革，调整了士卒世袭制，使军伍编制和领导体制更加适应抗倭战争的需要。不久，戚继光又献鸳鸯阵，胡宗宪高兴地说：“得之矣，自后义乌兵遂以劲名天下！”嘉靖四十年(1561)夏，倭寇一两万人犯台州，戚继光面对“敌众我寡”之势，分路策应，合力并击，依次歼灭。胡宗宪赞许道：“是时兵实千五百人，而一鼓殄二千贼于呼吸间，全师奏凯，可不谓奇耶？”在上疏中，他推崇戚继光“督战功最”。

由此可见，戚继光、俞大猷对平定倭寇做出的突出贡献，是与胡宗宪的指挥、重用分不开的。

身先士卒

在抗倭斗争中，胡宗宪身先士卒，与将士同甘共苦。胡宗宪终年坚持在抗倭第一线，运筹帷幄，指挥作战，仅嘉靖三十四年（1555）就多次亲临歼倭战场。四月，同总督张经追倭至王江泾，“斩贼首千余级，溺死千余”。

嘉靖三十五年（1556）八月，胡宗宪调兵进攻占据东沈庄的倭首徐海，倭寇穷凶极恶，保靖、河朔官兵先后为其所败。此时，胡宗宪“擐甲厉声叱永保兵左右列，大呼而入，瞰垒下击”，大败倭寇。同年十一月，倭兵侵犯会稽，报沈庄惨败之仇，来势凶猛，“官兵莫能御”，胡宗宪督促将领卢镗迎战，被卢镗以士兵疲劳宜稍事休整为由拒绝，形势危急。胡宗宪不顾敌众我寡，“夜召亲兵袭破之，达旦，诸营方知，入贺，镗大惭服”。在抗倭战斗中，胡宗宪常“辄自临阵，戎服立矢石间督战”，置生死于度外。倭寇围杭州时，他又“亲登城监视，俯身堞外，三司皆股栗，惧为流矢所加，宗宪恬然视之”，展示了身为统帅的风范。

嘉靖四十年（1561）四月至次年十一月，胡宗宪率师与屡犯宁波、台州、温州等地的倭寇战于海上六次，战于陆上十二次，俘斩一千四百二十六人，焚溺死者无算。总督亲临战阵，将士深受鼓舞，斗志昂扬。

在抗倭斗争中，胡宗宪擒王直、杀徐海，两浙倭患暂告平息。至嘉靖四十一年（1562），胡宗宪主持的抗倭斗争取得了前所未有的胜利，渐次平息浙江的倭患，并开始剿灭福建的倭寇。

嘉靖四十一年（1562），倭寇进犯福建，并联合福宁、连江等地的倭寇，先后攻陷寿宁、政和、宁德等地，从广东南澳方面侵略的倭寇联合福清、长乐的倭寇攻陷玄钟所，并进犯龙岩、松溪、大田、古田、莆田等地。

倭寇声势浩大，当地官军不敢进攻，于是胡宗宪传令让戚继光带兵剿贼。戚继光领命后引兵先进攻横屿，横屿四面水路险隘不易通行，戚继光命将士们每人手持一束稻草，填壕而进，大破横屿倭寇，斩首2200余级。而后，戚继光乘胜追击，杀至福清，捣毁牛田，端了倭寇巢穴。倭寇余党慌忙逃往兴化，戚继光也不停歇，一路狂追，又捣毁倭寇据点六十余营，斩首无数。

戚继光平定福建倭患后班师回浙江，行至福清，遇见少量倭寇从东营澳登陆，他率兵急攻，斩首两百人。经过几番战斗，闽广一带的倭寇几乎被戚继光消灭。

赏罚分明

明朝中叶，军队腐败，“法令废弛”，卫所官兵“桀骜不驯，顽钝无耻。驱之戎行，则恍然自失；责之城守，则恬若罔闻”，“平居则哨探不设，临阵则纪律无闻，上熙下恬”。“脆弱之兵”“纨绔之将”，正是明军状况的真实写照。胡宗宪认识到：“赏罚明而士心益以劝，军政肃而海贼不足平。”即平定倭寇必须从整顿军政、严明赏罚、提高将士战斗力开始。

嘉靖三十四年(1555)正月，柘林倭寇犯乍浦、海宁，陷崇德县，杀死官兵多人。胡宗宪奏请“正失事诸人之罪”。巡抚、指挥、参将、把总以指挥无方，临阵脱逃，“各坐罪有差”。参奏协总指挥王鹏“备御无方”，使百余倭寇流毒三郡，数百军民被害，为推卸罪责，竟“割取阵亡之首冒报部下之功”，胡宗宪疏请对王鹏害数百姓其“宜重究以彰大戒者也”。对抗倭有功官吏则不次超擢。知县杨藏、千户周勇、监生乔镗等作战有功，“奖赏有差”。吏员吴成器“敢死善战”“量改郡职”。唐顺之战功卓著，迁佥都御史。即使对同一人，亦赏罚分明。同年七月，倭寇攻破杭州北新关，提督李天宠贻误军机被胡宗宪弹劾。同年十月至十一月，倭寇分掠绍兴府各县，李天宠率军斩擒三百多人。胡宗宪上疏“请录巡抚都御史李天宠等功”。

为使赏罚制度化，嘉靖三十八年(1559)十月，胡宗宪规定死事诸臣为三等，“有功而又能死事者为一等，虽无功而能忠于所事者次之，勤无可录而事适不幸者又次之。其或失机偾事，虽身故仍须追夺官荫”。

蠲免租赋

嘉靖三十四年(1556)，额外增税，亩出兵饷一分三厘，加上其他名目众多的赋役征发和严厉的海禁，沿海居民“膏血为之罄尽”，生路断绝，敝衣梠腹，皆曰："与其守分而瘐死，孰若从寇而幸生？"部分百姓被迫加入倭寇行列。胡宗宪深感问题严重，指出："凡此经费，虽一木一石，一米一钱，皆生民膏脂……加之以师旅，因之以饥馑，重困之以征徭，搜刮之以劝借，奈之何民不穷且盗也，是有司者，乃为倭贼殴民，而又何怪乎？"他奏请朝廷宽限征收江南地区历年所欠加派、逋赋，并蠲免倭患重灾区钱粮。浙江省加派缎匹、工料等项银两，已达 20 多万，户、工二部还催查历年逋赋。时任浙江巡抚的胡宗宪上疏请敕户部，将加派本省的缎匹等项一一查清，除国家急需者严督依限征解外，"其余姑照苏、松事例，暂宽期限，其节年拖欠钱粮，暂且停征。及以后再有加派，一应钱粮，暂派别省"。

在胡宗宪疏争下，明廷除因自然灾害对东南地区减免赋税外，又多次在倭害严重地区大规模蠲免钱粮。他还根据需要，随时裁减水陆官兵，以减轻百姓负担。嘉靖三十六年(1557)十月，奏准裁去部分士卒及岁费银 499000 余两，有力地调动了广大民众的抗倭积极性。

含冤而死

嘉靖四十一年(1562)五月，内阁首辅严嵩被罢官，其子严世蕃被逮。胡宗宪是由严嵩义子赵文华的举荐而屡屡升迁的，在很多大臣的眼里，他属于严党。赵文华已死，严嵩失宠，胡宗宪的处境也就岌岌可危。这年年底，在新任内阁首辅徐阶的授意下，南京给事中陆凤仪就以贪污军饷、滥征赋税、党庇严嵩等十大罪名上疏弹劾胡宗宪。胡宗宪自然无力与其抗衡。王世贞曾说："我知道胡宗宪的功劳，可他被徐阶所压制，不能表白他的冤屈。"

很快，世宗就下令将胡宗宪的一切职务悉数罢免，并将其逮捕押解进京。此时，胡宗宪已经站在了悬崖的边缘。陆凤仪弹劾他时所列举的罪名，任何一条都能定他个死罪。胡宗宪到京之后，世宗念其抗倭的功劳，改变了主意，降旨道："宗宪不是严嵩一党，自任职御史后都是朕升用他，已经八九年了。而且当初因捕获王直而封赏他，现在如果加罪，今后谁为我做事呢？让他回籍闲住就好了。"掌握生杀大权的皇帝为胡宗宪网开一面，再次给了他一条生路。但是，胡宗宪的仕途到此为止了。嘉靖四十二年(1563)春天,胡宗宪带着无尽的委屈和不甘心回到了绩溪县的龙川故里。

胡宗宪本打算从此不问政事,在故里安享晚年。但是“树欲静而风不止”,胡宗宪的政敌们却不想罢手,他们在等待机会。嘉靖四十四年(1565)三月,就在胡宗宪回乡快两年的时候,灭顶之灾从天而降。事情的起因还是离不开严氏父子。曾经协助胡宗宪抗倭的罗龙文犯罪被抄家,在对罗龙文抄家时,御史意外发现了胡宗宪被弹劾时写给罗龙文贿求严世蕃作为内援的信件,信中附有自拟圣旨一道。假拟圣旨,这次就是老天爷也救不了胡宗宪了。果然,世宗闻听此事后大怒,对胡宗宪降旨问罪。嘉靖四十四年(1565)十月,胡宗宪再次被押赴至京。在狱中,胡宗宪写下万言的《辩诬疏》,为自己进行辩解。可是《辩诬疏》递交上去后,迟迟没有结果,胡宗宪无法忍受,嘉靖四十四年(1565)十一月初三,胡宗宪写下“宝剑埋冤狱,忠魂绕白云”的诗句后,自杀身亡,时年五十四岁。隆庆六年(1572),朝廷为其平反。万历十七年(1589),御赐归葬故里天马山,追谥“襄懋”。

抗倭统帅

胡宗宪主持的抗倭斗争,是他人生中最大的亮点。胡宗宪自任浙江巡按起,到嘉靖四十一年(1562)十一月,以严嵩党事革职,始终参与和指挥抗倭战争。此间也是我国东南沿海倭患最严重的时期。倭寇所至,“掳掠男女,劫夺货财”。嘉靖二十五年(1546),倭寇袭击宁波、台州,“攻掠诸郡邑无算,官民廨舍焚毁在数百千区”。嘉靖三十三年,进犯浙、直,焚杀无数,仅昆山县“境内房屋十去八九,男妇十失四五”。沿海人民生命财产遭受巨大损失,激起中国人民的强烈反抗。胡宗宪顺应历史潮流,“以倜傥非常之才”,抱定“贼一日不除,则臣一日不敢离军营;海上一日不靖,则臣一日不敢离海上”的雄心壮志,领导抗倭战争七八年,参加“大小数十百战”,战功赫赫,为抗倭战争胜利立下卓越功绩。困扰明王朝多年的倭患终于在胡宗宪的手中得到控制,这充分说明了胡宗宪的才干。抗倭战争中,海防设施修缮,士兵得到训练。浙、直、闽、粤沿海防务打破了卫所防御格局，形成了新的防御区域，海防整体性加强，为海疆安宁、对外贸易正常开展提供了保障。胡宗宪所表现出的胆略和智谋的确可圈可点，称得上是一位能臣，也是一个不可多得的人才。但是他交结权贵、趋炎附势、挥霍无度，也使他的人品备受争议。

张鼎曾评价说："东南数百年免倭患，皆其再造力也，抑公可谓社稷臣矣。"王士性说："雄行阔略……故论浙中平倭功，当首祠胡公。"至今，在安徽绩溪的龙川村（现为大坑口村）村头还矗立着颂扬胡宗宪他们事迹的"奕世尚书坊"。因为当年胡宗宪考中进士，距他的曾叔祖胡富考中进士正好是一个甲子，整六十年。坐落在安徽绩溪龙川村中央的龙川胡宗宪尚书府，是古徽州迄今保存结构最为复杂的明代建筑群。从胡宗宪至胡氏"炳"字辈共十二代人曾在此居住。

绩溪奕世尚书坊（吕小芽摄）

明朝右佥都御史海瑞

海瑞(1514—1587),字汝贤,号刚峰,海南琼山(今海南省海口市)人。明朝著名清官。这是一位担任过监察御史,又在浙江地方任职的外省籍官员。海瑞一生,经历了正德、嘉靖、隆庆、万历四朝。嘉靖二十八年(1549)海瑞参加乡试中举,初任福建南平教谕,后升浙江淳安和江西兴国知县,推行清丈、平赋税,并屡平冤假错案,打击贪官污吏,深得民心。历任州判官、户部主事、兵部主事、尚宝丞、两京左右通政、右佥都御史等职。他打击豪强,疏浚河道,修筑水利工程,力主严惩贪官污吏,禁止徇私受贿,并推行"一条鞭法",强令贪官污吏退田还民,遂有"海青天"之誉。毛泽东十分赞赏海瑞,他熟读《明史·海瑞传》,被海瑞等忠直之士在国难当头之时表现出的气概所打动。1959年4月,上海会议期间,他大力提倡"海瑞精神",号召大家就"大跃进"、人民公社化以来的问题大胆陈言,将"五不怕"精神与海瑞的直言进谏结合起来。在这次会议上,毛泽东提到他曾建议彭德怀读《明史·海瑞传》,又问周恩来看过没有,周恩来回答说看过了。① 后来,毛泽东还提到:"我不是在上海提倡了一番海瑞吗?"②

刚峰身世

海瑞的祖先原籍福建,南宋时有个名叫海俅的人,从福建迁移到了广州,海俅的重孙海逊子在明朝开国之初是广州卫指挥(正四品武官名)。

---

① 《毛泽东年谱(一九四九—一九七六)》(第四卷),北京:中央文献出版社,2013,第11-12页。

② 《毛泽东年谱(一九四九—一九七六)》(第四卷),北京:中央文献出版社,2013,第152页。

海逊子的儿子海答儿于洪武十六年(1383)从军来到海南岛,就在琼山县落了户籍。海答儿的儿子海宽,中举后曾任福建松溪县知县。有子侄海澄、海澜、海翰、海鹏、海迈五人,其中海澄官至四川道监察御史,其他还有三人中过举人。唯独海瑞的父亲海翰无所作为,只是个廪生(享受政府膳食补助的在学生员)。

海翰娶妻谢氏,谢氏于正德八年十二月二十七日生下海瑞。海瑞出生四年后,父亲海翰便故去了,从此孤儿寡母相依为命,靠祖上留下的几十亩田,勉强维持生活。谢氏性格刚强,对海瑞要求很严格,不让他像一般儿童那样嬉戏玩耍。海瑞自幼攻读诗书经传,他立志日后如果做官,就要做一个不谋取私利、不谄媚权贵、刚直不阿的好官,因此他自号"刚峰",取其做人要刚强正直、不畏邪恶的意思。

屡试不中

海瑞读书时,正是王守仁学说盛行的时期,王学的要点除了主要方面是唯心主义以外,还有提倡知行合一,即理论和行动一致的积极方面。王阳明还提倡"立诚",反对伪君子式的"乡愿"作风。这些对海瑞日后的为人产生了很大影响。

嘉靖二十八年(1549),海瑞参加乡试,写了一篇《治黎策》,在这篇策论中,海瑞针对海南黎患不绝的现状,提出开通十字道路、设县所城池、中峙参将府兵备道的见解。此年,海瑞高中举人。

嘉靖二十九年(1550),海瑞上京城参加会试。在此期间,海瑞向朝廷上《平黎策》,再次重申了他的治黎策略。这一建议并没有引起朝廷的重视。这次会试海瑞落榜了。嘉靖三十三年(1554),两次会试都没考中的海瑞决定放弃科举考试,同年闰三月,广东布政使司指派海瑞到福建延平府南平县当教谕。

海瑞教育学生道德和文章不可分割,主张读书人应该尊重自己的身份,不该对上官随便下跪。他执教期间,有朝廷的御史到县学视察,其他教师都跪在地上通报姓名,唯独海瑞长揖行礼说:"到御史所在的衙门当行部属礼仪,这个学堂,是老师教育学生的地方,不应屈身行礼。"弄得视察的御史满脸不高兴,却又无可奈何。

淳安知县

嘉靖三十七年(1558),海瑞被任命为淳安知县。他看到这里“富豪享三四百亩之产,而户无分厘之税,贫者户无一粒之收,虚出百十亩税差”的“不均之事”,决定重新清丈土地,规定赋税负担。这样,淳安农民的负担有所减轻,不少逃亡民户又回到故乡。除清丈田亩、均平赋役外,海瑞在淳安还推行保甲法、明断疑难案件、兴办社学,等等。后来,海瑞还根据他在淳安的经验写成《兴革条例》,探讨这一地区有关管理的问题。

海瑞生活节俭,他穿布袍、吃粗粮糙米,让老仆人种菜自给。按照当时官场的风气,新官到任,旧友高升,总会有人来送些礼品礼金,以示祝贺。这些礼品礼金只要数额不大,也是人之常情。然而海瑞公开贴告示说“今日做了朝廷官,便与家居之私不同”。然后把别人送的礼品一一退还,连老朋友贺邦泰、舒大猷远道送来的礼也不例外。至于公家的便宜,他更是一分也不占。浙江总督胡宗宪还曾将海瑞为母亲做寿而买肉二斤的传闻讲给别人听。

一次,胡宗宪的儿子路过淳安县,向驿吏发怒,把驿吏倒挂起来。海瑞说:“过去胡总督考察巡视各部门,命令所路过的地方不要供应太铺张。现在这个人行装丰盛,一定不是胡公的儿子。”海瑞遂将其随带金钱没收,并派人乘马将此事报告胡宗宪,胡宗宪亦未将海瑞治罪。

海瑞不畏权贵。国公张志伯奉旨巡察各省,依仗权势,贪赃枉法,百姓怨恨。海瑞劝农归来,张志伯的亲信差官张彪来至县衙,强索赊银万两,海瑞拒绝,反将张彪棍责逐出。张志伯闻报大怒,至淳安向海瑞责问,海瑞反据理向张算账,指斥其贪赃枉法,张志伯大窘,临行索要纤夫四百名再作刁难。海瑞因农忙,不愿扰害百姓,就亲自率领衙役背纤,张志伯恐因此引起民愤,狼狈而去。

明嘉靖三十九年(1560),严嵩的党羽、都御史鄢懋卿出巡两浙、两淮盐政,一路贪污勒索。海瑞设法与之斗争。据《明实录》及《明史·海瑞传》,鄢懋卿过境淳安时,海瑞不仅提供的酒饭十分简陋,还高声宣言县衙狭小不能容纳众多的车马。鄢懋卿十分气愤，然而他早就听说过海瑞之名，亦只得收敛威风而去。但据明人梁云龙的《海忠介公行状》所述，海瑞是通过禀帖，直指鄢懋卿在出行过程中口称节省，实则奢靡，言行不一，自己无所适从，鄢懋卿遂不再过境淳安县，甚至连严州府的其他地方都一并绕开。事后，鄢懋卿嘱咐巡盐御史袁淳治海瑞和慈溪县霍与瑕的罪。霍与瑕是礼部尚书霍韬的儿子，也是坦率正直不谄媚鄢懋卿的人。海瑞虽无可指摘，但后来还是因此失去升任嘉兴通判的机会，赴吏部另听调遣。

嘉靖四十一年(1562)十二月，在朱衡(号镇山)的帮助下，海瑞调任兴国县知县。到任后，海瑞着力清丈土地；在任上清廉自守、勤政爱民，并曾撰写《兴国八议》，其中心是革除积弊，安定人民生活。

因言获罪

嘉靖四十三年(1564)，海瑞被选拔为户部云南司主事，赴任北京。

明世宗朱厚熜晚年，不在朝堂处理政务，深居西苑，专心设坛求福。总督、巡抚等边关大吏争着向皇帝贡献有祥瑞征兆的物品，礼官总是上表致贺。朝廷大臣自杨最、杨爵获罪以后，没有人敢说时政。

嘉靖四十五年(1566)二月初一，海瑞在棺材铺里买好了棺材，并且将自己的家人托付给了一个朋友。然后向明世宗呈上《治安疏》，批评世宗迷信巫术、生活奢华、不理朝政等弊端。

明世宗读了海瑞的《治安疏》，十分愤怒，把《治安疏》扔在地上，对左右侍从说："快把他逮起来，不要让他跑掉。"宦官黄锦在旁边说："这个人向来有愚名。听说他上疏之前，自己知道冒犯该死，买了一口棺材，和妻子诀别，奴仆们也四处奔散没有留下来的，他自己是不会逃跑的。"明世宗听了默默无言。过了一会儿又读海瑞的上疏，一天里反复读了多次，感到叹息，只得把《治安疏》留在宫中数月，曾说："这个人可与比干相比，但朕不是商纣王。"

嘉靖四十五年(1566)秋季，明世宗生病，心情郁闷，召来内阁首辅徐阶议论禅让帝位给皇太子的事，世宗说："海瑞所说的都对。朕已经病了很长时间，怎能临朝听政。"又说："朕确实不自谨，导致身体多病。如果朕能够在偏殿议政，岂能遭受这个人的责备辱骂呢？"遂逮捕海瑞关进诏狱，追究主使的人。狱词送上后，仍然留在宫中不发布。户部有个司务叫何以尚的，揣摩皇帝没有杀死海瑞的心意，上书陈情请将海瑞释放。明世宗大怒，命锦衣卫杖责何以尚一百大棒，关进诏狱，昼夜用刑审问。

徐阶力救海瑞，有阁臣主张对海瑞处以绞刑，被徐阶和刑部尚书黄光升压了下来。

嘉靖四十五年(1566)十二月十四日，明世宗驾崩，外面一般都不知道。提牢主事听说了这个情况，认为海瑞不仅会被释放而且会被任用，就办了一些酒菜来款待海瑞。海瑞自己怀疑应当是将被押赴西市斩首，恣情吃喝，不管别的。主事因此附在他耳边悄悄说："皇帝已经死了，先生现在即将出狱受重用了。"海瑞说："确实吗？"海瑞听到确切消息后，随即悲痛大哭，把刚才吃的东西全部吐了出来，晕倒在地，一夜哭声不断。

同年十二月十五日，裕王朱载垕(明穆宗)继位，年号隆庆。奉先帝世宗遗诏，赦免了以海瑞为代表的所有谏言诸臣。海瑞被释放出狱，官复原职，不久改在兵部任职。后来调大理寺任职，提拔为尚宝丞(专门管理皇帝御玺、印鉴的官员)。

隆庆元年(1567)，徐阶被御史齐康所弹劾，海瑞上言说："徐阶侍奉先帝，不能挽救于神仙土木工程的失误，惧怕皇威保持禄位，实在也是有这样的事。然而自从徐阶主持国政以来，忧劳国事，气量宽宏能容人，有很多值得称赞的地方。齐康如此心甘情愿地充当飞鹰走狗，捕捉吞噬善类，其罪恶又超过了高拱。"人们赞成他的话。

海瑞被调往通政司，历任左通政、右通政之职。

右佥都御史

隆庆三年(1569)夏，海瑞升调右佥都御史(正四品)，外放应天巡抚。辖区包括应天、苏州、常州、镇江、松江、徽州、太平、宁国、安庆、池州十府及广德州，多为江南富庶的鱼米之乡。海瑞就任应天巡抚之后，立即颁布《督抚宪约》，规定巡抚出巡各地，府、州、县官一律不准出城迎接，也不准设宴招待。考虑到朝廷大员或许仍须稍存体面，他准许工作餐可以有鸡、鱼、猪肉各一样，但不得供应鹅和黄酒，而且也不准超过伙食标准。这个标准是：物价高的地方纹银三钱，物价低的地方两钱，连蜡烛、柴火等开支也在上述数目之内。

属吏惧怕海瑞的威严，贪官污吏很多自动辞职。有显赫的权贵把门漆成红色的，听说海瑞来了，都改漆成黑色的。宦官在江南监督织造，见海瑞来了，就减少车马随从。

海瑞兴利除害，请求整修吴淞江、白茆河，通流入海，百姓得到了兴修水利的好处。

海瑞早就憎恨大户兼并土地，全力摧毁豪强势力，推行"一条鞭法"，安抚穷困百姓。他将过去按地、户、丁分别征收实行、征发徭役的赋役制度，改为按土地、人丁征收货币与白银；将过去由纳税户轮流征收解运改为官府自行征收解运；把田赋、力役和其他杂税合编为一条，统一按田亩核算征收；原来按丁户征役的办法一并改为摊入田亩。贫苦百姓的土地有被富豪兼并的，大多夺回来交还原主。因此，海瑞深受百姓的爱戴，人们称他"海青天"。

徐阶被罢免之后在家中居住，海瑞一视同仁，对徐家也不给予优待。徐阶从自身利益出发感慨道："敝乡近来诚为新政所困，然刚峰（海瑞）初意亦出为民，只缘稍涉偏颇，刁徒遂乘之妄作，伪播文檄，谬张声威，煽惑愚顽，凌蔑郡县，始犹诬讦，继乃扛抬，白占田庐，公行抢夺，纪纲伦理荡然无存，不独百姓莫能存生，而刚峰亦因之损誉，良可慨也！"推行政令气势猛烈，所属官吏感到恐惧，因此奉行而不敢有误，有的豪强甚至跑到其他地方去躲避。而有些奸民多乘机揭发告状，世家大姓不时有被诬陷受冤枉的人。海瑞又裁减邮传冗费，士大夫路过他的辖区大都得不到很好的张罗供应，因此怨言越来越多。

徐阶的第三子徐瑛霸占民田，鱼肉乡里，强占民女。民女母告状，华亭县令受贿，杖毙民女祖父。应天巡抚海瑞微服出访，路遇洪阿兰，查明真相，判处徐瑛、王明友死罪，饬令退田。徐阶买通太监、权贵，妄图罢免海瑞，推翻定案。海瑞识破奸计，断然处斩二犯，然后交出大印，慨然罢官回归故里。

屡遭弹劾

隆庆三年(1569)冬季,都给事中舒化说海瑞迂腐滞缓,不通晓施政的要领,应当用南京清闲的职务安置他,明穆宗还是用嘉奖的语言下诏鼓励海瑞。不久,给事中戴凤翔弹劾海瑞庇护奸民、鱼肉士大夫、沽名乱政,于是海瑞被改任南京粮储。

海瑞巡抚吴地才半年。平民百姓听说海瑞解职而去,呼号哭泣于道路,家家绘制海瑞像祭祀他。海瑞要到新任上去,正遇高拱掌握吏部,他早就仇恨海瑞,于是把海瑞的职务合并到南京户部当中,海瑞遂因病引退,回到琼山老家。

海瑞在隆庆四年(1570)曾前往福建晋江潘湖,到黄光升的府邸拜见黄光升,以谢当年营救保护之恩。

万历元年(1572),张居正主持国政,也不喜欢海瑞,命令巡按御史考察海瑞。御史到山中审察,海瑞杀鸡做菜招待御史,房屋居舍冷清简陋,御史叹息而去。张居正惧怕海瑞严峻刚直,虽朝中官员多次推荐海瑞,最终也不予以任用。

万历十二年(1584)冬天,张居正去世之后,吏部拟用海瑞为左通政,明神宗朱翊钧向来看重海瑞的名望,于次年正月召海瑞为南京右佥都御史。赴任途中,改为南京吏部右侍郎。海瑞当时已经七十二岁了,上疏言衰老垂死,愿意效仿古人尸谏的意思,列举明太祖朱元璋刑法,剥人皮装上草制成皮囊,以及定律枉法达八十贯判处绞刑的规定,说应当用这样的方法惩治贪污。其他谋划时政,言语极为切实。其中只有劝皇帝用暴虐刑法,当时评议认为是错误的。御史梅鹍祚弹劾海瑞。明神宗虽然认为海瑞言论有过失,然而清楚海瑞的忠诚,为此免去梅鹍祚的俸禄。

终于任上

海瑞临终前,兵部送来的柴金多算了七钱银子,他也要算清了退回去。明神宗屡次要重用海瑞,主持国事的阁臣暗中阻止,于是任命海瑞为南京右都御史。海瑞上任后，力主严惩贪官污吏，禁止徇私受贿。诸司向来苟且怠慢，海瑞身体力行，矫正弊端。有的御史偶尔戏乐，海瑞要按明太祖法规给予杖刑。百官恐惧不安，都怕受其苦。提学御史房寰恐怕被举报要先告状，给事中钟宇淳又从中怂恿，房寰再次上疏诽谤、诬蔑海瑞。海瑞也多次上疏请求退休，明神宗下诏慰留不允许。

万历十四年(1586)，海瑞听闻黄光升去世，悲伤至极，带病前去晋江奔丧。

万历十五年(1587)十月十四日，海瑞病故于南京任上。他没有儿子，所以去世后，佥都御史王用汲去主持海瑞的丧事，看见海瑞住处用葛布制成的帏帐和破烂的竹器，有些是连贫寒的文人也不愿使用的，因而禁不住为之悲泣不已，凑钱为海瑞办理丧事。海瑞的死讯传出，南京的百姓因此罢市。海瑞的灵柩用船运回家乡时，穿着白衣、戴着白帽的人站满了两岸，祭奠哭拜的人百里不绝。朝廷追赠海瑞太子太保，谥号“忠介”。

千秋永祀

海瑞祠位于浙江千岛湖龙山岛。海瑞墓位于海南省海口市西郊滨涯村，为一长方形陵园，四周为石砌围墙，海瑞墓始建于万历十七年(1589)，是皇帝派许子伟专程到海南监督修建的。

作为右佥都御史，海瑞的名声是百代相传的。他忠心体国、直言敢谏，令人佩服。特别是他抬着棺材“死谏”，使之永垂青史。

《明史》评价道：“瑞生平为学，以刚为主，因自号刚峰，天下称刚峰先生。尝言：‘欲天下治安，必行井田。不得已而限田，又不得已而均税，尚可存古人遗意。’故自为县以至巡抚，所至力行清丈，颁一条鞭法。意主于利民，而行事不能无偏云。赞曰：海瑞秉刚劲之性，戆直自遂，盖可希风汉汲黯、宋包拯。苦节自厉，诚为人所难能。”

李贽称赞说：“夫青松翠柏，在在常有，经历岁时，栋梁遂就。噫！安可以其常有而忽之！与果木斗春，则花不如，与草木斗秋，则实不如。吁！安可以其不如而易之！世有清节之士，可以傲霜雪而不可以任栋梁者，如世之万年青草，何其滔滔也。吁！又安可以其滔滔而拟之！此海刚峰(海瑞)之徒也，是亦一物也。”

明朝监察御史孙昭

孙昭(1518—1558),字明德,号斗城,自称东嘉居士,瓯海潘桥人,明朝著名监察御史。始迁祖永嘉(现永嘉朱涂)人。明朝正德戊寅年(1518)出生在永嘉郡城区(今鹿城区)瓦市殿巷。他天资聪颖,少年立志读书报国。嘉靖二十三年(1544),中进士。留都察院观政,二年期满,初令永丰,后补魏县。擢云南道监察御史,巡查陕西,继按河南。孙昭秉性耿直,刚正不阿,为人诚信,疾恶如仇,爱民如子。

金榜高中

嘉靖二十三年(1544),孙昭二十六岁时考取进士第三十五名。即时留都察院观政二年。届满,任江西广信府永丰县(现为上饶市广丰县)知县,转迁直隶大名府魏县知县(现为河北省邯郸市魏县),任内削弊除奸,政声异等。据《大名府志》载,对其作极高评价。任内不携家眷,不建私宅,常微服私行于市井,访贫问苦,关心平民饥寒,成为当地百姓心目中再生父母。孙昭在公事往来时,“极少履辕轿,惊扰平民”,其“为民存宽一分心,民自不扰”的为政理念深得百姓喜爱。孙昭能有如此清廉简行风范,在当时社会是极其少见的。

孙氏家范

嘉靖二十六年(1547)端午那天,因家里在修编谱牒,孙昭编写八条《孙氏家范》入谱,以明确规定齐家睦族、尊师重教、赒急扶贫等做人行为准则。

《孙氏家范》共分训蒙童、慎嫁娶、睦宗族、赒贫乏、戒淫欲、戒游荡、戒嗜酒、戒健讼等八个部分，共 1982 个字，从孩童教育，子女嫁娶，和亲睦族，赒急扶困等日常生活方面，为后代子孙及族人立下严格家规。

关于训蒙童。他主张“父兄之教莫先于养蒙世。句读之师，不必过求误矣”。他告诫族中人：凡族中子弟七岁到十五岁，读书“心志犹不道，文义犹无解，当授以他业”。“人之者少，知识初启，可成可败，俱在此时，即宜入学从师，收其放心”“为父兄者必知尊师重教，不妄其所从来，子弟亦易上进”，一再申明孩童教育、尊师重教的重要性，要求家族子弟要进学堂接受教育。

关于慎嫁娶。娶媳必求淑女，嫁女必择佳婿。他告诫族中人，遇到中年失偶，儿子都成了家，切不可续家。娶来的后妻，如果不能生育，该女人成为“古今最悲惨之人”；如果有孩子一起嫁的人，后妻则有可能不顾前妻的子女，只顾自己生的孩儿。如果是年轻的女子，自己的精力已衰退，她的血气方明，“视其夫为无用，嫌隙日生，离间骨肉，以致丑声闻外者，皆此后娶者之过也”。

关于睦宗族。一族之中，贫富不同，缓急相通，有无相济。在朋侪且有其义，况同族乎！至其人之有志气者，贫不自保，必格外周济，且为之百计图维以觅生活；又有死无所依，族内理应为彼棺衾殓葬，不可视若秦越。倡导“和睦家风”，做到义利并举，积善行德。

关于戒赌博。诱人之事不一，唯赌最易；害人之事不一，唯赌最深。大抵贪心一起，无所不贪。贫而贪，富亦贪，溪壑难盈，不至于倾资荡产，并其身以殉而不已也。事之可恶，莫甚于此，不愿子孙有此行也。

关于戒游荡。治生要“以农为上”，告诫贪图厚利的人：“利厚矣一蹶，而祸且莫涯。”业精于勤荒于嬉，生于忧患死于安乐。自古贤人良士，未有不朝乾夕惕，以著芳名于奕世也。要为天地惜物力，为朝廷惜恩膏，为祖宗惜往日之劳动，为子孙惜后来之福泽。

关于赒贫乏。“亲邻之中，有贫苦者，宜多温恤。不可故意为难，力能固济，即代为婉转，切不可坐视不救。”

关于戒淫欲。唯欲之未萌，不使潜滋长于陷微之中，则欲之媒自绝矣，且《蕉窗十则》所云：“未见不可思，当见不可乱，已见不可忆。”人当一日之中，宜三复斯言，则可也。

关于戒嗜酒。人当志气清时，每事三思，把持自在于心，忿言不出于口。一为酒所困，志气乱，血气刚，平日积忿一发而无余，即纤芥之怨容伏胸中，亦易以大放厥词。

关于戒健讼。终身让路不失百步，终身让畔不失一段，人须常复此言，庶几有以征其忿，而身家亦得以长保也。

《孙氏家范》为淫欲、游荡、嗜酒、健讼连立四戒。这四戒戒律严明，不容逾越，“有犯而未发者，亦知易辙改弦；如再怙恶不改悔，按此以治其罪”，教导子孙“事之可恶，莫甚于此，不愿有此行也”。这些家规家训内容具体详尽，已成为孙氏后裔凝聚家族、规范后人的行为准则。

保境安民

嘉靖三十五年(1556)，明世宗朱厚熜敕封孙昭为云南道监察御史，巡查监察晋、陕、甘、青、滇、贵、豫七省。推孙昭父亲为文林郎，孙昭妻为孺人(这一敕命书完整保存至今)。

云南任内，茶马古道为西南边陲名闻遐迩的贸易通衢，是以物换物交易的平台；也是现代边境贸易的雏形。历史上茶马互市兴起于唐，盛于明清，维系时间长达千年之久。茶马互市是游牧民族与农耕民族之间的特殊贸易形式，是一种互补性贸易，在我国商贸史和民族史上占有非常重要的地位。在古代，马匹是国家最重要的军用物资之一，茶马法就是用专控茶叶向少数民族商人交换马匹的制度。自晚唐起，茶叶成为重要的换取马匹的商品。茶马法最盛时期在南宋。一般来说，20 公斤茶叶可换取上等马一匹，15 公斤可换中等马一匹，10 公斤茶叶换下等马一匹，到了明代，茶、马交换仍是重要的边疆贸易。但当时茶马古道由民间镖局，甚至是黑恶势力控制。孙昭为其更定茶马之法，严惩地霸恶棍欺行霸市、鱼肉乡民的劣行，由朝廷部队来管理保护茶马古道，稳定了边境安全，使民安生得利、国增税赋。这也是茶马古道还能继续维系数百年的基础。贸易兴盛的茶马古道，直至清末才渐渐废除。

屡上奏本

孙昭巡按河南，“首论宗藩之不法者，称旨废夺，境内以安”。河南任内“豪强兼并土地，升斗小民，进退无路”，孙昭数度上奏，力陈不法，终将豪强削藩夺爵，百姓感激涕零。孙昭“按部持风裁，先声褫魄，所至墨吏解绶而去”。他雷厉风行的做事风格和刚正不阿的性格，令周边县区豪强闻风逃避。

奸人暗害

当初，孙昭因外出巡察骑马过多，他的屁股被磨得生疮，就上京向皇帝请假回温州休养及祭奠父亲。得到皇上恩准，他便启程返回故里。

孙昭为官的时代，宰相严嵩权倾朝野，党羽遍布各地，各地府、县官员很多都是严嵩门生。孙昭制豪强，削藩官，更“茶马”，触及严嵩党羽既得利益，三番五次得罪于严嵩奸党，使其怀恨于心，遂生歹念，假借设宴驿馆请他赴会，实为暗投蛊毒于酒，孙昭没有详察就喝下毒酒，中毒后回家一病不起，到家已不能开口说话，很快就撒手人间，年仅四十一岁。他的两名随员也相继死去。由于当时信息不通，家属不知缘由，误以为孙昭任监察御史时做错了事被皇帝赐死，全家都十分恐慌，唯恐遭到株连。

因为在明代，监察御史掌管监察百官，巡视郡县，纠正刑狱，肃整朝仪等事务，权重但追责也很严厉，若犯事可科以重罪，严重者株连家人宗亲。

于是，孙昭家人草草料理完后事，并将其生前著述全部烧毁，全家分散逃难。孙昭的《斗城集》等数部文集佚失。当时，族人也不了解真相，纷纷躲避。直到 130 多年后，家族修建家谱，才看到相关材料，基本弄清楚孙昭突然死亡并非因办案追责被毒死，而是被奸臣陷害。

文化贡献

孙昭文才出众，诗文峭劲挺拔。他宦游十几年，山高水长、乡关远望，只能将思念之情寄托诗文和字句中。他为家乡原华盖山麓的东山书院重修撰文勒碑，还写了不少歌颂温州风情的诗，如海坛山、新桥、吴田、会昌河等都出现在他的诗中。尤其是他描写雁荡山大龙湫的诗《大龙湫》，更是遣词峭拔，气势磅礴。

倒壁玉为液，横帘珠满田，
光分云树里，清逼雪花前。
天雨漏娲石，蓬山移圣泉。
可应翻巨浪，一洗海门烟。

《忆赵竹川》一诗写他回忆年轻时与好友赵竹川荡舟于新桥会昌湖的清波湖光之上，饱尝毓秀情景，表达对家乡的无限依恋。

苦忆竹川子，新桥移小舟。
蟹螯樽酒暮，菰米石塘秋。
陟峤云连屐，归城月满楼。
相思吴楚隔，烟水自悠悠。

在河南，孙昭还写下一首《过殷墟偶感》盛赞比干赤胆忠心，被勒碑立在有“天下第一庙”之称的比干庙里，该碑至今犹在。

殷墟犹枕卫河涯，立马残阳有所思。
鹫影空壕杂禾黍，云穹古堞见旌旗。
看碑堕泪比干墓，酸地惊心牧野师。
虽说顽民梗周化，阴谋韬略至今疑。

孙昭为文重视文教，曾刊刻明“榜眼王”王瓒之子王健的《王鹤泉集》八卷、著名文学家杨慎所辑《金石古文》十四卷、思想家王守仁《阳明先生文粹》十一卷（大梁本）等书。其中《金石古文》《王鹤泉集》被列入新中国成立后第一批国家珍贵古籍名录。他的著作《诗法拾英》一书，现存于宁波天一阁。他的著作《西行稿》《斗城集》等书均佚。

孙昭有位少年好友叫王健（1502—1550），是明代“榜眼王”王瓒次子。王健字伟纯，因温州古城西山山麓有水曰鹤泉，故号“鹤泉”，进士出身，官至南京光禄寺少卿。王健与孙昭在温州时便有交往，从政后常有书信来往。因两人志同道合，又都景慕明代大儒王阳明的人品、学问，故书信中多有探讨阳明心法的文字。嘉靖二十九年(1550)，王健早逝。嘉靖三十五年(1556)，难忘好友的孙昭在河南洛阳任上，将王健遗稿刊刻为《王鹤泉集》八卷，现我国台北“中央图书馆”藏有该善本。第二年，孙昭既出于对王阳明的敬重，也为了纪念与王健当年的论学生活，又刊刻了《王阳明先生文粹》十一卷，该书现藏天津图书馆。孙昭在河南任内，又编刊《鹤泉集》八卷，该书现存中国科学院图书馆、南京图书馆、温州图书馆等。

杨慎是明代第一博学且著作宏富的学者。孙昭任云南道监察御史时，杨慎因“大礼议”被处以庭杖，谪守云南。在这期间，因监管等工作关系，两人有交集。而对于孙昭来说，前辈学人杨慎的人品学识，是他所景仰的。因此，孙昭还编刊了著名文学家杨慎辑录的《金石古文》。

后世景仰

孙昭墓静静地隐在岷岗村的山坳之中，清风拂过了千年。作为监察御史的孙昭所做出的贡献，将永远为后世子孙所铭记。

在温州潘桥街道华亭村西村山麓，有一座独特的纪念馆——孙昭纪念馆，这座纪念馆是由居住在该村的孙昭后裔牵头，温州各地的孙昭后裔和孙氏族人募资兴建。纪念馆收集、陈列着孙昭的事迹、物品，供人们瞻仰。

孙昭纪念馆

明朝右都御史吴百朋

吴百朋(1519—1578),字维锡,号尧山,浙江金华府义乌县(今浙江省义乌市)人。明朝抗倭名将。曾任山西道监察御史、右佥都御史、南京右都御史、刑部尚书等职。

吴百朋自幼家境贫寒,但天资聪颖,勤学好问。嘉靖二十六年(1547)进士,官至刑部尚书。他与戚继光生活于同一时代,为抗击倭寇,平定内乱,巩固边防立下了不朽功勋,系一代名闻遐迩的儒将。

青云之志

吴百朋原名"吴伯朋",明嘉靖皇帝朱厚熜赠御笔"去人从百",遂改名为"百朋"。在封建社会,皇上御笔改名,是为一种礼遇恩宠,皇恩浩荡,臣下自当从命。

吴百朋出生于义乌大元村的书香门第。父亲吴琼,为人正直,学识渊博,但他一生坎坷,郁郁不得志,又逢家道中落,生活困顿,度日艰难。

嘉靖三年(1524),吴琼曾以贡生资格,出任江苏盐城县学教谕,掌教诲县学生员。吴百朋是年七岁,远离家乡,随父就学。

吴琼生性耿直,不善奉迎,对分内工作兢兢业业、尽心尽责。但三年任满,未获留任升迁,仍回义乌老家当塾师,借此糊口养家。

吴百朋家境贫寒,自幼丧母,饱受生活的磨难。但他穷且弥坚,勤学好问,立志报效国家,为黎民百姓做事。

吴百朋天资聪颖,三岁始学识字,五岁进塾读《大学》,六岁详《中庸》,七岁攻《论语》《孟子》,八岁能写一手好文章。他十八岁赴府试中秀才,二十五岁参加省会试中举。

吴百朋青少年时代，四出求学，常常缺衣少食，同窗好友为他“穷且弥坚，不坠青云之志”的奋进精神所感动，常常接济于他。有一次，吴百朋去金华府城赶考。他把鞋子放入旧书箱中，换上草鞋赶路。到府城门口，才取鞋换之。

有一段学子生涯，让吴百朋终身受益，且又终生难忘。嘉靖十六年(1537)，吴百朋正值十九岁青春年华，经人举荐，入南京国子监学习。他如鱼得水，学业大进，同时还结识了一批志趣相投的文朋诗友，尤与平湖陆光祖意气相投，终成莫逆之交。

嘉靖二十六年(1547)，吴百朋二十九岁，赴京参加殿试，金榜题名，登三甲进士。

喜讯传来，家乡的父老乡亲喜出望外，期望吴百朋日后能报效国家，为民造福，有所作为。

吴侯留靴

嘉靖二十七年(1548)八月，吴百朋初入仕途，出任江西永丰知县。

当时的永丰县地处穷乡僻壤，经济落后，民风粗犷悍野。正如《永丰县令尧山吴侯脱靴碑记》所云：“永丰居深山大谷，无达官贵人往来，无商贾舟车辐辏，士民自耕读而外无所事，故其性多质而近野。”

吴百朋下车伊始，就注重调查研究，因地制宜、发展生产，与民休养生息。他重农桑，兴水利，办公学，倡孝悌，劝民风，戒争斗，禁偷盗，省诉讼，减刑罚。不久“县邑大治”。

吴百朋出身贫寒，对贫困有深刻的体会。他认为，贫困地区要因地制宜，发展生产，与民休养生息，这是事关国计民生的大事，一定要抓出成效，为民造福。于是他“不为高亢立威，不为聪察用智，不为矫激行怪，以沽民誉。以慈爱持之，以廉明行之，以公恕事之，辄谈笑麾之，或以二三言遣去。为丰三年间，治其一二甚者而已，是故丰民视吴侯如家人矣！”(《永丰县令尧山吴侯脱靴碑记》)

吴百朋初任知县，百废待兴，工作千头万绪，又因水土失和，常常抱病在身，许多公事“乃卧床断之”。知府不悦，常在背地里向上司说长道短。

伯乐相马，而上司却赏识吴百朋的才能，夸奖道："孰如永丰令之卧治者竟得最上考"，给予吴百朋政绩考核为优等，并上报朝廷，不久即予升迁。

吴百朋在离任时，永丰父老乡亲依依不舍，效"扳辕卧辙"故事，恳求他"留靴以存永思"。后南京太仆寺少卿吕怀撰《永丰县令尧山吴侯脱靴碑记》，记下了这段感人的故事，传于后世。

维扬抗倭

嘉靖二十九年(1550)，吴百朋被提升为山西道监察御史，兼管长芦盐政，又负巡按江北的重任。

明初，日本一些在国内失意的土豪与浪人，在中国沿海地区，武装走私，抢掠商民，当时被称为"倭寇"。抗倭成了明王朝的当务之急。

嘉靖二十九年(1550)，吴百朋巡按江北，惩治贪官，打击豪强，访察民情，申雪冤屈，朝野为之震慑。当时，倭患猖獗，吴百朋殚精竭虑，多方筹划抗倭大计。他发现无为州城墙崩塌，无险可守，倭寇乘机屡屡侵犯，烧杀抢掠，百姓深受其害，苦不堪言。他当机立断，奏请朝廷"筑城御寇"。

吴百朋发出公告，劝谕乡绅百姓，大敌当前，要同仇敌忾。在他的倡导督促下，无为州是年七月初八开工，同年十月初告竣。城郭沟池，森严壁垒，众志成城，严阵以待。倭寇闻讯后，再也不敢侵犯无为州。时礼部尚书、武英殿大学士徐阶对此赞叹不已，受无为州黎民之托，曾撰《创建无为州城碑记》传世，并在记中赞叹云：无为州"唯赖吴君殆不免于焚劫"。

不久，倭寇首领冢原井、龟善太郎纠集一万余人，突侵瓜州，杀人放火，奸淫掳掠，百姓深恶痛绝，地方官束手无策，即使组织抵抗，也畏敌如虎，不堪一击。这更助长了倭寇的嚣张气焰，欲把魔爪伸向扬州。

扬州为兵家必争之地，更兼都市繁华，人口密集，为江南膏腴富庶之地，倭寇早就垂涎三尺，千方百计图谋取之。

吴百朋接到瓜州告急文书，立即飞檄调集各处兵马，驰援江苏重镇扬州。

在赴扬州救援途中，"望江上湛浮肢解皆淮卒"，更有一参将"以单舸遁"。百姓惶惶不安，扶老携幼，纷纷逃往扬州避难。扬州城下，数万难民，望城号哭，哀求入城。而扬州郡守下令已"阖门者三日"，拒纳难民入城。

吴百朋抵达扬州城下，出示印符文书后，方获入城。他气喘未定，当即指责督抚、郡守诸官员："何以拒民不救？"督抚、郡守等面有难色。吴百朋声色俱厉，下令"开城纳民"，督抚、郡守不敢违抗，数万难民一拥而入。吴百朋传令妥善安置，免出意外。他临危不惧，神色自若，调兵遣将，从容不迫，"众皆服之"，督抚与郡守等一再叩请他带兵御寇，并献上符印。

在这危急关头，吴百朋以民族利益为重，果断地挑起这副千斤重担。他号召全城军民全力以赴，激励他们说："养兵千日，用兵一时，大敌当前，要以国家利益为重，要坚定信心，御敌自救，与扬州共存亡！"

吴百朋虽系文臣，但他自幼熟读兵书，加上平时注重兵略，所以调兵遣将，显得从容不迫，调度有方，指挥得当，众皆服之。

薄暮时分，倭寇前队五千余人已兵临城下，安营扎寨，等候后队兵至，企图合围，一举攻破扬州。

吴百朋分析敌情后，决定以攻为守，主动出击，乘倭寇立足未稳，出其不意，攻其不备，遂挑选三千精锐兵勇，以迅雷不及掩耳之势，出城掩杀。倭寇猝不及防，兵营大乱。明军奋勇争先，斩倭首四千余级。残敌闻风丧胆，狼狈逃窜。后队倭寇见大势已去，不敢轻举妄动，遂与前队溃兵"远遁"，对扬州城再不敢觊觎。

扬州之战，朝野震动。时任义乌知县的汪道昆喜闻捷报后，欣然赋诗为吴百朋祝贺：

使君宝剑七星明，截海扬帆断巨鲸。
开幕定传书记檄，飞符先召伏波兵。
大堤烟火连隋苑，高垒风云拥汉旌。
六月三师愁汗马，孤城桴鼓仗宏平。

扬州之战，对靖肃倭患，保护黎民百姓生命财产的安全，功不可没。战后，吴百朋加强城防，并奏请朝廷"筑东关外城，延袤十里"。从此，倭寇闻风丧胆，再不敢染指扬州。

朝廷论功行赏，扬州督抚以下诸官员悉受不同程度的处分，唯吴百朋受嘉奖，诏赐金帛，他又将所赐之物，悉数奖励下属。

扬州百姓感念吴百朋抗倭之大功、救命之大恩，立"吴公生祠"以祀焉。

防守樊口

嘉靖三十四年(1555),朝廷因楚地(今湖北省)是富庶之地,再加上嘉靖帝之“汤沐(亲王封国)在楚”,所以格外重视,要选派有才干的御史去按察,借以强化监督管理,加强调控。刚巧又逢楚地“大明堂”工程开工,大兴土木,耗资巨大,朝廷委派吴百朋督办。吴百朋精打细算,精心筹划,使大明堂工程提前竣工,不仅工程质量好,且造价低,节省了大量人力财力,体现了他理财和管理的能力。

吴百朋善于用兵,重视防务。因襄阳南联秦陇,北接宛洛,西翼荆宜,东蔽汉阳,为古兵家必争之地。而樊口为襄阳的门户和外围屏障,互为犄角。吴百朋经实地考察后,形成了襄阳、樊口的防务计划,并上疏朝廷,奏请筑建樊口城墙。

不久,朝廷批准了吴百朋的奏议。吴百朋事必躬亲,亲自参加筹资、设计、施工、督工等具体事务,使樊口修建城墙等防务工程进展顺利。

吴百朋因政绩突出,屡建功勋,升为大理寺丞,又转为少卿。大理寺为朝廷之司法机构,其主要职责是依律司掌刑狱讼案。按其品级,为正四品,吴百朋时年三十六岁,入仕为官历八年。

潮汕平寇

嘉靖四十二年(1563),吴百朋改任右佥都御史,巡抚郧阳。王命在身,吴百朋不敢懈怠,稍事准备后,上路赴任。适逢江广告急,地方官员奏请朝廷委派得力官员发兵进剿。朝廷权衡利弊,决定改任吴百朋为提督,负责军务,巡视南昌、赣州、汀州、漳州,挑起抗倭平乱的重任。他与两广提督吴桂芳讨伐、平定河源乱贼李亚元、程乡乱贼叶丹楼,又会师一处,在潮阳、海丰打败倭寇。

虔州即今江西省赣州市。该地民风犷悍,走投无路的百姓被迫奋起反抗,是绿林好汉、忠义之士的聚集地。尤其是粤东潮汕地区,倭寇侵扰十余年,一些坏人卖身投靠,与倭寇相勾结。他们占地千里,筑关隘,修堡垒,各聚亡命之徒数万，自立为王，并暗布侦探，刺探军情，伺机作乱，祸害地方。

明朝中后期，吏治腐败，地方官报喜不报忧，对地方的动乱采取妥协招抚的办法。贼寇虚与敷衍，伪受招抚，不久又出尔反尔，全无信用可言，所以屡抚屡反，终为祸害。

吴百朋分析形势后认为，山寇与倭寇内外勾结，狼狈为奸。山寇之患不除，倭患也难平息，要伺机各个击破。吴百朋火速调兵遣将，进行战略部署，并下令诸将悬赏，分化瓦解山寇。

吴百朋初到虔州，倭寇又犯潮州，接到皇帝旨谕，命他调集兵力讨伐潮州之倭寇。盘踞在香家的山寇杨益趁机外出抢掠，后方告急。吴百朋急令漳平县令魏文瑞派兵狙击。魏文瑞全军覆没，军情危急，吴百朋急勒所部将士百里奔袭，出奇制胜，用火攻之策，焚烧杨益老巢。杨益措手不及，狼狈逃窜。吴百朋声东击西，全面出击，经过十余日的激战，捣毁山寇巢穴四十多处。杨益束手就擒，押赴京城廷审后斩首。

后方初定，吴百朋急回师潮阳。倭寇惊惶失措，但又恃人多势众，负隅顽抗。时倭寇新旧合营有两万余人，盘踞在绒水都、神山沟一带。吴百朋精心部署，激励将士乘胜进军，首战潮阳，务求全胜，挫败倭寇之嚣张气焰。潮阳一战，打得艰苦顽强，在强大的攻势面前，倭寇大败。

吴百朋率军马不停蹄，一鼓作气进军饶平、秋溪，倭寇闻风丧胆，大败而逃。特别是海丰一战，大败倭寇，歼敌五千余众，俘敌逾千，残余倭寇乘船而逃，再不敢复顾，潮阳地区倭患遂绝。

吴百朋在《移镇信丰生擒诸渠捷至》诗中表现出他的欣喜之情：

山城曾弭文成节，我方双甄指谷川。
日月新开豺虎道，风霆直扫棘菁烟。
峤阴死战轻三伏，闾左生全可百年。
白发渐生金革里，归山无计负先贤。

《凯旋舟中简守巡两君》一诗中体现了他济世安民的情怀：

六月宵师束马前，云旗雷鼓震前川。
兔营瘴窟今乌有，龙洗天兵梦偶然。
五岭炎风催战日，一江秋水凯歌年。
自怜多病淹南服，济世安危在数贤。

倭寇既平，吴百朋乘胜进军，又出击平乐、始兴、程乡、黄沙一线，使依仗倭寇之势叛乱的诸贼皆破之。

接着，又在漳潮地区会师，擒获叛乱贼首吴平。又会师翁源、河源，逮住曾东田、马元湘、李春文诸叛乱头目。此外，龙门、英德、和平、云溪镇、李村、鸿雁洲、乍阡、欧公坑、血流浦、南浦等山寇巢穴尽皆攻破。

建县定南

嘉靖四十二年(1563)，吴百朋英勇善战，靖倭寇，平叛乱，安百姓，一时名声大振，当地百姓箪食壶浆，犒劳王师。当地郡守、县令也争着奉酒酬功，并请求吴百朋乘胜攻下三巢，以绝后患。所谓"三巢"，即下历、岑岗、高砂，方圆七百里，原系侬智高属地。侬智高为壮族首领，宋朝时曾建"大历政权"，后为宋室所统一。"三巢"地方多崇山峻岭，本无生计的穷苦百姓，为官府土豪所逼迫，走投无路，只能奋起反抗，啸聚山林，于万死中觅一线生机。官府虽多次进剿，均靡费钱粮，无功而返。

吴百朋上报朝廷的奏议认为，"三巢"僭号称王，旋抚旋叛。"三巢"中唯赖清规跨江而占据，统领六个县最违背朝廷的命令，"用兵必自下历始"。"三巢"须请省会剿，调兵三十万，粮草等军用之费逾百万。吴百朋分析敌情后，上疏奏请：一是由他独任"平三巢"总指挥，决断一应军务；二是调用驻扎在虔州的三万兵力归他全权指挥；三是留抄没奸相严嵩之家产，筹饷二十万两银子为军用开支。不久，嘉靖皇帝批准了这个平乱计划，委吴百朋以重任。

下历为"三巢"之首，赖清规为首领，其他"两巢"均听命于他。岑岗李文彪死后，其子李珍与江月照继之。高砂首领为谢允樟。打蛇打七寸，擒贼先擒王。吴百朋受命后移镇信丰，日夜兼程，直扑下历。下历地形复杂，用大兵团作战，等于拳头打跳蚤，难以奏效。

吴百朋兵分数路，采取各个击破的作战方略，大小激战凡三十余战，给赖清规以毁灭性打击。大局初定，吴百朋又乘胜追击，在当地乡民的帮助下，找到捷径小路，直捣赖清规在铁坑、铜鼓峰之老巢，赖清规筹贼首在激战中被乱兵所杀，下历得以平定。初战告捷，诸将请战，要求乘胜追击，再破岑岗、高砂两巢。

吴百朋分析道：敲山震虎，我们取下历是出其不意，速战速决，打得狠，致贼于死地。今下历已破，贼首伏诛，已是群龙无首。如果移师再取，要防备两巢困兽犹斗，狗急跳墙，倘若他们利用有利的地形与之周旋，对我们反而不利。今下历既定，余峒胆寒，可不战而屈，为将之道不在多杀戮为功。预计岑岗、高砂两巢也指日可破。果然不出所料，岑岗的李珍、江月耀，高砂的谢允樟率众投降服罪。吴百朋善于用兵，破一巢而三巢皆平，为朝廷所嘉许，晋升大理寺卿，为正三品，不久改任兵部右侍郎。

“三巢”既平，吴百朋上奏在此地设置定南县，“设官吏以治之”，使这一带百姓安居乐业。明隆庆三年(1569)，析信丰、龙南、安远七堡，置定南县，县治高砂莲塘镇(今定南县老城镇)，隶属赣州府。定南县位于江西省最高端，乃赣粤咽喉、商贾要道，素有江西“南大门”之称。

吴百朋巡抚虔州，抗倭平乱凡六年，组织大小战斗150余战，计斩敌首22965级，解救被虏男女18146人，破贼巢穴120余处。朝廷为嘉奖吴百朋之功，赐金银二次，召见嘉许三回，进吴百朋二品官职薪俸，荫一子。

吴百朋巡抚虔州六年，戎马倥偬，但他不失儒将风度，在繁忙的军务之余，酷爱读书、写诗、作文，著有《抚虔志》《用兵纪实》等，可惜都佚散了。

为纪念吴百朋抚虔六年抗倭平乱的功绩，赤城秦鸣雷曾撰《督抚南赣尧山吴公平寇碑记》传世。

知人善任

嘉靖四十二年(1563)，海瑞调任赣州兴国知县。兴国地薄民穷，吏治腐败，积重难返。海瑞针对当地的实际情况，制定《兴国八议》，厘清宿弊，发展生产。海瑞的改革方案遭到地方恶势力的阻挠，海瑞上报南、赣、汀、漳巡抚吴百朋，得到其大力支持。于是，兴国大治。吴百朋知人善任，大力荐举，使海瑞得以重用。

明隆庆二年(1568)，吴百朋任刑部右侍郎。时父丧，吴百朋生性纯孝，遭此大变，更是悲切，回籍守制三年。守制期间，吴百朋深居简出，闭门读书，整理文稿，有时也从事农稼，享受田园之乐。此外，吴百朋还抽闲课教子孙，共享天伦之乐。当时，义乌城东的东江桥圮毁已十余年，阻隔交通，十分不便。吴百朋大力倡导修复，自己节衣缩食，主动捐献一大笔俸银相助。旧《义乌县志》之《东江桥重修记》曾记录了这段史实。他"丁忧"期满，改任北京兵部左侍郎。

那时，高拱任首辅。高拱是明中叶有才干的政治家之一。高拱出任首辅后，出台了八大改革举措，加强边防即是其中之一。吴百朋深得高拱器重，是高拱改革政策的忠实执行者。

万历元年(1573)，明神宗朱翊钧继位，遵高拱之议，赐吴百朋飞鱼服一件，并命其巡阅宣化、大同、山西三镇，又赐予特权，许其"所见便宜以对"，意即可以相机行事。

吴百朋巡视三镇7个月，深入调查研究，提出许多切实可行的建议。他上疏奏请修筑宣化女墙22500丈，新筑城楼70余座，修筑大同内外城墙10000丈。又呈请屯政、河防、边防等防务条陈15件。上报新绘制的边防地图，其关隘险要，地形地貌、交通道路、居民人口等皆"历历如指掌"。

开罪宰辅

明朝中后期，吏治腐败，兵事防务松弛，弊端多多。吴百朋查出大帅马芳贪污兵饷、中饱私囊等诸多不法之事，便义无反顾，上疏参劾。

当时办事有严格规定，凡向皇帝上疏，均需先向首辅张居正呈进副本，俟首辅认可后方得上奏。而马芳与张居正私谊深笃，又是江陵同乡。张居正虽为一代有作为的贤相，但他高傲自大、嫉贤妒能的劣行也昭然于世，他百般阻挠，有意偏袒马芳，使这件事不了了之。

吴百朋生性耿直，敢说敢当，不肯攀附权贵，早已引起张居正的诸多不满。自朝廷从南台召张居正官居要职以来，凡文武百官有事求见，都得中途下轿，骑马而进，吴百朋却乘轿而往。张居正心中怏怏不乐，而吴百朋却神态自若。

有一次，张居正宴请吴百朋。张居正席间言道："吴公善于用兵，还是谈兵事吧。"吴百朋不以为然地回答："我看有些事情比谈兵事更重要，如有些官员并无大罪，而有人却无中生有、小题大做，千方百计罗织罪名，必欲置之死地而后快。对这类案件，你作为首辅，难道就没有一点责任吗？"

张居正脸色陡变，敷衍道："这全是中大人的意见。"吴百朋知东厂太监冯保为皇上亲信，权势炙手可热，而张居正为己之私利，奉迎冯保，与之结盟联手，捞取更大的权力。再加上张居正排挤高拱，这早引起吴百朋的不满，骨鲠在喉，不吐不快，吴百朋不以为然地讥讽道："太监能干什么好事？"张居正闻言惊惶失措，无言以对，从此对吴百朋更为不满，"遂挟私报复"。明万历元年(1573)，吴百朋因谗被罢官回籍。

鞠躬尽瘁

万历三年(1575)，朝廷颁诏起用吴百朋，为南京右都御史，兼署参赞刑部事务。

万历五年(1577)，吴百朋升任南京刑部尚书。因其时刑部主官久虚，案件压积如山。吴百朋上任后，不辞辛劳，认真审查复核各类案件，务求公正，执法如山，做到既不草菅人命，也不助纣为虐。

万历皇帝为嘉许吴百朋，赐御联一幅，其联是："德尚中行副朕心之简托，才堪大用信济世之英贤。"

万历六年(1578)，一代抗倭名将吴百朋终因积劳成疾，殁于任上，时年六十岁。万历皇帝派主事王再聘，护送吴百朋灵柩归葬义乌故里青龙山，圣谕祭祀。明崇祯六年(1633)，朝廷为追念吴百朋的功绩，谥"襄毅"。

名垂青史

吴百朋为官数十年，清正廉洁，一生俭朴，所居房屋甚是简陋，只能挡风避雨。衣服、被褥，均属普通，并不华丽。有一年寒冬，吴百朋巡视雕鹗堡，家里人给他做了件绣花的新棉袍，吴百朋坚持不肯穿。将士们见了，深受教育，都主动脱去身上的锦衣绣袍。

吴百朋巡按楚地，督工建造大明堂楚邸，万历皇帝以吴百朋廉能，屡有赏赐，吴百朋拜受后，"辄封识藏之"，离任时又悉数奉还。

吴百朋巡抚虔州，抗倭平乱六年。离任时，将他按例应得的"逾额者十七万金"悉数上交国库。离任时单车就道，一无所携，其清廉之德深得部属的敬佩。

明朝右佥都御史谭纶

谭纶(1520—1577),字子理,号二华,江西抚州府宜黄县谭坊人(江西省宜黄县谭坊乡人)。明朝抗倭名将,杰出的军事家、戏曲家,与戚继光、俞大猷、李成梁齐名,又与戚继光并称“谭、戚”。这是一位官居右佥都御史,又曾担任台州知府的外省籍官员。

嘉靖二十九年(1551),谭纶受命任台州知府,以防御侵扰沿海的倭寇。谭纶在当地招募乡勇千人,练兵御倭,于嘉靖三十六年(1557)大挫倭寇。次年,数万倭寇再扰台州,谭纶亲率死士大战,三战三捷,使军威大振。嘉靖四十二年(1563),受任福建巡抚,剿灭福建倭寇,收复兴化。隆庆二年(1568),出任蓟辽总督,负责京畿防务。自居庸关到山海关,修建防御台三千座,加强东北防务。明史称其“历兵间三十年,计首功二万一千五百有奇,亦一时干城矣”。明神宗即位后,被起用为兵部尚书,累加太子少保。

万历五年(1577),谭纶去世,享年五十八岁。追赠太子太保,谥号“襄敏”。谭纶喜爱戏曲,促成海盐腔与弋阳腔的融合,形成一支重要的戏剧力量“宜黄腔”。著有军事著作《说物寓武》二十篇。

台州知府

谭纶自幼饱览诗书,思维敏锐,智力过人,性格沉稳,有雄才大略。嘉靖二十二年(1543)中举,嘉靖二十三年(1544)中进士。嘉靖二十七年(1548)授职为南京礼部主事,历任职兵部郎中。当时,篁有倭寇逼近南京城下,官员惊慌失措,将士怯懦不前。谭纶则挺身而出,请命募五百壮士,用计以少胜多,击退倭贼。人称:刚过而立之年的柔弱文人,面对敌寇攻入明朝留都南京，官员“大骇”，十二万将士“怯懦不敢前”，仅为留都府小小的兵部主事的谭纶，心中怒火中烧，夜“竟不寐”，毅然上书朝廷，毛遂自荐，请求“募壮士五百人”，士兵们“皆欲拼命效死”，所到之处，锐不可当，直至将敌寇全部歼灭，确保了南京安全，这是何等的雄武！

“疾风知劲草，板荡识忠臣。”嘉靖二十九年(1550)，浙江倭犯猖獗，他调任台州知府。当时，东南边疆已经遭受了四年的倭患，朝廷商议训练地方乡兵来抵御倭寇。参将戚继光请求给他三年的时间训练地方乡兵而后将他们派往前线。谭纶也训练了一千人。他“教以荆楚剑法及方圆行阵”，制定了约束队伍的纪律，从副将以下节节相互制约，分配明确，进止整齐划一，不久就成为精锐部队。

倭寇侵犯栅浦，谭纶亲自带队迎击，三战三捷。倭寇又从松门、澶湖劫掠附近的六个县，进而围攻台州，没有攻克只得离去。倭寇转而侵犯仙居、临海，谭纶将他们全部擒拿、斩杀。他升任海道副使，招募更多浙东地区的良家子弟加以训练，而且戚继光所训练的兵马也已经到期，谭纶趁机收编了他们，罢除外地兵，不再调派他们。倭寇从象山冲击台州，谭纶在马岗、何家石览接连打败他们，又与戚继光一起在葛埠、南湾打败倭寇。他升为浙江按察司副使，巡视海道，转右参政使兼治兵事。后因父母的丧事而离职。

浙东抗倭

后来，谭纶因为兵部尚书杨博的推荐而复出，又统率浙江的部队，讨伐饶平的乱贼林朝曦。林朝曦是大强盗张琏的余党。张琏已被消灭，林朝曦占据巢穴不投降，并攻击程乡。知县徐甫宰严阵以待，并且派遣主簿梁维栋到叛贼中去，告谕乱党解散。林朝曦众叛亲离，弃巢逃走，谭纶与广东军追击并擒获了他。不久，谭纶改任福建，请求回家守完丧事去职。戚继光屡次击败倭寇，浙东略略安定。当地百姓为纪念谭纶的功绩，在临海县城东建造了谭公祠，祠内立谭纶画像碑，为谭纶画像并以文字记述他在台州的功德。

右佥都御史

倭寇转移到了福建。从福宁到漳、泉地区，千里之地尽是倭寇的穴窟，戚继光逐渐剿灭了他们。部队刚刚凯旋，倭寇又侵犯邵武，攻陷了兴化。

嘉靖四十二年(1563)春天，朝廷再次启用谭纶，升任右佥都御史、福建巡抚，提督福建军务，辖治福建。谭纶日夜兼程急赴平海卫，命浙江副总兵官戚继光火速从广东、江西一带回闽；令福建总兵官俞大猷整饬营内，疏通河道，扼守海口，断敌退路；着广东总兵官刘显速率军驰赴兴化对倭寇实行重围。四月上旬各路进剿军先后入闽。谭纶召俞、戚、刘商讨破敌之策，自任总指挥。戚继光率中路军直捣倭贼大本营，平海卫刘显率左路军侧翼迂回，俞大猷率水师为右路断敌退路。

那时，倭寇驻扎在崎头城，都指挥欧阳深在激战中牺牲，倭寇占据了平海卫，攻陷了政和、寿宁，各自扼守海道作为退路，谭纶用栅栏环绕使他们的退路被截断。倭寇不能逃走，就转移到了渚林。戚继光赶到了，谭纶亲自统率中军进逼，总兵官刘显、俞大猷统率左、右军。他命令戚继光率中军进攻敌阵，左右军紧随其后，大败倭寇，一举歼敌2200余人，解救被掳男女三千余人，光复了一府二县。诏令加封他为右副都御史。

谭纶认为，延平、建宁、汀州、邵武地区残破不堪，请求缓期征收已经蠲免的赋税，又考察旧制，建立了五座水寨，扼守海口，推荐戚继光担任总兵官镇守该地。次年二月，万余倭寇又围攻仙游等地，谭纶亲率戚继光部驰援，攻下仙游，斩敌千余，又追歼逃倭数千名，残余倭寇抢夺渔舟，入海逃遁，谭纶、戚继光在城下大败敌人。不久戚继光在王仓坪、蔡丕岭打败倭寇，其余的敌人逃跑了，广东境内全部安定了。此时，谭纶再次上奏，请求回乡服丧，明世宗朱厚熜同意了。

嘉靖四十四年(1565)冬天，谭纶出任原职，巡抚陕西。他还没上任，大足县的民众就起义了，攻陷了七座城镇。朱厚熜诏令谭纶改任四川，他到任时，农民军已经被镇压。云南农民军的首领凤继祖逃入会理，谭纶调集军队讨伐并平定了他。不久，谭纶被升任兵部右侍郎兼任右佥都御史，统辖两广的军务兼理广西，将岑岗的乱贼江月照等人招降了。

谭纶熟悉兵事，朝廷依靠他对付倭寇，遇到警讯就调动他们，他任官没有满一年的。等到东南沿海的倭寇大略平定后，北部边关的祸患却方兴未艾。

总督蓟辽

隆庆元年(1567)，给事中吴时来奏请征召谭纶、戚继光训练兵马。诏令谭纶回兵部，升任左侍郎兼任右佥都御史，总督蓟、辽、保定的军务。

谭纶上奏说："蓟镇、昌平的兵丁不满十万人，而且老弱者占一半，分别隶属几位将领，分散于两千里的防区。敌人集中兵力来攻，我们分兵防守，众寡强弱不等，所以言事者请求赶紧训练兵马。然而四大困难不解决，最终不能训练兵马。敌人擅长骑射，不招募三万人经常练习车战是不能制服敌人的。统计三万人的月饷，每年五十四万两白银，这是一大困难。燕、赵兵丁的锐气在边防中耗尽了，不招募一万二千多名熟谙战事的吴、越士兵，掺杂在他们中间教练他们，必然难以成事。我与戚继光受召就可以立马赶到，议论的人认为不可能，始终不信任，这是第二大困难。军事崇尚严格，然而燕、赵的士卒一向骄惯，骤然被处以军法必然大为震惊骇然。况且又离京城很近，容易产生流言蜚语，徒然使忠诚、明智的士卒受到掣肘而废弃了功力，进而酿成其他祸患，这是第三大困难。我方兵士一向没有直接与敌作战，就是打败了敌人，敌人不心服，能够再次打败敌人，才能使敌人终身受创，但是这容易产生忌恨与妒忌，想再有作为，祸患已经先到了。这是第四大困难。按现在的情况考虑，请求调集蓟镇、真定、大名、井陉和督抚的标兵三万人，分成三个营，指令总兵、参将、游击分别统率他们，而且授予戚继光总理练兵的职责。春季与秋季两个防御期，三营的兵马各自调至边关附近。若敌人来了，就能将他们遏制在关外；若敌人攻进来了，就能与他们在关内决一死战。这两方面没有效果，我不逃避罪责。而且训练兵马不是一朝一夕的事，现在秋季防御已经临近，请迅速调集三千名浙江兵，以缓解急迫的形势。三年之后，边防军训练好了就遣返浙江兵。"

嘉靖帝下诏同意了他全部的请求，仍指令谭纶、戚继光商讨分别成立三个营的事情。谭纶趁机说："蓟镇训练了十多年的兵马，然而最终不见成效，是因为任务不专一，训练也不落实。现在应该责令臣谭纶与戚继光，专门负责，不要让巡按、巡关的御史参与到这中间。"自从战争兴起，边防大臣受舆论的牵制，不能有所作为，所以谭纶上奏陈述此事。而且巡抚刘应节果然有不同的意见，巡按御史刘随、巡关御史孙代又弹劾谭纶专横。明穆宗朱载坖采纳了张居正的意见，将练兵作战的事情全部委托给了谭纶，并且告诫刘应节等人不要阻挠。

谭纶考虑边地关隘、要道的险易，道路的远近，将蓟镇分成十二防区，每个区设置一名小将，全军总共分成三个营：东营驻扎在建昌守备燕河以东的地区，中营驻扎在三屯守备马兰、松太地区，西营驻扎在石匣守备曹墙、古石地区。各位将领时常率兵操练，互相声援，管理办法周到明了。当年秋季，蓟镇、昌平地区没有警讯。过去调集陕西、河间、正定的兵马进行秋季防卫，到如今就全部罢除了。谭纶刚刚上任在关塞巡视，对身边的将领说："秣马厉兵，决定胜负于呼吸之间的方法适宜于南方；坚壁清野，钳制侵略之敌的方法适宜于北方。"于是，他与戚继光谋划制订作战的方针、策略，并报告给朝廷，修筑了三千多个屯兵御敌台，从居庸关到山海关，控制着要害地区。从居庸关到山海关修筑边墙两千余里，构筑敌台三千余座，造战车七百余乘、佛郎机（火炮）五千余门。他所采取的分路设防、设置援军等军事措施，修筑以空心敌台为特征的蓟、昌二镇长城，以及重视和推广应用火器等，使"边备大饬，敌不敢犯"，对抵御蒙古残余势力的侵扰，保持北部边防稳定，发挥了重要作用。

谭纶被召到京城担任右都御史兼任兵部左侍郎，协助处理军务，御敌台修成，他又招募了九千多名浙江兵驻守。边防经过此番大整治，敌人不敢前来侵犯。隆庆六年（1572）七月，他因功升任兵部尚书，兼任右都御史，升任兵部尚书兼理京中军务。同年冬，明穆帝朱载坖允许他回乡休假。

善于识人

谭纶善于发现和培养人才，他器量宽宏、不独享功，驭将恩威并施、人尽其用。像戚继光、俞大猷、刘显、李梁、李超、陈其可、胡守仁等一大批战将，他都用长避短，充分发挥各自作用。对立有战功却遭到诬陷的将领，他敢于向朝廷为其伸张正义，使受冤者功过应得。戚继光、俞大猷和游震德等曾遭到革职或者受冤入狱，谭纶冒险进谏申雪，并让他们继续得到重用，被史家称为“善任俞戚而建大勋”者。

谭纶的一位故交，向他推介了一位名叫周宗镐的好友，说是此人骑马、剑法很好，只恨报国无门，想求谭纶收留门下，谋个出路，求个功名。惜才如命的谭纶当即出题面试，发现此人兵策、箭法都很好，可是阅人无数的谭纶，却发现此人德行、学问较差。于是，谭纶只采用了周宗镐所献的兵策，并未录用他。谭纶还非常抱歉地对故交说：“你我虽是好友，但兵法忌讳取材于裙带。能者德才兼备也。”还当面指出了周宗镐的长处与不足，要其努力修炼后再来找自己。

与谭纶一起长大、情同手足，在外任职的内亲黄仰虚，嫌其官微和环境艰苦、危险而情绪低落，尤其是家门遭不幸，一月之间妻子与女三丧相继，心境特别哀痛，多次写信给谭纶，要谭纶帮忙解忧，或调动岗位，或告老还乡。谭纶非常珍惜彼此间儿时的感情，更同情他的不幸遭遇，但在原则问题上一点都不含糊。谭纶告诉他：一个人当官靠的是自己的才学、百姓的拥戴，而不应该吹牛拍马、拉关系、走后门。谭纶晓之以理，动之以情，写了一封长达 2000 多字的信婉拒了他的求助。黄仰虚听了谭纶的劝说，毅然抛弃了“儿女态”“闺房惑”“生命怖”“风波恐”及一切悲痛和烦恼，振作精神，与谭纶一道“上报国恩，下尽臣职”，奋力战斗在江北一带，为抗敌保民立下了卓越功勋。

清廉自守

谭纶升任兵部尚书时，由于“功震朔南，威播华夷”，名满天下，成了朝廷中的一大红人，许多官员千方百计与他攀扯关系。有一天，他过生日，亲朋好友、朝官部将都来祝贺。其中有一名江西籍的部将拉了一车珠宝进京，想见机行事地送给他。可是，这位“老表”等了好久，谭纶也没给机会让这位部将献上。于是，这位部将又想了个办法，托谭纶的一位亲戚帮助进言。在席间,这位亲戚乘敬酒之机,对谭纶说:“公功在海疆、边疆,荣膺天禄,固其宜也。但此得志之时,亦可为子孙计乎?”谁知,谭纶一听就拉下了脸,酒也不喝,话也不说,立即起身退出厅堂。那位部将看见谭纶这般举动,只好拂拂袖子,扫兴而归。

谭纶对自己的亲弟弟提出了“十七戒”:一戒与武职官往来;二戒与边将书简及交际;三戒与乡里及内臣转说人情;四戒轻易作诗文,如能为韩柳为李杜则可,不能请罢;五戒信术士;六戒狂饮轻易论事;七戒纵童仆出外生事;八戒轻易去拜京堂;九戒打首饰;十戒与方外及士夫讲外事;十一戒奢侈;十二戒用小娼;十三戒说人长短;十四戒受人请托;十五戒远游;十六戒常请客人;十七戒多拜外官。

谭纶做官三十余年,位居极品,亲属们找谭纶求官办事,谭纶竟然对他们说:“家庭有规矩,朝廷有法度,这些我办不了。”并且还警告他们绝不能打着谭纶的旗号在外招摇,告诫他们“不可多才丧志”,不可“以吾名坏其风节”,应该“持身贵谨,待人贵谦贵敬”。

鞠躬尽瘁

隆庆六年(1572),明神宗朱翊钧继位后,谭纶出任兵部尚书。

万历(1573—1620)初年,被加封为太子少保。给事中雒遵弹劾谭纶不称职。谭纶多次上奏请求罢职,万历帝下优诏挽留他。

万历五年(1577)四月,谭纶在任上去世。朱翊钧命赐祭葬,追赠太子太保,谥号“襄敏”,允许其子孙世袭锦衣卫百户。

宜黄乡人也以谭纶为荣,明万历二年(1574),按万历皇帝御旨,宜黄人在其家乡潭坊建起了一座石筑“大司马牌坊”,以旌表其显赫功绩。牌坊建筑雄伟,雕刻精美绝伦,堪称古代石雕艺术精品,现仍立于潭坊村。

谭纶墓位于江西省宜黄县二都镇帘前村,建于明朝万历七年(1579)。墓坐北朝南,由祭道、神道、墓体三部分组成。整个墓葬居高临下,气势雄伟,视野开阔,山川村寨尽收眼底。

故乡情怀

谭纶著有《谭襄敏奏议》十卷、《谭襄敏遗集》三卷。其军事著作《军事条例类考》七卷、《说物寓武》二十篇和《点将图》等，以及学术著作《书经详节》等，都具有重要的军事和学术价值。

谭纶对家乡宜黄感情深厚，具有浓厚的故土情怀。他在回籍丁忧期间，为当地官员平盗寇、保境安民出力献策，并多次致信江西巡抚，减轻宜黄赋额，以使家乡“民困稍苏”。谭纶亲撰《宜黄城记》《重修宜黄县学记》等记述和赞誉宜黄，并作有《凤凰山》《刺桑残月》等多篇诗作感怀故乡。其中《凤凰山》诗中云：

寻春此日惬豪游，缓步登高绝岭头。
山自北来蟠万叠，水从东汇曲双流。
清风绕座飘雨冷，好景当怀一览收。
寄语花神休睡去，野人踪迹尚能留。

对于谭纶的戏曲贡献，汤显祖在其戏曲理论名作《宜黄县戏神清源师庙记》中，对此做了记述。他说：“江以西弋阳，其节以鼓，其调喧。至嘉靖而弋阳之调绝，变为乐平，为徽青阳。我宜黄谭大司马纶闻而恶之。自喜得治兵于浙，以浙人归教其乡子弟，能为海盐声。大司马死二十余年矣，食其技者殆千余人。”

功垂不朽

谭纶任台州知府时，招募乡勇千人，练兵御倭，于嘉靖三十六年(1557)大挫倭寇。次年，数万倭寇再扰台州，谭纶亲率死士大战，三战三捷，使军威大振；任福建巡抚时，又剿灭福建倭寇，收复兴化；在蓟辽总督任内，自居庸关到山海关，修建防御台三千座，加强东北防务。

谭纶前后致力兵事三十年，歼敌两万一千五百人，“亦一时干城矣”。人曾经酣战，刀刃上的血浸染了手腕，多次冲洗才清除。他与戚继光共事又共享声誉，史称“谭、戚”。纵其一生五十八载，他抗击倭寇、筑城戍边，知人善任、总揽军事，勤于著述和促进浙赣地方戏曲文化交流，展现出卓越的军事才能、政治方略和深厚的文化素养，功垂不朽。

明神宗朱翊钧用“文武忠孝”评价谭纶。同为明朝抗倭名将的俞大猷赞谭纶“器量足以包天下，精诚足以孚天下，廉洁足以服天下，学识足以周天下。又有实才略，实事功，足以副天下”。清代纪昀将谭纶著述《谭襄敏奏议》十卷录入《四库全书》的史部诏令奏议类中，并盛赞谭纶“计其功名，不在王守仁下”。

余寅赞曰：“公伉慨负奇节，朝廷始终置公兵间，公亦始终以兵事自表竖，夫安所授韬钤乎，乃擘画运量，若玩弄诸酋股掌之上，初不经揣逆而卒无出彀中，将所谓天畀之无宁噫而得之耶。”

张惟贤论道：“纶自郎署至中枢，始终兵事者几三十年，计首功两万一千五百有奇，可谓矫矫虎臣、腹心干城矣。”

谈迁评曰：“始终以兵事显，虽好色货，用御女术，厚张居正，而明练倜傥，才自足称，历兵间三十年，计首功二万一千五百有奇，亦一时干城矣。”

张廷玉称曰：“谭纶、王崇古诸人，受任岩疆，练达兵备，可与余子俊、秦纮先后比迹。考其时，盖张居正当国，究心于军谋边琐。书疏往复，洞瞩机要，委任责成，使得展布，是以各尽其才，事克有济。观于此，而居正之功不可泯也。”

纪昀盛赞道：“史称纶沉毅知兵，为台州知府时，即与戚继光立束伍法，练兵破倭寇，禽斩殆尽。官浙江海道副使时，又连破之。再起为浙江右参政时，破饶平贼林朝曦。调福建参政时，郡县多为倭所陷，力战恢复，闽地以平。官四川巡抚时，灭云南叛酋凤继祖于会理。总督两广时，岑冈贼江月照等望风而降。朝廷倚以办贼，遇警辄调，居官无淹岁。后在蓟辽，与戚继光协力修边备，三卫诸部迄不敢南牧。终始兵事垂三十年，积首功二万一千五百。计其功名，不在王守仁下。……今特录是集，以见其谋划之大略，庶不没其实焉。”

2020 年 12 月正值谭纶诞生五百周年，江西省抚州市宜黄县召开隆重的纪念大会，追祭其功绩。

明朝右都御史潘季驯

潘季驯(1521—1595),字时良,号印川,明代湖州府乌程(今浙江省湖州市)人。历任南京河道监察御史、广东巡按御史、都察院右都御史等职。他是16世纪中国著名的治理黄河的水利专家,从嘉靖至万历年间四次奉命治理黄河,长达27年之久,曾数度到达徐州,采取“筑堤束水,以水攻沙”的方法“治黄通运”,并且制定“四防、两守”制度和岁修之法,成效显著,素有“千古治黄第一人、运河之子”之誉。新中国成立后,邓子恢在第一届全国人民代表大会第二次会议上的报告中提到:“潘季驯提出的‘筑堤束水,以水攻沙’的著名口号,也仍然没有超出这个范围。”①

潘季驯于明正德十六年(1521)出生,嘉靖二十九年(1550)中进士。授职为九江推官。升任御史,为广东巡按。推行均平里甲法,广东的人觉得大为便利。临到将离职时,他还上奏请求告诫后来的人遵守此法,明世宗朱厚熜依从了他。晋升为大理寺丞。嘉靖四十四年(1565),他由左少卿晋升为右佥都御史,总管河道。他与朱衡共同开挖新河,被加封为右副都御史。不久,因奔父母的丧事而离职。隆庆四年(1570),黄河在邳州和睢宁决堤。他出任原职,再度负责河道,堵塞决口。第二年,工程完成,因驱使漕运船只进入新河漂散沉没了很多而获罪,被勘河给事中雒遵弹劾而遭罢免。万历四年(1576)夏天,他再次出任官职,担任江西巡抚。第二年冬天,被召为刑部右侍郎。万历六年(1578)夏,以右都御史兼工部左侍郎总理河漕,九月兴两河大工,次年竣工,黄河下游得数年无恙。万历八年(1580)春,加太子太保,进工部尚书,九月迁南京兵部尚书。万历十一年(1583)正月,改刑部尚书。后被劾以党庇张居正,落职为民。万历十六

① 《建国以来重要文献选编》(第七册),北京:中央文献出版社,1993,第13页。

年(1588),黄河大患,因给事中梅国楼等荐举,复官右都御史,总督河道。万历十九年(1591)冬,加太子太保、工部尚书兼右都御史。次年,以病辞休。归后三年卒。

惩贪除恶

嘉靖三十八年(1559)六月,潘季驯任广东巡按御史。当时,广东潮阳县知县蔡明复贪赃枉法,酷声昭著,潘季驯到任后广听民意,查明蔡明复斑斑劣迹后,将其逮捕法办。据《宫保大司空潘公传》记载:"寻按广东,首逮潮阳令之贪墨者,吏闻多解绶去,风裁肃然。"说明潘季驯到广东法办了蔡明复这个贪官后,对当地不法官吏起到了极大的震慑作用。同时,他结合监察工作,向朝廷上奏了《慎选民牧疏》提出:"盖远方州县得一良令,如得胜兵三千人;得一良守,如得胜兵三万人。"强调官员廉洁奉公对于地方安宁的重要性,并奏请朝廷将当地贪劣无能的官员撤职。在任期间,他"惩贪吏,除积恶,解烦役,定均平",得到了百姓的赞誉和传颂。

从嘉靖三十八年(1559)六月任广东巡按御史,到嘉靖四十年(1561)六月改任,潘季驯在广东巡按御史任上整整两年时间。那时,广东沿海地区"倭夷外獗,民盗内讧,攻城殒师,警报狎至",正是外忧内患之际。潘季驯到任后,惩治贪赃,严肃风纪;抗击倭寇,安定地方;招抚流民,恢复农业;改革弊政,一新法令。凡事关重大不能擅自决定者,均上奏朝廷,席不暇暖。

潘季驯任上尽心尽责,任劳任怨,赢得了当地百姓的赞誉。奉调离任之际,百姓遮道而留,"百里间为之塞衢罢市,已而知王程不可稽,乃肖像以祠",直到清雍正年间,广东人民为纪念潘季驯而建立于广州府学右侧的报德寺还有踪迹可寻。《广东通志·名宦志》载:"潘季驯,归安人,进士。嘉靖戊午以御史按广东。风裁大著,惩贪吏,除积恶,解烦役,定均输。百姓怀其惠,比代去,遮道留之,祀于郡学西偏。"

巡抚江西

巡抚江西是潘季驯为政生涯中最辉煌的一页,其雄才大略、改革精神、为政思想得到了淋漓尽致的发挥，逾年之间，连上五千余疏，全面综合治理，使盗贼横行、吏治不通，“大臣束手莫能治，小吏掩耳莫敢问”的江西社会秩序迅速稳定，经济发展，百姓乐业，面貌焕然一新。

明万历四年(1576)六月廿九，潘季驯到达江西省广信府，立即开始署理政务。当时，江西九江地瘠民贫，经济尚不发达，他任推官期间，改革驿站制度，减轻了老百姓的负担并保证了政令、文书、信件的畅通，赢得了九江百姓的满意，所以，王锡爵在《潘公墓志铭》中称赞说：“不以烦百姓，民大便之。”

九江北滨长江，南倚庐山。每当夏秋之交，江水流溢，田地一片汪洋，泛滥成灾。在九江的几年，他深感长江水患给百姓带来的灾难，尤其是桑落洲肥沃的土地遭冲毁，人民流离失所，从此这一幕挥之不去。但由于当时条件还不成熟，他后来说过“往予在江郡，视若洲土田黑壤，顾沙碛杂中，江水溢辄溃，矧新篑鲜实，欲速惟难，而可以为成乎”？他只好把治水一事藏在心头，等待佳机。巡抚江西的潘季驯，一直对德化(今九江)桑落洲堤崩田荒耿耿于怀，认为此时时机已成熟，而他也有权力和能力来治理长江堤，于是，发廪捐资修筑了桑落洲堤。“东去濒江桑落洲”，桑落洲在县北，隔大江军民杂处，位于封郭洲之东，地势卑下，如雨水过多，江水泛涨，最容易被淹，洲内多湖地，日久渐淤塞，又靠近江洲，地坍涨无常，或数十年间沧桑互异。东至横壩头，东北交宿松界，西至梅邑杨穴镇，南有通江小河。桑落洲，是靠近九江城停靠船只的码头所在地，对九江尤为重要，它的崩毁，直接威胁着九江城的安危。捍卫长江大堤，“防蚁溃”“严鲸吞”，目的在于解除外在忧患，更在于解除内在九江城的忧患。所以，潘季驯以兴修水利为重，对桑落洲进行大规模治理。

潘季驯“命按察佥事刘某亲往实地勘查，故悬悬民瘼者，即按轡行堤上，终日不为辍，审堤虚实。状檄九江府知府李得阳规划方略。同知宋纯仁专领其事，尽心竭力，捐赀集材。湖口县陈启明翼赞经费，与守备指挥李超、照磨谯为龙各分任率其民卒，增高凡若干丈，广称是，盖实坚好矣。又沿堤种柳数十万，以护之。江之所趋，则布桩卷埽，以防外冲；水之所聚，则开渠导引，以避内涨。分堤而守，则德化湖口黄梅宿松四土之民，南昌蕲州九江三屯之卒，画疆勒石限地，以责其成，使永无溃决之隙”(《同治德化县志》卷5地理水利)。治理长江大堤是关系到民生的大事，上级重视，亲自部署指挥，地方支持配合，百姓护堤，人心所向，同心同德，尽心尽力，而且潘季驯把他的治水理论和实践结合起来，用在了桑落洲堤上，以水治水，知人任人。栽植柳枝以护堤，布桩以防外冲，开渠以避内涨，分堤而守，责任到人，种种措施，种种行动，都取得了很好的成效，成功治理桑落洲堤。

治理黄河

明嘉靖二十九年(1550)春，潘季驯在北上赴京参加殿试的途中，首次见到黄河，但见“河中沙渚累累，操舟者寻隙而进”，冥冥之中竟与黄河结下了不解之缘。

早在隋炀帝时期，大运河和物流的终点是长安、洛阳，故徐州以北的会通河还没有成为漕河主干。明初，朱元璋定都南京，善徙多变的黄河也未曾威胁运河。这条水上大动脉俗称渠或漕河，还没有“运河”这一头衔。直至宋朝以后，每年从太湖流域调往北方漕粮由 400 万石增至 800 万石时，始有“运河”之称。

元朝廷利用隋唐以来原有河道和某些天然河道，相继开凿了济州河、会通河，开通了通州至北京的通惠河，并且在京城的积水潭、什刹海修建了终点港，此时的京杭大运河才真正做到了名副其实。由于京杭大运河自北而南，必然要与自西向东流的黄河相交。特别是在南宋建炎二年(1128)冬，东京(开封)留守杜充为了阻止金兵南下，在开封附近决开了黄河大堤，使黄河夺泗入淮，首开黄河南北游动和南下侵淮的先河，由此开启长达 700 多年的黄患历史。

黄河沙多水少，河床淤积越来越高，“黄高于徐，淮高于泗”成为高悬在人们头上的“悬河”。如黄河北决就会冲淤徐州至济宁段的运河(会通河)，截断漕运的大动脉。自明洪武元年(1368)至嘉靖四十四年(1565)，黄河先后决口达 57 次。由于运河中段(淮安至徐州的河段)完全是借用夺泗入淮和改道后的黄河通航，故称“借黄行运”。引黄济运，虽然能够饮鸩止渴，却给沿岸的人民群众留下了无穷的祸害。迁徙无定，或决或塞的黄河以及长期挟带的泥沙，始终成为治河、保漕、安运绕不过去的一道坎！

为了寻找治河的答案，潘季驯深入实地，查考大运河屡淤受阻的原因。嘉靖四十四年(1565)十一月十一日,潘季驯提出了早期的治河思路:"治水之道,不过开导上源与疏浚下流二端。"当时,朱衡则主张将昭阳湖西南之南阳至留城"新河"先行修复开通。潘季驯则主张先修复贾鲁故道,"新河"土浅泉涌,劳费太多。但是,明朝廷为了确保漕运,采取了"用衡言开新河,而兼采季驯言不舍弃旧河"的策略。由朱衡主持由"鱼台、南阳抵沛县、留城"之新河开凿。而"浚旧河自留城以下、抵境山、茱城,由此与黄河会"的故道治理任务,交由潘季驯来完成。

然而,正当新河与旧河将要首尾衔接之际,黄河从沛县决口,冲毁了新河上筑成的马家桥大堤,一时"罢朱举潘"之说纷起。但潘季驯对此没有幸灾乐祸,而是顾全大局,再次上书朝廷:"新河已近完工,不能稍遇挫折,而前功尽弃。"并且主动提出,先集中力量将新河建成,再着手对黄河的贾鲁故道实施疏浚。明朝廷十分重视潘季驯的意见,立即准奏。

经过潘季驯和朱衡协力"建坝,置闸,厚堤,密树",先后修筑了马家桥大堤3.5万余丈,石堤30里,并且疏浚河道96里。嘉靖四十五年(1566)九月上旬,终于使新开运河和疏浚的旧河完全沟通,大功告成。经过治理,使漕运的效率提高了17倍。

治河得咎

明隆庆四年(1570)七月、九月,黄河在邳州、睢宁一带决口,"自睢宁白浪浅至宿迁小河口,淤百八十里"。明朝廷再次任命潘季驯总理河道。

潘季驯到任后,亲自赶往邳州视察决口,调查灾情。他还不顾个人安危和病痛的折磨,亲自指挥堵口、筑堤。在实践中,潘季驯欣喜地发现,当河水穿越相对狭窄的河道奔流时,就会出现大浪淘沙"如汤沃雪"的现象,于是,一种全新的"以堤束水,束水攻沙,挽流归槽"的治水思路油然而生。潘季驯在《议筑长堤疏》和《趱赶粮储疏》中分别指出:"必须筑近堤,以束河流,筑遥堤,以防溃决。长堤坚固,水则无处泄漏,沙随水走。"为此,潘季驯亲率军民日夜堵决固堤,动用人工五万,修堤四万余丈。

然而,潘季驯当时的治河之法与张居正以及前任河管总督翁大立的意见有悖,张居正对潘季驯许诺,只要泇河开成,就可封他为工部尚书,却遭到了潘季驯婉拒，潘季驯认为“迦河与黄河相首尾”，如黄河“南决淮扬，北决丰沛”，而“迦处中，将焉用之？”由于潘季驯不趋附权势，坚持真理，竟然遭人陷害。因黄河畅通后运输船只发生漂没事故，他被人告了一状。隆庆五年(1571)十一月，潘季驯被削职为民。

再起治黄

明神宗朱翊钧继位后，经张居正举荐，明朝廷于万历四年(1576)颁布圣旨，命潘季驯以原职巡抚江西，兼理军务。潘季驯一时思绪万千，想到自己二任河道总督时所遭到的种种不公待遇，就以身体不支为由，上书婉辞。一代名相、政治家张居正获悉此事，一方面上奏朝廷，称赞潘季驯“早负才名，雅有清望”；另一方面还以私人名义给潘季驯写信，为几年前的事情道歉。

明万历四年(1576)七月及次年八月，黄河又在徐州决口，淮河受黄河胁迫亦决溢，并向南流去，致使河漕矛盾更加尖锐。明朝廷虽然恢复了潘季驯的官职，至此，河漕事权合二为一，但是，摆在潘季驯面前的难题，却远远超过了前两次。复杂的官场人际关系、黄河夺淮、河漕泥沙淤积，以及运河干涸、急需补水等堪称世界级的难题，再次把潘季驯逼上风口浪尖。

万历四年(1576)，黄河在崔镇决口，滔滔黄水向北奔流，清河口淤塞，整个淮河河床南移，高堰的湖堤严重损坏，淮、扬、高邮、宝应地区都是一片汪洋。大学士张居正很忧虑。河漕尚书吴桂芳提议恢复先前的黄河故道，但是总河都御史傅希挚想堵塞决口，约束河水回归河槽，两个人的意见不合。万历六年(1578)的夏天，吴桂芳去世，皇帝任命潘季驯任右都御史兼任工部左侍郎取代他。潘季驯认为，黄河故道长期废置，虽然再疏浚，它的深度和宽度必定不如现在的河道，提议在崔镇筑堤堵塞决口，筑长堤以防止溃决。又上奏：“淮河清澈黄河混浊，淮河水弱黄河水强，一斗黄河水，沙占十分之六，夏秋时期达到十分之八，如果不是很湍急，必然导致淤塞滞流。应借淮河的清水冲刷黄河的浊水，在高堰筑堤约束淮河的水流入清口，使之与黄河的水势匹敌，两条河水合流，那么海口就自然疏浚了。就是吴桂芳所开辟的草湾也可以不再修治。”他条陈六件事，诏令同意他的意见。

第二年冬天，两条河的工程完工。第三年春天，他被加封为太子太保，升任工部尚书兼左副都御史，总督河道，提督军务。六月，潘季驯根据勘查结果，针对黄河沙多和下游黄淮交叉的复杂局面，向明朝廷递交了一份著名的《两河经略疏》，提出了综合治理黄淮下游的基本方针，即"通漕于河，则治河即以治槽；合河于淮，则治淮即以治河；会河、淮而同入于海，则治河、淮即以治海"的治理原则，并且进行综合治理。在处理水沙方面，潘季驯提出"束水攻沙，以水攻沙"的治水方略。由他指挥河工在徐州以下河漕高筑大堤，修复高家堰和黄浦、崔镇等 3 处决口，"逼淮水尽出清口"，挽河归漕，束水攻沙，以解淮扬地区的水患，从而实现以洪泽湖调蓄洪水和"蓄清刷黄"的目的。

潘季驯当时还提出"息浮言，惩污吏，查怠工"的要求。在张居正的大力支持下，潘季驯先后参奏罢免了一批怠慢河工、妖言惑众的河官和地方官吏。他以清口为中心，将北起徐州、南至扬州的河道工程分为 8 个大工区，每个大工区设 1 名总管官和 2 名副手，每位副手再配 10 名下属官员，从而形成了一个"事权专一"、令行有力和条块结合的指挥系统。

由于潘季驯决策科学、事权统一、指挥得力，修筑高家堰 60 余里，归仁集堤 40 余里，柳浦湾堤 70 余里，堵塞崔镇等大小决口 139 个，修筑两岸遥堤 5.6 万丈，缕堤 40 余里，砀、丰大坝各一道，栽种护堤柳林 83.22 万株。高家堰大堤全线加固修复后，终于使洪泽湖成为一座具备蓄水能力，库容为 31 亿立方米(校核洪水位库容为 135 亿立方米)、水面积为 2069 平方公里的巨型人工水库，是当时中国乃至世界上坝工完整和真正意义上的最大平原水库，当水位在 14.56 米时，其湖面积可达 2342 平方公里，容积达 77.26 亿立方米，不仅使淮河洪水得到调蓄控制，还为周边 280 万亩农田灌溉、灭蝗压碱打下了良好基础。同时，还可为京杭大运河的航运补水、城市供水，甚至为如今的南水北调东线工程的水量调蓄和"日进斗金"的渔业可持续发展创造了有利条件。

左副都御史

万历七年(1579)七夕，治河工程即将大功告成，潘季驯偕同助手江一麟登上云龙山，眺望彭城锦绣河山，不禁感慨万千，联想治河宦海几度沉浮，遂作一首七言律诗《同江司徒小酌云龙山》：

握手论交今白头，天涯相对一樽留。
帘前秀结千峰色，槛底声喧万里流。
世事误人称老马，机心终自愧闲鸥。
知君亦有烟霞癖，还许相从范蠡舟。

这实际是其一生命运的生动写照。后又作了一首诗《再登云龙山》：

龙山再上思依然，千里河流自蜿蜒。
几向蒿莱寻水脉，翻从沧海见桑田。
负薪十载歌方就，投杼当年事可怜。
为谢含沙沙且尽，归与吾已欲逃禅。

潘季驯初次到黄河上游，视察虞城、夏邑、商丘，估量地势。旧黄河的上游，从新集经过赵家圈、萧县、徐州小浮桥，水势极为深广。自从嘉靖中期黄河北移，河床变浅，迁移无常，曹、单、丰、沛地区人民常受淹没之苦，他上奏请求恢复旧河道。给事中王道成认为，刚在崔镇、高堰筑堤，很难同时兴工。河南的抚按大臣也陈述三个困难，于是，终止了此议。

从万历七年(1579)起至万历十五年(1587)，徐州附近一段运河，年年安澜。张居正闻讯，大喜过望，专门写信向潘季驯致贺："此闻黄浦已塞，堤工渐浚。自南来者，皆报称工坚费省。数年沮洳，一旦膏壤，公之功不在禹下矣。"潘季驯为治河长期风餐露宿、积劳成疾，加上厌倦官场斗争，曾多次打报告要求告老还乡，但均未获准。

万历八年(1580)四月，正值潘季驯 60 寿诞之际，朝廷下旨加封潘季驯为太子少保，升工部尚书兼都察院左副都御史。明神宗称赞他："以水治水，计虑出于万全；知人任人，率作先乎众职。"将他调任南京兵部尚书。万历十一年(1583)正月，潘季驯改任刑部职务。然而，在万历十二年(1584)五月，他因打抱不平，力主"宽刑仁政"，而遭到了御史李植的陷害。

高龄治水

潘季驯的复出是因为张居正的支持。张居正死后，家属全部被幽禁，儿子张敬修上吊自杀。潘季驯劝谏:“张居正的母亲年过八十,早晚会去世,请求下诏以特别的恩惠宽恕她。”又认为,治张居正的罪太急迫了,宣称张居正的家属死于此案的已达数十人。在此之前,御史李植、江东等人与大臣申时行、杨巍相互攻击。潘季驯极力支持申时行、杨巍,痛斥言官,言官们很恼怒。于是,李植弹劾潘季驯与张居正结党相庇护,建议将他削职为民。七月十七日,潘季驯第二次削职为民,返回故乡。

万历十三年(1585),御史李栋上奏替他鸣冤:“隆庆年间,黄河在崔镇决口,将漕运通道阻梗。多年来,百姓定居,黄河水安然流淌,人们都说:‘这是潘尚书的功劳。’过去已故大臣宋礼治理会通河,至今都受益,陛下应允了督臣万恭的请求,给予他谥号和荫庇。现在潘季驯的功绩不在宋礼之下,却在身存之日,成为一般平民,难道这不损害大臣建功立业之心,损害朝廷酬报功勋的典制吗?”御史董子行也称潘季驯的罪行轻,处罚重。诏令将他们的俸禄全部剥夺了,此后举荐的人不断。

万历十六年(1588),给事中梅国楼又举荐他。于是启用潘季驯任右都御史,全权督察河道。自吴桂芳之后,治河与漕运由一人总理,此时又设置专职官吏。河、漕重新分属两个部门管理,仍为保漕治河带来了一定的矛盾和难度。潘季驯当时不顾年事已高、体弱多病,日夜兼程奔赴徐州“日与夫为伍,以舟为家、冲寒露暑,宿水餐风”。在全面勘查的基础上,潘季驯提出了整治山东、河南与徐州以北地区的综合治理规划,他针对河防问题指出:“河防在堤,而守堤在人,有堤不守,守堤无人,与无堤同矣。”同时,他还提出了著名的“四防二守”制度和岁修之法,即“昼防、夜防,风防、雨防”“官守、民守”的修防法规,进一步完善了修守制度。并且指出:“河防全在岁修,岁修全在物料。”尤其是他首创的问责考勤制度,一直沿用至今,仍被视为治水防汛和管理队伍建设的传统宝典。

第二年,黄河水暴涨,冲入夏镇,毁坏田园房屋,居民多被淹死。潘季驯又筑堤堵塞决口。四月二十九日,山东、江苏、安徽的黄淮运河治理工程相继完工。六月初,徐州以北地区也大雨滂沱,导致河水猛涨。潘季驯亲临一线,一面查办失责官员,一面身先士卒“董率官夫,躬亲防御”。经过各方努力,至十月,各处险工、决口堵塞完成。明朝廷为嘉奖潘季驯治河保运有功,特授他为资政大夫。

治水力作

万历十八年(1590)一月,潘季驯又以七十岁高龄之躯,巡视邳睢河工,指挥治河。恐自己不久于人世,四五月间,潘季驯带病完成了又一部治水力作《河议辨惑》,文中涉及大小议题三十一个,文中提出了“以人为本,人定胜天”的唯物主义思想。

是年夏,徐州大水,暴雨成灾,洪水从徐州城堤决口冲入,水积城中逾年不退,亦使徐州遭受重大损失。为彻底解决徐州城内的积水问题,潘季驯会同徐州兵备副使陈文燧查勘后,提出了开凿奎河,力排城中积水的建议。这一主张为明朝廷所接受。于是,他们召集万余名工匠“自护城河堤涵洞起,斜向东南,绵延 162 里”。因此,河源出云龙山下的石狗湖,绕城南流经奎山以东,注入濉河,名奎河。万历十九年(1591)闰三月初三,工程竣工,初四正式开闸放水,城内积水消退,解除了徐州的水患,百姓转危为安。当年的奎河导源于“苏伯湖”,后名“石狗湖”(今名云龙湖),北出苏堤,绕过州城多处,以容纳积水,经过奎河南流,全长 46.8 公里,沿濉河东流,入洪泽湖。河因经过奎山而得名奎河,现在的奎河仍然是徐州城中排水的主要通道。如今,在显红岛东南侧的故黄河亲水平台上,五根文化柱巍然屹立,位于正中间的一根文化柱正中勒有:“万历十八年,大溢徐州,水积城中逾年,河督潘季驯,浚奎山支河以通之,积水乃消。”永远铭记着潘季驯当年首开奎河、造福于徐州人民的历史功劳。

万历十九年(1591)冬天,他被加封为太子太保、工部尚书兼右都御史。

潘季驯经过多年的调查和实践,在总结前人经验的基础上,建成了由缕堤、遥堤、月堤、格堤和减水坝共同组成的堤防工程体系,这也是潘季驯和治黄民工一大发明创造。在每年春汛时,将缕堤开口引水,以淤平缕堤、遥堤之间的滩地,并将它作为减少主漕淤积、兴利除害、造地固堤的重要措施。他还以徐州房村至宿迁峰山的遥缕堤之间修建的七道格堤为例,通过“巧借天力,淤滩固堤”从而实现“民有可耕之田,官无岁修之费”的初衷。

在有生之年,潘季驯终于完成集治河实践之大成的辉煌专著《河防一览》。这部巨著堪称中国16世纪“治黄通运”的一部代表作。明朝廷再次封他为次德大夫、正治上卿、太子太保、工部尚书兼都察院右都御史。至此，潘季驯以其治河功勋，六蒙褒典，成为明朝手握兵权的治河臣吏第一人。

千秋典范

自明嘉靖四十四年(1565)至万历二十年(1592)，潘季驯总计四次奉命治理黄河，前后达27年，是他针对“黄河斗水，沙居其六”的特点，采取“筑堤束水，以水攻沙”的治黄策略，方才结束黄河长达七百余年分道乱流的历史，这无疑是一个历史性的贡献。

万历二十年(1592)三月，七十二岁高龄的潘季驯告老还乡，从而为其波澜壮阔的治河业绩画上了一个圆满句号。万历二十三年(1595)四月十二日，潘季驯这位中国河工史上杰出的水利专家与世长辞，享年七十五岁。

潘季驯熟习地形的险夷，增筑堤防，设置专员，修建水闸，以至于木石春埽，他都处理周详，因此积劳成疾。他多次上奏请求退休，皇帝不允许。万历二十年，泗州发大水，城中积水达三尺高，祸患到祖陵。议论者有的主张挖开傅宁湖从六合入江，有的主张疏浚周家桥注入高、宝诸湖，有的主张开挖寿州的瓦埠河分流淮河上游的水，有的主张开放张福堤由淮河排泄河水。潘季驯称祖陵的王气不能轻易排泄，但是，巡抚周肋、陈于陛，还有巡按高举都称周家桥在祖陵之后百里之地，可以疏浚，意见不一，都给事中杨其休请求允许潘季驯离去。

潘季驯先后四次的治河活动，尽管主要集中于黄河下游和黄淮运地区，真正治水的时间仅有10年，由于当时的历史条件和科技水平的限制，以及明朝廷确定的“漕运第一”的方针，也使他无法从源头上彻底整治黄河的危害。然而，瑕不掩瑜，潘季驯无论对治河方略、下游河运整治、堤防建设、防汛抢险，还是对大运河的恢复利用，以及黄河、淮河、长江水系的治理，乃至世界河工史，都占有着极其重要的地位。尤其是他提出的“固定河漕、借清刷黄、淤滩固堤”的指导思想，影响深远。

明朝御史黄尊素

黄尊素(1584—1626),初名则灿,字真长,号白安,一作白庵,浙江绍兴府余姚县(今浙江省宁波市余姚市)人,东林七君子之一,著名学者黄宗羲之父。黄尊素万历四十四年(1616)中进士,据《黄忠端公年谱》记载:“殿试,第三甲一百八十二名。”后被任命为宁国推官,精明强干。天启二年(1622)擢御史,力陈时政十个方面有失误,忤逆宦官魏忠贤,被剥夺俸禄一年。后来,回到朝廷又上疏论事,再次忤逆宦官魏忠贤,被削籍归乡。不久,被逮回京都下诏狱,后被逼自尽。著有《忠端公集》。他与同为阉党所害的高攀龙、周起元、缪昌期、周顺昌、周宗建、李应升并称“后七君子”,与汪文言同为当时“东林党的两大智囊”。

诗书世家

黄尊素的父亲黄曰中是读书人出身,后来以教书为业,黄尊素因此自幼接受父亲教育。他长大之后,最开始也和自己的父亲一样,成为一名教书匠。然而在以教书糊口的同时,黄尊素却没有放弃过科举之路,“年三十,犹艰簧宫,志操不易”,经过多年刻苦攻读,终于在三十二岁那年考中进士。

黄尊素教学很有经验,“三吴弟子经其指授者,皆为名士。每试出,私第其高下,榜发无不合者”。他深受当地学子、百姓的爱戴,因其名气较大,远近的学子都纷纷投到他的门下。

他刻苦治学的精神,深刻地影响着他的后代,他的儿子黄宗羲就是在他的精神鼓舞下茁壮成长起来的。

擢升御史

黄尊素少时博览经史，深谙掌故，性强毅，重气节。黄尊素走上仕途，本着一名士大夫的良知与担当，上任后就显示出了其清正操守与机智干练，“时汤宾尹为宣党魁，声焰慑天下。官其地者，必受牵挽。尊素至，宾尹辄自敛饬。有大姓置私狱杀人，尊素黥其僮客六七人，一郡股栗”。

天启二年(1622)，黄尊素由于在地方上政绩突出，升任山东道监察御史。在御史任上，他恪守御史之责，一年上疏十三次，纵论军国大事。第二年冬天回到朝廷，上疏请求召回余懋衡、曹于汴、刘宗周、周洪谟、王纪、邹元标、冯从吾，而弹劾尚书赵秉忠、侍郎牛应元、通政丁启睿愚蠢迟钝。赵秉忠、牛应元都辞职离开了。山东起义被镇压后，起义军余部又煽动起来。巡抚王惟俭无法控制，黄尊素上疏议论，说：“巡抚本来是从内外选拔任用的，如今都任用京官，不如推举任用训练有素的地方官员。”这时，明熹宗朱由校即位已有好几个年头了，从没有召见过大臣。黄尊素请求恢复在便殿面对面召见大臣的先例，当面决定国家大事，也可利用讲解经史的机会，让大臣们面对面商讨可不可以执行。但这项建议，明熹宗没有采纳。

大胆进谏

明熹宗继位之后，随着魏忠贤的蒙蔽日益加重，明熹宗亦越来越不思朝政，朝臣们慑于魏忠贤的淫威，往往不敢直言，而黄尊素不忍视朝纲败坏而不顾，先上《请用讲学名贤疏》：“群奸之摧刃，不遗余力；大冶之真金，只此数人……今求所谓宿儒大人者，宁能舍此诸臣乎？且今日之乏才，亦已甚矣……伏唯皇上毅然剖断，收天下之老成，主持国是，除天下之顽钝，维挽世风，国家其庶几有起色乎！”劝明熹宗爱惜人才，亲贤臣而远小人。但是，奏疏上后并未引起明熹宗的注意。

天启四年(1624)二月，大风吹起黄沙，昏天蔽日，还伴有敲鼓一般的响声，一连十天都是如此。三月初一，京师发生三次地震，乾清宫震动得尤其厉害。正好皇帝龙体欠佳，人心惶惶不可终日。黄尊素抓住这次进谏的时机，上《灾异陈十失劾奏魏忠贤、客氏疏》，他希望用天降灾异时的上谏来警醒明熹宗，注意自己为政之失。黄尊素在上疏中极力陈述时事政策的十大过失，最后说："陛下压制轻视言官，使人人都有所忌讳，这才有人只提些皮毛小事，不敢冒犯当权者。如今近臣重过赵娆，禁旅与唐末相近，萧墙之祸患比敌国的威胁还要严重。""朝廷没有运筹帷幄的大臣，边防没有制敌取胜的将领。掌权的人对国家的安危愚昧无知，误国的人对于失败的局面多方掩饰。不在此时举荐贤才，斥退不肖之人，反而厌恶刚毅正直的人，把他看作仇敌，陛下难道就不为国家考虑吗？"黄尊素直接揭示出问题的根本。"毫末不札，将寻斧柯。今以此言入告，似以为迂，浸淫不止，异日欲进言而不敢，有欲闻言而不得者，此中隐祸，尚未敢深言也。……今当灾异初警，人心未有不惕。"奏疏递入，宦官魏忠贤大怒，图谋将他处廷杖刑。韩爌大力营救，于是，黄尊素只被剥夺了一年俸禄。

弹劾奸宦

不久，杨涟弹劾魏忠贤，被皇帝下旨责备。黄尊素对这件不平之事感到很愤怒，接着呈上《劾奏逆阉魏忠贤疏》，大意说："天下有政权归于近旁宠幸之人，皇帝大权旁落，而国家太平、政治清明吗？天下有中外纷扰，没有不想从瓜分国家得到一份好处，而还能将国家交给左右的人吗？陛下一定以为曲意奉承、小心谨慎的人可以重用，不知道不远离这些人，就不能使无所畏忌的人得到任用。陛下一定认为只有自己才能驾驭，不知道不能驾驭时，则已不可收拾了。陛下自登基以来，公卿台谏一个接一个地被罢免回家，使得在位的人没有长远打算。这还不叫孤立，却将一个近侍的离开叫作孤立吗？现在宦官魏忠贤违法的情形，廷臣已揭露无疑。陛下如果不早做决断，当他看到前途无望，狗急跳墙，还会有什么顾虑呢？宦官魏忠贤是一定不肯收回他那放纵的野心的缰绳来悔过自新的。宦官魏忠贤的私党，一定不肯收回他们那谋取私利的船桨，而任其默默消融的。开始还只是与官员为仇，接着将把至尊的皇位作为赌注。基础防护既已牢固，谁还能把他们怎样。不仅台谏不足以挫败他们，即使是动用武力也难以奏效了。”

黄尊素是熟读经史的，他深知宦官专权对国家的巨大危害，在此直言警示皇上，非有大道担当者不敢为此。谏言已经说得很恳切了，甚至将可能导致的可怕灾难也摆在了明熹宗面前，同时，也将矛头直指魏忠贤的命门。宦官魏忠贤看到奏疏，对黄尊素更加恨之入骨。

仗义执言

万爆被廷杖后，魏忠贤又想廷杖御史林汝翥，各言官到内阁去争论。数百个小太监拥进内阁中，挥舞着拳头大声叫骂，各内阁大臣都低着头不敢说话。黄尊素厉声说：“内阁重地，即使是司礼太监没有接到诏书也不敢到来，你们这帮人竟敢如此无礼！”于是，众太监慢慢散去。没多久，万爆因受重伤死去。黄尊素上奏说：“按照法律，不是叛逆等十大罪状不判处死刑。如今让披肝沥胆的忠臣，竟然死于磨牙咧齿的小人之手。这帮小人一定奔走相告，说是可以利用皇帝的特权，来鞭打百官。后代有这样的人，他继承了董狐的笔法和朱熹的《通鉴纲目》，于是写道：‘某月某日，郎中万爆因为进谏国事被廷杖打死。’这岂不是连累了皇上的圣德么！进呈廷杖这种说法的人，一定说这是祖宗的制度，殊不知正统、正德年间，王振、刘瑾实行它；世祖、神宗年间，张璁、严嵩、张居正执行它。奸邪小人想放纵自己的私欲，害怕忠臣义士的牵制，一定得用廷杖发泄他们的私愤，使得皇帝蒙受拒绝进谏的罪名，自己掌管实际权力，而仁人志士且有被牵连的危险。于是乎小人为所欲为，毫无顾忌，而嫁祸于国家。万爆已经死了。侮辱杀戮正直的人，不能开这个先例。乞求恢复万爆原有的官职，破格赐给他尊荣，让他的后人亲自护送棺材返回故乡，万爆死而不朽。”奏疏递入，更加违背魏忠贤的意图。

八月，河南进贡玉玺。宦官魏忠贤想大肆渲染这件事，命令从大明门进城，实行接受玉玺的礼仪，百官奏表称贺。黄尊素上奏说：“过去宋哲宗得到一个宝玺，蔡确等人争着说是好兆头，改年号为元符，宋朝国运最终不能长久。本朝弘治年间，陕西进献玉玺，只是命令送进朝廷，给赏钱五两。这是祖宗的先例，应该依此办理。”朝廷看到了黄尊素的谏言，这事就这样中止了。天启五年(1625)春天，黄尊素被派往陕西巡视茶马互市，刚出北京城，阉党曹钦程揭发他专门攻击好人，于是，黄尊素被削籍为平民。

深谋远虑

黄尊素忠诚正直，敢于说真话，尤其有深谋远虑。刚进入官府时，邹元标确实帮助过他，黄尊素就进言规劝邹元标说：“都城不是讲学的地方，以前就有徐文贞聚众议论的先例。”邹元标没有听取采纳。

杨涟是东林党魁首之一，为人中正不阿，与阉党的斗争却只顾一味刚烈而不讲究策略。杨涟要攻击宦官魏忠贤，上《二十四大罪疏》欲置魏忠贤于死地，魏大中告诉了黄尊素，黄尊素当时就产生了担忧，说：“清除皇帝身边的小人，一定要有内援。杨公有这样的人吗？一旦攻击不能奏效，我们这些人将无法生存了。”果然，上疏之后，宦官魏忠贤从中作梗，不但明熹宗未得实见此疏，反而杨涟将自己置于危机之中。万燝死，黄尊素暗示杨涟辞职，“以为在今堂翁唯有一去……然大臣击之不胜而身退，其祸缓；不胜而身不退，其祸亟”。杨涟不听，最终惹祸上身，果然像黄尊素所预料的那样，被宦官魏忠贤下狱迫害惨死。

魏大中要弹劾阉党骨干魏广微，而彼时魏广微只是私下交通魏忠贤，并未公开倒向阉党阵营，黄尊素由此分析说：“南乐(魏广微)以阉人之力入相，惴惴唯恐人知，居恒犹以故人子事高邑，此小人之包羞者也……一经论到，则南乐之羞不可复包，使其显显与君子为难。彼依草附木之精魂，不戒而孚，皆公然为青天白日之魑魅矣。”并得出结论：“魏广微是小人之中的小人，过快地攻击他，他会铤而走险的。”但身为好友的魏大中此时正义愤填膺，哪里肯听黄尊素的劝告，毅然弹劾魏广微，结果又如黄尊素所料，魏广微更加投靠宦官魏忠贤，马上给魏忠贤一份东林党人的名单，从此，魏忠贤开始以此名单迫害东林党人，酿成了大灾难。

这时，东林党人充满朝廷，东林党自身又以来源地的不同分为几个派系。江西章允儒、陈良训跟魏大中有过节,而魏大中想驳斥尚书南师仲滥发抚恤,黄尊素赶忙制止了他。最后,山西尹同皋、潘云翼想推举他们的座主郭尚友为山西巡抚,魏大中因为郭尚友几次追究前朝留下来的大臣,执意不同意。黄尊素引用杜征南多次联系洛阳一带的权贵为例劝告他,魏大中最终没有听取,推举任用谢应祥。

起初,阮大铖也是东林党人的一分子,他与黄尊素私交很好,但东林党内其实并不十分团结,黄尊素敏锐地察觉到了内部不团结可能带来的危害,告诫阮大铖:"范文子曰:'能内睦而后图外,不睦内而图外,必有内争。'自兄之长吏垣也,邀弟与魏廓园、章鲁斋、陈岵月四人沥酒指天,誓同肝胆。酒未寒而终养之疏已出矣,于是疑者四起,谓兄与同事诸君子不合。"阮大铖受到东林党内部斗争排挤而上疏辞官,黄尊素深为之痛心和担忧,果然,其后不久,阮大铖亦公然投入阉党阵营,南明时甚至成为阉党魁首。

从上述几件事不难看出,黄尊素在政治上是深谋远虑的,然而黄尊素如此苦心劝友,并非怯懦,而恰恰是经验与智慧的表现,用他自己的话说就是:"身名俱全者,上也;身死名存者,次也。当此之事,有一畏死之心固为非道,即有一毫求死之心,亦为非道。君子不顾成败,未有不顾出处者也。"

含冤遇害

天启五年(1625),黄尊素被阉党曹钦程弹劾,最终被革职,居住苏州城郊。这都是黄尊素忧劳国家大事、不断上谏因而得罪阉党埋下的祸根。

魏忠贤为了扳倒东林党人,下令逮捕东林党汪文言,企图以酷刑逼迫汪文言诬陷东林党一干官员。汪文言宁死不屈,最后惨遭杀害,事后许显纯借汪文言之名,写下供述书,诬陷东林党官员。而在实行这个计谋的时候,宦官魏忠贤知道黄尊素谋略出众,恐怕能识破自己的计划。于是,在这之前,就命李实弹劾黄尊素,最后将黄尊素逮捕。

汪文言刚下狱时,魏忠贤就想罗织各人的罪名。不久,当他得知是黄尊素从中化解时,就更加忌恨了。魏忠贤的党羽也因为黄尊素多智谋,想杀死他。正好苏州一带谣传黄尊素想效法杨一清诛杀刘瑾的榜样，让李实充当张永的角色，传授给他秘密的计谋。魏忠贤非常害怕，派遣四个密探到苏州一带刺探情报。侍郎乌程人沈演居住在家，报告魏忠贤说："事情有眉目了！"当天派使者呵斥李实，拿走了盖有图章的空白奏疏，列上黄尊素七个人的姓名，于是，逮捕他。使者来到苏州，碰到苏州城内围攻逮捕周顺昌的旗官，城外的人攻击逮捕黄尊素的人。负责逮捕的人把逮捕证给丢了，不敢到达。黄尊素听说了，立即穿上囚服到衙门投案自首。许显纯、崔应元严刑拷问，勒索赃款二千八百两，五天一次追掠。不久，得知狱卒将要谋害自己，黄尊素叩头谢皇上、父亲的恩惠，写诗一首，然后自尽。这时是天启六年(1626)闰六月初一，终年四十三岁。

英灵永存

黄尊素的诗《正命诗・闰六月朔》在被害之日写于狱中，高亢激越、正气凛然：

正气常留海岳愁，浩然一往复何求。
十年世路无工拙，一片刚肠总祸尤。
麟凤途穷悲此际，燕莺声杂值今秋。
钱塘有浪胥门目，唯取忠魂泣镯镂。

崇祯初年，黄尊素被追赠太仆卿。明安宗(南明福王朱由崧)时，追封谥号"忠端"。崇祀忠义、乡贤二祠。黄尊素著有《忠端公集》《四书缄》《隆万两朝列卿记》等。

作为明末政治舞台上的重要人物，东林党中的君子，黄尊素表现出了謇谔直言的品格和视死如归的大义，其著作真实记录了明代的社会政治生活，客观反映了东林党人与魏忠贤为首的阉党的斗争。《明史》称赞曰："精敏强执""尊素謇谔敢言，尤有深识远虑"。明代儒学大师刘宗周更是赞扬："凛正色于兰台，抗直声而如矢。""与日月争光，允矣！"

黄尊素娶妻姚氏，封恭人，生有五子：宗羲、宗炎、宗会(钱谦益《黄尊素墓志铭》作"宗燧")、宗辕、宗彝(墓志铭作"宗怀")。黄尊素这五子，个个才华出众、聪慧异常，颇能光大祖先业绩，其中，长子黄宗羲、次子黄宗炎、三子黄宗会兄弟三人，同师于明末大儒刘宗周门下，成为清初著名的学者，时人号称“浙东三黄”。

黄尊素死后葬于余姚市陆埠镇化安山，当地人至今仍每年定期祭祀他。他是一个以国家为重、履职尽责、不计个人生死的监察御史。

余姚黄尊素墓碑(陈金波摄)

明朝左副都御史施邦曜

施邦曜(1585—1644),字尔韬,号四明,浙江绍兴府余姚县(今浙江省宁波市余姚市)人。明朝万历四十一年(1619),进士及第。历任顺天武学教授、国子监博士、工部营缮主事、工部员外郎。当时,奸臣魏忠贤当道,施邦曜不与附和。魏忠贤刁难不成,迁任屯田郎中,后迁任漳州知府,善于断案。又迁任福建副使、左参政,四川按察使,福建左布政使,有政绩。历仕南京光禄寺正卿、北京光禄寺正卿,改任通政使,起用为南京通政使。崇祯十六年(1643)十二月,任用为左副都御史。赠太子少保、左都御史,谥"忠介",清朝赐谥"忠愍"。

步入仕途

明代万历四十年(1612),晋江人王畿视学浙江,拔擢施邦曜乡举第一。万历四十七年(1619),施邦曜中进士,由顺天府学教授,历任国子博士、工部主事,晋工部员外郎。万历四十八年(1620)七月,神宗皇帝死。八月初一继位的明光宗,仅坐了一个月的皇帝宝座,至九月初一日在抢夺皇权的倾轧中也突然死去,年仅三十九岁。接着是熹宗登位,改年号为天启。

不交权宦

明熹宗生性机巧,唯独爱好斧锯木匠之事,不问政务。当时,宦官魏忠贤残忍阴毒,爱好阿谀,深得天启皇帝宠信,内外大权归于一人,权势煊赫,内外均呼其为九千岁。朝廷众官员因惧怕魏忠贤威势,纷纷奔走魏阉之门，人莫敢忤。面对这种情况，唯有施邦曜不趋附于魏，绝不与之往来，始终保持自身贞洁。因此，他也得罪了权宦魏忠贤。

拒收礼物

魏忠贤见施邦曜不肯附和阉党，就三番五次设法对他刁难。一次，魏忠贤为自己修建府邸，耗费了大量民力财力。府邸落成之后，官员们都到魏忠贤府上去祝贺，唯独施邦曜没有去，这让魏忠贤很生气，便想办法刁难他，让其在限定期限内拆毁北堂建筑。按照魏忠贤的算盘，这是一个不可能完成的任务，然后他就可以趁机落井下石，对施邦曜实施打击报复。然而，没想到大风吹倒了房屋，施邦曜在限期内完成了任务，魏忠贤不好责备于他。但魏忠贤觉得施邦曜留在京城有碍自己，难消怨恨，就干脆把他调至福州任漳州知府。

漳州地处东南沿海，九龙江的下游出海口，是当时海盗出没的地方。施邦曜任漳州知府时，尽力查知所属各县的奸盗之首，首先掌握了当地各股土匪和海盗的名单。每当盗案发生时，及时收擒，群盗为之震惊。盗贼刘香、李魁奇横行海上，施邦曜抓住刘香的母亲来诱捕他，刘香就擒。李魁奇提及郑芝龙（郑成功的父亲）的事请求招抚，施邦曜告诉巡抚邹维琏联手讨平了这股海上势力。

当时，有一个不久前刚归顺朝廷的郑芝龙，为了拉拢朝廷命官，将一件用琥珀黄金制作的礼品赠送给施邦曜。施邦曜见此礼品制作工艺极佳，非常喜欢，当即留下了这件礼品。但是，施邦曜留下它并不是收下它，他将这件做工精湛的艺术品观赏了一个晚上，于第二天清晨即将礼品原样奉还。当施邦曜留下礼品时，郑芝龙心中暗喜，以为施邦曜也是一个见礼就收的贪官。但第二天郑芝龙刚刚起床，知府衙门早已差人把礼物奉还，还告诉郑芝龙，说施知府对这件礼品十分赞赏，但只可欣赏，不可收下。郑芝龙对施邦曜为人深深叹服。有郑芝龙做先例，其他本想以送礼来拉拢施邦曜的人也因此慑胆。

抵御倭寇

明嘉靖以来，漳州沿海一带，倭祸、海患经常发生，天启年间尤为猖獗。明天启五年(1626)，施邦曜出任漳州知府，想尽办法抵御海盗倭寇。

一上任，施邦曜就决定续建万松关城(目前位于瑞竹岩)，从陆路上进行抵御。万松关城建好后，施邦曜又在镇门港两岸兴建镇北、镇南两炮台，还建了土堡，后来为增强防御性，还将用土砌成的城堡改用石头。

不仅如此，施邦曜还招募乡勇，抵御海盗倭寇。明天启七年(1627)五月，海盗刘三老、刘香等“二十四将”窥伺漳州，施邦曜组织乡民守卫城东阵地。有一夜，“二十四将”乘小船潜入浦头，被乡民拦住退路。“二十四将”仓皇应战，勉强摸黑逃出，从此不敢进犯。施邦曜出任漳州知府期间，廉洁奉公，别人都不敢贿赂他，他还锄恶豪、铲劣绅、赈旱荒，恩威并行，被漳州百姓称作“施青天”。

随后施邦曜历任福建副使、左参政、四川按察使、福建左布政使等职，在各任职期内都赢得了很大的民心和声望。

洁己爱民

有人赠送给施邦曜一份礼物，他姐姐的孩子在一旁让他收下。他说：“不行。我接受了它，他将乘机向我提出要求，我也就向他表明了有可达到私人目的的后门。”

施邦曜性喜山水，在他担任四川按察使时，有人劝他可趁机去游览峨眉山。施邦曜对峨眉山早已心向往之，但他经过考虑之后，却说：“做官的出外游览，就会动烦属吏，许多下属就会趁机前来奉迎支应，又伤百姓不少财力物力，目前还是不去游赏的好。待日后退居在家之时，尽可再来，到那时更可自由自在地尽心游玩观赏，何等的悠哉乐哉！”其洁己爱民之心于此可见。由于民安政清，政绩显著，施邦曜随后升任左布政使。不久，又召还京职，历任两京光禄寺卿，后改任通政司使。

通政司使位居正三品，明代时职权较重，执掌内外章疏敷奏，凡四方臣民谏言陈情，申诉怨滞，状告不法，及军情灾异，录其事分送有司办理，或直按奏闻皇帝。甚至对圣旨亦有封驳之权，发现有不适宜的圣旨，写上自己对圣旨的看法，把圣旨退还皇帝，还可以参与朝议大政，审理重大冤狱及会推文武大臣，提供意见。就在施邦曜被召进京离开福建时，有人送给他一幅朱墨竹图。送礼者说："现在你调离福建，你我之间已不存在上下级关系，我仅作为敬仰你的人品，就请你收下这幅朱墨竹图，权且做个纪念，总可以吧。"当时周围的人劝施邦曜收下这张图。施邦曜说："不可！今天他送我这幅图，确无求我之意。但我任职京畿，我今天收下这幅图，即是向他宣示了可欲之门矣。日后万一他进京有求于我，我如何应付？君子应该惩忿窒欲，切不可存有物欲之心。"施邦曜就是这样严于律己的。

关心他人

施邦曜对公事清正廉洁、要求极严，但他并不是一个毫无感情的人。许多事表明他是个热心肠。

有个叫鲁时生的人，是施邦曜老家的，与施邦曜同年生人，做庶吉士，死在京城。施邦曜亲手为他入殓，把女儿嫁给他儿子为妻。施邦曜曾经买过一个使女，让她洒扫庭院。使女到了院子的东面墙角，拿着笤帚凝视着哭泣。施邦曜感到奇怪就问她，使女说："这是我先人御史的宅院。当时曾在这里掉过耳环，不觉就感到伤心。"施邦曜就拿出女儿出嫁的钱，选了个读书人把她嫁出去。由此可见他内心忠厚。

遭遇罢官

崇祯十五年(1642)，文章风节高天下的黄道周因刚直敢谏，触犯帝意而被迁戍广西。有国子生涂仲吉上书替黄道周辩冤，涂仲吉上疏道："臣感叹黄道周做官二十年，多半时间在守墓，亲自耕作，勤读经书，从不间断。亲友都知道他清贫，乡里都认为他忠孝，他洁身自好，一辈子的学问和操行，只为报答君亲。有幸遇到圣明的皇上，就想为国效力，虽然有时言语过激，但是心地纯洁忠诚。敬请皇上详细考察黄道周，体谅他的清修苦节,赦免他的无辜之罪。希望皇上保全清忠,清除朋党,不给小人落下口实。即便因臣狂妄而杀臣,也死而无憾啊!臣愿意在叶廷秀之后,坐在待罪的草席上接受皇上的惩罚。"疏状需经通政使上达。黄道周的好友施邦曜知此案乃皇上钦定,如把这封指责皇上的奏疏直接送给皇帝,不但不能救黄道周,反而对上疏人极为不利。而奏疏中的议论确实写得非常好,正好将此奏疏封存,以流传后世,激励后人。于是未予封进,却在疏后批语:"疏不必上,论不可不存。"还捎话给徐仲吉说:"假以时日,等待时机。"可是,涂仲吉不理解施邦曜的好心,反而多次上书弹劾施邦曜阻碍言路。施邦曜只得将原疏呈送给崇祯帝。崇祯帝见疏及疏后批语,大怒,即将涂仲吉施以杖刑,下狱,施邦曜亦被削去官籍。施邦曜归家后,并不为削籍而怨恨,唯是日日与姚江书院学人研习阳明学说,切磋学问。

以死报国

崇祯十六年(1643)十二月,施邦曜重被起用,做南京通政使。进京觐见皇帝,陈奏学术、吏治、用兵、财赋四个方面的事,皇帝改变了以前的想法,采纳了。在通政司使任上,施邦曜奏请了很多关于民情、官员徇私枉法问题的奏折。施邦曜坚定地认为,朝廷选任一个贤明的地方官员,意义远远大于发现一位军事名将,除掉一位贪官就相当于为百姓杀掉了一个共同仇恨的恶人。离开京城不久,皇上命宫中的使臣召他回来,说:"南京无事,留在这里为我效力。"崇祯皇帝很推崇施邦曜的做法,当吏部推荐刑部右侍郎时,皇帝亲口说:"邦曜清廉公正,可以辅助副都御史。"

次年三月,李自成起义军进逼京城,施邦曜敦促兵部尚书张缙彦固守,飞檄各地勤王。张缙彦迟缓慢行,未及时设兵防范,施邦曜就在朝廷之上叱骂张缙彦,朝野为之震惊。三月十九日,李自成攻占北京,崇祯帝吊死煤山。城门被攻陷,施邦曜奔赴长安门,听说皇帝已经驾崩,恸哭着说:"君殉社稷矣,臣子可偷生哉!"他见事已至此,认为"惭无半策匡时难,惟有孤忠报国恩",即解带上吊自杀,仆人见状急忙解救。施邦曜苏醒后,即恨声地说:"尔等误我!"那时,攻入城内的起义军塞满衢巷,使他不能回到邸舍,望见门槛就求着自缢,动不动就被居民所驱散。即命仆人买来砒霜，和酒吞服而死，时年六十岁。弘光时追赠为左都御使，谥“忠介”，清代追谥“忠愍”。

忠烈千秋

施邦曜为官清廉，不结交权贵，常常拒收礼物，是一位洁己爱民的好官。他担任右副都御史，直言进谏而又相机而谏，务求实效。作为主政一方的官员，他抗击倭寇、清除海盗、减免赋税、赈济灾民、关爱他人，深受百姓爱戴。当明朝大厦将倾之时，他力支危局；无力回天，他只好以身殉国。

明朝的灭亡是大势所趋，并不是像施邦曜这类人的错，但是他仍然选择自杀殉国，以报国家，这种忠贞不贰的精神还是值得学习的。

无欲则刚（黄章华篆刻）

明朝右佥都御史祁彪佳

祁彪佳(1603—1645),字虎子、幼文、弘吉,号世培,别号远山堂主人,浙江山阴(浙江省绍兴市)梅墅村人氏,是明末著名的政治家、戏曲理论家、散文家、藏书家。

祁彪佳少年早发,聪慧过人,十六岁中院试第一,补博士弟子员第一名。万历四十六年(1618),不满十七岁,高中浙江乡试第六十八名举人。天启二年(1622),不足二十一岁即中三甲进士。祁彪佳仕途坎坷,一生三起三落,天启三年(1623)任福建兴化府推官,崇祯四年(1631)升右佥都御史,任福建道御史,崇祯六年(1633)任苏松巡按御史,崇祯十五年(1642)掌河南道佥事,崇祯十七年(1644)任右佥都御史巡抚苏松,他积极联络将领和义军抗清力图挽回国是,不料被朝中奸人排斥,心灰意冷辞官回到杭州。弘光元年(1645)六月底,清廷下聘书给祁彪佳,欲招他为官。面对大义,祁彪佳不为所动,于闰六月六日自沉湖中,以死明其志。隆武帝赠少傅兼太子太傅兵部尚书,谥"忠敏"。

书香门第

万历三十年(1602)十一月廿一寅时,祁彪佳生于山阴之梅墅。祁彪佳出生在一个书香官宦家庭,祖辈上世代为官,清正廉洁,门风甚严。因为父亲是有名的藏书家,所以,祁彪佳在学习上占了大便宜。据说,他从小就睡在书卷之中,读书习字,十分用心。

其父祁承㸁时年四十岁,祁彪佳为其第四子。万历三十二年(1604),祁彪佳的父亲祁承㸁中进士。祁承㸁,字尔光,号夷度,又称旷翁、密士老人。

万历三十三年(1605),祁承㸁任宁阳知县,祁彪佳一家随父亲上任,并在县署中成长。祁承㸁嗜书如命,祁彪佳深受影响。

万历三十四年(1606)冬,祁承㸁入京观待选,母亲王氏带祁彪佳回梅墅。万历三十五年(1607),祁承㸁调任苏州长洲县令。夏,祁彪佳到父亲的官署团聚。祁彪佳只用旬日就能记诵古代帝王名,从盘古氏到三代。在父亲的指导下,祁彪佳日显早慧。

当时,祁彪佳的母亲王太夫人喜欢吃鸡蛋,膳房每天都要给她准备。有一次,鸡蛋被偷吃了,身边的丫鬟又都不肯承认,管事的便和她们争执起来。祁彪佳说,你们不用争辩了,我来还你们一个清白。就让人端来一盆清水,让丫鬟逐一用清水漱口,偷吃鸡蛋的吐出来满口是蛋黄。这一年,祁彪佳年仅六岁,被人称为神童。

万历三十六年(1608),祁彪佳在父亲的官署读书,祁承㸁的同僚们对他的学问感到非常吃惊,想要找个机会难难他。一次,碰巧祁彪佳爬在衙门的桂花树上下不来。有人就想了一个法子,让祁彪佳以"猢狲上树"即兴对对子,对上就把他抱下来。祁彪佳对曰:"飞龙在天",答得非常工整,又大气磅礴。祁承㸁的同僚无不佩服,称赞祁彪佳对得非常工整,且人又机智,是个神童。

万历三十七年(1609)冬,祁承㸁再次入南京待选,祁彪佳随母亲王氏回梅墅。尽管父亲不在身旁,祁彪佳还是十分热爱功课,日有所进。

万历三十八年(1610),祁承㸁升到南直隶任官。秋,祁承㸁回到山阴为祁彪佳聘商周祚的长女商景兰为妻。祁家与商家,在晚明绍兴的士大夫阶层之中,自然门当户对。山阴祁家,祁彪佳之父祁承㸁,官至江西布政使右参政,又是著名的藏书家,著有《澹生堂藏书约》;会稽商家,商景兰之父商周祚,官至佥都御史、兵部尚书,曾主持福建的抗倭,以清廉、干才著称。至于祁彪佳与商景兰,也是两大家族男女中的佼佼者。朱彝尊《静志居诗话》说:"祁公美风采,夫人商亦有令仪,闺门唱随,乡党有金童玉女之目。"祁彪佳的妻子商景兰(1605—1676),字媚生,未出嫁前就是著名的闺阁诗人,且德才兼备。冒襄弟冒褒注《妇人集》,其中有引魏耕之语说:"会稽商夫人以名德重一时,论者拟于王氏之茂宏,谢家之有安石。"也就是说,商景兰之德才,堪比王导与谢安。祁彪佳也对这个妻子十分赞赏,在与岳父的书信中说:"令爱妇道克修,家慈而下,盛称令爱。"泰昌元年

(1620)春,二月,祁彪佳娶商景兰过门,结为夫妻,两人伉俪情深。

万历三十九年(1611),祁承㸁在南京任官,他又到南京去读书。

万历四十年(1612)冬,祁彪佳随母亲王氏回到梅墅。

万历四十一年(1613),祁彪佳开始与兄弟、族兄们在密园读书。

万历四十二年(1614),祁彪佳读书期间,与自己的三兄祁骏佳和堂兄祁豸佳、堂弟祁熊佳关系最善。他们常常在一起讨论学业,交流心得。

万历四十三年(1615)冬,祁承㸁升任吉安知府。他勤于政事,爱民如子,深受百姓爱戴。

万历四十四年(1616),祁彪佳与三哥在衙署读书。兄弟俩经常相互切磋,相互鼓励。

万历四十五年(1617),祁承㸁被罢官,回到密园教授儿子们课业。

万历四十六年(1618)春,祁彪佳赴童子试,夺得第一名。考官周家椿得祁彪佳的试卷,击节叫好。但祁彪佳为官宦子弟,为避嫌又试了数十人,祁彪佳为第一。秋,祁彪佳中浙江乡试第六十八名。冬,祁承㸁携祁彪佳北上参加会试。但好运气并不每次都紧随祁彪佳,这次他失手了。

万历四十七年(1619)春,祁彪佳会试落第。但祁彪佳不为中举而喜,不为会试落第而悲,而是与父亲去沂州一带游历,游遍了琅琊名胜,然后再回密园读书。会试的挫折并没有使祁彪佳沉沦,反而使之更加勤奋攻读。

天启元年(1621),祁彪佳的长子祁同孙出生。父亲祁承㸁去宿州任职。冬,祁彪佳赴会试。这次准备充分,祁彪佳名登皇榜。

天启二年(1622),祁彪佳中三甲二百四十名进士,以例选期远而回家读书,其父升北京员外郎,并教授他养心之学。但祁彪佳笑而不答。

步入仕途

天启三年(1623)冬,祁彪佳刚成年,中进士后被授予兴化府(今福建省莆田市)的推官。刚到时,小吏和百姓都因其年少而轻视他,等到办理政事时,祁彪佳剖析决断精准明白,大家都非常佩服和敬畏他。原来,他在来兴化府的路上,考虑到闽南话难懂,就先派人到兴化请了两个干粗活的婢女,向她们学习方言。等到正式升堂时,一些奸诈小吏以为祁彪佳听不懂闽南话，经常用土话在公堂上骂他。祁彪佳装作听不懂，事后，治他们欺上之罪。

崇祯四年(1631)，祁彪佳被起用为御史，上疏陈述赏罚的要点，说："山东的事变，六城接连失陷，没有追究一官，欺骗蒙蔽的陋习不可不破。"皇帝就下令商议执行。祁彪佳又说："各位朝官，经常听闻被责问之事，四朝元老，有的也被重责，各位大臣就害怕严厉威压，争相迎合(圣意)来保住名利地位，我所忧虑于大臣的地方就在于此。诸侯长官一两年考评一次，谏官有的十多年得不到升迁任职，监、司、守、令等各级官吏大多削减俸禄甚至停薪，急于追求功名的官民忙于掩盖罪责过错，我所忧虑于官吏的地方就在于此。"

不久，祁彪佳上《合筹天下全局疏》，以谋划山海关和宁远，控制登海作为两大要点；分析中州、秦、晋的流贼，江右、楚、粤的山贼，浙、闽、东粤的海盗，滇、黔、楚、蜀的土贼为四大匪情；极尽控制驾驭的方式手段，而归纳其要点，在于整肃收敛部队来节简军饷，充实卫、所两级力量以消弭战争。皇帝赞同他的话，下发到有关部门。

平定叛乱

明代将领高杰乱兵骚扰扬州，百姓逃避于江南，奸民乘机掳掠，朝廷命祁彪佳前往宣布有关命令，他斩杀了几个为首作乱的人，一方就平安了。督辅部将刘肇基等驻扎在京口，浙江入卫都司黄之奎也统率三四千水陆兵戍守这地方。黄之奎统军很严。四将兵恣横作恶，以刀刺杀伤民，浙兵捆绑了他们，投之于江，于是有了嫌隙。不久，守备李大开率领浙兵砍杀镇兵马，镇兵与之相互击杀，射杀大规模展开。乱兵大肆焚烧掠夺，死的有四百人。祁彪佳到后，永绶等逃遁离去。祁彪佳揭发罪状，治了四将之罪，周济救助遇难之家，百姓很高兴。高杰驻军瓜洲，非常嚣张跋扈，祁彪佳约定日期前去相会。到这一天，狂风大作，高杰料想祁彪佳一定不会来。祁彪佳带着几个兵卒迎风渡江，高杰非常惊骇，撤去全部兵卫，与祁彪佳在大观楼会谈。祁彪佳披肝沥胆，诚恳地以忠义相劝勉，一起扶持王室。高杰感叹说："我结识交往的人多了，像您这样，我高杰甘效死命！

您一日在吴,我一日遵守您的约定。”

结庐苦学

祁彪佳聪明早慧,但他并没有止步不前,而是抓住一切机会刻苦学习,在为父守孝期间,他在化山结庐,认真学习实学,力求做到务实求真、经世致用。在化山结庐苦学,使他的实学大有长进。

天启四年(1624),祁承㸁年老去职回乡。著有《澹生堂集》《两浙著作考》等43种,239卷。

天启五年(1625)秋,祁彪佳的母亲王氏到兴化来看望他。与母亲度过了一段愉快的日子。

天启六年(1626)秋,因为祁彪佳的兄弟都在家,母亲王氏决定回山阴。尽管祁彪佳恋恋不舍,他也只能目送母亲远去。

天启七年(1627)正月,祁彪佳的次子祁理孙在兴化出生了。

崇祯元年(1628)冬十一月初一,祁承㸁病逝,二十二日,祁彪佳在兴化任上收到讣告。他含泪回家奔丧,丁忧在府。

崇祯二年(1629),祁彪佳在家居丧,并在会稽化山为父亲选到墓地。

崇祯三年(1630)冬十月,祁彪佳葬父于化山,并结庐于旁,一半时间在这里读书,另一半时间归家奉养母亲。祁彪佳听刘宗周和陶奭龄讲学。祁彪佳的主张是:务实求真,经世致用。经世致用是中国儒家文化的传统。晚明内忧外患,朝廷党争倾轧,国家已经破败不堪,此前一度流行的王学已经不合时代要求,于是,经世思潮便应运而生。而晚明大儒刘宗周力纠王学末流不切实际,空谈误国,大力提倡实学。而刘宗周正是祁彪佳的老师,所以祁彪佳深受其影响。刘宗周因此发起了证人社,而祁彪佳是证人社的成员,多次参加证人社的活动与心学中人辩论,因此祁彪佳思想上追求为国为民、济世救民的热念,并以此为自己的为官准绳。具体表现在他的《陈民间十四大苦疏》里。

崇祯四年(1631)二月,祁彪佳服阕,但没有去应选。五月,在母亲和亲友的劝促下,祁彪佳才应选。在等待授官期间,祁彪佳与友人一同到兰亭、禹穴、炉峰游玩,得诗八十一首。八月,到达长安参加考选。十月,祁彪佳考授福建道御史。十一月，祁彪佳一人在京，日记里说："十一日，高亦若来晤，予入冬以来竟夜多不寐，友人慰予，小玉自可频唤，何乃寞索若此？予漫应之曰：予非渔色者，且恐赋'从此萧郎是路人'句耳！"其实，不久商景兰北上，夫妻又团聚了。

崇祯五年(1632)二月，商景兰到京相会。四月，祁彪佳奉旨巡视皇城。十二月，祁彪佳正在侍班，第三子出生，故取名叫祁班孙。

崇祯六年(1633)正月，授祁彪佳御史。三月，祁彪佳巡按苏松。他一路深入民间，探访民情。当时，有豪强者，仗着家势兼并百姓土地，百姓深以为恶。祁彪佳了解到这个情况后，当即上书处理，百姓的控诉得以有了结果。祁彪佳巡视考察苏州期间，正赶上苏州无赖劫掠市集，他查办了其中作恶多端可判死罪的四个人，让他们戴上刑具在大路上示众。召集当地三老问他们："这些人可以杀吗？"三老说："可以。"又问围观的人："这些人可以杀吗？"观看的人说："可以。"祁彪佳于是命人棰杀了四人。四月上旬，祁彪佳告辞奉养老母。

五月，宜兴发生豪奴之乱激起民变，朝廷下旨让祁彪佳平定事端。那时，宜兴有人盗挖首辅周延儒的祖墓，又焚烧翰林陈于鼎、于泰墓庐，祁彪佳依法捉拿治罪。崇祯七年(1634)，祁彪佳在苏松巡按平定了宜兴之乱，却得罪了阁老周延儒。

祁彪佳为官清正，不畏权贵。宜兴是首辅周延儒的家乡，门中子弟仗着周延儒的势力，在家乡肆意横行，豪霸乡邻。当时的地方官员摄于周延儒的威势不敢过问。但是，祁彪佳到后，直接将人给逮捕，依律判刑，根本没有因为周延儒的关系而有所徇私。当然也因为这样，他被周延儒记恨，后来在官吏考核之时，周延儒给他穿小鞋，最后他考核不及格被降俸，祁彪佳干脆请假告归。

崇祯八年(1635)春，祁彪佳在京城，因为母亲王氏七十有二了，上书求归。四月，祁彪佳辞官南归，也不急着到家，而是接了家人到杭州住了许久，与妻子一同游历西湖。据《祁彪佳日记》记载："初五日，买不系园舟，欲与内子至段桥里湖，遇大风，舟泊于剩园之旁。""初十日……午后，偕内子买湖坊，从段桥游江氏、杨氏、翁氏诸园，泊于放鹤亭下，暮色入林，乃放舟西泠，从孤山之南戴月以归。""十二日……出城，与内子纳凉于湖舫。""十四日……与内子棹小舟泊钱塘门……与内子登大佛寺,从西泠桥游岳祠,再登白苏阁,复从里湖乘月归。”“二十三日……乃偕内子放舟于南屏山下。予熟寐于柔风薄日中,梦魂栩栩,为欸乃声所触醒。自雷峰塔移于定香桥,闲步堤上,值微雨乍至,从湖心亭归庄。及暮而震风狂雨,彻夜不休。”

崇祯九年(1636)二月,王金如来访。五月,祁彪佳的长子祁同孙痘殇。六月,祁彪佳丧子之痛而生病。十月初八,恰逢商景兰生日,祁彪佳便在寓山举放生社,盛况空前,夜晚又“悬灯山中”为乐。据《祁彪佳日记》记载:“初八日,为内子诞日。放生诸社友毕集,禅师迩密、历然、无量俱至。自举社以来,是会最盛。……晚,悬灯山中,与内子观之为乐。”

崇祯十年(1637),祁彪佳著有《山居拙录》。祁彪佳于崇祯九年开始营建的寓山园林初步建成,祁氏夫妇在寓山中乘月荡舟,悬灯水涯,种菜读经:“二月十二日,同内子至寓山。午后,内子复至,乘月荡舟于听止桥下。”“四月十九日,与内子至山。令奴子悬灯于水涯,波光掩映。”“四月二十五日,与内子至寓园,督奴子种瓜菜,阅《楞严经》。”“闰四月十二日,至山。……午后,同内子复至山看月,深夜乃归。”

崇祯十一年(1638),祁彪佳著有《自鉴录》。祁氏夫妇同至寓山,一起劳作:“正月二十三日,霁。至寓山,督石工筑坝。午后,复与内子至,种花树于两堤。”“三月初六日,至寓山。内子督诸婢采茶,予督奴子植草花松径中。”崇祯十二年:“三月十四日,内子率诸婢采茶。予于四负堂再简木料,更定归云寄及东楼之址。”

崇祯十二年(1639),祁彪佳著《弃录》。

崇祯十三年(1640)正月,祁彪佳的母亲王氏生病了。春,堂弟祁熊佳中进士。三月初四,祁彪佳的母亲王氏病逝。八月,祁彪佳于大雨中扶棺将母亲王氏与父亲祁承㸁合葬。慈母的离世,给祁彪佳较大的打击。

崇祯十三、十四年(1640、1641),绍兴灾害连连,饥民公然抢掠州县。祁彪佳正在服母丧,他招地方官员,给宁波、台州地方官和乡绅大户们写信268封,借调钱粮,采取平抑米价,接济灾民,借库银向外地购粮,每石粮比市价低三钱出售,青黄不接时,按人口供粮,夏天设粥厂,禁种糯谷,不许酿酒。设药局,处理尸体,收养弃婴。祁彪佳本人捐资在大善寺开设药局,聘友人为灾民问诊给药,每日光药材就花费银十两左右,每日粥厂济男子一百人，幼童一百五十人。光他的医药局就救活三千人以上。赈灾完成后，祁彪佳看到全国饥荒不断，又着手把救灾的方法和手段编辑成《古今救荒全书》。这是一部全面反映我国明代荒政思想的集大成之作，凝聚了祁彪佳大量的荒政思想和主张。这本书在明末乃至清朝对灾后处理上都有着指导意义。明代张岱的《石匮后书集》评论道：庚辰辛巳越中荐饥，彪佳与刘宗周分区赈米，设厂赈粥，病者药之，死者埋之。深山穷谷，无不亲历，有道济录行世。

当时，盗贼盛行，祁彪佳提倡保甲法，但士绅耻于担任保甲长，于是，祁彪佳与族兄主动担当正副保长。冬，堂弟祁熊佳授南平县令。

崇祯十四年(1641)，祁彪佳得到起复，被任命为河南道御史。在任职期间，秉公执法，参与考察官吏大计，公正严明，不收他人一分俸禄。祁彪佳此举深得人心，无人敢以金钱贿赂之，舆论大服。后来改南京畿道，祁彪佳有心请辞，但是朝廷不允，于是，就便道还家，回家之后结交北方藏家袁枢。

十二月初九，祁彪佳的妻子商景兰小产，出现血崩症状，祁彪佳担心妻子安危，夜不能寐。初十日，祁彪佳请名医袁六卿、倪涵初及钱姓者来诊断。十一日，袁六卿以商景兰病情好转，辞别。十四日晚，商景兰身体不适，祁彪佳又因担心而一夜不眠。二十日，雪后，祁彪佳去系珠庵礼佛，因无迹师礼《药师经》，祈求保商景兰平安。晚上，求好友邹培宇买参来，为商景兰制药。二十六日，请名医张景岳，为商景兰调理。二十七日，祁彪佳近一个月担心妻子病情，又忙于家里家外的事，感觉身心俱疲。

崇祯十五年(1642)，祁彪佳著《壬午日历》。崇祯十六年(1643)在河南道任上。冬，堂弟祁熊佳任兵科给事中掌科印。

出仕南明

崇祯十七年(1644)正月十四日，祁彪佳以病请辞官。三月初，朝廷不许，祁彪佳抱病上路，途中听闻李自成大军包围北京，祁彪佳欲冒险进京，在北上的路上又急又病，终于病倒不起。那时，李自成率领的农民军攻破北京。崇祯皇帝下罪己诏，随后在煤山自缢，明朝灭亡。福王在明朝遗臣的拥立下登基，建立南明小朝廷。祁彪佳前往拜谒，随后奉命巡抚江南。

他力图挽救南明危局。

江南当时因为高杰之兵，一片混乱。在混乱的局面中，祁彪佳当机立断，抓捕扰乱者数人，并将其斩杀，乱局平定。五月初一，祁彪佳与史可法迎南下避难的福王到南京，祁彪佳认为福王监国，不宜称帝。但福王还是称帝，后来祁彪佳又晋大理寺丞，擢右佥都御史，留为江南巡抚。

当时南明的局势并不明朗，清军大举南下，进攻猛烈，难以抵挡。祁彪佳虽然不是上阵杀敌的将士，但是在这样的局势下，也知道“募技勇，设标营，沿江增设屯堡”。而与之相对的是，弘光帝不思如何抗击外敌，还专注设厂卫事宜。祁彪佳对此坚决反对，在他的劝谏下，此事才作罢。

祁彪佳在南明力图大展宏图，不料为朝中奸人所梗，难有作为，看不到前途而心灰意冷的他，被迫辞去官职，最后回到杭州。

自沉殉国

弘光元年(1645)六月，南京福王、杭州潞王等南明政权相继降清，清军礼聘祁彪佳，并必欲一见。祁彪佳的叔父、堂弟等说：“一见则舒亲族之祸，而不受官，仍可以保臣节。”闰六月六日(7 月 28 日)，祁彪佳留三封信，一封是给叔父祁承勋的，一封是给祁骏佳的，一封是给妻子商景兰的，然后自沉于寓山园池之中。祁彪佳留有遗书与遗诗，表达其志，诗云：

运会厄阳九，君迁国破碎。
鼙鼓杂江涛，干戈遍海内。
我生何不辰，聘书乃迫至。
委贽为人臣，之死谊无二。
光复或有时，图功审机势。
图功为其难，殉节为其易。
我为其易者，聊尽洁身志。
难者待后人，忠义应不异。
予家世簪缨，臣节皆罔替。
幸不辱祖宗，岂为儿女计。
含笑入九原，浩气留天地。

七日，等到商景兰从山中归家才收殓。商景兰后来作有《悼亡》之诗：

公自垂千古，吾犹恋一生。
君臣原大节，儿女亦人情。
折槛生前事，遗碑死后名。
存亡虽异路，贞白本相成。

鲁王监国赠祁彪佳少保兼兵部尚书，谥“忠毅公”。隆武帝登基后赠祁彪佳少傅兼太子太傅兵部尚书，谥“忠敏公”。十二月二十四日（1646年2月9日）葬于亭山之阳。

文学成就

祁彪佳著有《远山堂剧品曲品》《远山堂诗集》《祁忠敏公日记》等。祁彪佳存世著作总计有32种，存留的《日记》共有15卷。

祁彪佳的游记能臻于如诗如画的完美意境，是由于作者精巧构思，运用灵活多变的写法。祁彪佳在其游记散文中，往往通过移步换景的方式来交代不同的景点，在写到某一景点时常常有神来之笔，轻轻点染景物的特征，或是抒发自己独到的感受。如：《栖北冗言》里记载的西山之游，祁彪佳详细交代了他们游览的景点，对他印象特别深刻的景点做了简短而精到的描写。祁彪佳由景入情，抒发了他对世事沧桑的感慨，似乎对此有着自己的体悟。自然之景与作者之情浑然融合，景中含情，情由景生，其清远旷达的人生境界展露于笔墨之中。祁彪佳在字句的锤炼上功力颇深，又善于用色彩鲜明的对比，动静互衬以及比喻、拟人等手法，从而创造出准确、形象而又蕴含诗意的语言。

祁彪佳的散文以写实为主，主要分为游记和日记类。游记《寓山注》和《越中园亭记》共录有二百多篇。而日记类的如《涉北程言》《役南锁记》《归南快录》《林居适笔》《山居拙录》等十多集，可谓是明代写实散文的著作最多者。明末清初的江南地区作家也颇受他的影响，由写意向写实转变。

在戏曲方面，祁彪佳所著传奇如《全节记》皆佚，唯戏曲批评著作《远山堂曲品剧品》存世（其中《曲品》有残缺）。《剧品》收杂剧剧目242种，是明代著录名人杂剧的唯一专书;《曲品》收传奇剧目 467 种,其中有明、清同类著述中未见著录的戏曲曲目 295 种。两书增录了许多重要戏曲作家的作品,并改订了以前曲目的错误,另附杂调一类,收弋阳诸腔剧目 46 种,尤为可贵。与吕天成《曲品》相较,以搜罗广博著称。昆剧、徽剧、谈唱等剧目后都有简短的评论,从中可见祁彪佳的戏曲主张。

在作品内容上,他强调戏曲应当反映尖锐的社会问题,“外御强敌,内除奸佞”;而在艺术上则着眼于“词以淡为真,境以幻为实”,颇有见地。

浩气留天地

祁彪佳是大明的忠臣,在明末大厦将倾之际,他殚精竭虑,本想“挽狂澜于既倒,扶大厦之将倾”,奈何时运不济,未能实现其匡扶天下的宏愿。随着大明王朝的覆灭,他心如死灰,只能以死殉国,“含笑入九原,浩气留天地”。

明代张岱的《石匮后书集》称:“嗟呼,祁中丞之死,而名之曰忠,则可及也,名之曰敏,则不可及也。盖处中丞之地,无一可死,乃时事至此,万不可为,明眼人视之,除却一死,别无他法。中丞乃乘便即行,计不旋踵。凡中丞之忠孝节义,皆中丞之聪明智慧所仓皇而急就之者也……祁世培,则知者利仁也……当不以余言为妄矣。”

祁彪佳日记(吕小芽摄)

清朝右都御史姚启圣

姚启圣(1624—1683),字熙止,号忧庵,浙江会稽(今浙江省绍兴市)人,隶汉军镶红旗。清朝康熙年间政治家、军事家、名臣、名将,一统台湾的决定性人物之一。其夫人何氏,力大可举石臼,姚启圣赞叹称奇而娶何氏。

康熙二年(1663),乡试中举,授广东香山知县,因擅开海禁,罢官从商。三藩之乱后,捐资募兵,投入康亲王爱新觉罗·杰书麾下,署诸暨知县,屡献奇谋,擢为浙江温处道佥事。康熙十五年(1676),劝降耿精忠,迁福建布政使。康熙十七年(1678),升任福建总督,负责平台事宜。康熙十九年(1680),率兵攻克海澄,收复金厦,迫使郑经退兵澎湖,授兵部尚书衔、少保兼太子太保、右都御史。康熙二十一年(1682),协助水师提督施琅一统台湾,驻守福州。1683 年,因旧疾复发病逝。

姚启圣为政统军执法严明,在一统台湾过程中功勋卓著。著有《忧畏轩奏疏》《忧畏轩文告》等。

豪侠仗义

姚启圣生于明天启四年(1624),明朝诸生,十岁,能文;十三岁,补弟子员。

他从小有豪侠之气。“少客松江赵太守所,午睡大斨;僮仆窃窥之,则雕虎也。美丰仪,性豪荡不羁。喜任侠,膂力过人。其生而倜傥,身长七尺,皙而髯,目有光,力无穷,用二十石弓,双手能勒住奔马,以豪爽闻。”顺治初年,清军占领江南。姚启圣前往通州,被当地土豪侮辱,因而,他游说清军,声称愿以家财充军,投效清军,被委任为通州知州。姚启圣随即将土豪抓捕杖杀,后辞官而逃。一次,郊游萧山,姚启圣遇见两个兵卒抢掠女子,上前佯装好语相劝,夺取佩刀杀了兵卒,救下女子送还其家,因而不得已逃匿江湖。

清顺治十六年(1659),姚启圣附族人籍,隶属汉军镶红旗。康熙二年(1663),姚启圣在八旗乡试中考中第一名,被授予广东香山知县。前任知县因财政亏空数万而被下狱,姚启圣代为偿还。康熙七年(1668),新任广东总督卢兴祖揭发姚启圣放平南王尚可喜等广东官员私出澳门,且多从香山县境出海。康熙八年(1669),姚启圣又因擅自开放海禁,被弹劾罢官,故以"擅开海禁,私通澳夷"罪被革职并判处死刑,后遇大赦,在广东经商为生。

康熙十二年(1673),平西王吴三桂在云南叛清。次年,靖南王耿精忠和平南王尚之信(尚可喜长子)亦分别于福建和广东叛清。康熙十三年(1674),靖南王耿精忠在福建举兵叛乱,进入浙江境内,攻取温州府府城及台州、处州两府辖县。清廷急命康亲王爱新觉罗·杰书南下浙江,指挥东南平叛军务。康熙皇帝命康亲王爱新觉罗·杰书率兵讨伐,姚启圣与儿子姚仪捐资募壮兵数百,用谋略求见康亲王,赶赴康亲王麾下效力。姚启圣被委任为署诸暨知县,同守备何清剿平紫琅山土寇。

协助平叛

姚启圣善伺王意,"屡献奇谋,亲王甚器重之"。姚启圣在追随康亲王爱新觉罗·杰书平定耿精忠叛乱之役中声名鹊起,其以不凡的勇气和谋略,协助康亲王攻克、收复了江浙陷于耿精忠部属的土地,并一路进取福建,彻底平定耿精忠叛乱。

康熙十四年(1675),康亲王将姚启圣的功绩上奏康熙皇帝,姚启圣因而被破格提拔为浙江温处道佥事,后随都统拉哈达剿平松阳、宣平县的叛兵。康熙十五年(1676),姚启圣与副都统沃申、总兵陈世凯等协同平剿耿精忠,攻打石塘,将木城焚毁,斩杀众多耿军,乘胜收复云和县。同年十月,姚启圣父子随康亲王军征讨耿精忠,军队攻入仙霞关,逼近福建,耿精忠投降。康熙十五年(1676)九月,清军击败浙江、江西境内的耿精忠部队,分道入闽。姚启圣为清军前锋。耿精忠见势不利,欲降,又恐不为清廷所宥,犹豫不决。姚启圣单骑入福州劝降,胸藏韬略,议论恢闳。耿精忠瞻其风仪,深为折服,说:"是殆李抱真之流,定不欺我。"遂降。在此之前,耿精忠用书信招徕郑经共同反清，但等郑经到达后，郑经又拒绝了他，耿精忠手下的将士多是郑经的内应，郑经于是占领了泉州、漳州二府，占据了厦门。

从此，福建清军得以全力对付郑经。姚启圣被提拔为福建布政使。当时，郑成功之子郑经占据漳州、泉州和兴化，清军前往征讨。康熙十六年(1677)下半年，吴三桂将领韩大任在江西久攻不利，突围至汀州，欲下海投靠郑经。姚启圣以韩大任是骁将，“不可弃以资贼”，又单骑至其营劝降。康熙十七年(1678)二月，韩大任降清，姚启圣选其精锐2000人作为亲军。

康熙十六年(1677)，姚启圣随康亲王攻克邵武和兴化，完全收复漳、泉之地，郑经逃回厦门。姚启圣兵随康亲王临广东潮州。据守潮、惠的郑经大将刘进忠派陈文彂谒康亲王，窥探虚实。姚启圣与陈文彂有旧交，乃合谋招抚刘进忠。六月初六日，刘进忠率部剃发降清。

同年春，郑经用刘国轩、吴淑、何祐等统兵来攻，连战皆捷，把清军主力围困于海澄。福建总督郎廷相见势不妙，要求康亲王急调姚启圣部来援，表示“愿以位代”。六月，清廷任命姚启圣为福建总督，筹解海澄之围。不数日，海澄食尽城陷，三万清军全部被歼，形势极为严峻。姚启圣连上十疏，请调各路大军赴援，并密陈郑经所以能在福建唐突，“盖闽人为之用也”，建议“当先有以固闽人之心，而后贼可退”。康熙帝览奏大悦，对诸阁臣道：“闽督今得人，贼可平矣。”特降玺书褒扬。

康熙十七年(1678)五月，总督郎廷相上奏康熙称姚启圣与其子姚仪屡获战功，且养军购马，备置甲胄弓矢，先后用银五万两都是自己筹措出资，康熙皇帝下诏嘉奖，晋升福建总督。

军功累累

姚启圣上任伊始，即向康熙上书平台方略，奏请自己的战略部署，提出以“剿抚并用”的方式，一边攻取收复失地，一边招抚敌方不坚定的盟军将领。这一策略正适合清初国情，很快被康熙采纳，使得清廷顺利收复台湾。

当初，郑经侵犯海澄、长泰、同安、惠安、平和等县，姚启圣上奏十疏：“一请调福宁镇兵会同八旗兵及浙江提标兵剿贼泉州，调衢州、赣州、潮州三路兵剿贼漳州；一酌给投诚官兵俸饷，以安反侧；一愿自捐粮米，增募督标兵五千；一荐举浙江贤能文武官二十员，请令赴闽调遣；一增价籴谷一万石，米五千石，贮备军食；一分兵防守要路，设站运饷；一请复设漳浦、同安两镇总兵官；一闽省经制兵旧有五万一千七百余名，请增设一万八百名，等贼平裁撤；一严禁管兵官以厮役冒占兵额；一申明临阵胜败赏罚，格以振军心。"疏下议政王大臣等详议，唯衢赣潮三路兵皆在要地未便调闽，又既增督标兵，毋庸再广通省经制额，余并如所请行。

姚启圣治军有方，临阵赏罚分明，所养奇才剑客，皆能得其死力，临阵应变如神，能出奇制胜。七月，姚启圣偕同海澄公黄芳度从永福间道进兵，收复平和、漳平二县。郑经麾下大将刘国轩等进逼泉州，立营于蜈蚣岭。姚启圣率壮士出战，将军赉塔、都统沃申等夹击，连破郑经营寨，姚启圣和耿精忠等合兵 8000 人出城迎战，冲破刘国轩的营垒，俘斩 4000 余人，斩杀其部将郑英、刘正玺等十余人，刘国轩兵败逃遁海澄。姚启圣扭转福建战局，乘胜攻克收复长泰、同安，因战功被进封正一品。鉴于海澄与厦门、金门、海坛相首尾，不可猝下，姚启圣先后派遣张雄和黄志美到厦门与郑经议和，皆未成功。同年九月，姚启圣派遣其子姚仪进兵同安，郑军弃城逃遁，斩其副将林钦等。十月，姚启圣偕副都统吉勒塔布、提督杨捷等进攻海澄，接连在江东桥、潮沟击败刘国轩。年底，姚启圣奉命在福建再行迁界。于是，"上自福宁，下至诏安，赶逐百姓重入内地，或十里，或二十里"。在界线上安营扎寨，严禁百姓以物资接济郑军。

康熙十七年(1678)，郑成功部将刘国轩率军进攻福建沿海，攻陷漳州门户海澄。姚启圣上任后迅速进剿郑军，很快扭转败局，迫使刘国轩收缩兵力在漳州附近，为后续逐步一统台湾奠定基础。

康熙十八年(1679)，刘国轩、吴淑、何佑等占据郭塘欧溪头，准备毁断江东桥以攻取长泰。姚启圣偕赉塔、杨捷及巡抚吴兴祚协力追歼，大败郑经军队，先后招降官吏 400 余名、士兵 14000 余人。五月，刘国轩、吴淑等率万余人谋夺江东桥、榴山寨，姚启圣同赉塔、石调声击败之，至太平桥、潮沟，杀郑军千余。

一统台湾

姚启圣以从郑氏集团内部分化瓦解，逐渐削弱敌方势力的方式智取郑军。康熙十八年(1679),在漳州设置“修来馆”,以高官厚禄招降郑经部属,凡来投诚者一律发给银牌以示奖赏。有官职的上报吏部以原职起用,有逃走再来冒领奖赏者也不追究。两年内,共招抚明郑官员5153名、士兵35677名,或就地入伍御敌,或随行征剿,推心置腹不疑,先后有陈士恺、郑奇烈、朱天贵等名将携所属官兵近5万人投诚,可谓成效显著。异于郎廷相之怀疑闽人而不敢用。

清朝初年,朝廷没有强大水师,对于盘踞海岛的郑军久无良策。姚启圣担任福建总督期间奏请朝廷重视水师事务,复设福建水师提督,委派重臣专职水师提督,统一指挥各地水师。姚启圣又与巡抚吴兴祚造船300艘,用投诚的郑氏官兵充水师员弁,很快组成2万余人的水师队伍。康熙又调拨万人从江浙选战船百余艘,从湖广拨发新式西洋火炮,大为增强福建水师的力量。康熙十九年(1680)二月,姚启圣与赉塔、杨捷、石调声督兵攻复海澄县,福建水师提督万正色率舰队攻克海坛,姚启圣同赉塔及总兵赵得寿、黄大来等分兵七路合击,破郑军19寨。另派遣军队渡海,攻下金门、厦门,招降将军朱天贵、杨彪等。郑经仅率千余残兵逃回台湾。清朝叙恢复长泰等县功,进封姚启圣兵部尚书、太子太保兼都察院右副都御史。姚启圣收复金厦后,上书恳请诸岛终止移民,最大限度恢复因连年征战、清廷“迁界禁海”政策而遭受严重破坏的地方经济,保护了百姓的利益。

康熙二十一年(1682)二月,姚启圣因攻克海澄、金门、厦门之功,被授予世袭骑都尉,加一云骑尉。

在清军收复厦门、郑经逃回台湾时,姚启圣主张乘胜追击,攻取台湾,曾请求清廷“亲率舟师,剿灭台湾,永除后患”,但未被采纳。康熙十九年(1680)八月,清廷与郑经议和,许郑经准其以“不必剃发,不必易衣冠。称臣纳贡可也,不称臣、不纳贡亦可也”。郑经允议,要求以海澄为互市公所,因姚启圣反对,和议未成。康熙二十年(1681)五月,姚启圣探知郑经病亡,台湾发生争权内讧,权臣杀郑克臧,立郑克塽,便再次上疏朝廷,建议进攻台湾,得到清廷支持。当时郑经已死,其子郑克塽袭位,称延平王,凡事皆决之刘国轩等,表示愿意对清称臣进贡,不剃发登岸,如琉球、高丽那样。姚启圣上奏,康熙帝不许,命水师提督施琅攻取台湾。

姚启圣与大学士李光地共同保举施琅出任福建水师提督,为平台选将做出关键性决策,为出兵台湾选对将领。康熙二十年(1681)八月,康熙派施琅回任福建水师提督,负责台湾事宜。施琅出任福建水师提督,曾得姚启圣多次推荐,但施琅到任后,与姚启圣在对台战略上发生分歧。施琅主张在夏季南风盛发时出兵,先攻取澎湖;姚启圣则主张在秋冬北风季节出兵,兵分两路,一路由施琅率领进攻澎湖,一路由他率领进台湾北部的淡水。因彼此争持不下,战事一拖再拖。最后,康熙支持施琅,让施琅独掌水师,命姚启圣居后"催趱粮饷"。

康熙二十二年(1683)六月,施琅水军进澎湖,取澎湖。八月,姚启圣至澎湖经理粮饷,在军事行动中,姚启圣的后勤保障出色,"殚心催趱粮饷,挽运不匮,加以厚资犒赏将弁,三军莫不激励思奋"。

施琅攻克台湾,郑克塽、刘国轩等人皆降,一统台湾后,施琅晋封靖海侯,爵列第一;而姚启圣却未得任何封赏,还兵福州。

造福闽地

姚启圣为福建老百姓做过不少好事,收复金厦后,他极力反对移民,保护地方经济,想方设法为当地百姓谋利益。姚启圣勤于公务,事无大小皆亲自处理。入闽时年五十四岁,"发浓黑,两眼如炬",任总督后,仅三年时间,"鬓发皓白"。姚启圣除处理军务外,也关心地方行政。当时,大批八旗兵驻扎福建,经常骚扰居民,"淫其妻女,系其老幼,喑噁叱咤。稍不如意,箠楚横至,日有死者"。姚启圣伤心蒿目,在郑经退至沿海岛屿时,就上疏要求调回八旗军队,及至厦门克复,请益力,终将大部旗兵调离福建。旗兵撤离时,将驱使被掳掠的两万余名百姓同行,姚启圣又以重金贿赂康亲王,请其下令:"军中敢有挈归良民男妇者斩。"并出资 30 万两银子,赎回被掳百姓,让其回乡。在收复沿海岛屿后,即请"开海界,复民业",以使闽人重获"耕渔衣食之资"。

姚启圣为官清廉,深得百姓爱戴,曾有不少利于民生的举措。姚启圣任上整顿吏治,"即刻参处,蠹役立毙杖下";大力兴学,还捐资为各府、县购置学田共 1000 余亩;并"革除大珰,严禁火耗,开浚河道,修理桥梁"等。

遭人弹劾

康熙对姚启圣是非常痛恨的，多次想杀他，但一直未为。因为康熙作为满族统治者，更明白知识分子的重要性，从一开始就在弥合和汉族知识分子的关系，在有可能的情况下尽量做到一碗水端平，为的就是让汉族知识分子归心，让天下归心。

康熙二十年(1681)四月，左都御史徐元文上疏参劾姚启圣："姚启圣自为香山知县，秽迹彰闻，革职论死，幸漏吞舟。顷以逆孽变乱，孑身戎行，遂冒军功，去瑕洗垢，一二年间骤致节钺。正当殚力竭忠，仰报恩遇，不谓启圣素性乖张，举措轻妄，以虚词为实事，以干没为己赀。其言欺罔无据，其心险侧不平。臣请略举数端有大可骇者。大臣官员侵占民利，煌煌严禁，而启圣前者妄请借司库银十二万两，经营取息，可骇者一。启圣自陈疏，历叙其贫，自称家无片瓦。而以臣所闻，启圣挥霍金钱，泥沙不异，即吏部题请加衔疏捐银共十五万有奇，此十五万者，不从天降地出，谓非克军饷、朘民膏，臣不信也。可骇者二。闽地民困已极，启圣不思加意存抚，乃拆毁民居筑园亭水阁，日役千人，舞女歌儿充牣房闼。又强取长泰县乡绅戴巩孙女为妾，委其兄戴法署行教官事，物议腾沸。可骇者三。海坛进师，启圣力为阻挠，一则曰不敢轻举丧师辱国，一则曰不敢以封疆为儿戏，及恢复海坛、继取金门、厦门，启圣又言当直取台湾。其始则欲养寇，其继则又欲穷兵。可骇者四。启圣有卒数万，与海澄万余之贼相持三载，不能成功。乃欲令水师提督统新降之众，远涉波涛以图万一之侥幸。继因辞穷理屈，即自请出师。漫无布置方略，始为是语以塞人言。可骇者五。吴兴祚、万正色平贼奏功，启圣心怀惭妬，跪向侍郎温岱云正色密遣人与伪都督朱天贵约定投诚，随让海坛而去。其言尤为不根，海坛败遁之后，朱天贵尚尔狂逞，启圣有疏云厦门虽经恢复水路，强项者为朱天贵，后患实大可虑。天贵既与正色约定，何又云后患可虑乎？海坛之捷在正月，天贵投诚在五月，广东提督侯袭爵三月间，有疏云天贵率为真二十余䑸联？狂逞，则所云让去者，显系凿空妄造。臣不知启圣何心？与驱除海逆者作难如此。可骇者六。总督封疆大吏，乃因欲行谗言，长跪部臣之前，殊失大臣体谊。可骇者七。该部据启圣之言，以为兴祚等冒滥军功，是不惟无赏，且应谴斥。幸赖皇上圣明，洞见万里，令即行议叙，自此劳臣吐气，人心莫不鼓舞。克海贼者既有功，则妒功者自应有罪。总之，启圣恣睢放诞、险诈欺诬、存心行事，举朝共知。委以岩疆，甚非八闽苍生之福。臣谨特疏指参伏，乞皇上大奋乾断，敕部确察，严加议处，以为人臣谲诈行私者之戒，国是一定，而纪纲肃然矣。"

疏入，命姚启圣回奏，不久姚启圣奏言："臣于康熙十七年十月进兵至凤皇山因，一时投诚者甚多，犒赏不继，与抚臣吴兴祚议及外省贸易颇有微息，前督臣李率泰、经略臣洪承畴曾借帑为之，遂冒昧上疏，未蒙俞允。臣等虽因公起见，然不应以细事上渎宸聪。臣自入任京中，未有产业，而军前捐银十五万有奇者，香山革职后贸易七年，颇积微赀，并臣浙江祖业变价，及亲朋借贷，经年累月，而后有此数。臣视师漳南，于康熙十七年七月巡边至省，见总督衙门被耿精忠屯兵居住，以致拆毁倒塌。臣因捐赀修整。每日所用匠夫不过数十名，各给口粮工价。栅外有员役搭盖小房，令其自行拆去。至臣妾数人，俱有子女，年已老大，并无歌儿舞女、强娶戴巩孙女，更无其事。教官戴法乃前督臣郎廷相批委者，臣到任时，戴法已署事八月矣。康熙十八年十一月臣有密陈进剿机宜清字一疏，请水陆各分五路进兵，内称转盼来春，南风一起，船只难行，又须坐守一年，徒费钱粮。臣彼时尚尔踊跃，岂至次年辄肯迟滞？且抚臣一经拜疏出师，臣即会同将军杨□亲领官兵进攻乌屿、海仓并十九寨，上下夹攻，以分贼势。至得厦门之后，即攻台湾。臣先于十八年九月有密陈一统规模清字一疏，云前得厦门弃而不守，亦不再攻台湾，将船只尽毁，以致海贼复起，我兵无船可用。今托皇上洪福，如得厦门之后，即进剿台湾，不难破卵覆巢。是臣欲攻台湾始终如一，非既得厦门方请直取台湾也。又十七年九月，臣等大败海贼于蜈蚣山，实因兵单，不能分取海澄观音山等处。至十月中催各路官兵到漳，而贼已深沟高垒矣。平南将军臣赉塔、抚臣吴兴祚、提臣杨捷，及臣等会商，若止于陆路进兵，断难必胜，决须水陆夹攻。臣百端筹划，不敢轻举，遗误封疆。审有可取之机，方敢上疏自请督师，非姑为是言也。侍郎臣温岱入奏之言，臣得之朱天贵。天贵六月到漳，招抚投诚之说，天贵言之，而后臣知之。总之，抚臣、提臣拜疏出师，则平贼之首功已定，臣何所容其惭妬乎？温岱曾云总督、提督俱要和衷，臣因望阙跪誓，不肯负恩。岂跪部臣乎？总之，臣任闽三载，虽无妬功之心，实有溺职之罪。伏祈敕部严加议处，另简贤能，庶臣心安而臣心白矣。”疏入，报闻，下部知之。

鞠躬尽瘁

康熙二十二年(1683)十一月，姚启圣还兵福州不久背部旧疾复发，很快病故，终年六十岁。康熙并未因他的死，按例赐祭葬，给谥号。《清史稿》解释了个中缘由："及琅出师，启圣、兴祚欲与同进，琅遽疏言未奉督抚同进之命。上命启圣同琅进取，止兴祚毋行。既克，启圣告捷疏后琅至，赏不及，郁郁发病卒。"

康熙二十三年(1684)九月，朝廷商议姚启圣修造船舶、军械虚报帑金四万七千两有奇，应予追缴。康熙皇帝感念姚启圣生前劳苦，免于追缴。

姚启圣长子姚仪，随父从军任职，力大可开强弓，能于百步之外射穿木札。初以捐纳知县，从征福建，康亲王以游击委用。同安之捷，姚启圣奏其督战有功，下部议叙，以员外郎用。迁郎中，应出为知府，命仍以京官用，部议应授五品京堂。上以姚仪才干素优，且愿以武职自效，改都督佥事，以总兵官用。康熙二十二年(1683)正月，授江南狼山镇总兵官，袭职。历杭州、沅州、鹤丽诸镇总兵。康熙三十四年(1695)十月，擢镶红旗汉军副都统。次年卒，赐祭葬如例。

后世评论

姚启圣聪明任性，敢说敢为，懂军事，擅经济，有奇谋，一生三起三落，堪称清朝一奇人。姚启圣故居，位于浙江绍兴市区龙山后街6号，现称姚家台门。台门坐北朝南，门厅及主轴线上所有建筑均已无，仅余基石。门厅西侧存朝东石门框，主轴两侧房屋尚有存留。

《清史稿》认为："台湾平，(施)琅专其功。然(姚)启圣、(吴)兴祚经营规划，勘定诸郡县。及金、厦既下，郑氏仅有台澎，遂聚而歼。先事之劳，何可泯也?"这个历史评价还是比较中肯的。

郑观应纵论清史曰："国初海寇内犯，而姚启圣、施琅、蓝理、李之芳之将才出。"陶元藻将平台之功绩阐述得更为清晰："迨台湾之乱，冲锋陷阵，虽施琅功，然运筹帷幄，决胜千里，应时以输军饷，重犒以收士心，俾琅用兵多寡，出师缓急，靡不如意者，皆少保（即姚启圣）之力也。刘国轩败，澎湖凯旋，琅于海道奏捷，七日而抵京师，少保遣飞骑由内地驰报，迟琅二日，琅已先封靖海侯矣！"

清朝名臣姚启圣亡故后安葬于浙江绍兴柯桥区漓渚的一处山岙。其神道第二碑铭：

> 康熙二十二年六月，闽督姚公用密计授水师提督施琅下台湾，七日破之，诏封琅为靖海侯，而公自陈无功，故赏亦不及。是年十有一月。公疽发背薨，归葬于越。呜呼！蔿子冯为楚画平舒之策，及其身后，屈建成之，而曰"是先大夫蔿子之功也"，归封邑于其子。羊叔画平吴之策于晋，及其身后杜预、王濬成之，而武帝曰"是羊太傅之功也"，告之于庙。古人旂常之公论，如此其覈也；唐裴晋公之平淮，则李凉公不免有惭德矣，然凉公之有憾于碑，非敢以掩晋公也，特欲轩之颜允、古通之上耳，且所争亦不过在文字，而酬庸之典则自晋公而下，颜允、古通固无不及也。今公以航海数千里之提封，滨海数百城之巨患，三世不宾之余孽，累年筹运，一旦而廓清之，又并非蔿、羊二公不及其身者之比，而彤弓信圭移之别将，溘然长逝，并不蒙秬鬯黄肠之泽，虽在劳臣报国岂敢有言，而彼偃然开五等之封者，吾不知其何以自安矣！

整个碑铭凸显姚启圣的军功，通篇表达了对清廷奖罚不明、厚此薄彼的不满之情。

清史姚启圣传

清朝监察御史陆陇其

陆陇其(1630—1692),原名龙其,因避讳改名陇其,谱名世穮,字稼书,浙江平湖人(今浙江省平湖市新埭泖口镇),学者称其为当湖先生,清代理学家、教育家。陆陇其生于明崇祯三年(1630),卒于清康熙三十一年(1692),享年六十二岁。被誉为"天下第一清廉",《清史》有传。

清廉一生

陆陇其生于书香门第,少小聪颖,六岁入学,十一岁即能背诵《左传》,二十三岁成婚,娶朱氏。早年因生活所迫,以坐馆人家为生计。

陆陇其从小就有高远的志向,他曾在《三鱼堂日记》中写道:

> 上天荡荡高无疆,黄鹄当飞叹路长。
> 但愿一朝羽翼就,何忧霄汉不可翔。

二十七岁时,应试补本邑弟子员。二十八岁乡试落第,归家发愤读书,是年岁试获一等第二名,补廪膳生。三十七岁乡试及第,四十一岁进士及第。康熙九年(1670)中二甲进士,历官江南嘉定、直隶灵寿知县、四川道监察御史等,时称循吏。陆陇其为官之时,主要运用理学,强调德化,不重刑威,注重民事调解,在司法理念上倡导"无讼",自创"自追法"等民事调解办法。

陆陇其学术专宗朱熹,排斥陆王,被清廷誉为"本朝理学儒臣第一",与陆世仪并称"二陆"。

陆陇其去世后,于乾隆元年(1736)追谥为"清献",加赠内阁学士兼礼部侍郎衔,从祀孔庙,成为"清朝第一位入祀孔庙者"。著有《困勉录》《读书志疑》《三鱼堂文集》等。

教化百姓

陆陇其任知县时，爱民如子，关心民瘼，深知民间疾苦，力求减轻人民负担。

康熙十四年(1675)四月，陆陇其授嘉定(今属上海市嘉定区)知县。他到嘉定上任时，一叶扁舟，没有一个佣人，唯有图书数捆、铺盖行李而已；到任后，即抑制豪强、整顿胥役、提倡教化、鼓励农耕、勤政爱民，深受乡民爱戴。

当时，嘉定由于战乱，久弛农耕，民心不定，百姓衣食不周，犯罪案件极多，狱中关满了犯人。陆陇其知道大多数罪犯是因生活所迫而触犯了刑律，只要启迪他们的良知，鼓起他们重新生活的勇气，便可化害为利。他亲笔撰写了行文独特、朴素动人的《劝盗文》：尔等一念之差，不安生理，就做出此等事来，今却受尽苦楚。然人心无定，只要将此心改正，启迪良知，重新做个好人，依旧可以成家立业。他还亲自到狱中宣讲。犯人们听后哭泣悔恨，出狱后大多成为守法良民。嘉定的犯案日见减少。

嘉定是个大县，赋税征收多而民间习俗又铺张浪费。陆陇其简朴节俭，努力以德教化百姓。遇到父亲告儿子，他便含着泪进行劝说，以致儿子搀扶着父亲而归，从此很好地侍奉；遇到弟弟告哥哥，他便调查出挑唆者施以杖刑，以致兄弟二人都很感动悔恨；一些品行恶劣的青少年勾结行恶，他便给他们戴上枷锁在路口示众，看到他们悔过了才释放他们。有一富豪家的仆人夺走了砍柴人的妻子，陆陇其派差役将他逮捕治罪，使富豪改变了以往的行为成为善人。遇到官司，陆陇其不用差役去逮人，属于宗族内部争讼的，便以其族长去治办，属于乡里争讼的，便靠里老去治办。有时他也让原告、被告双方都到县衙来进行调解，称为“自追法”。为了征收赋税，陆陇其建立了“挂比法”，写上百姓的姓名以进行对照比较，至于交纳数额由每人自报。同时又建立“甘限法”，命令将今日限定交纳中所欠的数额日后增加一倍交纳。

陆陇其清正廉洁，平时不花费老百姓一文钱，吃的米从家乡平湖运来,公干之余在衙门空地上种菜,聊补清苦的生活。在他的精心治理下,嘉定得以大治。据光绪《嘉定县志》记载,他在嘉定“惠政不可胜记”。

绝不阿谀

陆陇其极其注重教化,经常召集县中举人、秀才,在孔庙明伦堂切磋学问,研讨理学,深得读书人的爱戴。嘉定的读书风气大盛。陆陇其担任嘉定知县期间,不喜欢属下逢迎巴结自己,自然也不会去讨好上司,也正因如此,他得罪了当时的江苏巡抚慕天颜。

有一年,慕天颜过生日,其他官员争相献纳珍物,趁机讨好巴结,陆陇其却只送了“布一匹、履二双”这样的薄礼,还说“此非取诸民者,为公寿”。然而,陆陇其的言行让贪婪无度的慕天颜深感不满。为了调走陆陇其,慕天颜可谓费尽心机。起初,他上疏朝廷,请行“州县繁简更调法”,就是在大、小县之间进行知县交流,想将陆陇其调到“简”县去。慕天颜上疏谈到嘉定县政务繁杂又多逃税者,诬称陆陇其虽然操行称绝一世,却没有应付复杂事务的才干,应该调到事务简约的县。此疏下到吏部讨论后,以才力不及为由将陆陇其降调。左都御史魏象枢为陆陇其抱不平,称陆陇其操守绝尘,自应留任,要求严饬诸督抚勿使廉吏灰心而贪风日长。皇上于是不准慕天颜的奏请。慕天颜的歪念没有成功,他不死心,又以“讳盗”上疏弹劾陆陇其,最终朝廷免去了陆陇其的官职。当时,县里有人在道路上被强盗所杀,而其家人却以仇杀上诉,陆陇其捕获了强盗并审判定案。刑部认为最初的报告没有说到强盗的事,便以隐瞒盗贼的过失夺去了陆陇其的官职。慕天颜派人到嘉定县衙摘印时,老百姓聚而相争,围而力辩,陆陇其好言相劝,方才散去。

哭送离别

陆陇其在《三鱼堂日记》中论道:“作县官,为民断曲直,职也,而以贿焉,失其职矣。”因而,在知县任上,他从不贪贿。

康熙十五年(1676),三藩之乱爆发,朝廷因战争需要而征军饷,陆陇其下令征收，并说明“不考虑一官半职，反而对你们百姓无益，而且对国事也有损坏”。于是，每户发一张知县的名片以进行劝导，不到一个月，交纳至十万，又赶上征房屋建筑税，陆陇其认为只应征收市中店铺的税，命令不许涉及乡村百姓家，大大减轻了百姓的负担。

据《广阳杂记》记载：陆陇其在嘉定为官时，“食米均载自平湖，署中隙地种菜，夫人躬身织纫，官舍闻机杼之声”。

陆陇其的理学思想也体现在“天下第一清廉”的为官之道上，他在嘉定知县任上深受百姓爱戴，离任时，只带了几卷图书和妻子的织布机，民众扶老携幼，依依不舍，嘉定士民数千人声泪俱下留不得，因此，刻《公归集》相赠。后刻神位建祠堂祭祀，被誉为“陆嘉定”。

廉洁爱民

康熙十七年(1678)，朝廷以博学鸿儒科选拔人才，陆陇其没有来得及参加考试，便因父丧而归乡。

康熙十八年(1679)，左都御史魏象枢遵照康熙帝的命令推举清廉的官员，上疏举荐陆陇其廉洁对己而爱民。康熙帝命令他守丧期满后可用为知县。

康熙二十二年(1683)，授陆陇其为直隶灵寿县知县。灵寿土地贫瘠，百姓贫困，劳役繁多而民俗轻薄。陆陇其向上司请求，与邻近的县更换服役，可以轮流更代。陆陇其实行乡约，视察保甲，多发文告，反复教育百姓，务必去掉好争斗和轻生的习俗。

陆陇其在灵寿任内，遇大水，亲至各乡勘实。他奉命赈饥，走遍灵寿各地，对百姓倍加关怀，深受百姓爱戴。

亲身示范

陆陇其做灵寿县令的时候，颇有政声。他处理事情总是不动声色，达到“无声胜有声”的效果。

一天，有个老太太控告她的儿子忤逆。陆立即将她儿子叫到跟前，一看，原来是一个还没有成年的男孩，陆对老太太说："我官署里正缺少小僮，你儿子暂时可以在这里服役，等到有人代替，我再教育他。"于是命那少年在他左右，寸步不离。陆陇其每天早晨起床后，毕恭毕敬站在太夫人房外，太夫人一起床立即进上洗漱用具，然后再进上茗饵。吃中饭时，他侍候在饭桌边，给母亲献上好吃的食物，而且笑容可掬，等到母亲吃饱，自己才去吃她剩下的饭菜。陆陇其一有功夫，就坐在母亲身边，给她讲一些故事或民间传说，使她愉快。太夫人稍有不舒服，陆陇其就为她扶腋搔痒，取药倒水，几夜不睡，毫无倦意。

这样过了几个月，那少年突然跪在陆陇其面前，请求回家。陆陇其故意说："你们母子不和，为什么要回去呢?"那少年哭着回答："小人一向不懂礼，得罪母亲，看到您的一切所作所为后悔不已。"陆陇其唤来他的母亲，母子相见，抱头痛哭。后来，那少年成了远近闻名的孝子。

陆陇其在灵寿七年，兴修水利，奖励农垦，减免赋税，多有政绩。离任的时候，道路上站满了百姓，哭泣着为他送行，如同离开嘉定的时候。

监察御史

康熙二十三年(1684)，直隶巡抚格尔古德将陆陇其和兖州知府张鹏翮一起作为清廉官举荐。

康熙二十九年(1690)，康熙帝下诏让九卿举荐学问优长、品行可用的人，陆陇其再次被推荐，得到圣旨，可以调任为京官。陆陇其调京后被授为四川道监察御史。偏遇巡抚于养志的父亲去世，总督请康熙帝让他在任为父守丧，陆陇其说天下太平，湖广又不是用兵的地方，应该让他尽孝道，于是，于养志解任回乡。

康熙三十年(1691)，清军征讨噶尔丹，政府为筹集军费而采用向捐款人授以官位的做法。御史陈菁请求停止捐款人必须经过保举才能升官的做法，而实行多捐者优先录用的政策，吏部讨论后没批准实行。

陆陇其上疏说："向捐款者授官的做法并不是皇上本意要实行的，如果允许捐款者可以不用保举，那么与凭正途而做官就没什么区别了，再说清廉是可以通过捐款而得到吗？至于捐款者优先录用，等于开了为名利而奔走争竞的门路，都是不可行的。特别要请求实行捐款人如果在三年内无人保举，便让他辞官退职的做法，用来澄清升官的途径。”九卿讨论认为：“如果实行让捐款人辞官退职的做法，那么希望得到保举的人奔走争竞将会更厉害。”

于是，康熙帝下诏让与陈菁详细讨论。陆陇其又上疏说：“捐款的人贤愚混杂，只有靠保举才能防止其中的弊端。如果排除保举而只认可捐款授官，这些人有不捐款的吗？议论的人认为三年没人保举就让辞官退职的做法太苛刻了，这些没有功名的平民得到官位，居百姓之上三年，已经很过分了，即使辞官退职在家，也像官宦一样，很荣耀了。如果说到这些人通过钻营求得保举，那么只要总督、巡抚是贤明的，从哪里去奔走争竞呢？即使总督、巡抚不贤明的，也不能将所有的人全保举呀！”这个上疏更是言辞激切。陈菁与九卿仍持不同意见。户部以捐款者都在观望，将会迟误军需为由，请求夺去陆陇其的官职，发往奉天安置。

康熙帝说：“陆陇其任官时间不长，不了解情况，的确应该处分，但是作为言官可以原谅。”正巧，顺天府府尹卫既齐巡视畿辅，还朝奏报，民心惶惶不安，唯恐陆陇其发配远地。于是，陆陇其得以免于发配。不久，命陆陇其巡视北城。任用期满，吏部讨论将他外调，因而陆陇其告假还乡。

陆陇其擢升四川道监察御史，任职仅一年，曾对朝廷卖官鬻爵的弊政给以抨击，因进言过锐，致使为当权者所忌，席不暖去职。先生辞官归家，茅屋数椽，布衣蔬食，贫不能自给，仍赴青邑度氏馆授徒，后去东洞庭山讲学，入门弟子甚多，后先生在泖口顾书堵创建尔安书院。

力主实学

陆陇其勤奋好学，不顾严寒酷暑，孜孜不倦，旅行途中，仍手不释卷，博览群书，自成一家。先生的学问，“疏征孔孟之首，而以朱之为宗”，是朱熹理学的继承人。

陆陇其是清代初期尊崇朱熹理学，力黜王守仁心学的重要思想代表，享有“醇儒第一”“传道重镇”的盛誉。他的一生除了居官尽职、开馆授课，以昌明学术、端正人心为己任。在其儒学研究中，陆陇其通过全面地评析儒家学说的发展演变，充分地认识到学术的正误盛衰，关系着国家社会的兴衰存亡。他在《学术辨》中指出：

> 然至于本源之际，所谓阳尊而阴篡之者，犹未能尽绝之也。治病而不能尽绝其根，则其病有时而复作，故至于启、祯之际，风俗愈坏，礼仪扫地，以至于不可收拾，其所从来非一日矣。故愚以为明之天下不亡于寇盗，不亡于朋党，而亡于学术。学术之坏，所以酿成寇盗、朋党之祸也。

因此，陆陇其在对明亡清兴政治变革的深刻反思中，痛切地指出明代的覆灭皆因于阳明心学的兴盛流行，以及程朱理学的沉沦衰微，断然地认为今之为学当尊崇程朱理学，力黜阳明心学，只有这样才能达到是非明而学术一，人心正而风俗淳。同时，他又详辨了汉、宋之儒的学术轻重得失，重倡了儒学思想的道统正脉，强调朱熹之学集秦后诸儒之大成，实是孔子之学，今之学者宗本朱子之学即为正学，不宗朱学即为异端。在彰扬朱学的过程中，陆陇其又揭斥了王学的空疏流弊，主张学术必须致于实用，实行则须始于实学。

陆陇其一生著书不断。家有“三鱼堂”，藏书500余种，间有旧本和抄本。著有《古文尚书考》一卷、《读礼志疑》二卷、《四书讲义困勉录》三十七卷、《松阳讲义》十二卷、《松阳钞存》二卷、《续困勉录》六卷、《战国策去毒》二卷、《读朱随笔》十卷、《礼经会元注》八卷、《灵寿县志》十六卷、《一隅集》八卷、《三鱼堂文集》十二卷、《外集》六卷、《附录》一卷、《三鱼堂随笔》四卷、《问学录》若干卷等。后人将陆陇其的著作汇集编为《陆子全书》。

康熙三十一年（1692年）农历十月，陆陇其在泖口“三鱼堂”故宅病故。

承祖扬清

陆陇其家族的堂名就叫“三鱼堂”。而“三鱼堂”的来历，就和陆家作风正派、乐施好善、清正廉洁有着密不可分的关系。再加上平湖泖口一带人杰地灵，民风淳朴，造就了陆家众多清廉。

明代，陆陇其的先祖陆溥（生于明天顺元年，即 1457 年）在江西丰城任职时，政绩突出、廉洁奉公、爱民如子，后因年岁已高，谢官告老返乡，舟船行经鄱阳湖漕兑渡时，突然狂风大作，舟船漂泊不定，船底触礁，不能行走，时值夜半，陆溥及家人心想这次恐怕性命难保。但等到天亮，舟船仍安然无恙。返回丰城，水手在清理船舱积水时，发现船底被暗礁撞了个洞，洞口被三条鱼堵住了，据说这种鱼叫"黄牛头"。这事一传十、十传百，远近老百姓都争相前来观看，都说："陆公为官清正，连鱼儿也要结伙报答，真是好官有好报啊！"清朝里人俞蕴甫所作的《泖水乡歌》有诗为证："堂开轮奂号三鱼，尚义坊头陆氏庐，闻说鄱阳风浪险，漏舟稳渡五更初。"

陆光祖在堂记中说："伏念吾宗三十余世，世以忠孝节义诗书相传，而公（陆溥）为大宗子，以孝友承家，以廉惠守官，仗忠信，踏风波，受天之佑，公之子孙宜益硕大繁昌……"应承长辈勤俭遗训。

正因有了严明的家教，陆陇其从小就耳濡目染，接受熏陶，把祖辈的遗训作为以后为人处事的准则，才养成了他刚正不阿、清正廉洁的风骨。

陆陇其做县官时崇尚实政，嘉定县百姓歌颂陆陇其，直至清末也没有停止。灵寿的邻县阜平县为他修了坟墓，县民陆氏世世代代守在那里，自称为陆陇其的子孙。

万世传颂

陆陇其不但政绩卓著，留有官声，还留下诸多名言，激励后人。他曾说过："做人不可有傲态，不可无傲骨。"又说："心无私欲，自然会刚；心无邪曲，自然会正。"

后世对陆陇其多有嘉誉。

左都御史魏象枢赠诗云：近闻陆嘉定，平生志清贫。下车甫一载，惠政独循循。欢声动万户，异绩倾朝绅。江南财赋地，知尔劳心神。魏象枢赞曰：陇其洁己爱民，去官日，唯图书数卷及其妻织机一具，民爱之比于父母。

俞鹤湖誉之：有官贫过无官日，去任荣于到任时。王士禛称其：近日廉吏方面，有黄州知府于成龙；有司则嘉定知县陆陇其。乾隆六子永瑢夸赞:即以近代而论,陆陇其力尊程、朱之学,汤斌远绍陆、王之绪,而盖棺论定,均号名臣。

《清史稿》高度评价:清世以名臣从祀孔子庙,斌、陇其、伯行三人而已,皆以外吏起家,蒙圣祖恩遇。陇其官止御史,而廉能清正,民爱之如父母,与斌、伯行如一,其不为时所容而为圣祖所爱护也亦如一。君明而臣良,汉、唐以后,盖亦罕矣。斌不薄王守仁,陇其笃守程、朱,斥守仁甚峻,而伯行继之。要其躬行实践,施于政事,皆能无负其所学,虽趋乡稍有广隘,亦无所轩轾焉。

康熙三十三年(1694),江南学政缺员,康熙帝打算用陆陇其,左右侍臣奏报陆陇其已去世,于是用了邵嗣尧。邵嗣尧过去与陆陇其都是由于为官清廉而由外官调到京城的。康熙帝称赞陆陇其:"本朝如此清正廉洁、理学纯正者,不可多得矣。"

清雍正二年(1724),陆陇其从祀山东曲阜孔庙,是中国历史上最后一位入孔庙的圣贤。一个知县能入祀孔庙,是非常少见的。

乾隆元年(1736),距陆陇其去世44年后,朝廷念其为政清廉,乾隆帝特追赠"清献"的谥号,加赠内阁学士兼礼部侍郎衔。乾隆二年(1737),御赐祭文。乾隆三年(1738)八月,乾隆帝为陆陇其御制碑文,建牌坊于新埭泖上画字圩陆公墓道前,称扬其"蔚然一代纯儒",以留芳千秋,传颂万世。

学者梁启超在《中国近三百年学术史》中评论说:"陆陇其是康熙年间进士出身,曾任嘉定、灵寿两县知县,很有惠政,人民极爱戴他。后来行取御史,很上过几篇好奏疏。他是取直而恬淡的人,所以做官做得不得意,自己也难进易退。清朝讲理学的人,共推他为正统,清儒从祀孔庙的,头一位便是他。"最后总结强调:"平心而论,稼书人格极高洁,践履极笃实,我们对于他不能不表相当的敬意。"

乾隆三十年(1765),嘉定知县杜念曾钦慕陆陇其政迹,修葺孔庙旁的应奎书院,增建讲堂,特取陆陇其的出生地浙江平湖的别称——"当湖"为院名以示纪念。

陆陇其是清朝著名清官,他廉洁奉公、刚正不阿,深受老百姓爱戴。在当年他任职的上海嘉定、河北灵寿、浙江平湖等地,民间广为流传陆陇其的政绩轶事。

清朝江南道监察御史林则徐

林则徐(1785—1850),字元抚,又字少穆、石麟,晚号竢村老人、竢村退叟、七十二峰退叟、瓶泉居士、栎社散人等,侯官鼓东街(今福建省福州市鼓楼区)人。清朝晚期政治家、思想家和诗人。他领导了著名的虎门销烟,是近代著名的民族英雄、抗英先锋,曾担任江南道监察御史。1957 年 2 月 14 日晚上,毛泽东同志在听取胡启立汇报时插话说:"从一八四〇年林则徐销毁鸦片起,到一九四九年,搞了些什么事情呢? 就是搞了革命,搞了个上层建筑,推翻了旧政权(清朝、北洋军阀政府、蒋介石政府)。这一百年就是反帝反封建。"①江泽民同志担任总书记时曾引用林则徐的诗句"苟利国家生死以,岂因祸福避趋之",表示自己担当大任的决心,从以国家为重的角度,肯定了林则徐的爱国主义精神与历史贡献。他说:"党和人民把我放到这个位置上,我一定鞠躬尽瘁,死而后已,一定做到'苟利国家生死以,岂因祸福避趋之'。"②习近平总书记在文艺工作座谈会上的讲话中也引用过这两句表达爱国主义情感的诗句。③

清名励志

林则徐父亲林宾日,字孟养,号旸谷,教书为业;母亲陈帙,做针线、剪纸花,以助家用。淑惠仁德,闾里称颂。夫妇俩共生育十一名子女,次子即为林则徐。林则徐出生时林家已是家道中落、家用日蹙。

---

① 《毛泽东年谱(一九四九—一九七六)》(第三卷),北京:中央文献出版社,2013,第 74 页。

② 《江泽民文选》(第三卷),北京:人民出版社,2006,第 336 页。

③ 习近平:《在文艺工作座谈会上的讲话》,北京:人民出版社,2015,第 24 页。

清乾隆五十年(1785)七月二十六日子夜,人们已睡得深沉、进入梦乡了。在万籁俱寂的福州左营司巷的碎石街上,响起一阵压得很低的鸣锣开道声。原来,这是新任福建巡抚徐嗣曾刚处理完繁忙的公务,离开衙门回府休息,为了不惊扰劳累一日、早已安歇、进入梦乡的周边百姓,他特意叮嘱减小动静,不要张扬。事情虽然不大,福州百姓却为有这样体恤民情的"父母官"而深感敬佩。就在这天夜里,私塾先生林宾日的儿子降生了。当夫人让他给孩子取名时,他不由自主地想起了刚从门前经过的巡抚徐嗣曾,脱口说道:"孩子名叫则徐吧!"其意为希望儿子效法重士爱民的好官徐嗣曾而有所作为。林则徐的父母为儿子起名以清廉爱民官员为名,用心颇为良苦,而长大后的林则徐也的确未负父母之厚望,清廉、勤政、爱民的声誉远较徐嗣曾之上。

高远志向

林则徐四岁随父入塾启蒙,少年擅文名。清嘉庆三年(1798)中秀才,就读于鳌峰书院,开始注意经世致用之学。嘉庆九年(1804)中举人,参加会试落选,为谋生计,先后到厦门海防同知房永清和福建巡抚张师诚的衙门工作。在巡抚衙门四年,勤奋工作,了解情况,"尽识先朝掌故及兵、刑诸大政,益以经世自励"。

嘉庆十六年(1811),林则徐十七岁时,第三次参加会试,终以二甲第四名成进士,被分发为庶吉士,授编修,从此一帆风顺,历充江西乡试副考官、云南乡试正考官,分校会试,迁江南道监察御史。嘉庆二十五年(1820),他三十六岁时外放为杭嘉湖道。

林则徐出生在一个清贫的封建知识分子家庭。他从小便发愤读书,而他父母本身的困苦经历和他们同情下层人民的痛苦,不满于统治集团中的黑暗腐败等方面的言传身教,更给了他以重大影响。通过他父亲,林则徐在青少年时期还接受了几个书院的山长、前辈学者如郑光策、陈寿祺等人的教育,更懂得了必须立定志向,学以致用,从而接触到各种经史典籍,大大开拓了眼界。由于家庭、父母和师长的长期熏陶,使得林则徐从小树立了救世济时的志向,注意了解下情,认识到正直做人、办事要讲效果和不能与世同流合污的道理。并且他喜读有关民生利病的书，讲究民族气节，崇拜古代著名的民族英雄如李纲、岳飞、文天祥、于谦等人的功业和高尚情操。

道光二年(1822)，林则徐离杭赴江苏清江浦(现江苏淮阴)，走马上任江南淮海道。此后，他先后到江苏、湖北、陕西、广东和云贵等地担任重要官职，期间一直起起落落，甚至被革职、充军到新疆伊犁等。死后晋赠太子太傅，谥“文忠”。

拒收贿赂

清嘉庆二十五年(1820)，林则徐被任命为江南道监察御史，巡视江南各地。夏季，江苏大水灾，社会动荡不安，人民聚集，将成民变，官府照样追税。江苏巡抚韩文琦力主用兵镇压，林则徐极力反对，他乘船前往灾变地区，赈济灾民，平息民愤，恢复社会秩序。

一次，他到澎湖群岛巡视，刚在寓所歇下，就有一个自称花家的人献上一盆玫瑰花。林则徐觉得其中有蹊跷，遂问那人玫瑰花的管理方法。那人张口结舌，只是说：“请大人换只大盆子。”林则徐立刻警觉起来，一脚踢翻花盆，里面现出一个红布包，包里是一只足有半斤重的金老鼠和一纸信笺，上写道：“林大人亲收，张保敬献。”林则徐问来人：“你是张保的什么人?”那人回道：“张保是我家老爷，小的是他的听差。”张保原是江洋大盗，投诚以后，匪性不改，吸食鸦片，扰害百姓，拿不义之财到处行贿，得以层层保举，短短十年，升到二品澎湖协副将，占据着海防要冲。林则徐立刻将张保行贿的金鼠没收，上缴国库。同时缮折具奏，派人火速入京，向朝廷上奏《副将张保不宜驻守澎湖并请限制投诚人员品位折》。最后，嘉庆帝撤了张保的职，并予以惩办。

整顿司法

清道光二年(1822)六月中旬以后半年多的时间里，林则徐从浙江盐运使到江苏淮海道又到江苏按察使连升三级。尤其在任按察使掌管民刑司法期间，为了整顿治安，维护社会秩序，林则徐主要从官吏勤政廉政入手，制定了一系列整改方案。第一，规定各级司法长官亲自断案，“不肯稍为假手”，并命令各府县招募“仵作”（专业法医），州县长官要学会命案验骨（验尸）之法，要求凡有检验，必须亲自动手，细辨尸伤轻重，不能靠听取唱报断案；第二，简化解审手续，清理积案，杜绝各级办案人员的敲诈勒索；第三，约束官府办案人员，不准串通作弊；第四，强调“严办诬告，力拿讼师”，打击不法乡绅与讼棍。林则徐制定出措施后，加强对各级官吏落实措施的检查，仅四个月时间，便将历年来积压的大案要案查办终结了十分之九。在他的示范带动下，大小官吏认真办案，不敢疏忽大意，连续抓捕了一批窃匪，其中有“积匪”十余名，社会秩序安定了，百姓拍手称快。

厘剔弊端

清道光十二年(1832)初，道光帝擢升林则徐为东河河道总督，掌管山东、河南境内黄河、运河的堤防疏浚事宜。河道总督因为经手国家大量的治河经费而被视为肥缺，为某些蝇营狗苟之徒所垂涎。道光帝选林则徐就任此职，意在“厘剔弊端，毋庸徇隐”，根治黄河水患，以保运河的畅通无阻。

林则徐上任之初，正遇山东严寒，滴水成冰，在江河封冻的情况下挑运河泥很是艰苦。但由于林则徐亲临工段巡视鼓励、督促指导，民工们的士气大增，大家卖力苦干，工程进展顺利。同时，他严格要求工程质量，发现钜嘉一带清淤挑浚质量较差，施工“有稍偏于东岸之处”，立即摘去了主簿徐恂的顶戴，并责令其戴罪留任，认真返工。

林则徐查验黄河疏浚工程时，还对“料垛”弊端进行了大清理。料垛是由坚韧、干燥、优质的高粱秸秆、杨柳枝等组成，修堤堵口必不可少，但一些不法河吏借购料之机，以次充好，以少报多，侵吞河工款，肥了自己，却坏了治河大计。林则徐沿河巡视，逐垛检查，发现问题即当场处理，决不姑息。在兰仪厅蔡家楼发现垛底有潮湿之料，当场将主管官吏撤职，并限期要他按质按量赔料补垛。上南厅所办的垛子，里外皆高大结实，且数量充足，林则徐就公开表扬主管河吏，并予以嘉奖。广大河吏兵丁民工及当地居民无不为其严肃认真、一丝不苟的工作作风及赏罚分明、注重效果的态度所折服。

屡发《传牌》

清道光十年(1830)七月,林则徐即将出任湖北布政司。

林则徐赴湖北接任时,由襄阳发出《由襄阳赴省传牌》,强调:“为传知事:照得本司自京来楚,现已行抵襄……所雇船只,系照民价自行给发,不许沿途支付水脚……伙食一切,亦已自行买备,沿途无须致送下程酒食等物。所属官员,只在本境码头接见,毋庸远迎。……倘有借名影射,私索脚站规及一切供应者,该地方官立即严拿惩办,不得稍有徇纵。”从《传牌》令可看出,他赴任途中,一不准下属远迎;二不准摆酒席;三不准索贿受贿。他这种廉洁正派的作风,确实值得称道。

后来,他离京赴粤查禁鸦片,行前,从良乡县向广东省发出《奉旨前往广东查办海口事件传牌》,表示:“第一,此行未带官员供事书吏,只有勤杂服务人员十人,更无前站后站之人,若发现假冒,拘捕惩办;第二,为了不打扰地方,不增加百姓负担,从北京到广州,沿途所经州县驿站,交通工具自行解决,自付费用,不许在各驿站索取分毫;第三,所有借宿公馆,只用家常饭菜,不必备办整桌酒席,尤不得用燕窝烧烤等高档食品,以节靡费;第四,严禁身边工作人员收受红包馈赠。”这里特别强调,“此行并无随带官员供事书吏”“并无前站后站之人”“所有尖宿公馆,只用家常饭菜,不必备办整桌酒席,尤不得用燕窝烧烤,以节靡费。此非客气,切勿故违。至随身丁弁人夫,不许暗受分毫站规、门包等项。需索者即需扭禀,私送者定行特参。言出法随,各宜禀遵毋违。”最后,强调了“言出法随”,要求沿途各州县驿站官吏严格遵守,违者严惩。

清道光十九年(1839)五月间,英国商务代表义律请林则徐到他的私邸参加宴会,并将一只精致方盒捧送给林则徐:“请大人笑纳我们的小小见面礼。”林则徐接过来打开一看,大红软缎衬垫上放着一套鸦片烟具:白金烟管,秋鱼骨烟嘴,钻石烟斗,旁边是一盏巧雅孔明灯和一把金簪,光彩夺目,起码值十万英镑。林则徐道:“义律先生,本部堂奉皇上旨意,到广州肃清烟毒。这套烟具属于违禁品,本当没收,但两国交往,友谊为重,请阁下将烟具带回贵国,存入皇家博物馆当展品吧!"义律被讽刺得无地自容,只好将礼品收回。

赋诗明志

林则徐一生与杭州的关系非常密切,在杭州有不少亲戚朋友,并与龚自珍、张珍臬等交往甚密。在林则徐的一生中,无论是上京应试,还是宦游回乡,常常要在杭州停留歇息,因此在杭州留下了许多足迹,当然最主要的还是林则徐在杭州做过官。从林则徐第一次由京官外放,即嘉庆二十五年(1820)四月二十三日赴杭州担任浙江杭嘉湖道,七月到任;道光元年(1821)七月二十四日以病请辞,回原籍奉母;道光二年(1822)三月经杭州赴北京请命,道光皇帝当面嘉奖他说:"汝在浙省虽为日未久,而官声颇好,办事没有毛病。"叫他再去浙江"察吏安民"。六月初七,林则徐回杭任职。不到三个月,八月二十九日,林则徐就接到了赴任江苏淮海道的消息,但由于他当时担任浙江盐运使,因工作需要,一直到当年十二月二十四日才就任。而林则徐最后一次来杭州,则是他因禁烟被降级,于道光二十一年(1841)五月初三离开广州,以四品卿衔的身份协助两江总督裕谦抗击英国侵略者。应该说,林则徐一生的官宦之路可谓多舛多变,并一直充满跌宕起伏。林则徐抗英有功,却遭投降派诬陷,被道光帝革职,发配伊犁,效力赎罪。他忍辱负重,于道光二十一年(1841 年 7 月 14 日)被发配到新疆伊犁。道光三十年(1850),时任钦差大臣的林则徐临危受命,在仓促抱病启程赴广西镇压正在兴起的太平天国农民起义的路上,11 月 22 日于广东省潮州市普宁县逝世。林则徐在古城西安与妻子离别赴伊犁时,在满腔悲愤下写下诗歌《赴戍登程口占示家人二首》:

出门一笑莫心哀,浩荡襟怀到处开。
时事难从无过立,达官非自有生来。
风涛回首空三岛,尘壤从头数九垓。
休信儿童轻薄语,嗤他赵老送灯台。

力微任重久神疲，再竭衰庸定不支。

苟利国家生死以，岂因祸福避趋之。

谪居正是君恩厚，养拙刚于戍卒宜。

戏与山妻谈故事，试吟断送老头皮。

造福杭州

林则徐在杭州为官的时间并不是很长，不过20个月。但就在这短短的时间里，他却始终恪尽职守，关心国计民生，围绕清代政治经济文化社会中普遍存在的极为棘手的水利、盐政、教育、民风、政风等实际问题，根据杭州的发展现状，在“经世致用”的思想指导下，采取了一些“兴利除弊”“利用便民”的实际措施，政绩斐然。再加上他自奉清廉，办事公正，虽为时不长，而官声甚好，因而一时贤名满天下，民称“林青天”。杭州人民将永远铭记这位忧国忧民、造福于民的杭州父母官。

一是整改官场风气。林则徐到杭州就任后，通过明察暗访，发现当地一些官吏整天无所事事，做一天和尚撞一天钟，他们不问百姓疾苦，有的甚至还勾结当地的地痞流氓，开放花会，聚赌抽头，诈骗民财。花会是当时江南一带盛行的赌博活动，就杭州的情况而言，尤其在严州（今浙江省建德市）一带，花会聚赌之风最为盛行。由于花会中彩的赔赌比例非常高，有的甚至超过赌本的数十倍，在巨大的诱惑面前，许多老百姓纷纷参赌，不少家庭因而倾家荡产。这种不良的花会聚赌之风的出现，不仅直接导致了农业生产和工业发展的滞后，也严重影响着当地的社会稳定和安全。林则徐敏锐地意识到花会聚赌泛滥对社会经济的严重破坏，认为必须推行严禁政策，采取有效措施，严厉整治民风社风。当时，林则徐的一个名叫蒋攸枯的好友也向他建议，直指花会聚赌泛滥的弊端。对此，林则徐十分赞同，认为“花赌一端，最为地方之害”。为了尽早肃清这股恶风，林则徐雷厉风行，组织力量，迅速行动，精心部署，及时查办了两起比较重大的取缔花赌案件。为了达到以儆效尤的目的，他决定整治花会聚赌先从最严重的严州着手。有一次，林则徐亲自带领人员，突袭了严州城内的花会聚赌场所。当时有地方官衙的差役在现场庇护，林则徐立即下令将从中作恶的差役逮捕，将他们革职惩办，充分表现了他肃清吏治的决心和干练果断的作风，使得当地花会聚赌的不良社会风气得到了根本转变。

同时，盐税一直是政府的重要税收来源之一。道光初年，浙江盐政经道光皇帝允准，归浙江巡抚辖办。而此时的杭州，盐政松弛，私盐贩卖成风，使得地方财政收入锐减。浙江巡抚帅承瀛器重林则徐的才干，在林则徐接到授任江南淮海道新职的圣旨后，又奏请朝廷准许林则徐暂时在杭州留任浙江盐运使，协助他整治浙江的盐政，整改私盐贩卖风气。林则徐欣然接受浙江巡抚的盛情邀请，认为要改变当时盐政松弛的乱象，必须从重建适时的盐政规章制度入手，理顺盐政与地方官府的关系。林则徐接任浙江盐运使之职后，迅速组织力量开展查缉私盐的活动。经过他四个多月的不懈努力，浙江的盐政之风得到了明显改善。

二是重视教育。林则徐在杭州任职期间，非常关心和支持教育事业的发展，努力营造尊重人才、崇学尚学的良好社会氛围。他一到杭州，就对当时的学风、考风进行了实地考察，认为非常有必要进行学风、考风的整改。不久，就发布了《杭嘉湖三郡观风告示》。观风是当时清朝新任地方官员的一个比较常见的做法，即新上任的官员到一个地方赴任后，往往会采取自己亲自命题选拔读书人的方式，以示对当地人才和教育的重视，同时也起到了笼络人心的积极作用。为了展现姿态，林则徐亲自主持了一场观风考试，在杭嘉湖一带的读书人中进行人才选拔。清嘉庆末道光初，嘉兴义士周士涟募捐向贫苦儿童提供免费学习机会，时任浙江杭嘉湖道道台的林则徐利用这笔捐款在嘉兴和杭州创办了五所义塾，同时为了感谢周士涟的义举，他在道光元年(1821)三月间亲临杭州的宗文义塾(现为杭州崇文中学)视察，事后撰写了《宗文义塾记》，文中说："天下不少好义之士，吾愿闻周生之风而兴起者众也。"对周士涟的慷慨解囊之举给予了表彰和鼓励。

不仅如此，林则徐还曾多次到敷文书院、紫阳书院等相关书院开展实地考察。每到一地，他总是亲切地对教师和学生的学习生活状况嘘寒问暖，及时了解书院的教学情况，掌握学生的学业动态。通过视察，他发现杭州的敷文书院、崇文书院、紫阳书院的管理机制存在一定的弊端。当时三大书院实行了对所有的学生发放津贴的激励和管理方式，有的是按照人数的方式，有的是依照功名的方式，有的是根据学生出勤的方式进行相应津贴的发放，由于缺乏配套的监管机制，经常会出现一些学生学习懈怠，甚至旷课逃学的现象。林则徐了解情况后，对书院的一些管理制度进行了改革，实行了“随课升降发给津贴”的制度。

在实施过程中，林则徐明确要求，将津贴的发放额度与学生的学业成绩直接挂钩，每年定期分别由官府和书院对学生进行命题考试，经考试甄别名次，按名次发放津贴。对成绩特别优秀的则给予更高的嘉奖，并赠送亲写的楹帖，体现奖优罚劣，这也使书院的学风顿时焕然一新。

道光二年(1822)六月，林则徐受浙江巡抚帅承瀛的委派，担任全省乡试的本科监试考官，主管考场纪律监察和生活后勤调度。乡试设在贡院(现杭州高级中学所在地)，一共三场，规定：全省各地上万名应试人员都必须三进三出，少则三五天，多则八九天。考生入场后，吃住都必须在考场，不得擅自离开。而考官由于监考和阅审试卷的需要，在考场的时间往往会比考生更长，工作责任和压力也非常大。这项工作貌似简单，其实非常烦琐辛苦，时间少则十天，多则将近一月。为了确保整个考录工作的万无一失，林则徐精心组织，周密部署，认真做好监考等关键环节的各项准备工作。在开考前夕，林则徐到学署与学政一起落实应试人数，核对考生信息，查看考场环境，并设置了机动号舍，以备不时之需。由于当时刚好是盛夏时节，为了保证考场用水安全和满足考场用水需要，林则徐冒着酷暑亲自到武林门外桃花港查看水源。第三场乡试，正值中秋，在林则徐提议下，考场给每个考生发了四枚月饼，以示关怀。由于林则徐工作认真细致，安排周密，虽历时近一个月，但整个乡试过程始终未出现任何差错，真正实现了考试的规范有序。

三是修缮西湖的名胜古迹。林则徐怀有热爱杭州秀美风景之情，对杭州西湖的名胜古迹进行了修缮，为杭州历史文化资源的保护和开发做出了积极贡献。林则徐非常仰慕林逋独立清高、淡泊名利的高风亮节。嘉庆二十五年(1820)秋，他主持修缮了林逋的祠堂、墓地以及旁边的梅亭，并在林逋墓旁的山地上补种了三百六十株梅树，还买来两只白鹤，豢养在墓前。每逢花开，衙门就派人在每棵梅树上悬挂一块牌子，上面写有

“禁止攀折”的告示。林则徐还亲自为重修后的林逋祠堂和梅亭题写了楹联。重修先贤遗迹，既是对先贤的仰慕，也是林则徐志向和心迹的表露。修葺工程完工后，他题写了《偕陈荔峰阁学同游孤山，观新种梅花，荔峰诗先成，次韵答之》诗一首：

我从尘海感升沈，何日林泉遂此心。
墓表大书前处士，家风遥愧古长林。
湖山管领谁无负，梅鹤因缘已渐深；
便拟携锄种明月，结庐堤上伴灵襟。

此后，他又相继整修了他非常尊崇的于谦和岳飞祠墓。道光二年(1822)六月，林则徐拜谒了于谦祠墓，见其破损不堪，心情沉痛。他认为于谦“纯忠伟伐”，与岳飞、文天祥等民族英雄一样，“同昭天壤”，是“忠义相承”的，因此有必要修缮其祠堂及墓地，弘扬社会正气。于是他在拜谒回来后，就在杭州市民中发起了重修于谦祠墓的集资活动。经过努力，于谦祠墓整修一新。为此，他心中感到非常的欣慰，撰写了《重修于忠肃公祠墓记》一文，以示纪念。上述工程完工后，他又亲自到岳庙视察，当看到岳飞“练兵恢复、尽孝于忠”的手迹时，他肃然起敬，想到岳飞“黄龙未饮，金牌踵至”的人生悲剧，禁不住热泪盈眶，叹息不已，便发起了对岳庙和岳墓的修缮活动。

四是修筑海塘。林则徐任杭嘉湖道后，对钱塘江海塘的建设非常重视。在浙江巡抚陈若霖的大力支持下，林则徐多次亲赴实地勘察所管辖的海塘，从江干经七堡一直到盐官，又从盐官往东踏勘了钱塘江下游，对发现的沿路旧塘薄弱之处，都认真做了记录，研究提出维修、加固海塘的具体措施，并组织实施。在检查过程中，林则徐发现修建已有二百多年的海塘毁损严重，旧海塘十八层的堤坝夯土和石料，不少由于受到海水的侵蚀而日渐风化疏松。有的则因为原先就掺杂着不合格的材料，无法抵挡钱塘江汹涌浪潮的冲击，有造成重大水患灾害的危险。面对年久失修的海塘现状，林则徐在嘉庆二十五年(1820)秋冬的枯水期，组织上万民众开展了规模浩大的海塘维护整修工程，将原有的毁损旧海塘进行了拆除，并及时改建或新建了堤坝。在施工过程中，他亲自到现场督导，要求坚决杜绝偷工减料，新采石料必须达到坚硬厚实的标准，一些尚可保留的旧海塘，除加固、加高，还在五纵五横的塘外添了大量桩石，提高了海塘抗风浪的能力。海塘维修工程完成后，新修建的海塘不仅比原有旧海塘增高了两尺多，而且牢度也大大增加，更显坚固，使沿江百姓的生产、生活有了更可靠的安全保障。由于林则徐认真负责，细心查验，揭露和杜绝了不少弊端，较好地推进治河工作，使道光皇帝也不得不发出赞叹说："向来河工查验料垛，从来未有如此认真者。"认为假如官吏都能像他那样勤劳踏实，一切弊端都可禁绝。

林则徐对杭州的名山秀水颇为赞赏，经常相邀亲朋好友一起共赏美景。道光元年(1821)春，林则徐陪同来访的许玉年、张仲甫等挚友一起游览了理安寺、烟霞洞、虎跑寺和六和塔等名胜。游览之余，为表达对西湖的倾慕之情，他赋写了多首诗歌。

后来，即便林则徐宦海沉浮，远离杭州，但他仍对杭州的山水风光念念不忘。道光十二年(1832)，林则徐刚好在苏州任江苏巡抚。有一次，他的好友李兰卿来做客，向他展示了表现西湖秋景的《湖西秋禊图》。林则徐十分喜欢，当场题诗相赠，诗中有"不到西湖今二年，展君图画思悠然；雅兴西湖有夙缘，雪泥鸿爪忆从前"之句，对杭州的思念之情跃然纸上。道光二十二年(1842)七月二十九日，林则徐一行行至兰州。林则徐在兰州与当时驻守兰州的陕甘总督满人富呢扬阿(号海帆)多次接触，写下了《题富海帆督部〈富呢扬阿〉〈韬光蜡屐图〉》《题海帆〈松阴补读图〉》和《留别海帆》等诗篇。在《题富海帆督部〈韬光蜡屐图〉》一诗中写道：

昔年公作西湖主，假日扁舟弄烟雨。
清秋况值客槎来，恰似奎躔聚星五。
湖山深处梵宫开，孤嶂岧峣石径回。
一寺偏宜分两寺，后台更许胜前台。
冷泉亭畔凭栏坐，灵隐禅林访碑过。
不知绝磴几千重，约数幽篁十万个。
韬光同上莫辞难，到顶方知此大观。
岭树湖云沈足底，江潮海日上眉端。
一时宾主东南盛，写得须眉共辉映。

从中可见林则徐对杭州的思念和眷恋之深。

清正廉洁

林则徐所处时代，正值清政府官场风气腐败，“三年清知府，十万雪花银”是当时官场最真实的写照，在腐败现象环绕的满清朝廷，林则徐犹如出淤泥而不染的莲花，依然保持一身正气、两袖清风。

林则徐一生为官四十年，“经世自励”，廉洁奉公，虽位列封疆一品，但两袖清风。他在山东济宁担任运河道督时，曾立下一方石碑，上书“人到无求品自高”，意思是人若无私，品德必然高尚。这充分反映出他廉洁奉公的崇高思想与品格。他在任江苏廉访使时，在官署大厅中堂上曾亲自书写了一副堂联：“愿闻己过；求通民情。”鼓励老百姓大胆地向其提意见，指出他的缺点和错误，表示自己为官求廉，一切以民众为重。他晚年回到故乡福州时，又在故居厅堂上手书一副对联：“海纳百川，有容乃大；壁立千仞，无欲则刚。”意思是大海能容纳千江万河，才显示出它的胸怀宽阔；峭壁千仞，巍然屹立，更彰显脱离人世欲望的坚挺身姿。这副对联，与其说这是林则徐写的一副对联，不如说是他人生的真实写照。

他提倡勤俭节约，反对奢侈挥霍，平时生活十分简朴。在广州做钦差大臣时，他曾给家人寄去三百二十两纹银，随附家信一封说：“余虽任高职，以耿介自矢，以不敢于额外妄取一文钱——得钱不易，家中可省则省，即此三百二十两纹银亦从节省中剩得。”

1847 年，林则徐自以为病重难起，在西安的陕西巡抚衙署为三个儿子写立分书，嘱咐儿子：“产微息薄，非俭难敷，各须慎守儒风，省啬用度。”曾国藩说：“闻林文中公三子分家各得六千串。督抚二十年，家私如此，真不可及。吾辈当以为法。”一世为官，专靠俸禄，不骛旁利，被后世封建官吏奉为清廉圭臬，恐晚清已无人敢望其项背。

对林则徐的为官为人，同科进士程恩泽的评价是：“为政若作真书绵密无间，爱民如保赤子体会入微。”意思就是说林则徐在为官从政方面谨言慎行，克己奉公；对待老百姓却能十分亲和，就像是对待自己的孩子一般。除了对自己严格要求，林则徐对待孩子也丝毫不马虎，即使在面对前路困难重重的禁烟活动时，他也时刻牢记叮嘱自己的孩子清白做人，谨慎做事。

林则徐生平喜好诗词、书法，著有《云左山房文钞》《云左山房诗钞》《使滇吟草》等。所遗奏稿、日记、公牍、书札、诗文等，已辑为《林则徐集》。

林则徐是一个站在中国晚清历史向近现代转换关口上的人，是一个旧时代的精英，也是一个拉开新时代序幕的人。他既做出了虎门销烟的历史壮举，也留下了《四洲志》的文化传承，同时他还是一个给中国找到了世界坐标的封疆大吏。

他的光辉业绩、高尚品格，不仅受到中国人民的崇敬，而且获得英国人的尊敬。英国伦敦蜡像馆还专门塑造了林则徐蜡像，作为名人长期展出。在今天看来，林则徐之所有能够得到海内外人士的敬仰和尊重，这与他一贯的高风亮节、廉政为民，包括任职杭州期间所获“官声颇好，办事都没有毛病”的佳评不无关系。

林则徐书法

清朝浙江道监察御史林启

林启(1839—1900),字迪臣,福建侯官(今福建省福州市)人。清同治三年(1864)举人,光绪二年(1876)进士,授翰林院庶吉士。散馆后,授编修,任陕西学政。历顺天乡试同考官、浙江道监察御史、南城监察御史、衢州知府、杭州知府等职。提出过“简文法以核实政,汰冗员以清仕途,崇风尚以挽士风,开利源以培民命”的政治主张。在杭州的最大政绩是兴办学校,提倡农桑,并开笃实的士风。他于清光绪二十三年(1897)农历正月创办“求是书院”,5 月 21 日正式开学,为浙江大学的前身。同年办蚕学馆,为浙江丝绸工学院(2004 年改名为浙江理工大学)前身。1899 年办养正书塾,即今杭州高级中学、杭州第四中学前身。三校为浙江省开创省立大学、职业学校和普通中学先河。

上奏进谏

光绪四年(1878),林启留翰林院任编修一职的次年,朝廷因陕西、河南大旱,下诏求言时,他及时上奏的折子。林启的《奏为应诏建言恭折直陈仰祈圣鉴事》洋洋洒洒万余言。在这份奏折中,他全面阐述了自己对时局的看法。十几年后他担任衢州知府、杭州知府时的秉政理念和施政主张,从这份奏折中可见端倪,奏折中提到朝廷需要变革,需要从几方面着手:

> (一)简文法以核实政……官者非不劳悴,然所办之事无益于国,无益于民,鲜有实政,徒事虚文,蠢幕猾吏因缘为奸,良吏无所措其手。(二)汰冗员以清仕途……以纳赀入官,必四民中最为慧黠者,工于莞算,巧于钻谋,以仕途为市道,苟为利身家,无所不为。(三)崇风

尚以挽士风，人才之盛衰，视乎朝廷之风尚。上以制义、诗赋、小楷取士，下亦以制义、诗赋、小楷进身，无关实用……今之时文徒空言而不适于用。（四）开利源以培民命，西北各省因水利未开，人有余力，地有遗利……请饬督抚分饬各属州县克日兴工……纺棉织布尤为庶民本业……地方官亦宜筹费设局，招募织工，教民纺织。

谏罢颐和

林启家境清寒，自幼聪颖好学，1876年中进士，在京任御史等职十余年。

清光绪十八年（1892），当他奉命任南城监察御史时，耳闻目睹到无数百姓为了给慈禧太后修建颐和园，被无休止地派捐、派差，不少人被逼得走投无路，只好卖儿鬻女。见此情景，林启心情非常沉重，尤其是当他得知慈禧暗中挪用海军军款的内幕后，更是又愤又忧。他连夜写奏书："请罢颐和园之役，以苏民困。"当时有人劝他："这是冒死上疏，千万不可。"林启凛然说："我为民请命，虽死不辞。"果然，奏本上去，得罪了慈禧太后和亲贵大臣。慈禧大怒，革去林启的御史职位，外放浙江任衢州知府。有的亲友偷偷来安慰林启，并愿为他托人求情。他婉言谢绝，并说："我在京为官廿余载，只能纸上谈兵，于国于民何益，不如去为一个地方的百姓做几件实事、好事，也不愧我这一生矣。"从中，其仁爱的处事风格和崇高气节可见一斑。

衢州知府

光绪十九年（1893），林启就任衢州知府后，进一步将自己的政见付诸实现。有鉴于衢州传统上多重农耕，蚕织并不发达，为了改变这种局面，林启发布告示广泛劝谕种桑系为民兴利之举，让民众了解种桑养蚕的好处。为了打消民众的疑虑又由官府出面购买桑棉秧苗，晓谕无论在城在乡民众，已种桑棉若干，习蚕织者几户，此外或愿种桑，或愿种棉，或愿习蚕织，均先赴县报名注明户口册，届期按户给领。官府并延请蚕师、织匠传授饲养、纺织技术。又邀请有声望的绅士蔡向荣等商以养蚕之事，刊刻

《蚕桑辑要》一书，分给各村民，广为劝导。由于购买秧苗本钱不足，林启还捐献备洋一千元，派绅士蔡向荣等分赴杭嘉湖等处采买桑秧。

林启力兴教化，沿袭陕西学政时的思路，整顿学风，振刷士习，并扶持衢州正谊书院，强调正谊书院为五属诸生读书讲义之地。由于经费不足，特谕各县如数筹捐，同时，向上级禀告衢郡正谊书院经费不充足，请拨斋堂息款，酌增山长修金、生童膏火，重金聘请宿儒任山长。

林启整顿谷仓，荒年开放平借平粜，赈济灾民。他执法如山、平反冤狱，为江山县童养媳毛凤英被悍姑及奸夫烫死事伸冤昭雪。

林启在衢州知府任上，一心为民，深得衢州百姓拥戴。

杭州知府

光绪二十二年(1896)二月，林启调任杭州知府。他过去曾任浙江道监察御史，深知杭州官情民情。因此，他一到杭州就主张“杜绝一切官场陋规，勒石以俾民共晓”。一是“除近弊，解民困，以安民心”。废除苛捐杂税，对于回扣、杂税等等，一律取消；二是禁止保甲长借“虐民”为名，扣押百姓。

他将该禁令刻在石碑上，使百姓人人知晓，还“准许百姓拦轿告状”。对此做法，衙内的官员们很不理解，不以为然地问：“这样一来，如有刁民告状，岂不增添多少堂事？”林启笑说：“哪有这么多刁民？凡是敢于拦舆告状者，必是有理难诉、有冤难伸之善良百姓。而我等官府却不论其曲直，先将其责打四十大板，才接其状纸。哪个百姓还敢冒死告状，只有冤沉海底。而我等又怎能了解民隐，为民解难？”从此以后，衙役们也个个谨慎奉公，不敢阳奉阴违、营私舞弊了。

过去，杭城曾有陋习，凡是新开张的店铺，差役人等多串通地痞索取规费，还用铜洋购买贵重货物，称之为“红包”。林启到杭州后曾布告永远禁止，如再发生此事，允许店主呈控，却没有商民呈报。林启担心衙役上下串通隐匿其事，就派出亲信之人在外查访，访得塔儿头新开酒店，就有一府署马夫索要规费。店主虽不予理睬，马夫仍以铜洋硬买“红包”。林启得到禀告后，立即将马夫捆绑在该店门口，再次出示晓谕，以示训诫。

当时，杭州大街小巷倾弃垃圾，以致堆积满巷，污秽不堪。原先的解决方法是由钱塘和仁和两县布告劝谕居民按日捐出一文至十文不等的费用，交给地保收取雇夫清理，地保收钱后却只知中饱私囊，仅将通衢要道略为收拾，而那些偏僻街巷就不管不顾，甚至路口填塞 不通。林启熟知地方弊政，惩戒地保只是暂时之法，他特地在东城讲舍课试时出题“清理街道议”，了解各方面的意见，然后，在诸卷中采择良法，酌定章程。最终，决定遴选诚实绅董分段设立清道局，所需经费仍由各户轮捐，所有捐项由董事经收，发给联单按月报销以归核实。

林启常以“勤能补拙，俭以养廉”自律，并以此为家教传承。他身为四品高官，俸禄不少，但每当入夜，或开卷夜读，或批阅公文，总是以一根灯芯油灯照明。但他对公益事业毫不吝啬，凡公益事，常慷慨解囊。

林启将兴学育才作为富国裕民的重要方式之一。他曾经在与保守士绅舌战之时指出：“自甲午战败，我国忍辱缔约《马关条约》，泰西诸国以野蛮待我，以蔑视侮我。以前他们恨我以大国傲慢自居，如今则侮蔑我中华是愚昧顽蠢。当今朝野上下皆幡然大悟，思奋起雪耻，振兴图强。然而我等用什么来图强？目前我们有士不能用，有兵不能战，有船不能驶，有土地却任人分？有银行却不够赔款，我国虽有国名，实则将亡国矣。你我都是炎黄子孙，岂能坐以待毙，任人宰割？”由此可见林启富国裕民的迫切愿望。

兴办教育

浙江尤其是杭州的近代教育事业发展较早，基础较好，这与当时的杭州知府林启有着很大的关系。林启是杭州近代教育的奠基人，开启了杭州乃至浙江近代教育的先河。

林启认为：“居今日而图治，以培养人才为第一义。居今日而育材，以讲求实学为第一义。”光绪二十三年（1897）正月，林启利用被查封的普慈寺为校址，创办求是书院，以中间大殿做办公室，两厢为教室和宿舍，于当年四月二十日正式开学。求是书院的办学宗旨是“育才、图治”，以培养人才、讲求实学为第一义。初办时，林启任书院总办，每逢望日（每月十六日）总亲临书院课学，命题阅卷，督促甚勤，并亲自负责图文教学。林启大胆学习西方大学的教育体制，着手改革传统书院的教育制度。课程设置上打破书院或官学的传统模式，大多数课程与近代科学文化相关。比如开设了数学、物理、化学、史地、英语、日语、博物、音乐等，目的是使学生明于责己，修身而及于家国，激发学生的民族和民主思想。此外，还开设造船、种植、矿务、制造等具有实用价值的技术科目。这些课程和书目都为求是书院学生的“务求实学”打下了良好的基础，为求是书院学生观察社会、批判愚昧、追求进步提供有力的思想工具和理论武器。求是书院设备虽然简陋，却成为一所全新的中西结合的书院，堪称中国近代一所真正意义上的大学。

光绪二十七年(1901)，求是书院更名为浙江求是大学堂，1920 年改为浙江大学堂，1923 年又更名为浙江高等学堂，1928 年定名为国立浙江大学。

创蚕学馆

林启还十分重视农桑事业的发展。他任御史时，曾应诏建言开利源以培民命，主张大力发展植棉；在衢州知府任上时，竭力提倡种桑植棉，曾捐资一千元助购桑苗，并使夫人、媳妇养蚕以为倡导，还将《蚕桑辑要》一书印行，广为传布。林启调任杭州知府后，当他看到由于蚕桑技术落后等原因，“蚕病蚕窳而丝劣”，蚕丝生产衰退，农民养蚕连年歉收的现象时，“曾条陈整顿”。林启也非常认可康发达的主张，认为要改良蚕桑业，必须推广西方先进的桑蚕科学，而当务之急就是需要兴办新型的蚕桑教育。光绪二十三年(1897)四月，林启具禀浙江巡抚廖寿丰筹款创设蚕学馆。林启认为，振兴蚕丝业关系到“中国之权利”“百姓之生计”，兴办蚕学馆旨在除微粒子病，制造佳种，精求饲育，兼讲植桑，传授学生，推广民间，“为各省开风气之先，为国家裕无穷之帑”。先请试办三年，经费由布政司拨银三万六千两，并以金沙港一带地三十余亩为馆址。七月经抚署批准，九月开始动工新建，连监工薪资在内共花费一万余两，购买器具花费三千两，于翌年(1898)三月十一日开办。

蚕学馆设有理化、动植、蚕体生理、病理、解剖、气候、土壤、显微镜、饲养、植桑、缫丝、采种等课程,均连实习,学制两年。蚕学馆总办由林启自兼。“馆正”初聘邵章;邵章辞职后,由沈铭担任;“馆副”为林贻珊,总教习初聘在法国留学时学过选种的江生金,聘请了日本蚕学家轰木长子、前岛次郎、西原德太郎等为教习。蚕学馆的学生以秀才为多,首届学生招生三十名,实到二十五名,不限省份,供给伙食,还给学生零用费三元。另有额外生八名,则自贴伙食。实际毕业者,第一届只有18名,第二届11名,第三届6名,籍贯遍布18个省份。自蚕学馆成立,直到1943年止,在这一系统的历届毕业生共为1164人。

浙江蚕丝产量,几百年来为全国第一,而杭州素有“丝绸之府”的美誉,林启关怀国利民福,创设蚕学馆,“期于起衰救废”,其所作所为深受各方关注和敬佩。而我国当时各地蚕业因“受其激扬,绵泽直至于今”,林启可谓功不可没。蚕学馆的创办,揭开了我国近代纺织和农业教育的帷幕,虽然后来在学校办学过程中“筚路蓝缕”,但“实业救国”“教育强国”的初心不变,为我国蚕桑丝绸业的发展做出了重要贡献。学校从创办时起,就以“求是笃实”为校风,形成了“求知求实、创新创业”的办学特色。光绪二十五年(1899),林启又在大方伯原圆通寺建立了养正书塾。

后世缅怀

作为文化人,林启十分仰慕隐居孤山的林逋。为了表达对林逋的敬意,恢复林逋当时隐居的环境,林启在孤山补种了百株梅树,让梅香永飘孤山,永伴林逋。

林启在杭州主事期间,他胸怀社稷,忧国忧民,摒弃一切官场陋规,刚正廉明,勤于治理,勇于赴事,精神和风格足以为人所敬畏和钦佩。他提倡农桑,兴办学校,倡导笃实之士风,杭州市民称他“守正不阿,精明笃实”。史书记载,林启“守杭五年,政平人和”,“治杭得其政,养士得其教,为匹夫匹妇得其利”。

光绪二十六年(1900),林启在杭州去世,享年六十二岁。杭州人民十分怀念他,加之林启生前有“为我名山留片席,看人宦海渡云帆”的诗句,杭州人民征得林家子孙的同意,把林启安葬在孤山北麓。林启墓的墓门做成石牌坊，牌坊石柱的对联是：

树人百年，树木十年，树谷一年，两浙无两；

处士千古，少尉千古，太守千古，孤山不孤。

横额为："古之遗爱。"

墓旁设有林社，供奉着林启的塑像。其中有一副挽联这样写道：教育及蚕桑，三载贤劳襄太守；追随有梅鹤，一龛香火共孤山。2004 年，杭州市委、市政府在美丽的西子湖畔树立了林启的青铜雕像，以表达杭州市民对这位求是书院创始人、浙江近代教育事业的开拓者和杭州父母官的深切怀念和无限景仰之情。

林启塑像（吕小芽摄）

参考文献

司马光:《资治通鉴》,中华书局,2019。

刘昫等:《旧唐书 · 卷八十 · 列传第三十 · 褚遂良传》,中华书局,2018。

欧阳修、宋祁等:《新唐书 · 卷一百五 · 列传第三十 · 褚遂良传》,中华书局,2018。

欧阳修、宋祁等:《新唐书 · 志第五十 · 艺文志四 · 刘长卿》,中华书局,2018。

辛文房:《唐才子传》(卷二),中华书局,2020。

计有功:《唐诗纪事》(卷二十六),上海古籍出版社,2013。

刘昫等:《旧唐书 · 卷一百三十九 · 列传第八十九 · 陆贽传》,中华书局,2018。

欧阳修、宋祁等:《新唐书 · 卷一百五十七 · 列传第八十二 · 陆贽传》,中华书局,2018。

刘昫等:《旧唐书 · 卷一百六十六 · 列传第一百一十六 · 白居易传》,中华书局,2018。

欧阳修、宋祁等:《新唐书 · 卷一百一十九 · 列传第四十四 · 白居易传》,中华书局,2018。

岱石:《左拾遗白居易》,《中国纪检监察报》,2019 年 2 月 18 日。

白寿彝:《中国通史》(第六卷),上海人民出版社,2013。

刘昫等:《旧唐书 · 卷一百六十 · 列传第一百一十 · 刘禹锡传》,中华书局,2018。

欧阳修、宋祁等:《新唐书 · 卷一百六十八 · 列传第九十三 · 刘禹锡传》,中华书局,2018。

刘禹锡:《刘禹锡集》,上海人民出版社,1985。

卞孝萱:《刘禹锡年谱》,中华书局,1963。

欧阳修、宋祁等:《新唐书・卷一百八十七・列传第九十九・元稹传》,中华书局,2018。

周相录:《元稹生平与作品考索》,陕西师范大学出版社,2001。

岱石:《监察御史元稹》,《中国纪检监察报》,2019 年 3 月 25 日。

刘昫等:《旧唐书・卷一百四十七・列传第九十七・杜牧传》,中华书局,2018。

欧阳修、宋祁等:《新唐书・卷一百六十六・列传第九十一・杜牧传》,中华书局,2018。

脱脱:《宋史・列传第五十八・胡则传》,中华书局,2018。

楼钥:《范文正公年谱》,北京图书馆出版社,1978。

脱脱:《宋史・卷三百一十四・列传第七十三・范仲淹传》,中华书局,2018。

脱脱:《宋史・卷三百一十六・列传第七十五・赵抃传》,中华书局,2018。

罗以智:《赵清献年谱》,四川大学出版社,2003。

脱脱:《宋史・卷三百六十三・列传第一百二十二・陈禾传》,中华书局,2018。

脱脱:《宋史・卷三百四十八・列传一百零七・石公弼传》,中华书局,2018。

脱脱:《宋史・卷三百六十三・列传第一百二十二・蒋猷传》,中华书局,2018。

脱脱:《宋史・卷三百八十・列传第一百三十九・何铸传》,中华书局,2018。

毕沅:《续资治通鉴》(卷一百二十八),中华书局,2016。

脱脱:《宋史・卷三百七十・列传第一百二十九・郑刚中传》,中华书局,2018。

仙纪:《风骨——仙居御史故事》,广西师范大学出版社,2020。

脱脱:《宋史・卷三百八十七・列传第一百四十六・吴芾传》,中华书局,2018。

脱脱:《宋史·卷三百八十七·列传第一百四十六·陈良翰传》,中华书局,2018。

脱脱:《宋史·卷三百九十八·列传第一百五十七·余端礼传》,中华书局,2018。

脱脱:《宋史·卷四百六·列传第一百六十五·洪咨夔传》,中华书局,2018。

脱脱:《宋史·卷三百九十六·列传第一百五十五·王淮传》,中华书局,2018。

脱脱:《宋史·卷三百九十四·列传第一百五十三·何澹传》,中华书局,2018。

脱脱:《宋史·卷四百一十九·列传第一百七十八·余天锡传》,中华书局,2018。

脱脱:《宋史·卷四百七·列传一百六十六·杜范传》,中华书局,2018。

脱脱:《宋史·卷四十五·本纪第四十五·李宗勉》,中华书局,2018。

脱脱:《宋史·卷三百八十七·列传第一百四十六·王十朋传》,中华书局,2018。

徐炯文:《梅溪王忠文公年谱》,清光绪二年刻本。

脱脱:《宋史·卷四百二十·列传第一百七十九·朱熠传》,中华书局,2018。

脱脱:《宋史·卷四百五十一·列传第二百一十·陈文龙传》,中华书局,2018。

脱脱:《宋史·卷四一八·列传第一百七十七·陈宜中传》,中华书局,2018。

脱脱:《宋史·本纪·卷四十四》,中华书局,2018。

朱希召:《宋历科状元录》,文海出版社,1967 。

脱脱:《宋史·卷四十二》,中华书局,2018。

脱脱:《宋史·本纪·卷四十七》,中华书局,2018。

张廷玉:《明史·卷一百二十八·列传第十六·刘基传》,中华书局,2018。

张廷玉:《明史·卷一百四十·列传第二十八·陶垕仲传》,中华书局,2018。

张廷玉:《明史·卷一百五十八·列传第四十六·邵玘传》,中华书局,2018。

张廷玉:《明史·卷一百七十·列传第五十八·于谦传》,中华书局,2018。

张廷玉:《明史·卷一百六十一·列传第四十九·周新传》,中华书局,2018。

谭天:《生为直臣,死当作直鬼——明代清官周新在浙江的故事》,《今日浙江》,2003 年第 21 期。

张廷玉:《明史·卷一百七十八·列传第六十六·项忠传》,中华书局,2018。

张廷玉:《明史·卷二百八十九·列传第一百七十七·忠义一·孙燧传》,中华书局,2018。

张廷玉:《明史·卷一百九十五·列传第八十三·王守仁传》,中华书局,2018。

冈田武彦:《王阳明大传》(上、中、下),重庆出版社,2018。

王阳明:《王阳明全集》,线装书局,2014。

张廷玉:《明史·卷一百八十五·列传第七十三·陈克宅》,中华书局,2018。

张廷玉:《明史·卷三百十六·列传第二百四·陈克宅》,中华书局,2018 年版。

张廷玉:《明史·卷二百二十四·列传第一百十二·陈有年传》,中华书局,2018。

张廷玉:《明史·卷二百五·列传第九十三·胡宗宪传》,中华书局,2018。

张廷玉:《明史·卷二百二十六·列传第一百十四·海瑞传》,中华书局,2018。

嵇曾筠:《钦定四库全书·浙江通志》(卷一百三十二、一百三十八、一百七十)，商务印书馆，2000。

瓯纪轩:《孙昭:廉吏炳青史》，清廉浙江，2021 年 1 月 14 日。

叶芳佐:《一代廉吏炳青史　文采出众著作丰——记明朝监察御史孙昭》，浙江在线，2012 年 8 月 31 日。

张廷玉:《明史・卷二百二十・列传第一百八・吴百朋传》，中华书局，2018。

张廷玉:《明史・卷二百二十二・列传第一百一十・谭纶传》，中华书局，2018。

张廷玉:《明史・卷二百二十三・列传第一百一十一・潘季驯传》，中华书局，2018。

张廷玉:《明史・卷二百四十五・列传第一百三十三・黄尊素传》，中华书局，2018。

张廷玉:《明史・卷二百六十五・列传第一百五十三・施邦曜传》，中华书局，2018。

张廷玉:《明史・卷二百七十五・列传第一百六十三・祁彪佳传》，中华书局，2018。

《祁彪佳日记》，浙江古籍出版社，2017。

谷应泰:《明史纪事本末》，中华书局，1977。

赵尔巽等:《清史稿・卷二百六十・列传四十七・姚启圣传》，中华书局，2020 年版。

赵尔巽等:《清史稿・卷二百六十五・列传五十二・陆陇其传》，中华书局，2020 年版。

赵尔巽等:《清史稿・卷三百六十九・列传一百五十六・林则徐传》，中华书局，2020 年版。

杨国桢:《林则徐传》，人民出版社，1995。

郭雪波:《林则徐传》，作家出版社，2016。

赵尔巽等:《清史稿・卷四百七十九・列传二百六十六・林启传》，中华书局，2020 年版。

杨渭生:《林启与求是书院》，《杭州周刊》，2009 年第 11 期。

后　　记

2018 年 7 月 20 日，浙江省委十四届三次全会审议通过了《中共浙江省委关于推进清廉浙江建设的决定》，开始探索推进清廉浙江建设。为了配合清廉浙江建设，加强清廉建设研究，省纪委监察委推出了“清廉浙江建设丛书”，并嘱托组织科研力量开展浙江监察御史研究。

受省纪委监察委委托，我们组织科研力量，成立了“浙江监察御史研究课题组”，成员主要有黄宇（浙江省社会科学院研究员、法学博士，浙江省纪委监察委特约研究员，浙江省政协委员）、陈金波（宁波市社会科学院党建研究所副所长、浙江万里学院马克思主义学院研究员）、吕小芽（浙江省社会科学院）等。课题组做了分工，黄宇承担了本书主要框架的确定、调研工作安排、主要写作任务、史料核校；陈金波承担了部分写作任务、资料配合；吕小芽承担了文字处理、资料收集、整理复印、打印制版、照片拍摄等。在研究推进过程中，课题组查阅大量史料，深入实际调研；在写作过程中，课题组认真研究、焚膏继晷、反复修改，终于取得课题成果。黄宇进行了统稿，并对全书做了最后审定。

衷心感谢浙江省纪委监察委！感谢浙江省纪委书记、省监察委主任许罗德同志，原浙江省纪委书记、省监察委主任任振鹤同志（现任甘肃省委副书记、省政府省长、党组书记）的关心与重视！感谢浙江省纪委宣传部、省纪委研究室给予的大力支持！感谢省纪委宣传部前后三任部长施扬、卢理明、叶乃杰的支持和具体帮助！感谢各地市纪委监察委给予的支持和帮助！感谢浙江省社会科学院的领导！感谢浙江省广播电视局原党组书记、局长张伟斌，浙江省社会科学院副院长胡海良，浙江省纪委宣传部副部长黄剑伟，宁波市党史办副主任邢孟军等对本研究给予了关心和支持！浙江省社会科学院科研管理部袁顺波主任、周苏静副主任为本书的出版给予帮助，浙江省社会科学院哲学研究所副所长、研究员张宏敏提供了史料咨询与帮助，青年画家黄章华为本书精心制作了几方篆刻，福建友人李颖、陈冠达提供了配图照片，浙江大学出版社的吴伟伟、蔡圆圆编辑为本书的出版辛勤付出、周到服务，在此一并感谢！

由于时间紧、任务重，本书难免存在疏漏，敬请各位领导、史家、学者、实务工作者批评指正！

浙江监察御史研究课题组

2021 年 12 月 29 日

图书在版编目(CIP)数据

浙江监察御史传 / 浙江监察御史研究课题组编著
. —杭州:浙江大学出版社,2022.2
ISBN 978-7-308-22188-7

Ⅰ.①浙… Ⅱ.①浙… Ⅲ.①监察—历史人物—列传
—浙江—古代 Ⅳ.①K828.2

中国版本图书馆 CIP 数据核字(2021)第 275491 号

浙江监察御史传

浙江监察御史研究课题组　编著

责任编辑　蔡圆圆

责任校对　许艺涛

封面设计　周　灵

出版发行　浙江大学出版社

(杭州市天目山路 148 号　邮政编码 310007)

(网址:http://www.zjupress.com)

排　　版　浙江时代出版服务有限公司

印　　刷　杭州宏雅印刷有限公司

开　　本　710mm×1000mm　1/16

印　　张　25.25

字　　数　372 千

版 印 次　2022 年 2 月第 1 版　2022 年 2 月第 1 次印刷

书　　号　ISBN 978-7-308-22188-7

定　　价　78.00 元
